Fränkische Schweiz

Wandern und Einkehren

50 Touren zwischen Bayreuth und Nürnberg

Stefan Herbke

ROTHER
BERGVERLAG

Vorwort

»A Schäufele und a Seidla«. Wer beim Wandern in der Fränkischen Schweiz Hunger und Durst hat, der sollte sich diese Bestellung merken – und wird garantiert nicht enttäuscht. Andererseits kann es nach dem Genuss des fränkischen Nationalgerichts und eines süffigen Landbiers aus einer der vielen lokalen Brauereien schon passieren, dass man lieber im Biergarten sitzen bleibt und sich noch ein zweites oder drittes Bier schmecken lässt, über die korrekte Schreibweise des Schäufele philosophiert (über die auf den Speisekarten häufig zu findende Schreibweise Schäuferla oder Schäuferle kann der Franke nur hinwegsehen, wenn die Kruste richtig schön knusprig ist) – und die Wanderung an einem anderen Tag fortsetzt.
Und spätestens da entdeckt, dass die Fränkische Schweiz eine überaus vielseitige Region ist, die mit landschaftlichen Höhepunkten am laufenden Band punktet. Verträumte Wiesentäler mit munter dahinplätschernden Flüssen und Bächen wechseln sich ab mit aussichtsreichen Höhen, fotogene Fachwerkhäuser schmücken die Dörfer, stolze Burgen thronen auf steilen Felsen, und neben den allgegenwärtigen, oft auch unter Bäumen versteckten Kletterfelsen führen viele Touren auch an geheimnisvollen Tropfsteinhöhlen vorbei. Eine vielfältige, abwechslungsreiche Landschaft, dank der eine Wanderung nie langweilig wird. Dabei gibt es natürlich Ziele wie das Walberla, den Staffelberg oder die Höhlen und Burgen rund um das Wiesenttal, die auf jeder «Bucketlist« eines Aufenthalts in der Fränkischen Schweiz stehen, doch abseits davon wird man überrascht sein, wie einsam viele Gegenden doch sind.
Die Fränkische Schweiz wird grob eingerahmt durch die Flüsse Main im Norden, Regnitz im Westen und Pegnitz im Osten und umfasst im Kern das Einzugsgebiet der Wiesent. Im Südosten grenzt an die charakteristische Berg- und Hügellandschaft die Hersbrucker Alb mit dem Hirschbachtal als Mittelpunkt – ein Paradies für Wanderer, Kletterer und Klettersteiggeher. So vielfältig wie die Landschaft sind auch die Aktivitäten und Ausflugsziele. Wandern, Radfahren, Mountainbiken, Kanufahren oder Klettern zählen zu den beliebtesten Aktivangeboten. Als Ergänzung oder als Schlechtwetterprogramm bieten sich Führungen durch die Höhlen, Schlösser, Burgen und Museen der Fränkischen Schweiz an.
Dabei zeigt sich schnell, dass dieses Mittelgebirge zwischen Bamberg, Erlangen, Nürnberg und Bayreuth, zwischen Staffelberg, Walberla und Houbirg alles andere als flach ist. Zwischen den idyllischen Tälern und der aussichtsreichen Hochfläche liegen oft steile Anstiege mit bis zu 200 Höhenmetern, so dass beim Wandern in der Fränkischen Schweiz etwas Kondition durchaus hilfreich ist. Andererseits gibt es genug Möglichkeiten, sich auf der Tour zu stärken – die 50 abwechslungsreichen Wanderungen in diesem Führer verzaubern nicht nur aufgrund der schönen Landschaft, sondern erfreuen auch den Gaumen.

In diesem Sinne, viel Spaß auf allen Touren!
Stefan Herbke

Inhalt

Allgemeine Hinweise

Anforderungen

Ein Großteil der Wanderungen ist für durchschnittlich trainierte Personen ohne Weiteres zu bewältigen; das gilt sowohl für die Kondition als auch für die Schwierigkeit. Dabei wurde darauf geachtet, dass die Touren bevorzugt schmalen Steigen, Pfaden und weichen Waldwegen folgen. Auf diesen Wegen macht Wandern einfach am meisten Spaß, allerdings können bei Regen und Nässe einzelne Passagen auch rutschig sein – passende Wanderschuhe sind daher auf allen Touren zu empfehlen. Dazwischen gibt es aber auch viele Abschnitte, die ganz bequem Forststraßen oder Feldwegen folgen. Trittsicherheit oder Schwindelfreiheit ist nur selten erforderlich und wenn, bei den Anforderungen im Infoteil einer Tour erwähnt. Entsprechende Vorsicht bei Abstechern zu Felskanzeln, die als Aussichtslogen über dem Tal aufragen, sollte man natürlich walten lassen. Steigungen sind auf fast allen Touren zu bewältigen, allerdings bewegen sie sich in überschaubarem Rahmen – zwischen Tal und Albhöhe beträgt der Höhenunterschied maximal 200 Meter. Etwas ungewohnt ist dagegen die Anlage der Wege, die häufig direkt und sehr steil bergauf führen – kraftsparende Serpentinen gibt es nur selten. Um die jeweiligen Anforderungen besser einschätzen zu können, wurden die Tourenvorschläge mit verschiedenen Farben markiert:

So macht Wandern Spaß: schöner Wiesenpfad bei Behringersmühle (Tour 17).

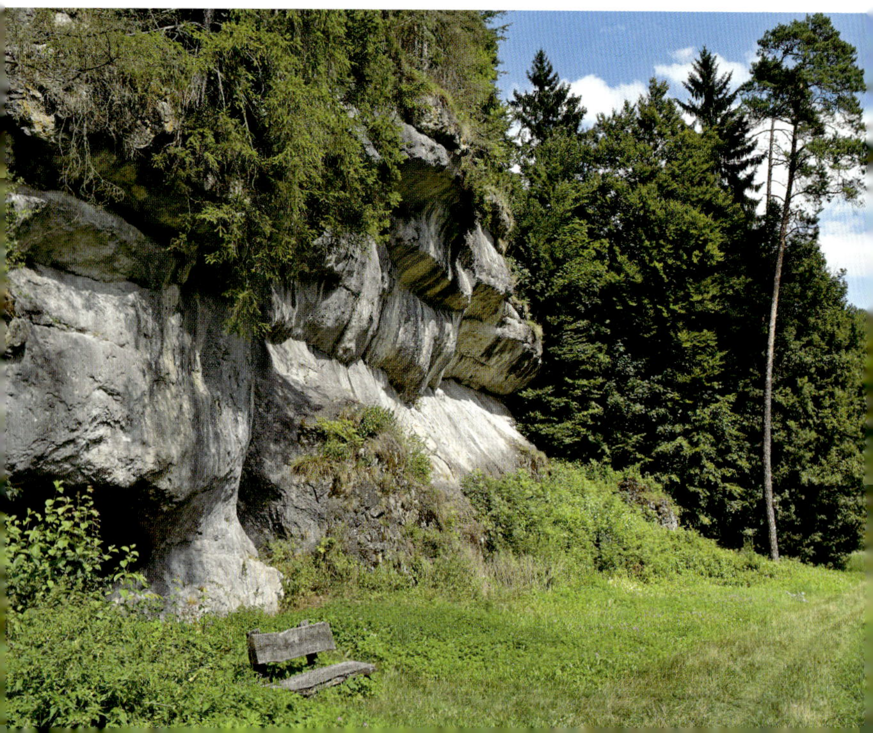

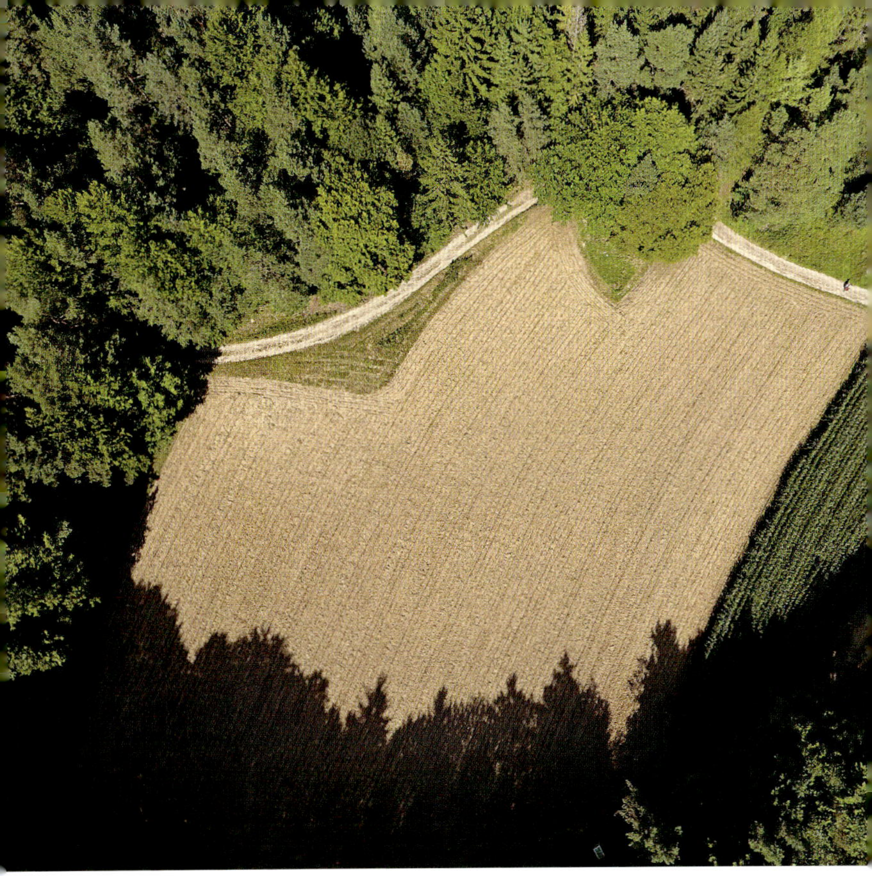

Licht und Schatten auf der Wanderung nach Neutras (Tour 44).

▸ **Leicht**
Diese Wege sind in der Regel gut markiert, deutlich zu erkennen und können auch von weniger geübten Wanderern begangen werden. Eine gewisse Grundkondition ist dennoch hilfreich, vor allem bei den Touren, bei denen die Gehzeit bei 4 oder mehr Stunden liegt.

▸ **Mittel**
Auf diesen Touren ist immer wieder mit schmalen Steigen zu rechnen, vereinzelt sogar mit kurzen, etwas ausgesetzten Passagen. Es wird ein gewisses Maß an Trittsicherheit, Orientierungssinn und Kondition vorausgesetzt.

Gehzeiten

Die angegebenen Gehzeiten sind großzügig berechnet. Dabei wird bei überwiegend flachen Wegen ein Tempo von 4–5 Kilometern pro Stunde angenommen, bei größeren Steigungen etwas weniger. Pausen sowie Zeiten für Besichtigungen oder das Durchlesen von Schautafeln sind nicht eingerechnet.

Höhenunterschiede

In der Fränkischen Schweiz sind die Höhenunterschiede im Vergleich zu den Alpen sehr gering. In der Regel haben sich die Flüsse zwischen 100 und 200 Meter in die Hochfläche

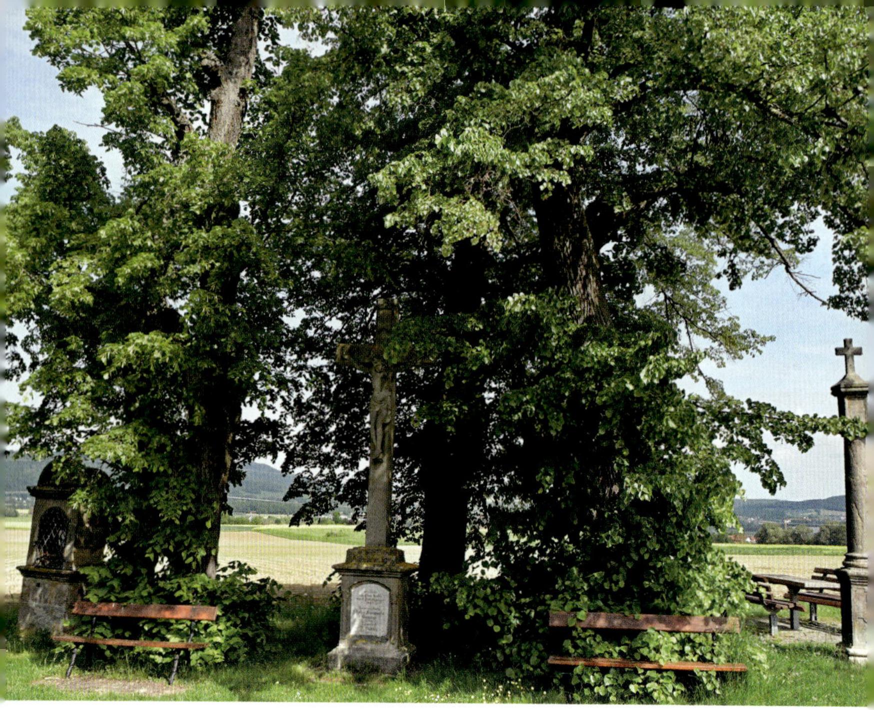

Auf dem Pilgerweg zwischen Wolfsdorf und Vierzehnheiligen (Tour 1).

eingeschnitten. Da viele Touren jedoch mehrmals auf die Albhochfläche führen, können sich die Höhenmeter summieren. Der angegebene Höhenunterschied ist die Summe aller bei Anstiegen zurückgelegten Höhenmeter.

Karten

Jede Tourenbeschreibung wird durch eine Kartenskizze illustriert, die den Verlauf der Tour nachvollziehbar macht. Um sich auf den Wanderungen zurechtzufinden, reicht dies in der Regel aus. Zur weiteren Informa-

GPS-Tracks und Koordinaten der Ausgangspunkte

Zu diesem Wanderbuch stehen auf der Internetseite des Bergverlag Rother (www.rother.de) GPS-Tracks und Koordinaten der Ausgangspunkte zum kostenlosen Download bereit – **2. Auflage**, Passwort: **319302zwf**
Die GPS-Daten wurden vom Autor im Gelände und am PC erfasst. Verlag und Autor haben die Tracks und Wegpunkte nach bestem Wissen und Gewissen überprüft. Dennoch lassen sich Fehler oder Abweichungen nicht ausschließen, außerdem können sich die Gegebenheiten vor Ort zwischenzeitlich verändert haben. GPS-Daten sind zwar eine hervorragende Planungs- und Navigationshilfe, erfordern aber nach wie vor sorgfältige Vorbereitung, eigene Orientierungsfähigkeit sowie Sachverstand in der Beurteilung der jeweiligen (Gelände-)Situation. Man sollte sich für die Orientierung auch niemals ausschließlich auf GPS-Gerät und -Daten verlassen.

tion empfehlen wir die topografischen Karten des Landesamtes für Digitalisierung, Breitband und Vermessung Bayern. Dabei eignen sich die Umgebungskarten im Maßstab 1:50.000 (UK50) nur für einen groben Überblick, viel besser sind die Blätter der neuen Kartenserie ATK25 im Maßstab 1:25.000. Die Karten sind doppelseitig bedruckt, haben einen großzügigen Überlappungsbereich zu den Nachbarkarten und das Wander- und Radwegenetz ist farbig eingezeichnet.

Auskunft

Tourismuszentrale Fränkische Schweiz, Oberes Tor 1, 91320 Ebermannstadt, Tel. +49 9191 861054, www.fraenkische-schweiz.com.
Nürnberger Land Tourismus, Amberger Straße 54, 91217 Hersbruck, Tel. +49 9123 9506062, www.frankenalb.de.
Tourismusregion Obermain Jura, Kronacher Straße 28–30, 96215 Lichtenfels, Tel. +49 9571 18-283, www.obermain-jura.de.

Anreise

Mit der Bahn (www.bahn.de) können viele Ausgangspunkte bequem erreicht werden. Dies gilt vor allem für Ziele in der Hersbrucker Schweiz, die an den Verkehrsverbund Großraum Nürnberg angeschlossen sind. Für die Anreise mit dem Auto ist die Adresse des Ausgangspunkts für das Navi angegeben. Die Zufahrt erfolgt je nach Ziel entweder über die A 9 Nürnberg–Berlin, die die Fränkische von der Hersbrucker Schweiz trennt, oder über die A 73 Nürnberg–Bamberg, die am westlichen Rand der

Unter dem markanten Prellstein kreuzen sich viele Wanderwege (Tour 43 und 44).

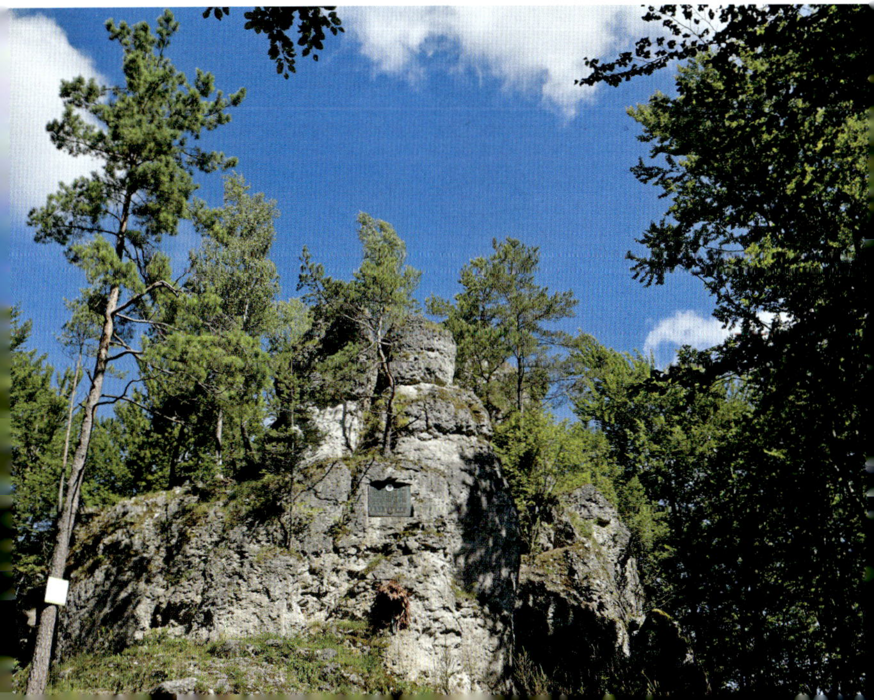

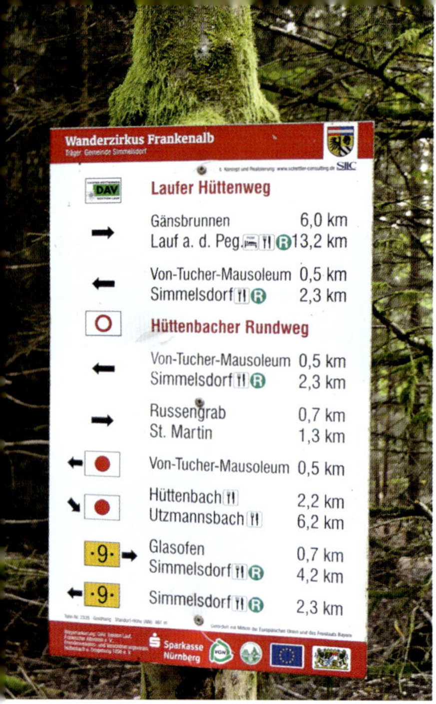

Links: Vorbildlich: Auf vielen Touren erleichtern Übersichtstafeln die Wegfindung.

Zwischen dem Hochstift Bamberg und der Freien Reichsstadt Nürnberg verlief die »Fraischgrenze« (Tour 30).

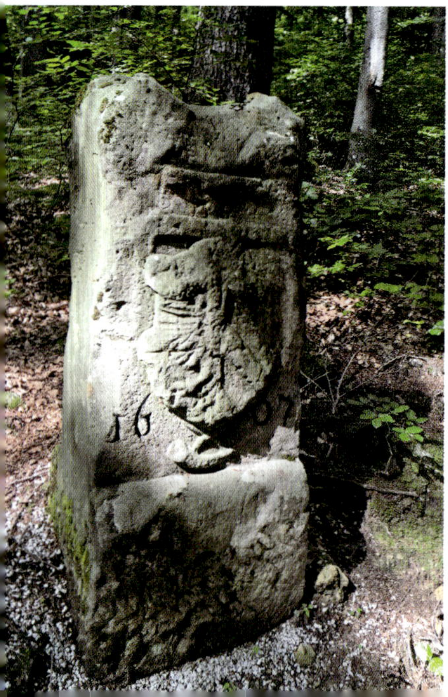

Fränkischen Schweiz verläuft. Die A 70 vermittelt im nördlichen Teil des Naturparks die Querverbindung von Bamberg nach Bayreuth.

Tourenbeschreibungen

Um ohne größeren Aufwand zum Ausgangspunkt zurückzukehren, sind die Wanderungen als Rundtouren geplant. Die Wanderungen können fast immer verkürzt oder verlängert werden, wobei gutes Kartenmaterial wertvolle Hilfe leistet.

Verbesserungsvorschläge

Vor Überraschungen ist man nie sicher, und das gilt auch bei den hier beschriebenen Wanderungen. Die Touren wurden zwar alle, teils mehrmals, abgewandert, doch die Erfahrung zeigt, dass es durch Waldarbeiten oder neue Forstwege Änderungen geben kann bzw. Markierungen nicht mehr auffindbar sind. Falls Sie Ungereimtheiten entdecken – Verlag und Autor sind für Hinweise und Verbesserungsvorschläge dankbar.

Wanderzeit

Im Grunde ist die Fränkische Schweiz ein Ganzjahresziel, zumindest solange nicht zu viel Schnee liegt. Andererseits ist es so, dass im Herbst und Winter viele Wege doch recht feucht und rutschig sind. Die beste Wanderzeit ist daher ab April bis in den Herbst, bei viel Regen sollte man sich besser Touren aussuchen, die mehr über Feldwege führen.

Rechts: Dank einer steilen Treppe ist ein Felsabbruch am Eibengrat (Tour 34) gut zu überwinden.

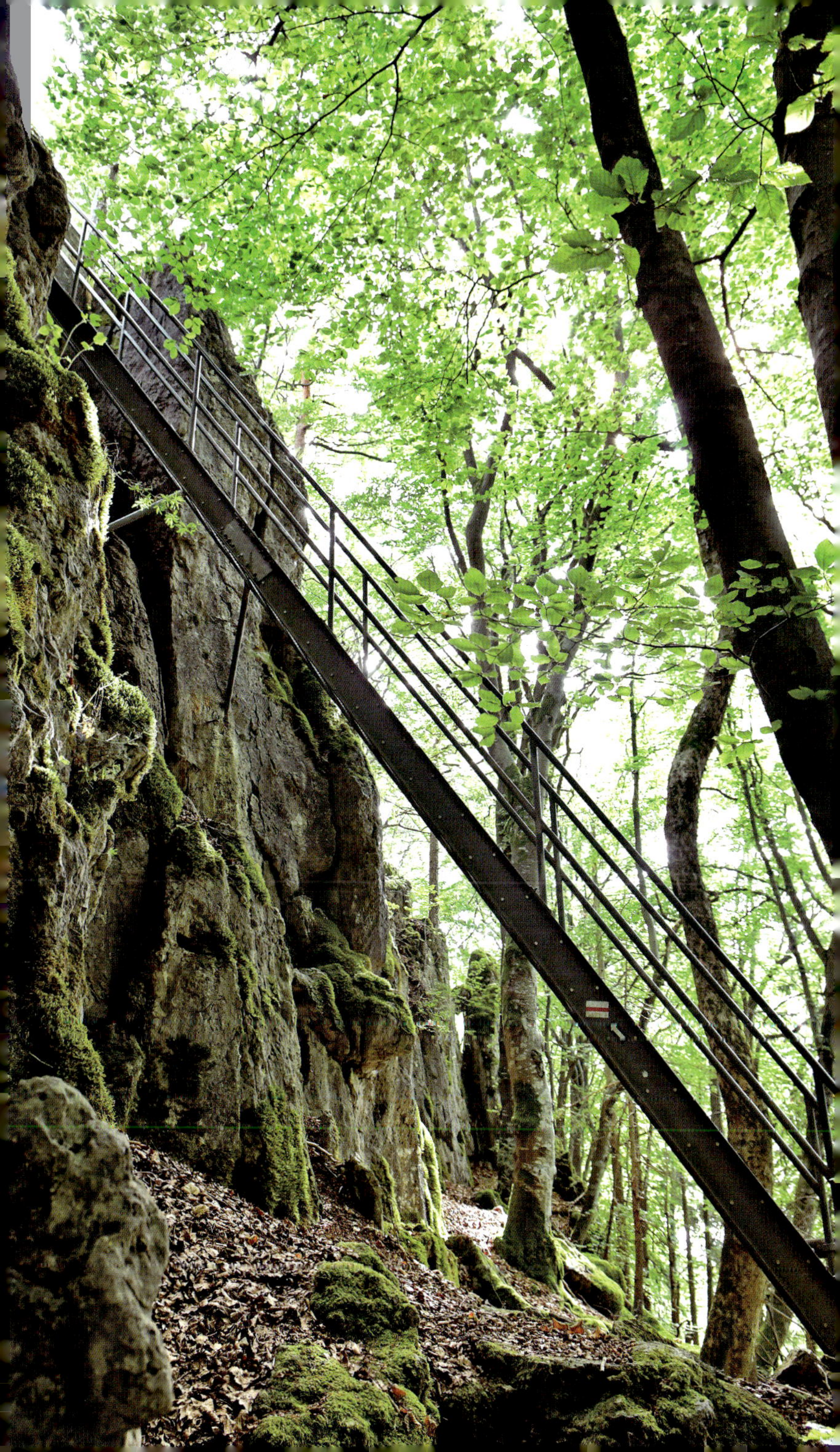

Die Fränkische Schweiz

Die Regionen

»Fränkische Schweiz«, »Fränkische Alb«, »Fränkischer Jura«, »Hersbrucker Schweiz« – bei so vielen Namen für eine Region kann man schon einmal durcheinander kommen. Dabei ist die geografische Einordnung gar nicht so schwer. Die Fränkische Schweiz wird etwa durch die Flüsse Main im Norden, Regnitz im Westen und Pegnitz im Osten eingerahmt und umfasst im engeren Sinne das Einzugsgebiet der Wiesent. Ein Großteil der vorgestellten Wanderungen ist im Gebiet zwischen Pottenstein, Muggendorf und Ebermannstadt sowie den Seitentälern der Trubach und Leinleiter angesiedelt. Gleichzeitig ist die Fränkische Schweiz identisch mit dem nördliche Teil der Fränkischen Alb, die auch Frankenalb, Fränkischer Jura oder Frankenjura genannt wird, und im Süden bis fast nach Ingolstadt und Regensburg reicht.

Im Südosten grenzt an die charakteristische Berg- und Hügellandschaft der Fränkischen Schweiz die Hersbrucker Schweiz, die häufig auch als Hersbrucker Alb oder Pegnitz-Alb bezeichnet wird – und den nordöstlichen Teil der Fränkischen Alb umfasst. Die Region wird von der Pegnitz und ihren Nebenflüssen durchzogen, wobei das Hirschbachtal das touristische Zentrum ist.

Auf den ersten Blick erkennt der Wanderer keinen Unterschied zwischen Fränkischer und Hersbrucker Schweiz. Überall gibt es verträumte Wiesentäler mit munter dahinplätschernden Flüssen und Bächen, aussichtsreichen Höhen, steilen Felsen und natürlich auch

Hohenmirsberger Platte: Ausblick mit Beschreibung (Tour 22).

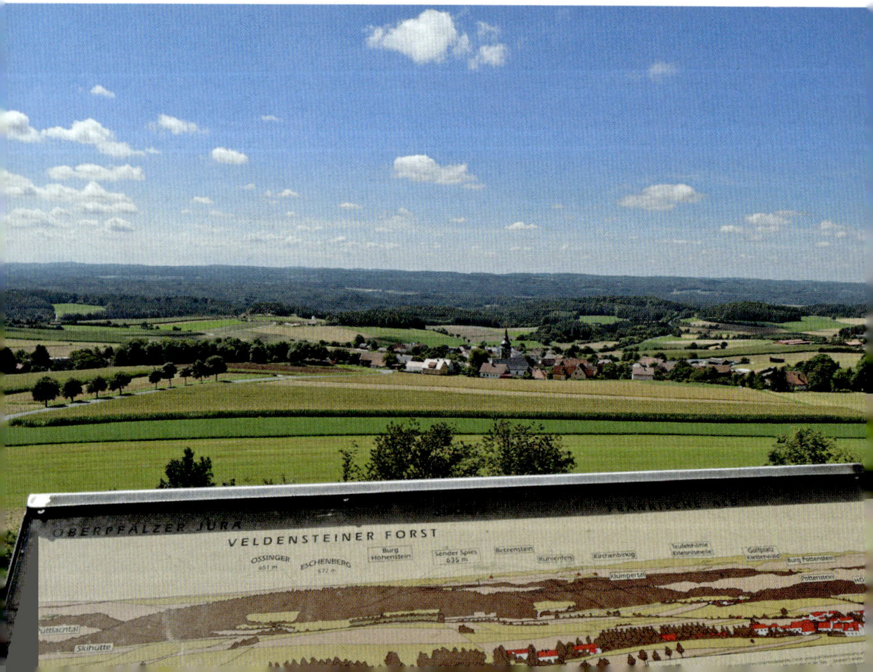

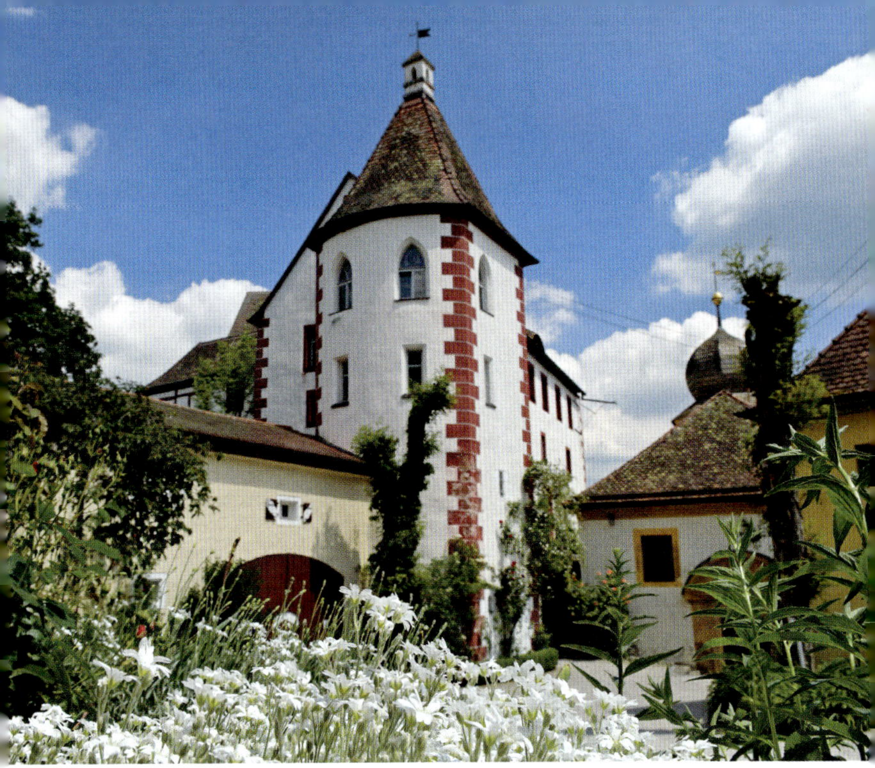

Sehenswert: Burg Egloffstein. Besichtigungstermine unter www.burg-egloffstein.de (Tour 28).

geheimnisvollen Höhlen. Selbst bei den »Gipfelhöhen« gibt es keine großen Unterschiede: Der 651 Meter hohe Ossinger bildet den höchsten Punkt der Hersbrucker Schweiz und der 656 Meter hohe Dürrenberg ist die höchste Erhebung der Fränkischen Schweiz. Außerdem gehören sowohl Fränkische als auch Hersbrucker Schweiz zur nördlichen Frankenalb. Das gesamte Gebiet der Hersbrucker und Fränkischen Schweiz ist im Jahr 1995 gegründeten Naturpark »Fränkische Schweiz – Veldensteiner Forst« zusammengefasst. Dennoch handelt es sich touristisch um zwei Regionen, für die unterschiedliche Tourismusverbände zuständig sind.

Die Kulinarik

Es gibt viele Gründe für einen Ausflug in die Fränkische Schweiz, wobei Wandern für viele an oberster Stelle steht. Zumindest auf den ersten Blick, denn für einige ist Wandern eher Mittel zum Zweck – und die körperliche Betätigung ein Vorwand oder zumindest ein gutes Argument für eine ausgedehnte Einkehr. Denn einladende Gasthäuser und wunderschöne Biergärten gehören zur Fränkischen Schweiz wie das Schäufele oder das selbst gebraute Bier. Alle Wanderungen in diesem Führer führen daher an mindestens einer empfehlenswerten Einkehr vorbei. Im Tourenteil werden die einzelnen Gasthäuser ausführlich beschrieben. Die Angaben

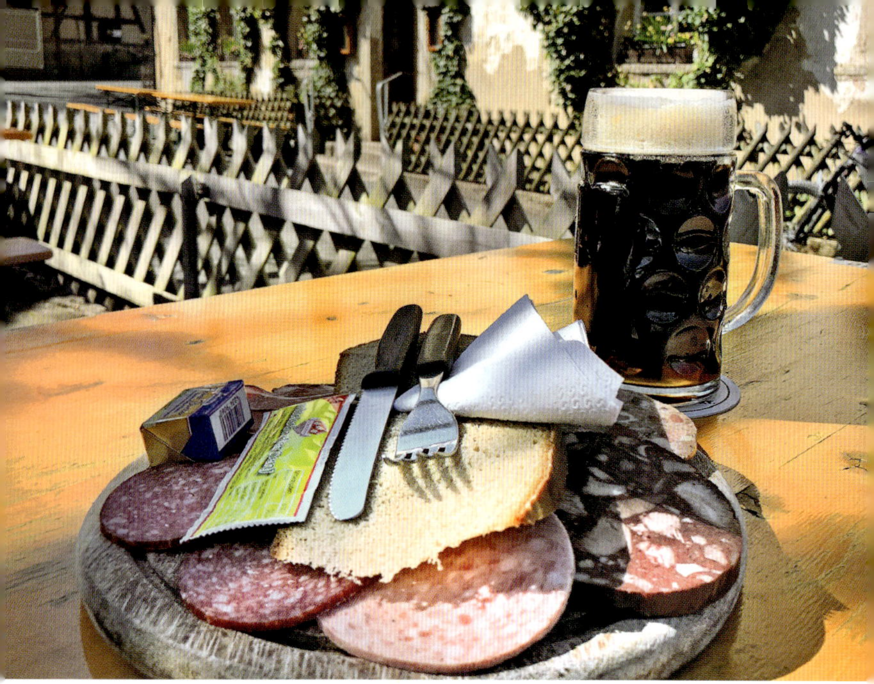

Brotzeit in der Kathi-Bräu, einer fränkischen Institution (Tour 8).

wurden aktuell erhoben, doch leider macht das Wirtshaussterben auch vor der Fränkischen Schweiz nicht halt. In den letzten Jahren mussten viele Gasthäuser schließen, wobei als Begründung häufig das Alter der Wirtsleute in Verbindung mit fehlenden Nachfolgern sowie der Personalmangel genannt werden. Um nicht mit knurrendem Magen und durstig vor verschlossenen Türen zu stehen, empfiehlt sich daher ein Anruf im Vorfeld. Auch weil die Angaben im Internet nicht zwangsläufig aktuell sind (dafür findet man dort Öffnungszeiten von Häusern, die schon jahrelang geschlossen sind) und viele Gasthäuser ausgerechnet in den Sommermonaten Betriebsurlaub machen.

Spezialitäten

Das Schäufele zählt zu den Nationalgerichten Frankens und kann durchwegs empfohlen werden – egal wie unterschiedlich die Schreibweisen in den Speisekarten auch sind. Das Schäufele ist der beste Beweis dafür, dass es Vegetarier in der Fränkischen Schweiz eher schwer haben – zumindest wenn man ein typisches regionales Gericht sucht und mehr möchte als nur die Beilage. Zu den fränkischen Spezialitäten zählen auch weitere Fleischgerichte wie Schweinebraten und natürlich der fränkische Sauerbraten. Als Beilage gibt es vornehmlich rohe Klöße. Die Kartoffelklöße aus rohen Kartoffeln sind mit gerösteten Brotwürfeln gefüllt und eignen sich perfekt, um möglichst viel der guten Soße aufzusaugen.

Passend dazu trinkt man am besten ein Seidla, wie die Halbe Bier in Franken genannt wird. Das Besondere sind die vielen familiengeführten Brauereien, die man selbst in kleinen Orten noch findet – und die eine Einkehr zu einem ganz besonderen Erlebnis machen. Aufgrund der höchsten Brauereidichte der Welt gibt es in der Fränkischen Schweiz ganz spezielle Wanderwege wie den Brauereiwanderweg in Aufseß oder den Fünf-Seidla-Steig, der die fünf Privatbrauereien in den Gemeinden Gräfenberg und Weißenohe verbindet.

Seit 2010 zählt der bayerische Meerrettich zum »Weltgenusserbe Bayerns«. Die Fränkische Schweiz gehört zu den bedeutendsten Anbaugebieten des Kren, der daher auch ein unverzichtbarer Bestandteil der fränkischen Küche ist. Von der Erde zum Wasser, die Fränkische Schweiz ist auch für Fischliebhaber eine gute Adresse. Neben der Bachforelle, die sich vor allem in der Wiesent wohlfühlt, kommt vor allem Karpfen auf den Tisch. Besonders gerne wird der Karpfen knusprig gebacken verzehrt. An der nach oben gebogenen Schwanzspitze erkennt man übrigens, ob sich unter der Panade auch wirklich ein frischer Karpfen verbirgt. Die fränkische Spezialität gibt es allerdings nur von September bis April und damit in den Monaten, die den Buchstaben »r« in ihrem Namen tragen.

Typisch fränkisch sind auch die vielen Streuobstwiesen, wobei viele Früchte wie die Süßkirschen oder die Äpfel in einem Obstler oder Likör enden – gut 300 Brennereien soll es geben. Wer jedoch zur Erntezeit in der Fränkischen unterwegs ist, der darf sich über leckere Nachspeisen mit heimischem Obst freuen.

S. 16/17: Das Wahrzeichen der Hersbrucker Schweiz: Burg Hohenstein (Tour 36).
Unten: In der Gasthausbrauerei Hufeisen wird das Pottensteiner Bio-Dunkel gebraut (Tour 21, Gasthaus aufgrund der Corona-Pandemie geschlossen, das Bier gibt's im Geränkekeller in der Hallergasse 21).

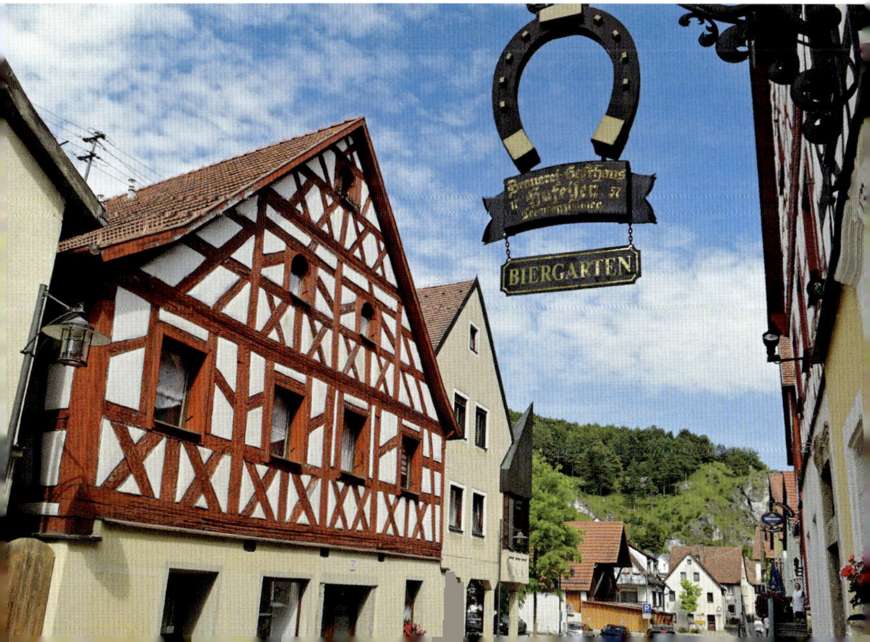

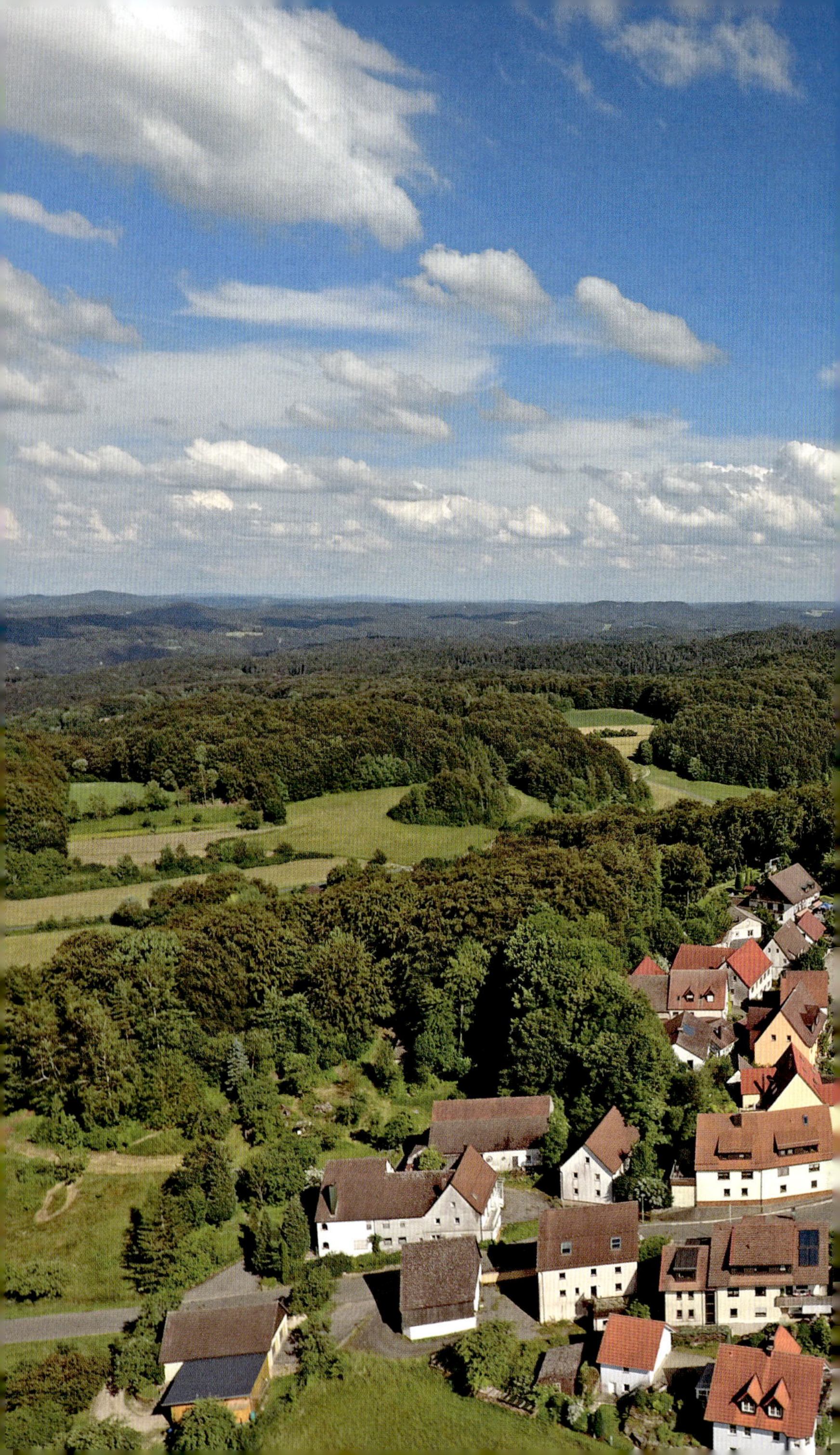

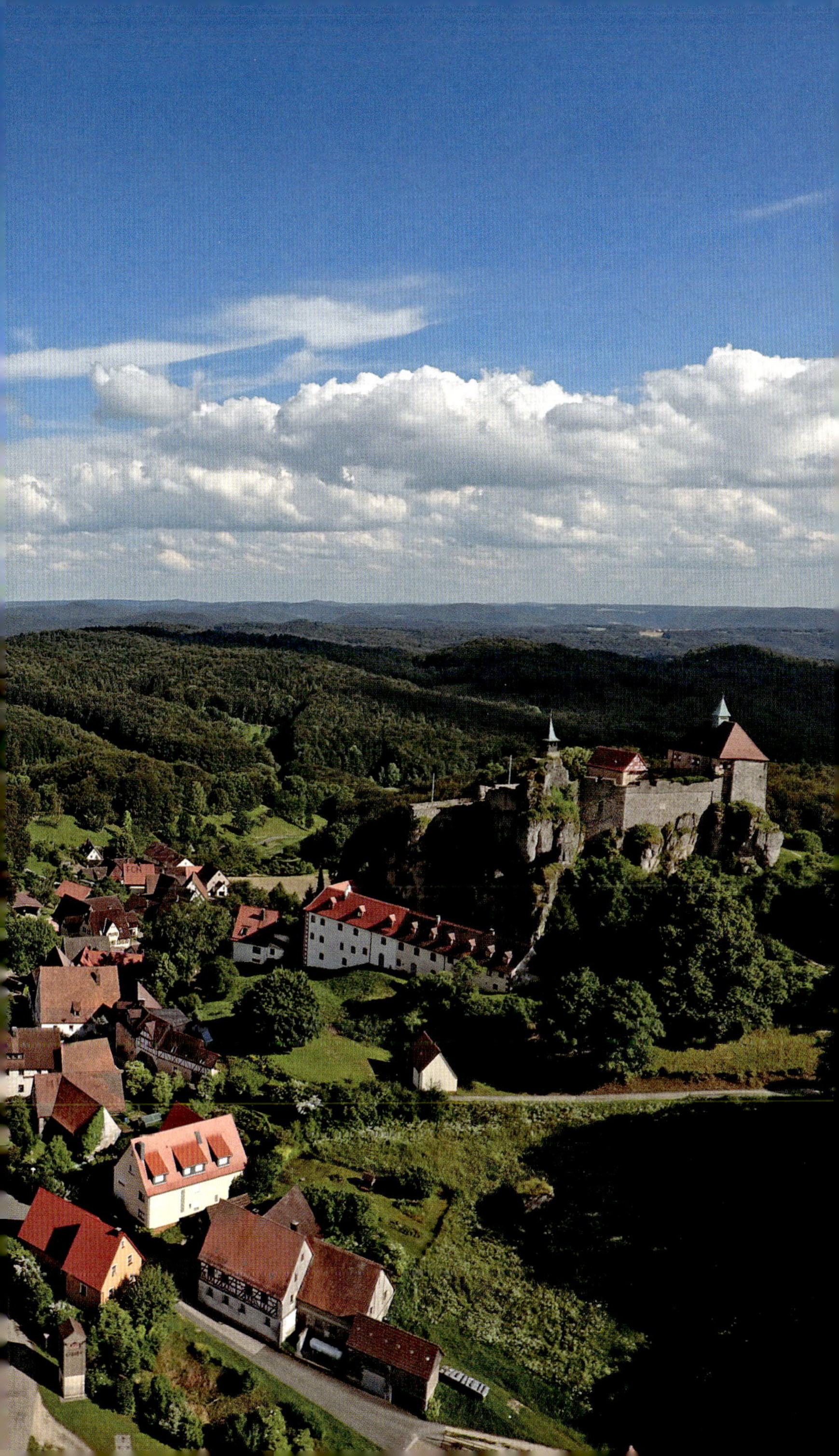

1 Staffelberg, 540 m

Auf den Hausberg von Bad Staffelstein ★★

Von der Basilika Vierzehnheiligen zum Staffelberg

Weithin sichtbar weht auf dem der Fränkischen Alb vorgelagerten Zeugenberg die fränkische Flagge auf dem höchsten Punkt des markanten Felsriffs. Der Staffelberg überragt das breite Maintal um fast 300 Meter, entsprechend umfassend ist die Aussicht des Hausbergs von Bad Staffelstein, der von der Jungsteinzeit bis zur Römischen Kaiserzeit immer wieder besiedelt war. Einsam ist es auch heute nicht auf der rund 49 Hektar großen Hochfläche des Bergs, wobei die Staffelbergklause mit lauschigem Biergarten gleich neben der 1653 errichteten Adelgundiskapelle sicherlich einer der Hauptanziehungspunkte ist.

Neben dem Staffelberg zählt die Wallfahrtsbasilika Vierzehnheiligen zu den Höhepunkten dieser abwechslungsreichen Runde. Etwa eine halbe Million Besucher bewundern jedes Jahr das nach Plänen von Balthasar Neumann gebaute Gotteshaus mit seiner markanten Barockfassade, das den heiligen Vierzehn Nothelfern geweiht ist. Ein einsamer Abstecher auf dem Weg zum Staffelberg führt auf das Plateau des Alten Staffelbergs, der wahrscheinlich einst als vorgeschobener Befestigungsposten des Staffelbergs diente.

KURZINFO

Ausgangspunkt: Bad Staffelstein, Parkplatz auf der Südseite des Friedhofs, 285 m (Navi: Viktor-von-Scheffel-Straße, 96231 Bad Staffelstein). Mit Bahn und Bus: Die nächsten ICE-Bahnhöfe befinden sich in Nürnberg, Bamberg und Lichtenfels, dann weiter mit dem Regionalzug bis Bad Staffelstein.

Gehzeit: 4.30 Std.

Höhenunterschied: 440 m.

Anforderungen: Überwiegend breite Wege, teils aber auch schmale Pfade. Am Kleinen Staffelberg ist auf einer ganz kurzen Passage Trittsicherheit erforderlich.

Kinder: Mit Einkehr, schöner Aussicht und ein paar Felsen ist der Staffelberg als eigenständige Tour auch für Kinder eine abwechslungsreiche Angelegenheit.

Winter: Bei Romansthal gibt es einen kurzen Übungslift für Kinder. Der Lift ist bis auf Ausnahmen nur an Wochenenden (13.30–17 Uhr) geöffnet.

Information: Kur & Tourismus Service Bad Staffelstein, Bahnhofstraße 1, 96231 Bad Staffelstein, Tel. +49 9573 33120, www.bad-staffelstein.de.

Tipp: In 1600 Metern Tiefe wurde man fündig: Bei einer Bohrung im Jahr 1975 entdeckte man in Bad Staffelstein Bayerns wärmste und stärkste Thermalsole mit einer Austrittstemperatur von 52 °C und einer neunprozentigen Mineralisierung. Bereits Ende des Jahres wurde die Obermain Therme eingeweiht und kurz darauf das Thermalsolbad für Badegäste geöffnet (www.obermaintherme.de).

Vom Parkplatz für Staffelbergbesucher am Rand von **Bad Staffelstein (1)** Richtung Romansthal über die Autobahn und auf einem Weg neben der Straße mit der Markierung L weiter bis zu einer Bank. Gleich danach zweigt rechts ein geteerter Weg ab, der mit Blick auf den Staffelberg zu einem Tisch mit Bänken am Waldrand führt. Spätestens hier sollte man sich Zeit nehmen und den Blick zurück über das Maintal

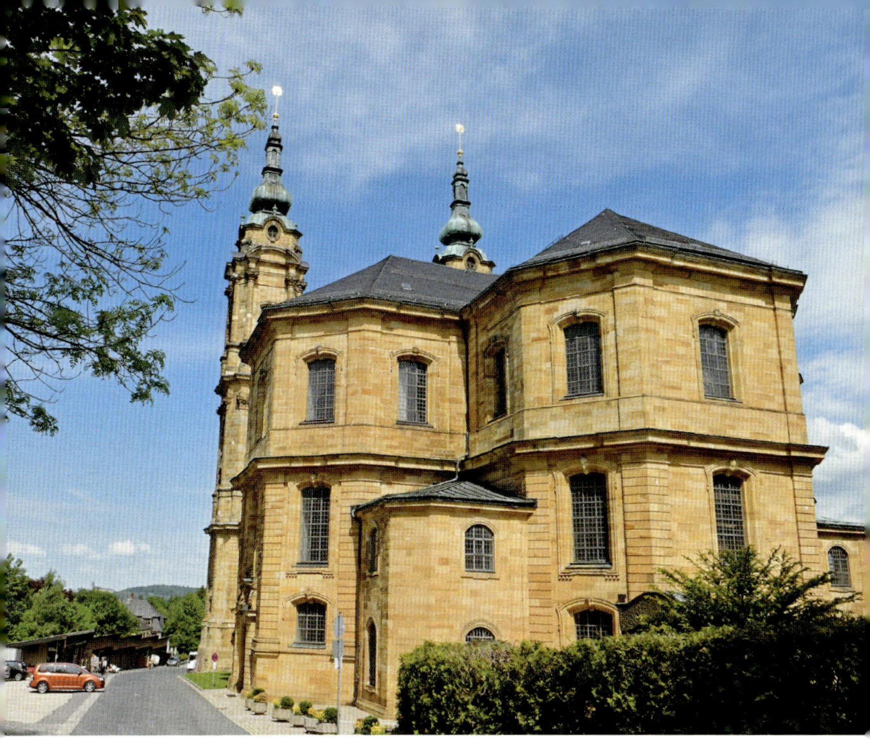

Rund eine halbe Million Besucher pilgern jedes Jahr nach Vierzehnheiligen.

auf Kloster Banz genießen. Wenige Meter weiter mit der Markierung links auf einen Pfad, der durch ein Waldstück zu einem querverlaufenden Feldweg führt. Auf diesem hinüber zum Wanderparkplatz oberhalb von **Romansthal (2)**.
Links geht es entlang der Straße in den kleinen Ort, bei der großen Linde rechts und mit dem Wegweiser »Vierzehnheiligen« gleich wieder links. Auf einem kaum befahrenen Sträßchen mit Blick zur Wallfahrtskirche und über das Maintal auf Kloster Banz bergab. In der Linkskurve kurz vor Wolfsdorf geradeaus (Wegweiser »Vierzehnheiligen«). Über eine Wiese zu einem kurzen Waldstück, hinter dem man auf eine Straße trifft, die rechts zu einem Kreuz und weiter Richtung Vierzehnheiligen führt. Zum Schluss auf einem gepflasterten Weg mit Stufen zur Mariengrotte und weiter zu der von Gasthäusern und Souvenirläden eingerahmten **Wallfahrtskirche Vierzehnheiligen (3)**.
Mit der Muschel des Jakobswegs als Markierung zweigt oberhalb der Klosterbrauerei der Weg zum Staf-

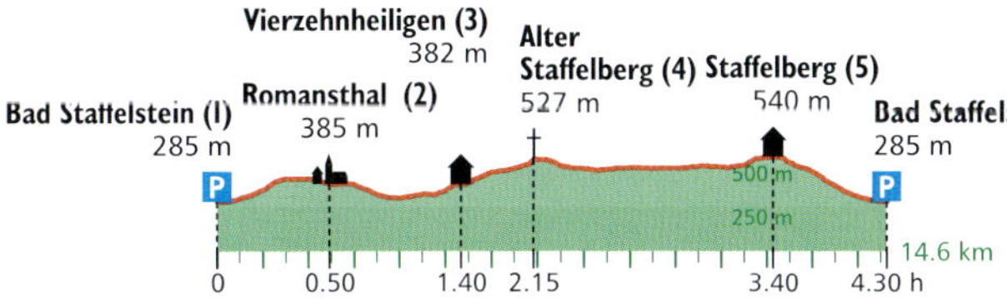

felberg rechts ab. An einem schönen Aussichtspunkt mit Bänken und einem Tisch vorbei bis kurz vor eine Wegkreuzung. Ein Wegweiser leitet die Wanderer nach rechts, wo sie nach ein paar Metern wieder einen Feldweg erreichen, der aussichtsreich über die Hochfläche zum Staffelberg führt. Für den Abstecher auf den Alten Staffelberg geht man jedoch geradeaus weiter zur Kreuzung und folgt dem Feldweg zu einem großen, bereits zu sehenden Feldkreuz. Kurz danach biegt man in der leichten Linkskurve rechts ab und folgt der Markierung G auf einen schmalen Steig, der am Schluss durch eine kurze Felsrinne das Plateau des **Alten Staffelbergs (4)** erreicht. Oben über die 190 Meter lange und bis zu 50 Meter breite Hochfläche weiter in eine Senke mit Rastbank und Blick auf den Staffelberg. Links über eine Wiese hinunter zu einer Schutzhütte für Wanderer und einen Feldweg. Auf diesem umrundet man den Alten Staffelberg auf seiner Ostseite und trifft schließlich südlich des Waldrückens auf ein großes Wegkreuz. Im spitzen Winkel nach rechts, bis man bei zwei Bäumen und einer Bank auf den von Vierzehnheiligen kommenden Feldweg trifft.

Ohne Orientierungsprobleme überaus aussichtsreich auf den **Staffelberg (5)**, dessen Hochfläche man beim Gasthaus und der Kirche erreicht. Rechts haltend erreicht man kurz darauf den höchsten Punkt mit toller Aussicht. Weiter geht es am Südrand des Staffelbergs entlang, bis rechts ein Steig hinunter führt auf die Wiesen südlich des Staffelbergs. Bei einer Wegverzweigung folgt man dem Karlssteig zum Victor-von-Scheffel-Denkmal. Der Dichter verbrachte 1859 zwei Monate

Weit reicht der Blick vom Staffelberg über das Maintal.

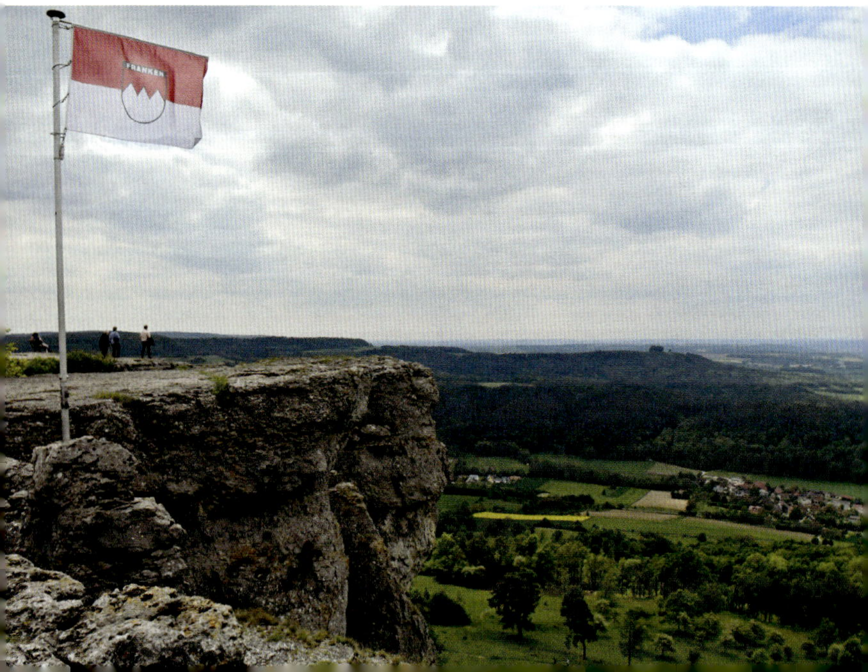

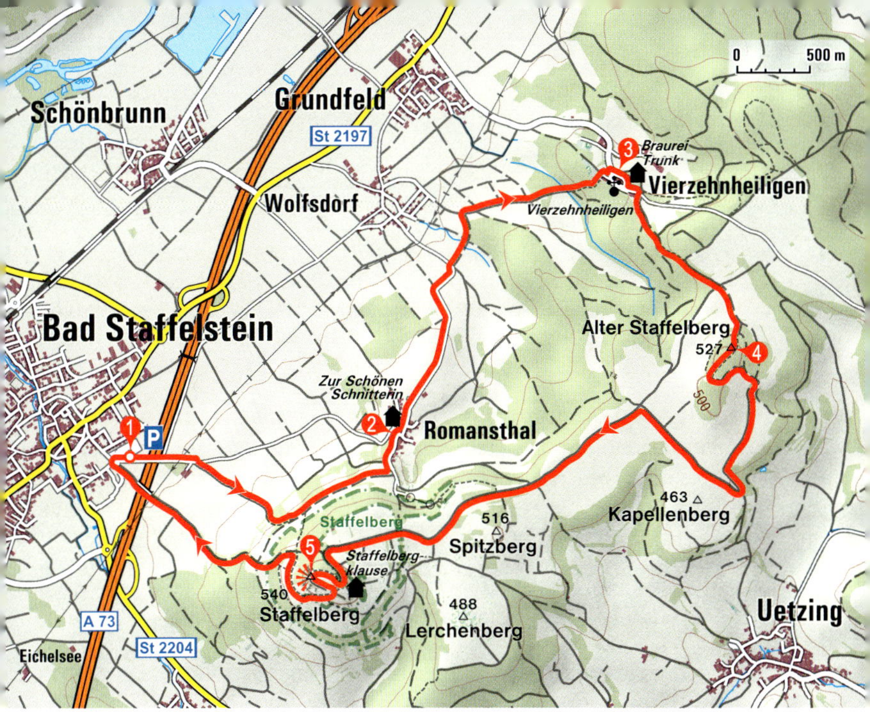

auf Kloster Banz und verewigte seine Wandereindrücke im Frankenlied »Wanderfahrt«. Mit der Markierung des Main-Donau-Wegs wandert man schließlich hinunter nach **Bad Staffelstein (1)**.

EINKEHR

Gasthof Zur Schönen Schnitterin
Ruhige Lage, geschützter Gastgarten unter schattenspendendem Baum, gutbürgerliche Küche mit saisonalen Gerichten. Di, Mi, Fr und Sa 17–20 Uhr, Sonn- und Feiertage 11–20 Uhr. Romansthal 1, 96231 Bad Staffelstein, Tel. +49 9573 1373, www.schnitterin.de.

Brauerei Trunk
Der Biergarten mit Blick auf Vierzehnheiligen ist verlockend und das seit 1803 oberhalb der Wallfahrtskirche gebraute Bier süffig – da kann es schon mal passieren, dass die Einkehr etwas zu lange dauert und die geplante Wanderung kürzer ausfällt.
Tgl. 10–20 Uhr (Mo Ruhetag). Vierzehnheiligen 3, 96231 Bad Staffelstein, Tel. +49 9571 3488, brauerei-trunk.de.

Staffelbergklause
Die Biertische gleich neben der Kirche, einige stehen angenehm schattig unter Bäumen, dazu ein Bier und eine gute Brotzeit – Herz, was willst du mehr.
April bis Ende Oktober tgl. ab 10 Uhr, Di Ruhetag. Auf dem Staffelberg, 96231 Bad Staffelstein, Tel. +49 9573 5437.

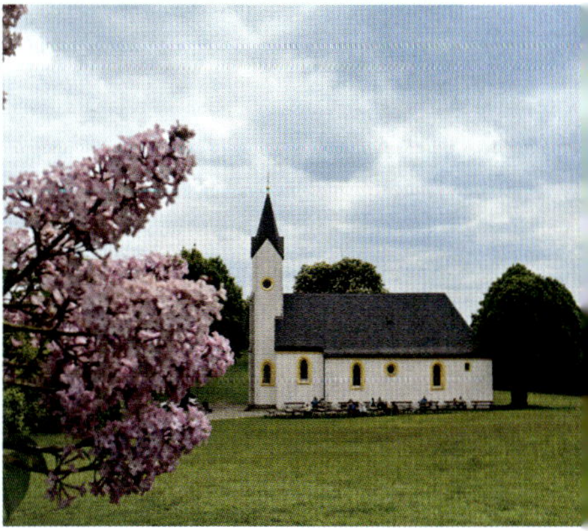

2 Görauer Anger, 550 m

Abwechslungsreiche Runde bei Weismain ★★

Zwischen Kahlberg und Bärental

Nur ein paar Mauerreste erinnern an die ehemalige Burganlage, die im Mittelalter auf einem Sporn hoch über dem Krassachtal und dem kleinen Weiler Niesten thronte. Die auf drei Seiten steil abfallende Erhebung ist der westliche Eckpunkt des Kahlbergs, über dessen teils mit Felsen verzierter Rücken ein traumhaft schöner Pfad nach Görau führt. Dort wechselt man vom Wald erst auf sonnige Felder und dann auf die faszinierende Hochfläche des Görauer Angers mit seinem kargen Trockenrasen. Über vier Kilometer Länge erstreckt sich der aussichtsreiche Rücken am nördlichen Rand der Frankenalb zwischen den Orten Zultenberg und Görau – entsprechend großartig ist der Rundblick von dieser Aussichtswarte. Bei guter Sicht sind die Hügelketten von Thüringer- und Frankenwald sowie das Fichtelgebirge gut zu erkennen. Der Rückweg führt vom schattigen Bärenloch durch Wälder und Fluren nach Weismain mit seinen fotogenen Fachwerkhäusern.

KURZINFO

Ausgangspunkt: Weismain, Parkplatz an der Straße von Weismain nach Niesten, 336 m (Navi: Niestener Straße, 96260 Weismain). Mit Bahn und Bus: Busverbindung von den Bahnhöfen Burgkunstadt und Lichtenfels nach Weismain und Start und Ende der der Tour in der Altstadt.
Gehzeit: 4.45 Std.
Höhenunterschied: 310 m.

Anforderungen: Überwiegend breite Wege, am Kahlberg und zwischen Wunkendorf und Wohnsig teils auch wunderschöne Waldpfade. Am Kahlberg ist auf einer ganz kurzen Passage Trittsicherheit erforderlich.
Kinder: Die kurze Tour über den Kahlberg mit Abstieg nach Niesten (Markierung roter Strich) ist auch für Kinder empfehlenswert.
Information: Touristinformation, Kirchplatz 7, 96260 Weismain, Tel. +49 9575 92220-11, www.stadt-weismain.de.

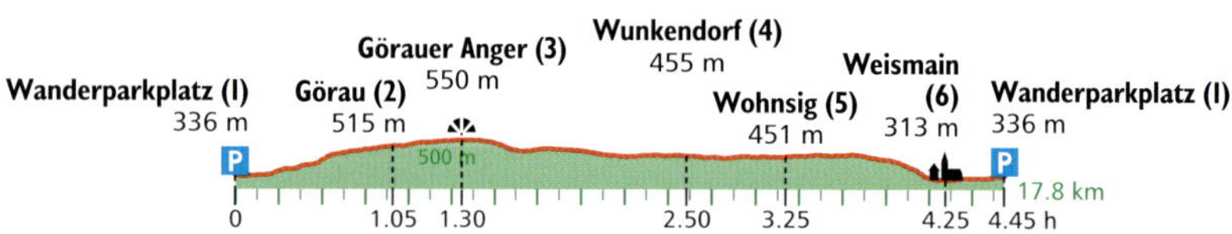

Vom **Wanderparkplatz (1)** geht es zunächst auf einem Radweg parallel zur Straße taleinwärts ins Krassachtal und nach rund 300 Metern links mit dem roten Strich nach Niesten. Dort mit der Markierung die Serpentine der Straße abkürzend links, an der Kapelle vorbei und wieder auf der Straße links zu einem Parkplatz mit Bank und Tisch. Bei dem Gatter durch den Zaun und auf einem Wiesensteig hinauf zur ehemaligen Burg Niesten. Über den Rücken weiter und nach einem weiteren Gatter

Zum Schauen und Genießen: die Hochfläche des Görauer Angers.

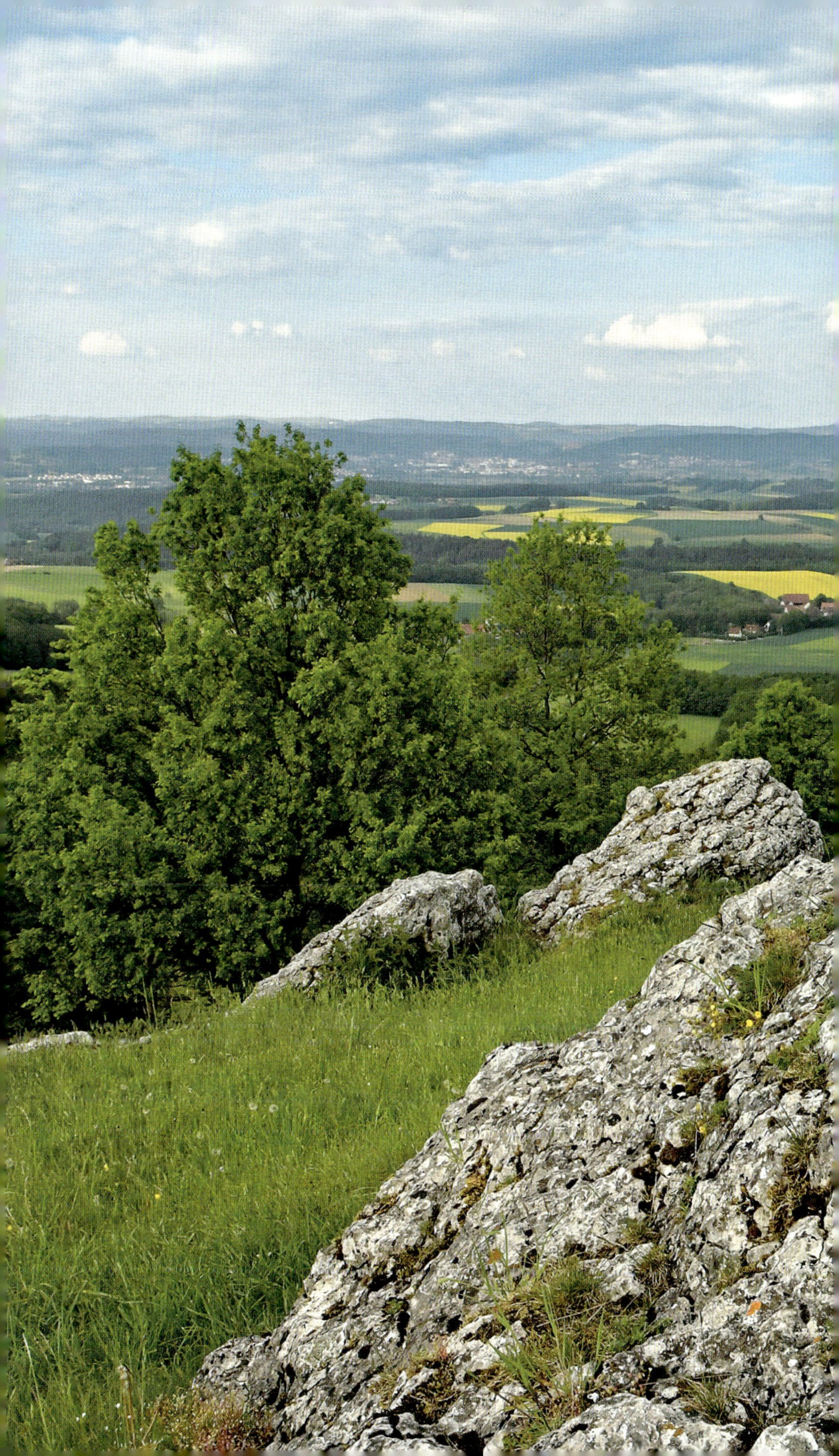

rechts auf einen Steig, der mit der Markierung blaue Raute wunderschön über den Rücken des Kahlbergs (490 m) führt. Zuletzt auf einer Straße nach **Görau (2)** und mit dem roten Strich, dabei dem Wegweiser »Görauer Anger« folgend, durch den Ort. Beim Friedhof führt der rote Strich rechts haltend auf einen Feldweg, an einer Wegverzweigung mit Wegweiser geradeaus weiter zu einer Erhebung auf dem **Görauer Anger (3)** mit einer bereits zu sehenden Bank. Hier steht man direkt am nördlichen Albrand und genießt eine überraschend umfassende Aussicht ins Maintal. Natürlich könnte man noch weiter über den Panorama-Höhenrücken des Görauer Anger wandern, doch besser wird die Aussicht nicht mehr.

Daher nach einer Rast zurück zur Wegverzweigung, um dort im spitzen Winkel nach links zu gehen. Wobei man auch abkürzen und schon ein paar Meter zuvor links über einen Wiesenweg zu einer großen Linde mit Bank gehen kann. Links und bei der nächsten Wegverzweigung rechts, um mit der Markierung grüner Strich auf dem Görauer Weg eine aussichtsreiche Runde über die Felder zu drehen, die auf der Straße Görau-Seubersdorf endet. Über die Straße und weiter mit dem grünen Strich zu einer weiteren Straße, die rechts haltend nach ein paar Metern eine Rastbank mit Tisch erreicht. Dort links (Wegweiser »Bärental«) und mit dem grünen Strich hinein in das schattige Tal,

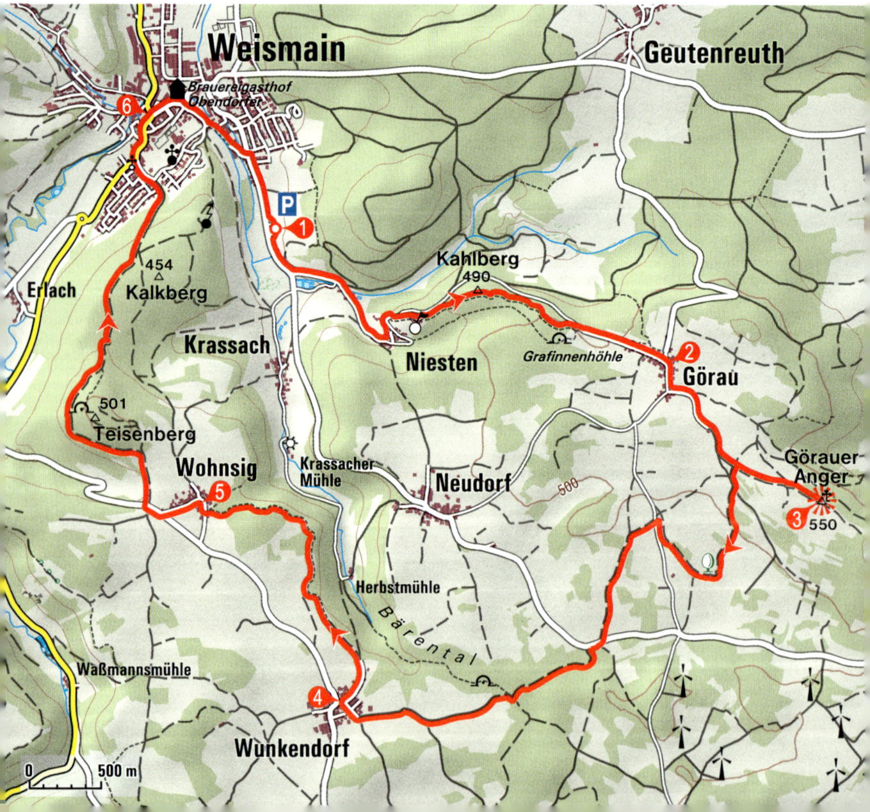

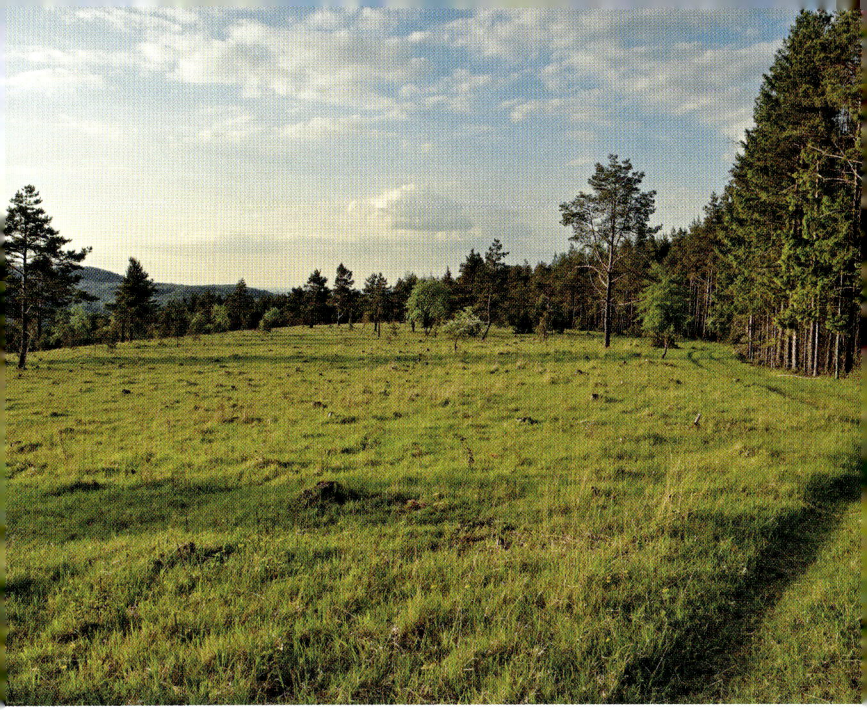

Offene Fluren und duftende Kiefernwälder beim Rückweg nach Weismain.

bis einen die Markierung links wieder auf die Hochfläche und nach **Wunkendorf (4)** führt. Mit der Wegnummer 3 durch den Ort und teils am Waldrand, teils durch schattigen Buchenwald nach **Wohnsig (5)**. Links aus dem Ort auf die Straße, rechts und bei einer kleinen Kapelle gleich wieder rechts auf einen Feldweg und zum Waldrand. Hier links über eine Wiese und mit der Wegnummer 3 ohne Orientierungsprobleme um den Teisenberg herum und schließlich hinunter nach **Weismain (6)**. Durch das »Obere Tor« in die sehenswerte Altstadt, an einem Denkmal für die Gefallenen der Weltkriege rechts vorbei in den Burgweg und nach der Kreuzkapelle links auf einen Rad- und Fußweg. Schließlich auf dem Radweg parallel zur Straße zurück zum **Parkplatz (1)**.

EINKEHR

Brauereigasthof Obendorfer
Nach 380 Jahren wurde der Betrieb der traditionsreichen Brauerei, die als Brauerei Franz Rothlauf begann und nach dem Zweiten Weltkrieg von Hans Obendorfer übernommen wurde, im Jahr 1992 eingestellt. Das empfehlenswerte Wirtshaus im Ortskern von Weismain mit gutem Essen und einem schönen Biergarten steht den Gästen weiterhin offen – genau die richtige Einkehr, um sich nach einer langen Wanderung zu stärken. Und die Obendorfer Biere gibt es nach wie vor, allerdings gebraut vom Weismainer Püls-Bräu. Der hat die Marke übernommen und braut die Biere nach den alten Rezepturen weiter.
Mi bis Sa von 16.30–22 Uhr, Sonn- und Feiertage 10–14 und 16.30–22 Uhr, Mo und Di Ruhetag. Festungsweg 2, 96260 Weismain, Tel. +49 9575 207, www.wirtshausobendorfer.de.

3 Kleinziegenfelder Tal

Zwischen Weihersmühle und Kleinziegenfeld ★★★

Ein Streifzug durch das Tal der Kletterer

Dicht bewaldet präsentiert sich das etwa zwölf Kilometer lange Kleinziegenfelder Tal, das in Nord-Süd-Richtung verläuft und vom Weismain durchflossen wird. Motorradfahrer lieben die kurvenreiche, schmale Straße durch das enge Tal, Wanderer schätzen die einsamen Pfade durch die Buchenwälder und Kletterer die Felsen, die sich in den Hängen verstecken. Rote Wand, Rolandsfelsen, Versteinerter Riese, Klinge, Steinerner Mönch und Betende Nonne heißen einige der bekanntesten Felsen, die das Kleinziegenfelder Tal zu einem der bedeutendsten Klettergebiete im nördlichsten Teil des Frankenjuras machen. Von einem Aussichtspunkt oberhalb der Roten Wand lassen sich mit Glück Kletterer beobachten. Wahrzeichen des Tals sind aber nicht die Felsen, sondern die Radfahrerstatue Claudius, die auf einem Felsen oberhalb der Quelle des Weismains steht.

KURZINFO

Ausgangspunkt: Weihersmühle, zwischen Kleinziegenfeld und Weismain, Parkmöglichkeit zwischen den Abzweigungen der Straßen nach Arnstein und Wallersberg, 373 m (Navi: Weihersmühle 2, 96260 Weismain). Mit Bahn und Bus: Mit der Bahn nach Bamberg, weiter mit dem Bus (968) zur Haltestelle Weihersmühle.

Gehzeit: 3.15 Std.
Höhenunterschied: 260 m.
Anforderungen: Meist schmale, gut zu gehende Waldwege.
Kinder: Gemütlich und eher flach ist die kurze Wanderung auf schönem Steig von der Weihersmühle durch das Kleinziegenfelder Tal zum beliebten Biergarten der Schrepfersmühle.
Information: Touristinformation, Kirchplatz 7, 96260 Weismain, Tel. +49 9575 9220-11, www.stadt-weismain.de.

Im Wald über dem Kleinziegenfelder Tal verstecken sich Kletterfelsen.

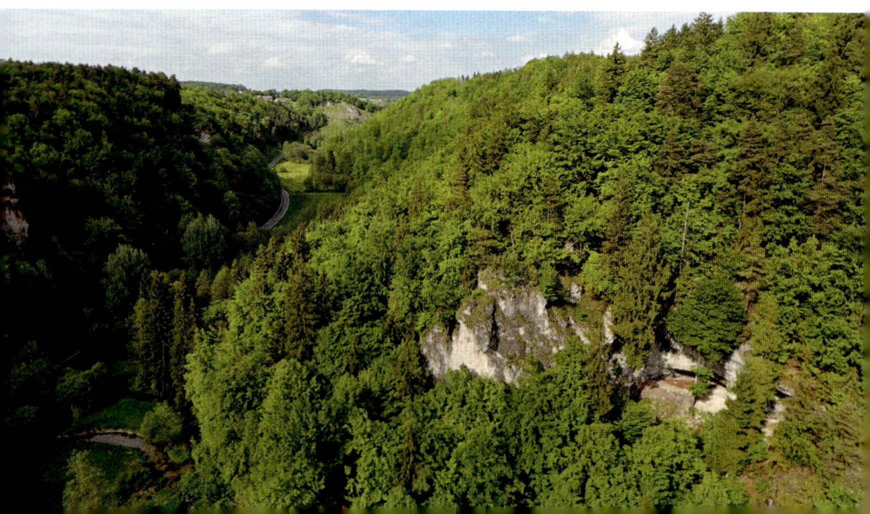

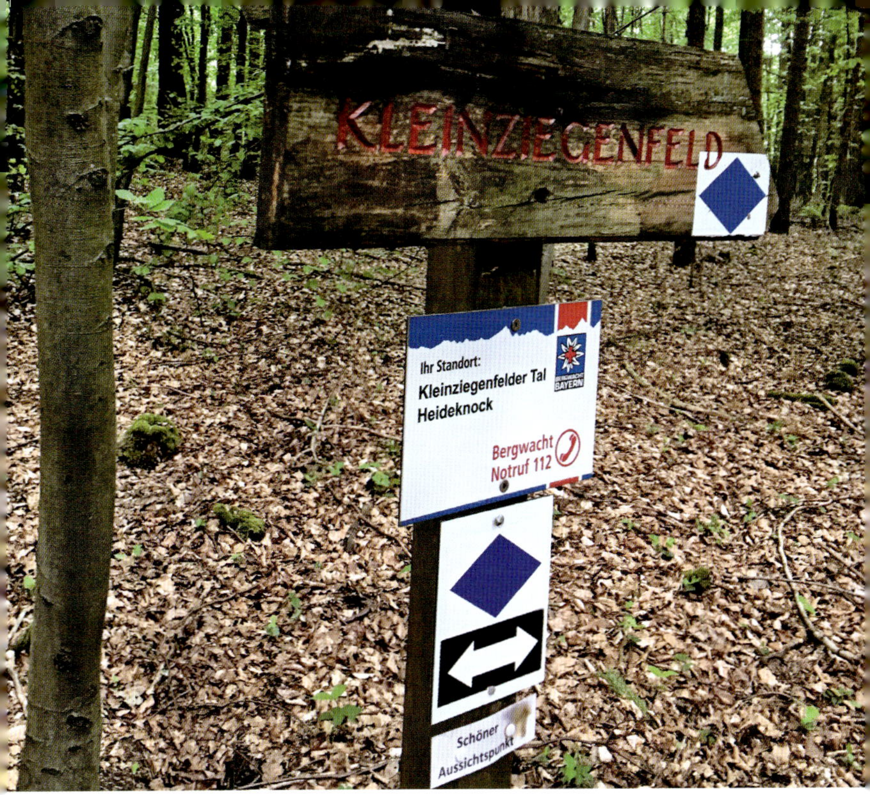

So eine gute Markierung wünscht man sich auf allen Wanderungen.

Vom Parkplatz gleich südlich der **Weihersmühle (1)** zum wenige Meter entfernten Gasthaus und gegenüber mit dem Wegweiser »Kleinziegenfeld« nach rechts. An den Häusern vorbei zu einer Wegverzweigung. Hier kurz links und gleich wieder rechts über die Wiese zu einer deutlich zu sehenden Markierung am Waldrand. Die Wegnummer 4 führt an eindrucksvollen Felsen vorbei über einen Geländerücken auf die Hochfläche. Dort wandert man hoch über dem Kleinziegenfelder Tal durch den Buchenwald und darf keinesfalls versäumen, beim Wegweiser »Rote Wand« einen kurzen Abstecher zu der **Aussichtskanzel (2)** mit Rastbank zu machen. Weiter durch den Wald zu einem Feldweg, der rechts zu den Hofen am oberen Talrand von Kleinziegenfeld führt. Vor dem letzten Gehöft weist uns die Markierung nach links und quert sogleich rechts haltend und leicht absteigend die für die Landschaft typischen felsenbestandenen Trockenrasenhänge.

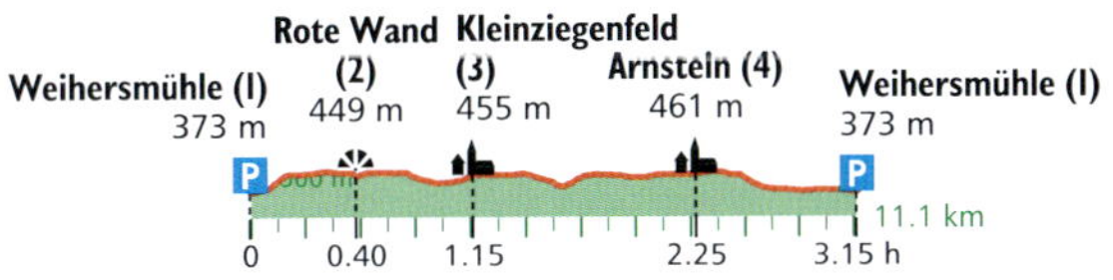

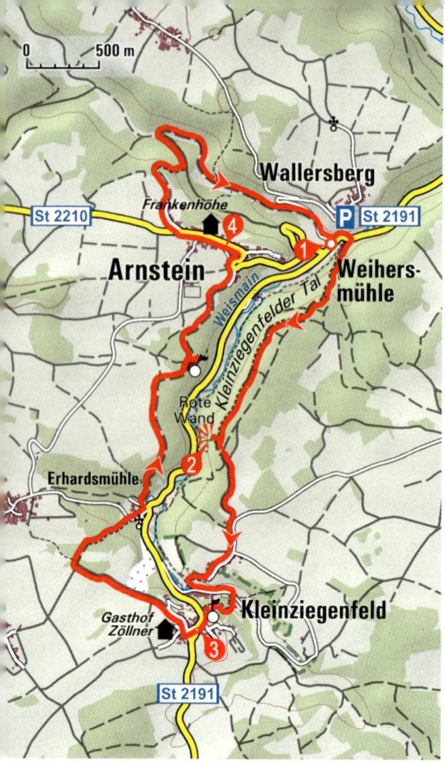

Bei der Radfahrerstatue Claudius im spitzen Winkel nach links und hinunter zur Weismainquelle. Auf der Straße taleinwärts zu einem Spielplatz mit Fußballplatz, hinter dem ein Steig beginnt, der hinauf führt nach **Kleinziegenfeld (3)**.

Am Gasthof Zöllner links vorbei und mit dem Wegweiser »Großziegenfeld« aus dem Ort hinaus zu einer Wegkreuzung. Rechts (Wegweiser »Kirche/Klinge«) Richtung Ehrhardsmühle und auf schönem Steig, vorbei an eindrucksvollen Felsformationen, in das Kleinziegenfelder Tal. Über die Brücke und auf einem mit Holzgeländer gesicherten Steig (Wegweiser »Arnstein«) mit der blauen Raute steil den Hang hinauf zu einer Bank und rechts in den Wald. Mit der Markierung auf weichem Waldweg, dabei keinesfalls den Abstecher zum Aussichtspunkt Heideknock versäumen, zu einem

Die schönen Trockenrasen bei Kleinziegenfeld werden nur am Rand berührt.

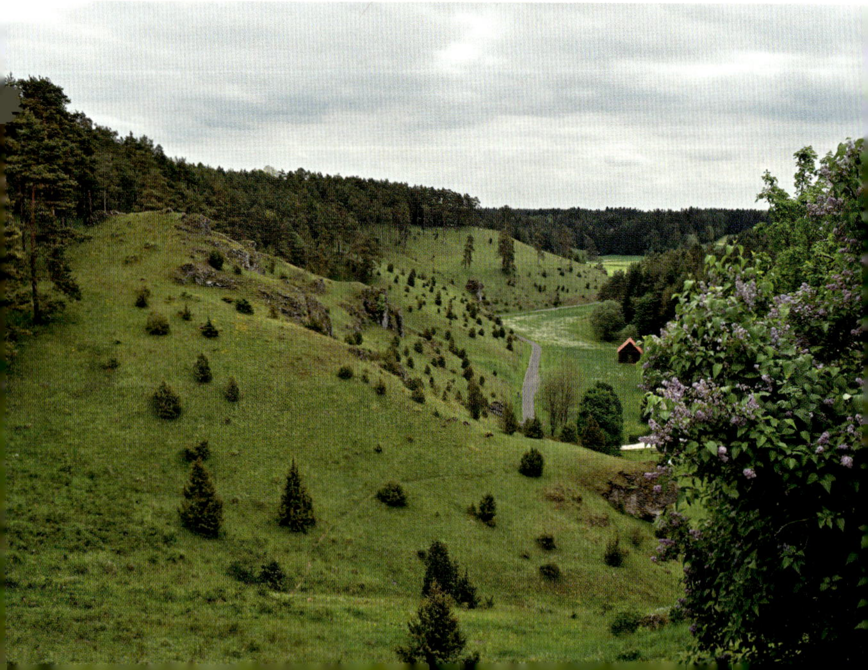

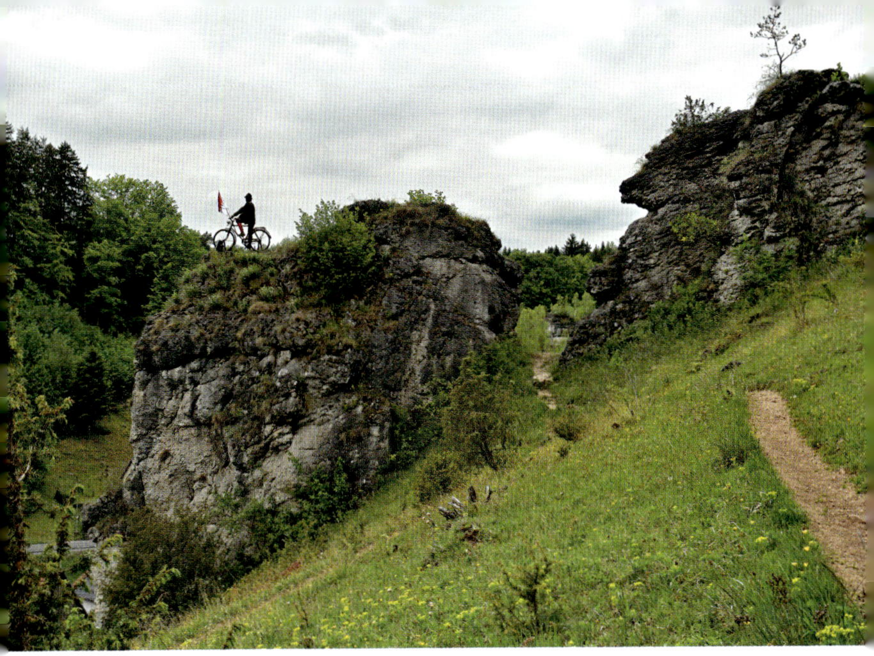

Das Wahrzeichen des Tals: die Radfahrerstatue Claudius.

gepflasterten Feldweg und rechts nach **Arnstein (4)**. Durch den Ort bis fast zum Ortsende und bei einem Wegkreuz rechts in eine Sackgasse. Ein Feldweg führt weiter an den Waldrand, wo einen der Wegweiser »Köttler Grund« sicher in den ruhigen Talboden bringt, durch den man gemütlich hinaus wandert zur **Weihersmühle (1)**.

EINKEHR

Gasthof Zöllner
Einst eine kleine Dorfwirtschaft, heute ein weithin bekannter Landgasthof mit kleinem Gastgarten, einer gemütlichen Stube und einer ausgezeichneten Küche. Klar, dass hier typisch fränkische Schmankerl wie Bratwürste mit Sauerkraut, Tafelspitz in Meerrettichsoße oder eine frische Forelle aus dem Kleinziegenfelder Tal nicht fehlen dürfen. Ausgezeichnet sind aber auch die Lammgerichte.
Geöffnet 11.30–14 Uhr, Abendkarte 17–21 Uhr, Do erst ab 17 Uhr geöffnet, Mi Ruhetag. Kleinziegenfeld 41, 96260 Weismain, Tel. +49 9504 266, www.gasthof-zoellner.de.

Gasthof Frankenhöhe
Gute fränkische Küche, eigene Hausschlachtung. Spezialitäten: Juralamm, Geflügel aus eigener Aufzucht, Wildgerichte.
Geöffnet täglich ab 11 Uhr, Mo Ruhetag. Arnstein 4, 96260 Weismain, Tel. +49 9575 264, www.gasthof-frankenhoehe.de.

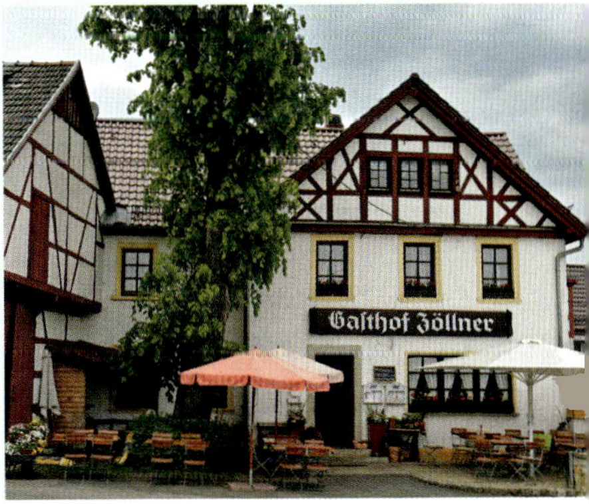

4 Giechburg, 530 m

Von Scheßlitz über den Gügel ★★★

Ehemalige Burganlagen auf einem grünen Bergrücken

Am nordwestlichen Ende eines von der Jurahöhe ziehenden Bergrückens thront die Giechburg hoch über Scheßlitz. Die weithin sichtbare Burg wurde vermutlich im 10. Jahrhundert erbaut. Die Bauernaufstände 1525 überlebte die Burg noch, obwohl es den Bauern gelang, den Bau einzunehmen und Feuer zu legen. Knapp 30 Jahre später endete eine Belagerung jedoch mit Plünderung und Zerstörung. Aus der mittelalterlichen Burganlage wurde während der Regierungszeit des Fürstbischofs Johann Philipp von Gebsattel ein fürstlich ausgestattetes Renaissanceschloss, das unter anderem als Standort für die jährlichen Jagdausflüge diente. Den Dreißigjährigen Krieg überstand das Schloss ohne Schaden, doch dann begann der Verfall. Mittlerweile wurden Teile wieder saniert, und es gibt ein Gasthaus mit Burgambiente und schönem Biergarten.
Auf dem nächsten Hügel in südöstlicher Richtung standen einst eine Nebenburg sowie eine Kapelle, die allerdings den Bauernkrieg nicht überlebten. Heute findet man auf dem Gügel eine Wallfahrtskirche, wobei die umliegenden Bäume mittlerweile so hoch sind, dass nur der oberste Spitz des Kirchturms aus dem Blätterdach ragt. Zum Besuch der Wallfahrts- und Hochzeitskapelle gehört natürlich auch die Einkehr im schattigen Biergarten am Fuße der Mauern.

KURZINFO

Ausgangspunkt: Scheßlitz, 302 m, Parkplatz am Ortseingang von der Autobahn A70 (Ausfahrt Scheßlitz) kommend (Navi: 96110 Scheßlitz). Mit Bahn und Bus: Mit der Bahn nach Bamberg, weiter mit dem Bus (968) nach Scheßlitz.
Gehzeit: 4.30 Std.
Höhenunterschied: 410 m.
Anforderungen: Zwei lange, teils steile Anstiege, ansonsten überwiegend flache Wege und Steige.
Kinder: Kurz und aussichtsreich ist die Wanderung mit Start am Parkplatz unter der Giechburg. Von hier aus kann man im leichten Auf und Ab hinüberwandern zum Gügel, dort einkehren und anschließend noch einen Abstecher zur Giechburg einbauen.
Information: Stadt Scheßlitz, Hauptstraße 34, 96110 Scheßlitz, Tel. +49 9542 9490-0, www.schesslitz.de.

Vom Parkplatz am Ortsrand von **Scheßlitz (1)** auf dem Fußweg entlang der Straße in die Ortsmitte und nach der Kirche links in die Wilhelm-Spengler-Straße (Wegweiser »Giechburg«). In der Straße Altenbach nach links und mit dem Wegweiser »Naturfreundehaus« halb links nach **Demmelsdorf (2)**. Mit Blick auf die Ruine Giechburg in den Ort. In der Benno-Schmitt-Straße halb links in die Straße »Zum Herrnholz« abbiegen und am Ende auf die an den Häusern entlangführende Straße wechseln, die am Ende in einen gepflasterten Weg übergeht. Diesem folgen wir auf der Sonnenseite einer Hecke bergauf in den Wald. Dort mit der Markierung roter Punkt und blauer Strich neben einem Hohlweg teils steil bergauf. Am Rand der Hochfläche, bei Erreichen eines freien Feldes, zweigen wir mit dem roten Strich nach rechts ab. Kurz

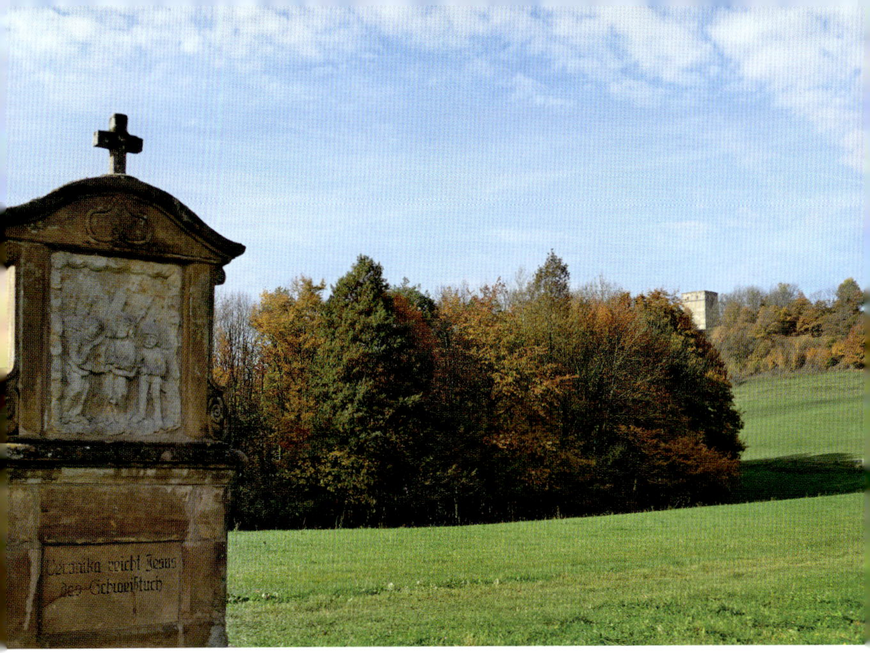

Sonnige Promenade: Blick vom Kreuzweg zur Giechburg.

nachdem der Weg ein Stück entlang einer Wiese verlief, heißt es aufpassen, um die leicht zu übersehende Abzweigung nicht zu verpassen. Mit dem roten Querstrich halb rechts in den Wald, schließlich über einen Wiesenweg zu einem Forstweg, links und nach ein paar Metern bei einer Kreuzung rechts. Erneut ein paar Meter weiter, kurz bevor die Straße bergab führt, halb rechts in einen Wiesenweg, der wunderschön durch einen Kiefernwald zu einem Kreuz und Rastbänken führt. Mit der Markierung erst am Rand der Hochfläche, dann etwas steiler bergab und auf einem quer verlaufenden Weg ein Stück nach links. Bevor dieser Weg wieder kurz bergauf führt, zweigt die Markierung nach rechts ab und führt durch Wald, dann am Waldrand entlang zu einer Teerstraße, auf der wir rechts Zeckendorf erreichen. Im Ort mit der Markierung links in die Talstraße und beim letzten Haus mit dem Wegweiser »Gügel« links. Durch den Wald hinauf zu einem Forstweg und auf diesem weiter zu einer Teerstraße, auf der wir rechts die **Wallfahrtskirche** und das **Gasthaus Gügel (3)** erreichen.

Auf dem Frankenweg geht es anfangs durch Wald, dann über aussichtsreiche Fluren hinüber zur **Giechburg (4)**, die man auf einem kleinen Pfad auch umrunden kann. Um der Fahrstraße auszuweichen,

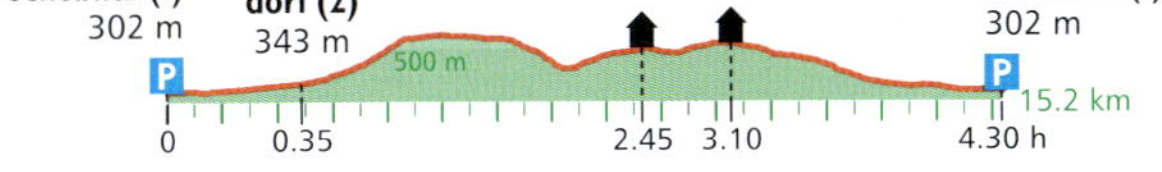

EINKEHR

Gastwirtschaft Gügel
Kleine Wirtschaft neben der Wallfahrtskirche Gügel, schöner Biergarten mit Selbstbedienung, hausgemachte Kuchen, Brotzeiten und kleine warme Gerichte.
Geöffnet 10–18 Uhr, Mi Ruhetag. 96110 Scheßlitz, Tel. +49 9542 1221.

Giechburggaststätte
Historischer Gasthof und schöner Biergarten im Inneren der Ruine Giechburg. Neben Brotzeiten und einfachen warmen Gerichten stehen auf der Karte auch Wildgerichte. Dazu gibt es fränkisches Bier und Frankenweine.
Geöffnet Mi–So 10–18 Uhr, von November bis April bis 17 Uhr. Giechburg 1, 96110 Scheßlitz, Tel. +49 9542 424, www.giechburg-gaststaette.de.

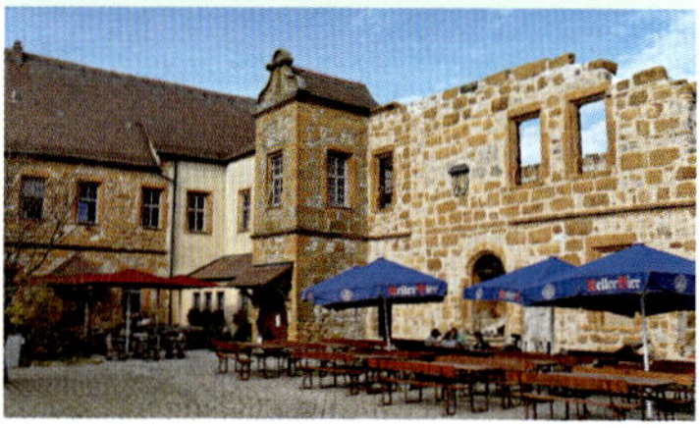

Gleich nach dem Start kommt man an dieser Kreuzgruppe vorbei.

geht man anschließend am besten auf dem Wiesenweg wieder zurück Richtung Gügel. Bei der Station VI des Kreuzwegs links und auf dem breiten Wanderweg zu einem großen Parkplatz, hinter dem wir wieder auf den Frankenweg treffen. Die Markierung führt einen zuverlässig durch den Wald in den Wiesenboden vor Scheßlitz, wo man auf dem breiten Feldweg einmal kurz aufpassen muss, um eine Abzweigung nicht zu verpassen. Ein kleiner, leicht zu übersehender Pfad führt rechts über das Feld zum Seierbach und auf der anderen Seite, an einer Wegkapelle unter einer Linde vorbei, leicht bergauf auf die Kuppe des Schneckenbühls. Kurz darauf erreicht man die ersten Häuser und folgt der Markierung in den Ort. Auf dem bereits bekannten Weg zurück zum **Ausgangspunkt (1)**.

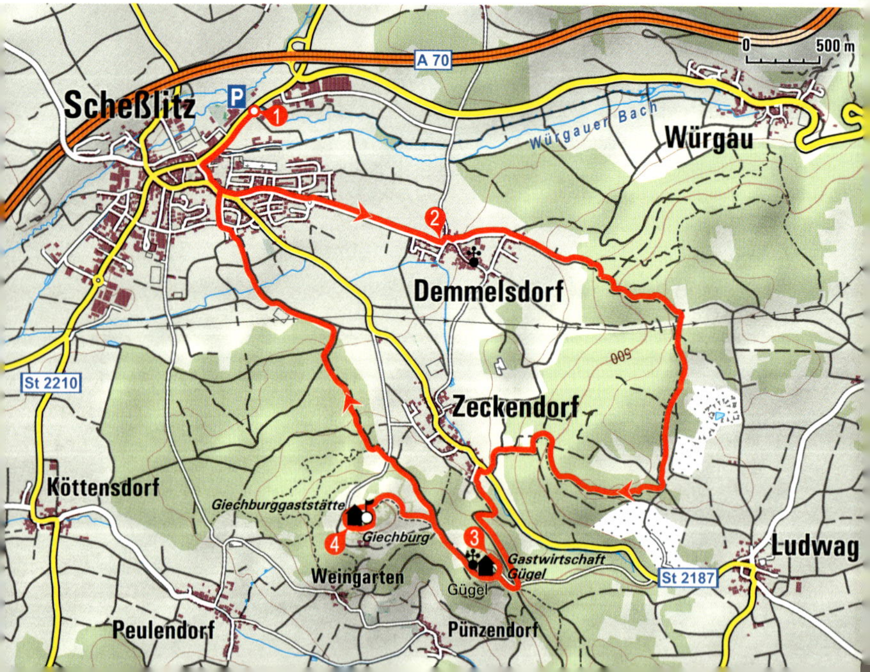

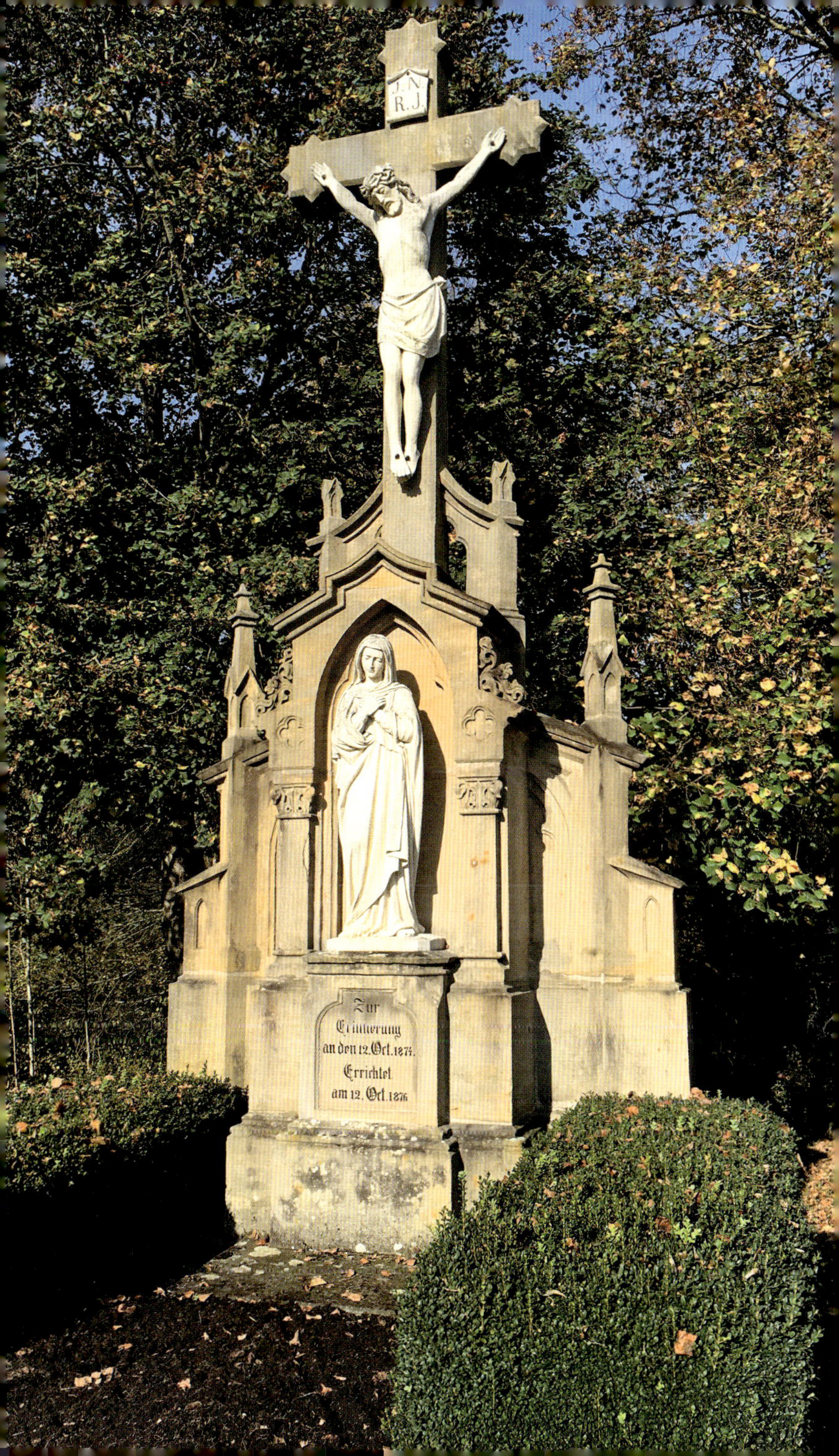
J. N. R. J.
Zur
Erinnerung
an den 12. Oct. 1874.
Errichtet
am 12. Oct. 1876

5 Durch das Paradiestal

Wiesentquelle, idyllische Täler und süffiges Bier ★★

Vom Bier- ins Naturparadies

Es kommt auf den Betrachtungswinkel an. Für die einen ist unberührte Natur ein Paradies, andere dagegen fühlen sich in einer typisch fränkischen Hausbrauerei wie im Paradies. Egal was man für Vorlieben hat, auf dieser Wanderung wird jeder glücklich und findet seinen Wohlfühlort. Erster Höhepunkt der Rundwanderung ist die Wiesentquelle in Steinfeld. Mit einer ganzjährig gleichbleibenden Temperatur von rund 8,5 °C entspringt hier die Wiesent, die auf 78 Kilometer Länge über Hollfeld, Waischenfeld, Behringersmühle, Muggendorf und Ebermannstadt nach Forchheim fließt und damit im Grunde einmal durch die Fränkische Schweiz.

Quasi vis-a-vis befindet sich mit dem Hübner-Bräu die erste Brauereigaststätte auf dieser Wanderung, ihre Geschichte lässt sich bis ins Jahr 1720 zurückverfolgen. Eine Legende sind auch die Schederndorfer Bierspezialiäten, die es seit 1742 gibt und an denen man zur Halbzeit der Runde vorbeikommt. Nach dem Bier- kommt der Naturgenuss, in diesem Fall das Paradiestal. Das gut vier Kilometer lange Seitental der Wiesent mit seinem grünen Wiesenboden und den bei Kletterern beliebten Felsgruppen gilt als eines der schönsten Täler der Fränkischen Schweiz.

KURZINFO

Ausgangspunkt: Steinfeld, an der Wiesentquelle, Parkplatz zwischen Steinfeld und Wiesentfels am Eingang ins Paradiestal, 419 m (Navi: Steinfeld, 96187 Stadelhofen).
Gehzeit: 3.45 Std.
Höhenunterschied: 140 m.
Anforderungen: Einfache Rundtour auf bequemen Feldwegen, im Paradiestal teilweise weiche Wiesenpfade.
Kinder: Schöne Picknickplätze, geheimnisvolle Felsen und Natur pur, eine Wanderung ins Paradiestal kann auch für Kinder spannend und abwechslungsreich gestaltet werden.
Information: Gemeinde Stadelhofen, c/o VG Steinfeld, Steinfeld 86, 96187 Stadelhofen, Tel. +49 9207 9810, www.stadelhofen-oberfranken.de.

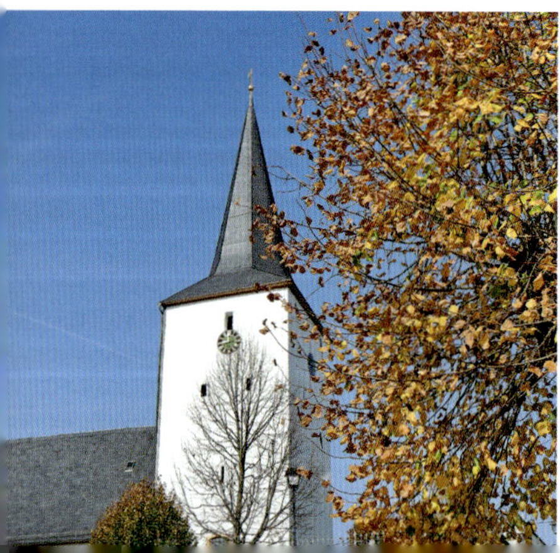

Vom **Parkplatz (1)** an der Wanderwegetafel vorbei Richtung Paradiestal und nach wenigen Metern mit dem grünen Strich links in einen Forstweg. Abwechselnd angenehm schattig durch Wald bzw. sonnig am Waldrand entlang Richtung Steinfeld. Schließlich auf einem Teerweg zu den ersten Häusern und links auf schmaler Straße entlang der hier

Gleich neben der Kirche von Steinfeld befindet sich die Brauerei.

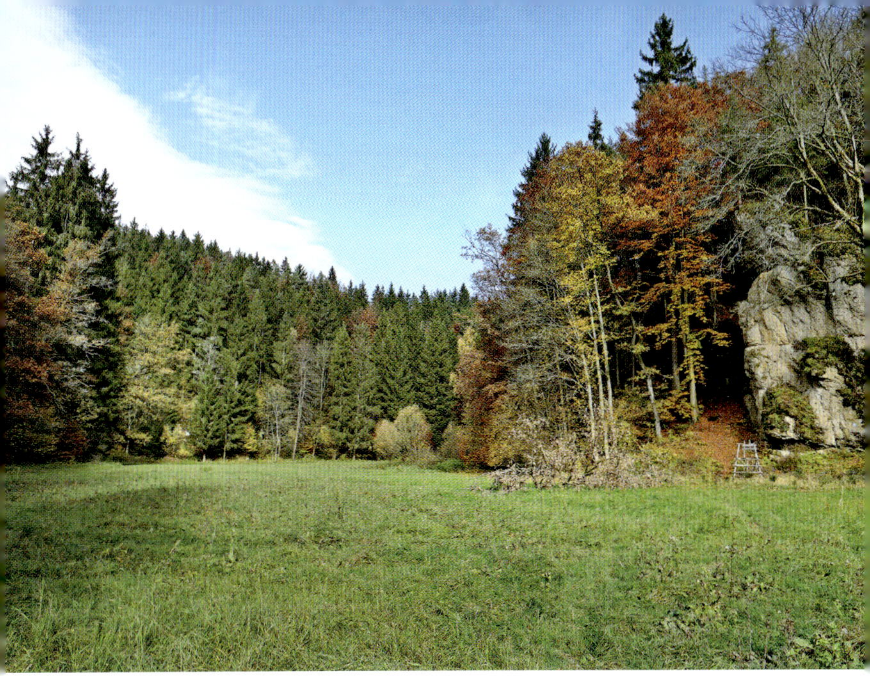

Paradiesisch schön: der sanfte Wiesenboden im Paradiestal.

noch jungen Wiesent in den Ortskern mit Brauereigaststätte.
In **Steinfeld (2)** kann man einen Abstecher zur Wiesentquelle machen, ansonsten bei einem Wegkreuz hinauf zur Kirche und an dieser rechts vorbei zu einem Fußballplatz. Vor diesem links und etwas ansteigend zu einem weiteren Fußballplatz. Ein paar Meter weiter bei einem Weg-

Ein kurzer Abstecher führt zur Quelle der Wiesent.

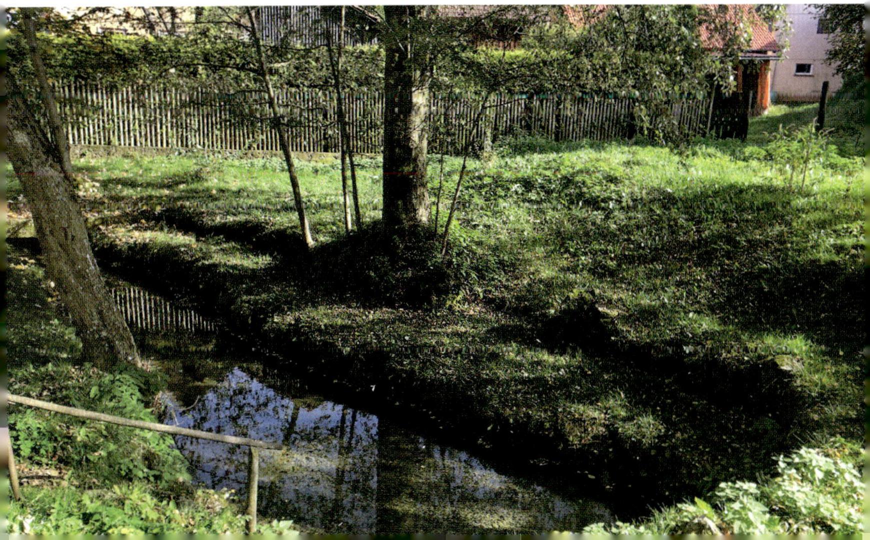

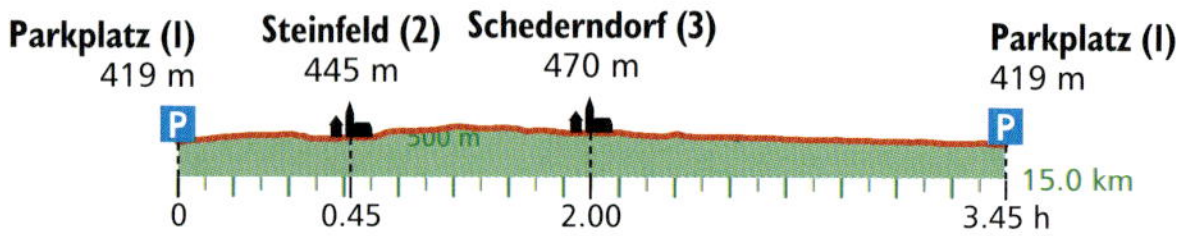

kreuz halb links auf einen Weg, dessen Fahrspuren gepflastert sind. Bei einer Weggabelung rechts (Wegweiser »Rodorf«) und immer geradeaus bis zur Brücke über die Autobahn. Dahinter rechts und nach 350 Metern bei ein paar freistehenden Buchen links. Auf dem Feldweg zum Waldrand, dort halb rechts abbiegen und durch Wald, dann am Waldrand entlang und durch ein weiteres Waldstück, bis der Blick frei wird auf Windkrafträder, vor denen die Ortschaft **Schederndorf (3)** liegt.

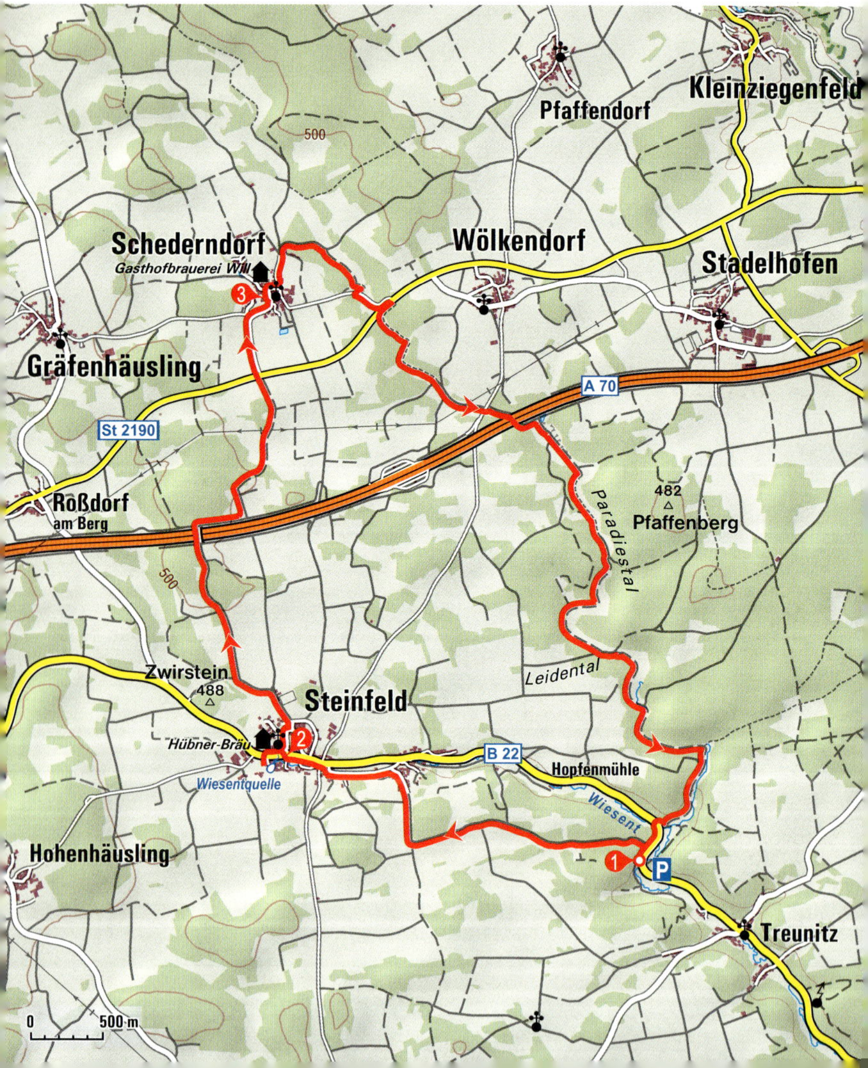

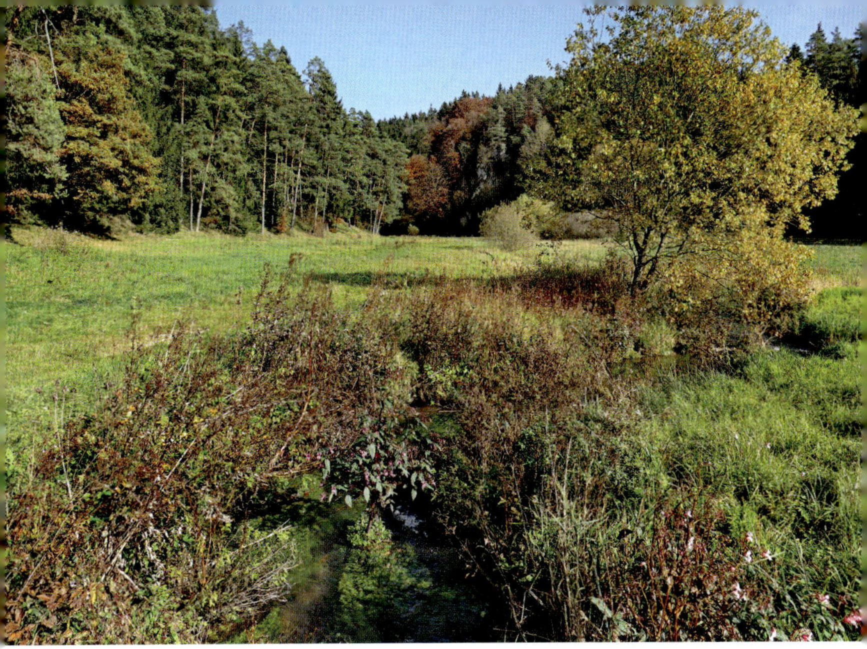

Das Paradiestal ist ein Trockental, einen Bach gibt es erst kurz vor der Mündung in die Wiesent.

Mit dem blauen Kreis am Gerätehaus der Feuerwehr vorbei aus dem Ort hinaus zu einem großen Schuppen, hinter dem wir auf dem Radweg nach Stadelhofen ins **Schederndorfer Tal** absteigen. Im Talboden in der Linkskurve geradeaus auf den Wiesenweg, der auf der rechten (westlichen) Talseite entlangführt und schließlich auf eine Teerstraße trifft. Auf der links haltend ein paar Meter hinauf zur Staatsstraße, die überquert wird. Auf der anderen Seite führt rechts ein Weg wieder hinunter in den Talboden. Auf weichen Wiesenwegen am Katzenstein vorbei zu einem Wanderparklatz und unter der Autobahn durch ins Paradiestal. Weiter immer im Talboden bleibend mit dem blauen Kreis auf Schotterwegen, überwiegend jedoch auf Wiesenwegen an einigen auffallenden Felsformationen vorbei zurück zum **Parkplatz (1)**.

EINKEHR

Hübner-Bräu

Brauereigaststätte mit kleinem Biergarten (Selbstbedienung). Gute Brotzeiten, einfache warme Gerichte und hausgemachte Kuchen.

Geöffnet 15–22 Uhr, Sonn- und Feiertage ab13.30 Uhr, Mo, Di und Do Ruhetag. Steinfeld 69, 96187 Stadelhofen, Tel. +49 9207 259, www.huebner-braeu.de.

Gasthofbrauerei Will

Schöner Biergarten unter schattenspendenden Kastanien, gutes Bier und herzhafte Brotzeiten. Die Wurst ist hausgemacht, der Ziebeleskas (pikant angemachter Quark) stammt aus der eigenen Käserei und wird nach altem Familienrezept hergestellt. Warmes Essen gibt es nur zum Patronatsfest und zur Kerwa (zweiter Sonntag im Februar und im September).

Geöffnet 12–23 Uhr, Mo und Di Ruhetag. Haus Nr. 19, 96187 Schederndorf/Stadelhofen, Tel. +49 9504 262, www.schederndorf.de.

6

Burg Zwernitz, 500 m

Durch das Kainachtal nach Sanspareil ★★★

Wiesenbewässerung und barocker Felsengarten

Alleine eine Runde durch das naturbelassene Kainachtal ist für Wanderer ein Traum, doch das eigentliche Ziel ist der barocke Felsengarten Sanspareil. Etwas Geschichte gibt es bereits im Kainachtal. Reste ehemaliger Wehranlagen erinnern daran, wie man einst den Bach aufgestaut hat. Bei der sogenannten Wiesenbewässerung wurden die Wiesen oberhalb des Wehrs überflutet und damit das Wachstum des Grases im eher trockenen Franken gefördert.
Von den Denkmälern der Kulturlandschaft zu einem Denkmal der Landschaftsgestaltung. Auf Initiative der Markgräfin Wilhelmine von Bayreuth wurde Mitte des 18. Jahrhunderts der mit eindrucksvollen Felsgestalten durchsetzte Buchenwald neben der mittelalterlichen Burg Zwernitz in einen Landschaftsgarten verwandelt. Von den einst zahlreichen Parkgebäuden sind nur noch wenige erhalten. Noch heute eindrucksvoll anzuschauen ist etwa das Felsentheater im Stil einer römischen Ruine – als Zuschauerraum dient eine natürliche Felsgrotte. Auf die damals üblichen Wasserspiele musste man aufgrund der Lage allerdings verzichten. Beeindruckend war das Ergebnis dennoch, zumindest geht der Name des Parks auf den Ausruf einer Hofdame des Bayreuther Markgrafen zurück: »Ah! C'est sans pareil!«.

KURZINFO

Ausgangspunkt: Hollfeld, im Oberen Wiesenttal, Parkplatz am Freibad, am Eingang zum Kainachtal, 395 m (Navi: Badstraße 31, 96142 Hollfeld). Mit Bahn und Bus: Mit der Bahn nach Bayreuth, mit dem Bus (969) nach Hollfeld.
Gehzeit: 5.00 Std.
Höhenunterschied: 280 m.
Anforderungen: Lange Runde auf allgemein breiten, gut zu gehenden Wegen.
Kinder: Insgesamt sehr lange Wanderung, doch eine Runde durch das Kainachtal oder durch den Felsengarten begeistert auch Kinder. Auch, weil nach dem Kainachtal das Freibad wartet oder in Sanspareil eine Stärkung im Schlosscafé. Die Burg Zwernitz mit der Dauerausstellung »Markgräfliche Jagd« kann besichtigt werden, zu den Themen »Jagd« und »Rittertum« gibt es für Kinder spannende Mitmachstationen (April–September 9–18 Uhr, 1.–15. Oktober 10–16 Uhr, Mo sowie von Mitte Oktober bis März geschlossen, www.schloesser.bayern.de).
Information: Tourist-Information, Marienplatz 18, 96142 Hollfeld, Tel. +49 9274 9800, www.hollfeld.de.

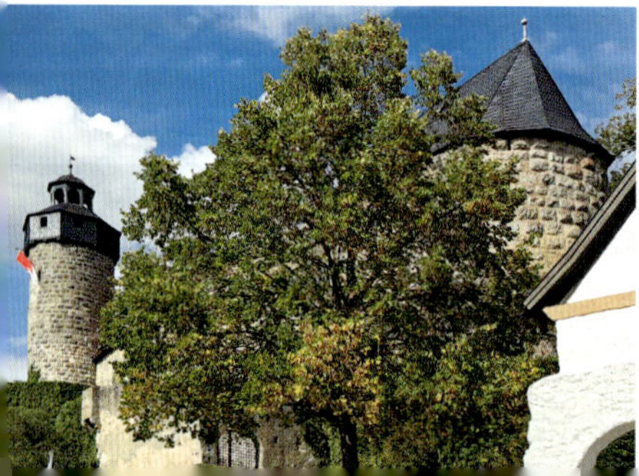

Vom Parkplatz (1) am Eingang des Kainachtals an der Übersichtstafel mit den Wanderwegen vorbei und mit dem gelben Punkt auf dem bequemen, breiten Weg nach Kainach (2). Im Ort beim Briefkasten rechts

Lohnender Abstecher: Besichtigung der Burg Zwernitz.

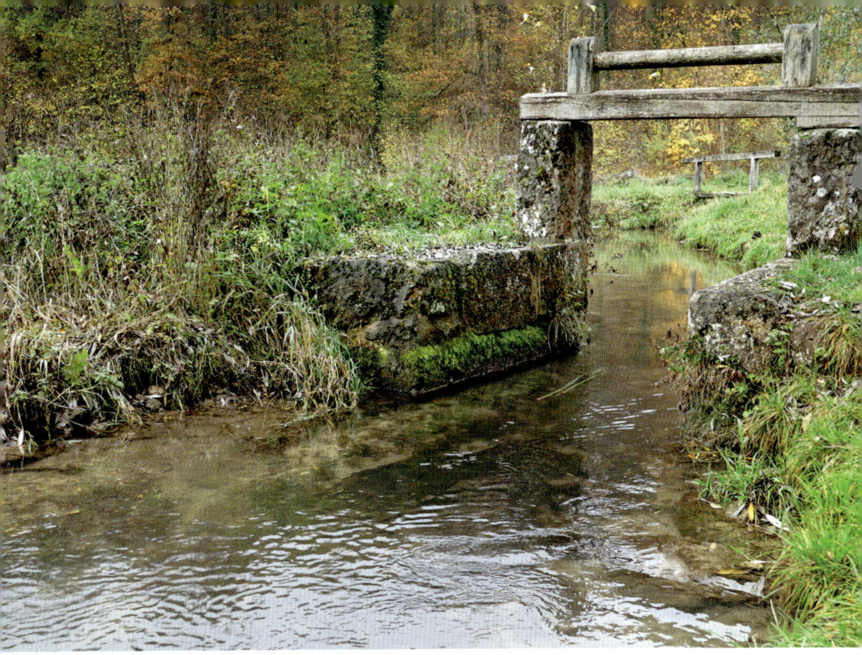

Ehemalige Wehranlage zur Bewässerung der Wiesen im Kainachtal.

und gleich wieder links (Wegweiser »Wanderweg Schwalbachtal«) und mit der grünen Raute ins Schwalbachtal. Bis zur Fischzucht auf breitem, dann schmalerem Wanderweg zur **Schlötzmühle (3)** und auf geteerter Straße rechts durch ein Tälchen auf die Hochfläche. Bei einer Kreuzung links (Wegweiser »Wonsees«) und noch ein Stück leicht ansteigend auf eine Kuppe mit Rastbank. Auf der anderen Seite mit Blick ins Wacholdertal hinunter nach **Wonsees (4)**. Nach dem Ortsschild bei der ersten Möglichkeit rechts (Wegweiser »Sanspareil«) und mit dem gelben Punkt ins stille Wacholdertal. Erst am Rand von Wiesen, dann durch Wald aufwärts zu einem Forstweg und auf diesem nach links. Bei einer Bank mit schönem Ausblick erreicht man eine Weggabelung und hält sich hier rechts (Fränkischer Gebirgsweg), um so eine Schleife des Hauptweges abzukürzen. Kurz darauf trifft man (bereits mit Blick auf die mittelalterliche Burganlage) wieder auf den Forstweg und folgt diesem bis zu einer Teerstraße unterhalb von **Burg Zwernitz**. Rechts haltend erreicht man nach wenigen Metern das Gasthaus mit Blick auf den Morgenländischen Bau und wechselt zwischen Parkplatz und dem Morgenländischen Bau auf den gut

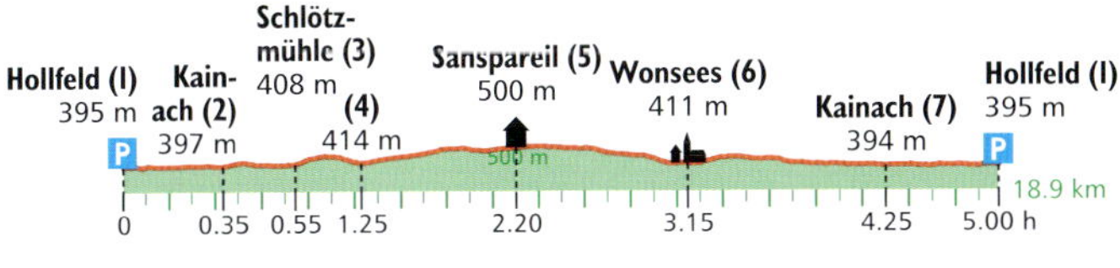

gepflegten Rundweg durch den Felsengarten **Sanspareil (5)**.

Zurück beim Gasthaus folgt man dem Fußweg neben der Straße zur Burg Zwernitz und dann der Straße bis zur Bushaltestelle. Hier rechts und mit der Markierung roter Kreis aus dem Ort hinaus auf die Felder. Auf dem gepflasterten Feldweg zu einer Kreuzung mit Bank, bei der wir links abbiegen und schließlich nach einem kurzen Abstieg bei der Plötzmühle die Straße erreichen. Rechts und auf dem neben der Straße verlaufenden Fußweg in die Ortsmitte des Marktes **Wonsees (6)**. Links und auf der Hollfelder Straße zum Bauhof, an diesem links vorbei und mit dem roten Kreis Richtung Krögelstein. Nach wenigen Metern nehmen wir bei einer Weggabelung den linken Weg und folgen diesem mit dem roten Kreis auf die Hochfläche. Bei einer Kreuzung könnte man mit dem gelben Punkt abkürzen und links auf direktem Weg nach Kainach wandern, schöner ist jedoch die Fortsetzung Richtung Krögelstein. Mit dem blauen Punkt und dem gelben Kreuz geradeaus, in der Links-

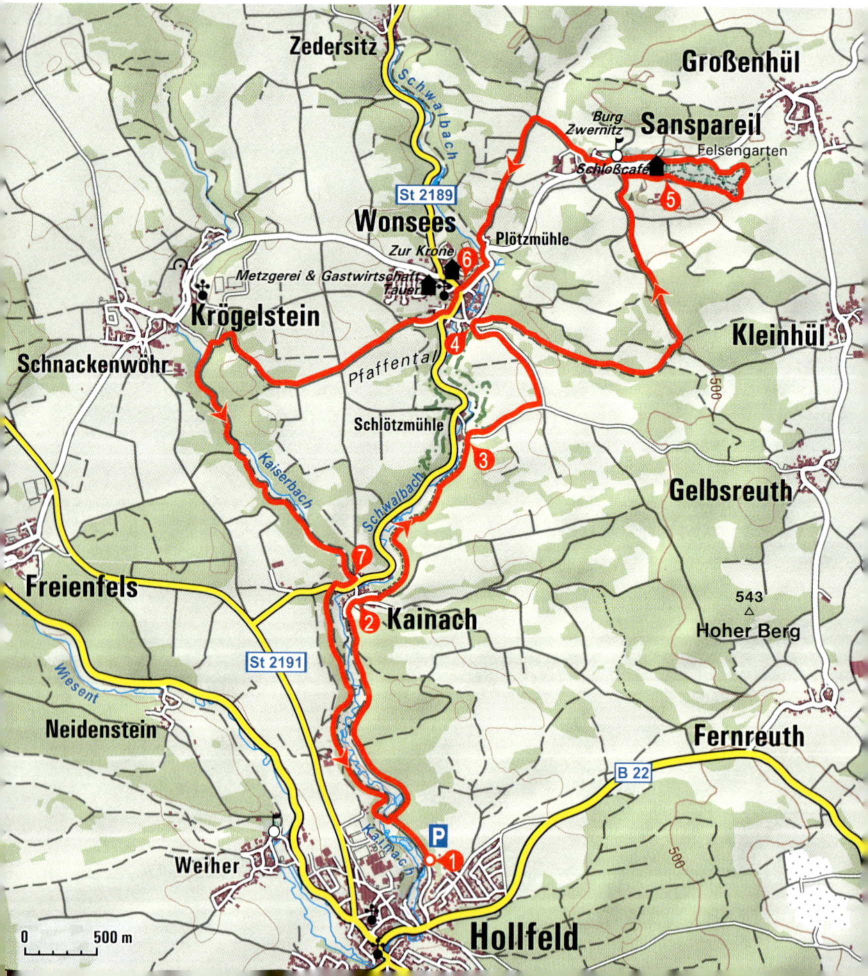

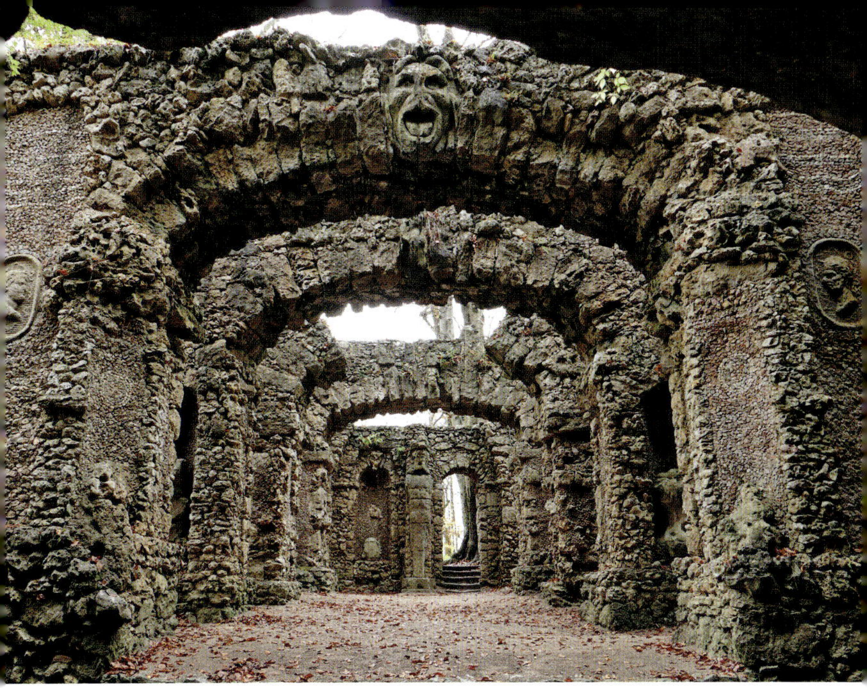

Eindrucksvoll: das Felsentheater im Stil einer römischen Ruine.

kurve des Feldwegs halb rechts weiter und bei der nächsten Weggabelung wieder halb rechts. Schließlich auf einem gepflasterten Weg hinunter ins Kaiserbachtal. Kurz vor Erreichen einer schmalen Teerstraße und einer Sitzgruppe links (Wegweiser und Markierung »Fränkischer Gebirgsweg«) und wunderschön durch das stille Wiesental nach **Kainach (7)**. Für den Weiterweg folgen wir der Straße durch den Ort nach rechts und dann dem blauen Punkt, der am kleinen Feuerwehrhaus vorbei auf der anderen Seite des Kainachtals Richtung Hollfeld führt. Beim Kriechtunnel für die Kinder wechseln wir die Talseite und gehen auf dem bereits bekannten Weg zurück zum **Parkplatz (1)**.

EINKEHR

Schlosscafé
Schöne Lage mit Blick auf den Garten und die Schlossanlage »Morgenländischen Bau«, Selbstbedienung auf der Terrasse.
Geöffnet von April bis Mitte Oktober von 12–18 Uhr, Mo Ruhetag. Sanspareil 32, 96197 Wonsees, Tel. +49 151 2411 4274.

Metzgerei & Gastwirtschaft Christian Tauer
Familiärer Landgasthof am Marktplatz, fränkische Spezialitäten aus der eigenen Metzgerei.
Mo, Di, Fr und So bis 19 Uhr geöffnet, Do bis 13.30 Uhr, Sa bis 13 Uhr, Mi Ruhetag. Marktplatz 13, 96197 Wonsees, Tel. +49 9274 94545, www.gastwirtschaft-tauer.de.

Gasthof Zur Krone
Gastwirtschaft am Marktplatz, fränkische Küche mit verschiedenen Braten und selbst gemachten Klößen.
Geöffnet Fr und Sa 17–22 Uhr, So 11–22 Uhr. Marktplatz 2, 96197 Wonsees, Tel. +49 9274 441.

7

Eichenberg, 525 m

Von Heiligenstadt zum Schloss Greifenstein ★★

Lebendige Geschichte und typisch fränkische Braukunst

Vom Mittelpunkt des Leinleitertals aus führen Wanderwege in alle Richtungen. Zu den unübersehbaren Fixpunkten zählt das Schloss Greifenstein in einem Seitental, knapp einen Kilometer nördlich von Heiligenstadt. Eigentümer des stattlichen Baus sind seit 1691 die Grafen von Stauffenberg. Geändert hat sich in den letzten Jahrhunderten die Umgebung. Früher wurden die Hänge landwirtschaftlich genutzt, und der Schlossherr genoss eine freie Sicht – auch auf anrückende Feinde –, heute ist der gesamte Schlossberg dicht bewaldet. Freie Sicht genießt man (noch) auf dem 520 Meter hohen Kreuzfelsen oberhalb von Oberleinleiter. Das typisch fränkische Dorf zählt zwar nur rund 165 Einwohner, doch überregional bekannt ist der Ort allemal. Dafür sorgt eine über 300 Jahre alte Brautradition. Für eine andere Tradition ist Heiligenstadt bekannt: Der mit vielen bemalten Eiern geschmückte Osterbrunnen zählt traditionell zu den schönsten der Fränkischen Schweiz.

KURZINFO

Ausgangspunkt: Heiligenstadt, im Leinleitertal, Parkplatz am nördlichen Ortsende beim Heiligenstadter See, 358 m (Navi: Hauptstraße, 91332 Heiligenstadt). Mit Bahn und Bus: Bus 221 vom Bahnhof Ebermannstadt (R 22).
Gehzeit: 4.30 Std.
Höhenunterschied: 450 m.
Anforderungen: Lange Runde mit drei anstrengenden Anstiegen. Steter Wechsel zwischen flachen Feldwegen und schmalen, teils auch steilen Steigen sowie zwischen schattigem Wald und sonnigen Fluren.

Kinder: Ein Besuch von Schloss Greifenstein fasziniert auch den Nachwuchs. Der Zugang in den Schlossvorhof erfolgt über die ehemalige Zugbrücke, im Schlossinnenhof befindet sich ein 92 Meter tiefer, beleuchteter Ziehbrunnen, und im Schloss sind eine Waffensammlung vom Mittelalter bis zur Neuzeit sowie eine Geweihsammlung zu besichtigen. Geöffnet März bis 30.4. sowie 1.11.–15.1. Mi bis So (Ostermontag geöffnet), vom 1.5.–31.10. täglich, www.schloss-greifenstein.de.
Information: Tourist-Information, Marktplatz 20, 91332 Heiligenstadt, Tel. +49 9198 929932, www.markt-heiligenstadt.de.

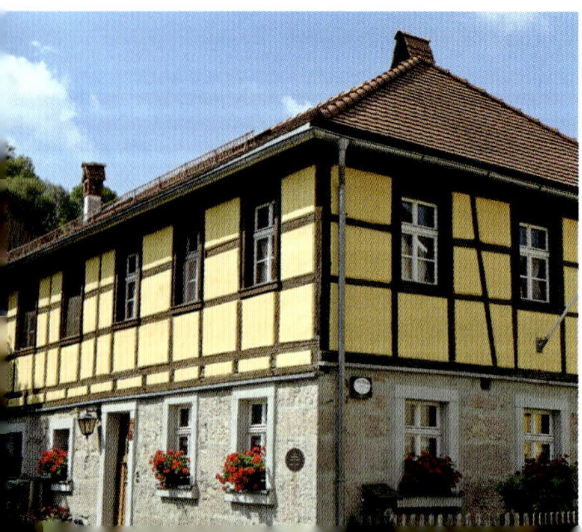

Vom Parkplatz am Ortsrand von **Heiligenstadt (1)** auf dem Wasserlehrpfad zum Heiligenstadter See und mit dem blauen Querstrich zum Ortsrand von Zoggendorf. Dort auf einer Teerstraße im spitzen Winkel nach links und am Ortsschild von Zoggerndorf vorbei bergauf Richtung Heiligenstadt. Bei einer Bank

Ehemaliges Bauernhaus in Oberleinleiter.

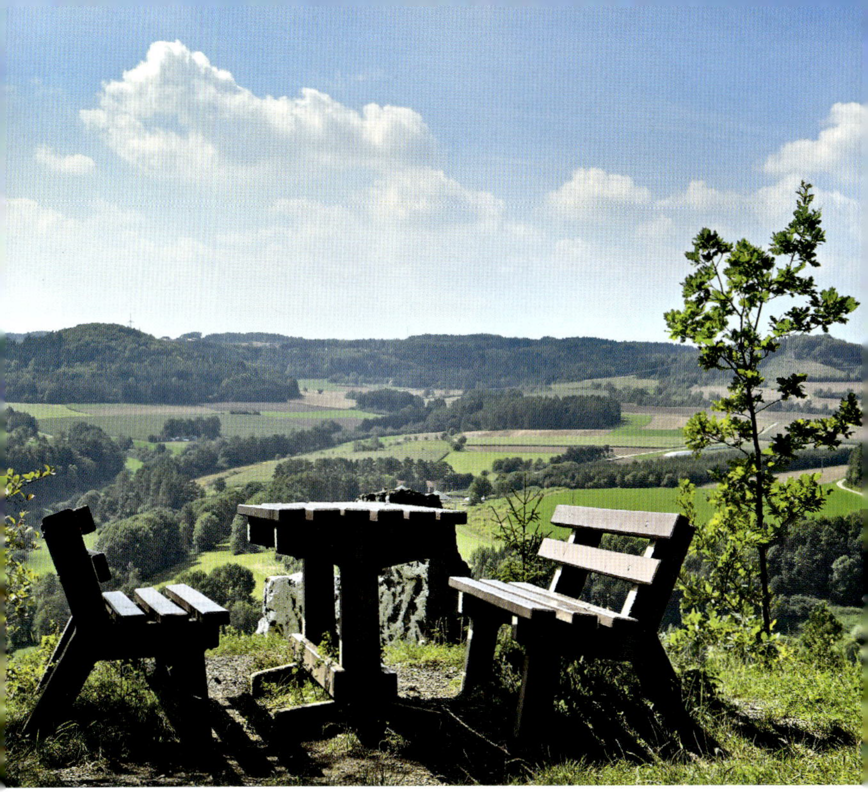

Kreuzstein: Rastplatz mit Aussicht.

teilt sich die Straße, wir halten uns rechts und folgen dem Teerweg leicht bergauf. Gut 100 Meter nachdem man an einem Schuppen vorbei gelaufen ist, geht es rechts auf einem Kiesweg zum Waldrand und dort mit dem blauen Querstrich nach links. Auf dem Forstweg heißt es aufpassen, um die Abzweigung des roten Kreises nicht zu versäumen, der uns im weiteren Verlauf durch die Hänge des Altenbergs und schließlich hinunter nach **Burggrub (2)** führt. Im Ort links und mit dem Wegweiser »Oberleinleiter« auf dem Radweg in den nächsten Ort. An der Brauerei Ott in **Oberleinleiter (3)** vorbei und mit dem Wegweiser »Kreuzstein« rechts hinauf zu einer quer verlaufenden Teerstraße. Links und vor einer Steinmauer wieder rechts auf einen schönen, wenn gleich manchmal etwas zugewachsenen Pfad, der teils steil hinauf zum Kreuzstein führt.

Oben entlang einer Lichtung zu einem Wegweiser und dort mit dem grünen Kreis nach rechts. Am Wald-

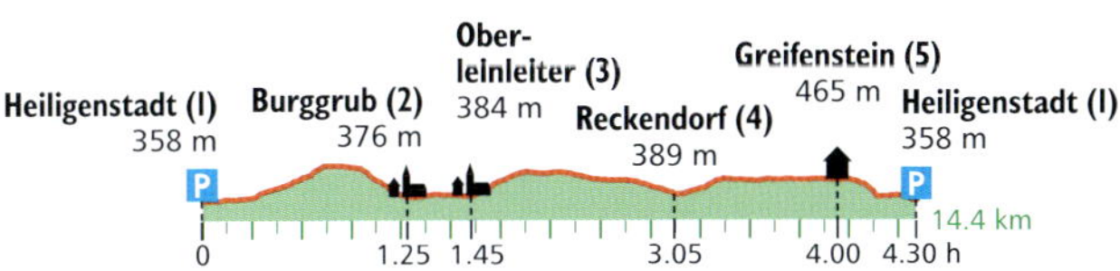

rand entlang, dann mit der Markierung rechts auf einem Pfad in den Wald und wunderschön am Rand der Hochfläche über den Rücken des Eichenbergs zu zu einem Parkplatz. Mit dem grünen Kreis geradeaus weiter zu einer von fünf Bäumen und einem großen Stein umrahmten Raststelle. Links auf dem Teerweg bis zur ersten Abzweigung und mit der Markierung Bierkrug rechts nach **Reckendorf (4)**. Im Ort übernimmt der rote Punkt die Führung. Eine Teerstraße führt auf der anderen Talseite bergauf, bei einer freistehenden Kiefer links auf einen Feldweg und schließlich rechts auf einen Pfad, der durch die Hänge des Hohen Steins auf die Hochfläche führt und dort in einen Forstweg übergeht, der schließlich auf eine Teerstraße trifft. Mit dem Wegweiser »Greifenstein/Heiligenstadt« nach rechts. Nach ein paar Metern verlassen wir die Straße nach links (Wegweiser »Gotische Kapelle«). Der rote Punkt führt an der Ruine der Kapelle vorbei durch den Wald und trifft kurz vor **Greifenstein (5)** auf eine Teerstraße. Rechts durch eine über 300 Jahre alte Lindenallee zum Schloss. Anschließend an der Burgklause vorbei und mit dem roten Senkrechtstrich ins Tal zur Neumühle und weiter nach **Heiligenstadt (1)**.

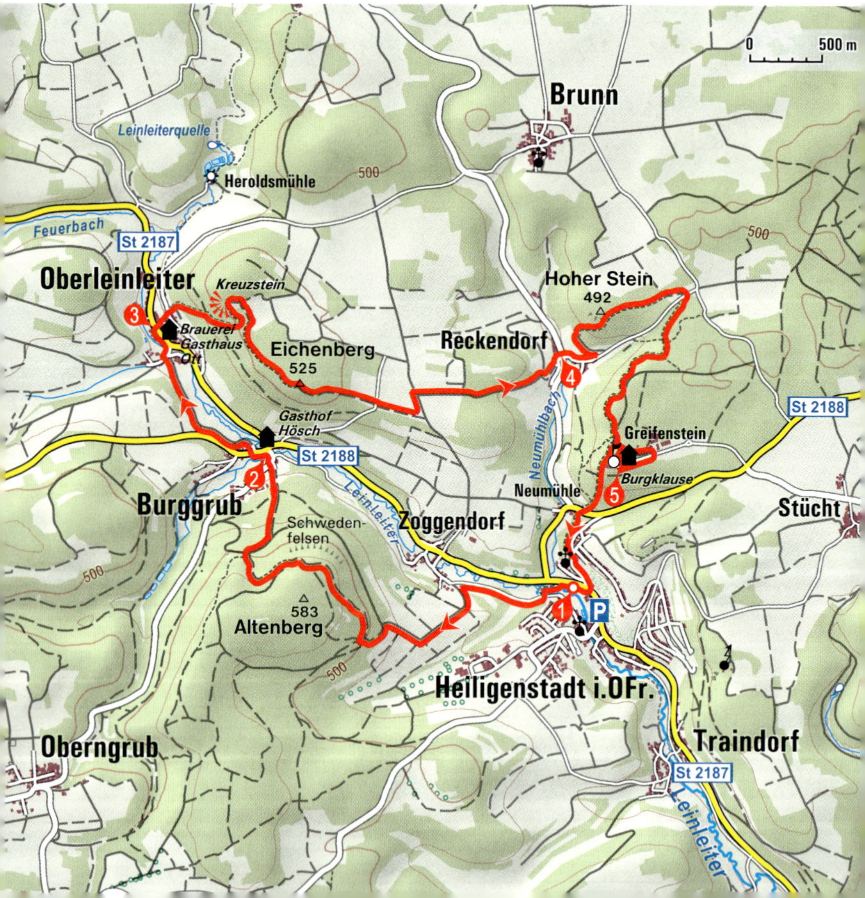

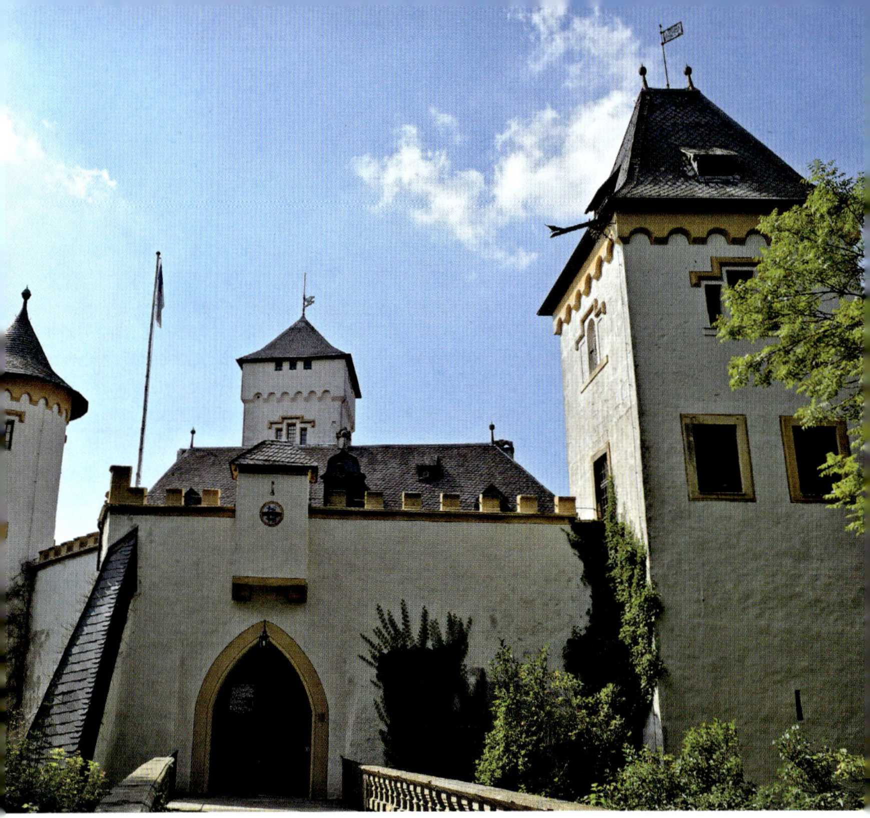

Imposant: Wuchtige Mauern umgeben Schloss Greifenstein.

EINKEHR

Gasthof Hösch
Einfache Gerichte und Brotzeiten, kleiner Biergarten.
Geöffnet Mo ab 16 Uhr, Sonn- und Feiertage Mittagstisch. Burggrub 7, 91332 Heiligenstadt, Tel. +49 9198 391, www.gasthof-hoesch.de.

Brauerei Gasthaus Ott
Gemütlicher Brauereigasthof. Neben dem eigenen Bier gibt es als Spezialität Hähnchen und Schnitzel.
Fr und Sa ab 17.30 Uhr, So 10–16 Uhr, Mo bis Do geschlossen. Oberleinleiter 6, 91332 Heiligenstadt i. OFr., Tel. +49 9198 271, www.brauerei-ott.de.

Burgklause
Einfache Einkehr, schattiger Biergarten, Kuchen und fränkische Brotzeiten.
Derzeit geschlossen, ein Nachpächter wird gesucht (Stand: Frühjahr 2022). Weitere Infos auf der Homepage. Schloss Greifenstein, 91332 Heiligenstadt, www.schloss-greifenstein.de.

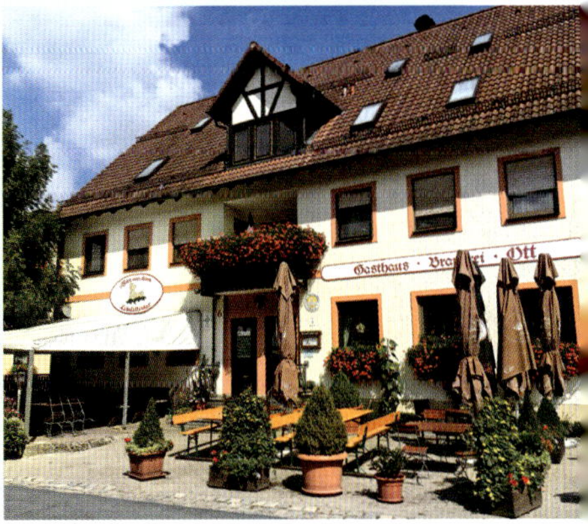

8 Rund um Aufseß

Aufseß- und Hochstahler Tal ★★

Für Brauerei- und Naturliebhaber

Als Bierliebhaber folgt man in Aufseß natürlich dem Brauereienweg – immerhin ist Aufseß mit seinen vier Brauereien Weltrekordhalter für die größte Brauereidichte pro Einwohner. Als Naturliebhaber, der gerne auch einmal einkehrt, wählt man allerdings besser eine andere Route und startet seine Wanderung mit einer Promenade durch das idyllische Aufseßtal. Von Menschenmassen absolut unberührt ist der nächste Abschnitt durch das Hochstahler Tal, ehe es kurzzeitig anstrengend wird. Doch die Belohnung für den Anstieg wartet in Heckenhof: Die Kathi-Bräu ist eine fränkische Institution und entsprechend beliebt – der Parkplatz ist gefühlt größer als die kleine Ortschaft Heckenhof. Zum Finale führt die Wanderung an zwei alten Burgschlössern vorbei: Etwas außerhalb thront Oberaufseß über dem grünen Talboden, während Unteraufseß als Stammburg der Familie von Aufseß mittlerweile von Häusern umgeben mitten im Ort liegt.

KURZINFO

Ausgangspunkt: Aufseß, im gleichnamigen Tal, Parkplatz am Fuß von Schloss Unteraufseß, westlich der Brücke über die Aufseß, 392 m (Navi: Am Weiher, 91347 Aufseß). Mit Bahn und Bus: Bus 975 vom Bahnhof Ebermannstadt (R 22).

Gehzeit: 3.30 Std.

Höhenunterschied: 240 m.

Anforderungen: Kurzweilige Wanderung im steten Auf und Ab, teils schmale Steige, dann wieder breite Wege. Wem der zugewachsene Pfad nach Oberaufseß zu mühsam ist, der kann den Abschnitt mit der Schweizerhaushöhle auch im Talboden bequem umgehen.

Information: Gemeinde Aufseß, Schulstraße 145, 91347 Aufseß, Tel. +49 9198 998881, www.aufsess.de.

Tipp: Schloss Unteraufseß mit Burgfried und Meingoz-Steinhaus aus dem 12. Jh. sowie Burgkapelle mit Schnitzaltar aus dem 16. Jh., bei ausreichender Teilnehmerzahl und nach Vereinbarung Führungen vom 1. April bis 31. Oktober um 11 und 14 Uhr (Änderungen vorbehalten), Tel. +49 9198 998217.

Kann im Rahmen einer Führung besichtigt werden: Schloss Unteraufseß.

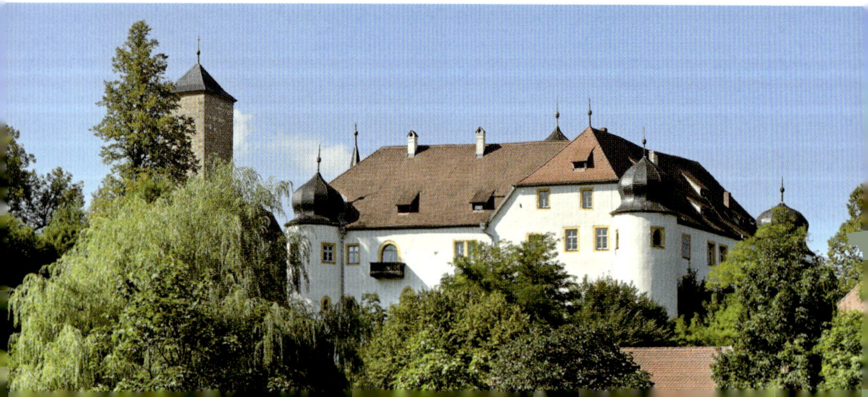

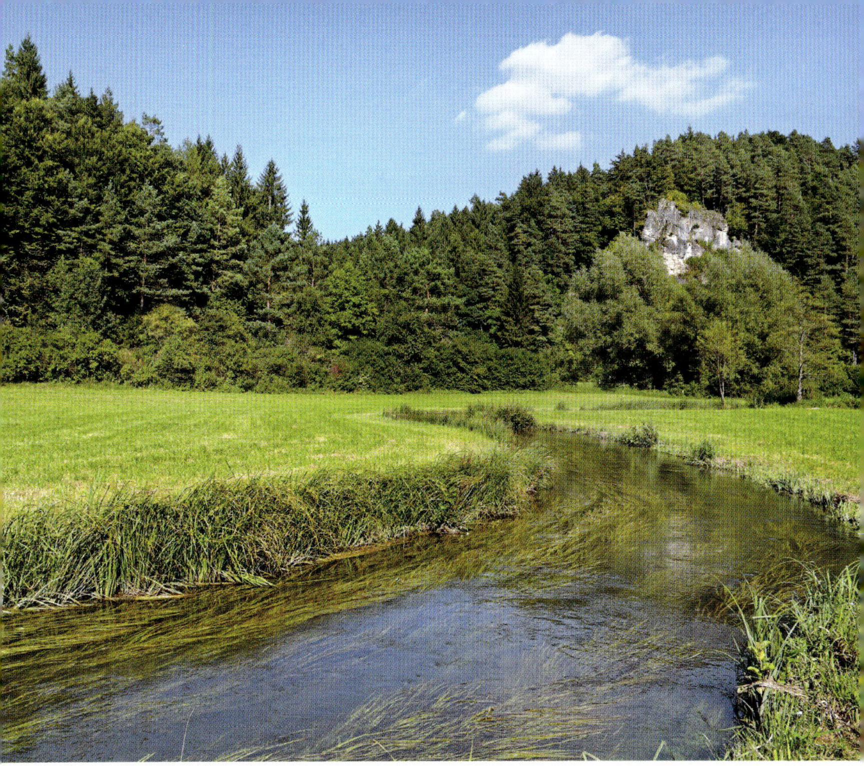

Klares Wasser, grüne Wiesen: Wanderidylle im Tal der Aufseß.

Vom Parkplatz in **Aufseß (1)** über die Straße Heiligenstadt–Hochstahl und gegenüber mit dem gelben Kreuz (Wegweiser »Draisendorf«) in einen geteerten Weg, der ab den Fischteichen in einen schönen Wanderweg übergeht. Im leichten Auf und Ab, teilweise auch auf weichen Wiesenpfaden im malerischen Talboden weiter, bis man links zu einem Parkplatz unter einer markanten Felswand hinüberqueren kann. Dort mit dem Wegweiser »Heckenhof« (Markierung gelber Kreis) in das stille **Hochstahler Tal (2)**, wobei man bei einem recht zugewachsenen Abschnitt auf die benachbarte Wiese ausweichen kann. Weiter taleinwärts zu einer Stange mit vielen Wegweisern und Markierungen, bei der ein Pfad nach links Richtung **Heckenhof (3)** führt. Durch den Wald hinauf und auf dem Brauereienweg in die kleine Ortschaft und zur **Kathi-Bräu**.

Der Brauereienweg führt an den großen Parkplätzen vorbei zur von Aufseß heraufkommenden Straße und wechselt gegenüber auf einen Feldweg. Über die Felder, dann durch ein Tälchen bergab zu einer roten Bank, bei der ein Steig rechts abzweigt (Wegweiser »Rundweg Aufseß«). Kurz bergauf, an einem Sendemast vorbei und bergab zu den ersten Häusern von Aufseß. Auf der oberhalb davon entlangführenden Straße zu einer Kreuzung und gegenüber mit dem Wegweiser »Höchstaufseß« zu einem Aussichtspunkt (Bank mit Tisch) mit schönem Blick auf Schloss Unteraufseß. Durch

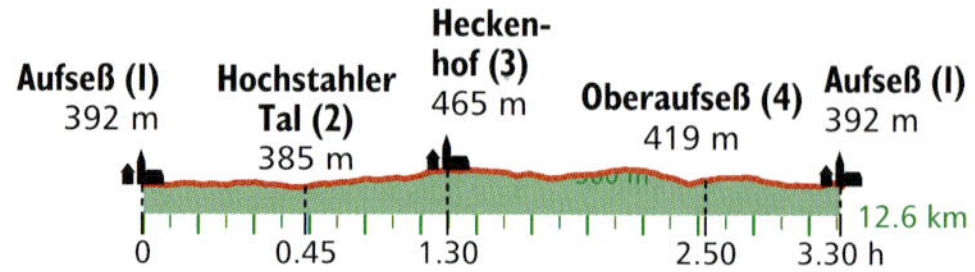

den Wald weiter zu einem teils geteerten Feldweg und auf diesem rechts auf die Felder, über die einen der rote Punkt ins Tal und dann hinauf nach **Oberaufseß (4)** führt. Dort rechts, durch die wunderschöne Lindenallee zu einem Wegweiser und links Richtung Aufseß. In der Linkskurve mit dem Fränkischen Gebirgsweg geradeaus und auf dem teils stark zugewachsenen Pfad zum Aussichtspunkt Galeriefelsen. Ein kurzer Abstecher (Wegweiser) führt auf diesen mit Geländer gesicherten Aussichtspunkt, anschließend auf dem Fränkischen Gebirgsweg weiter, der in einem Bogen – die letzten Meter recht spannend entlang von Felsen – an den Fuß des Galeriefelsens und zur Schweizerhaushöhle führt. Alternativ, falls der Weg in der Linkskurve zu stark verwachsen ist, folgt man der Straße bergab und zweigt nach etwa 170 Metern bei einer deutlich erkennbaren Steinstufe (gleich nach zwei die Straße flankierenden Bäumen) rechts ab. Nach wenigen Metern trifft man auf den Fränkischen Gebirgsweg und hat die Wahl: rechts zum Aussichtspunkt oder links zur Schweizerhaushöhle. Anschließend weiter ins Tal und ent-

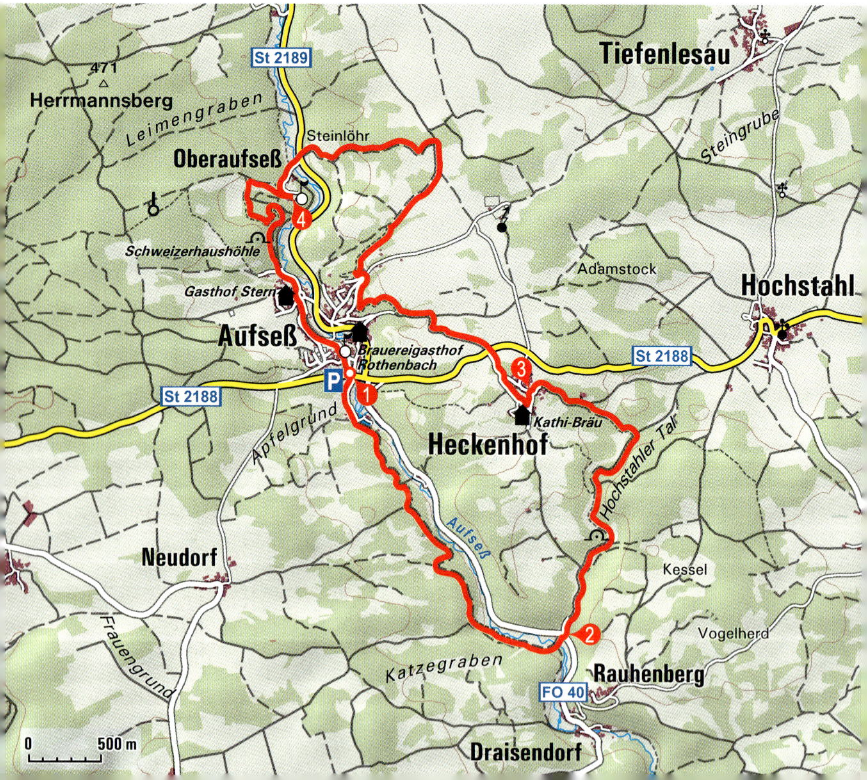

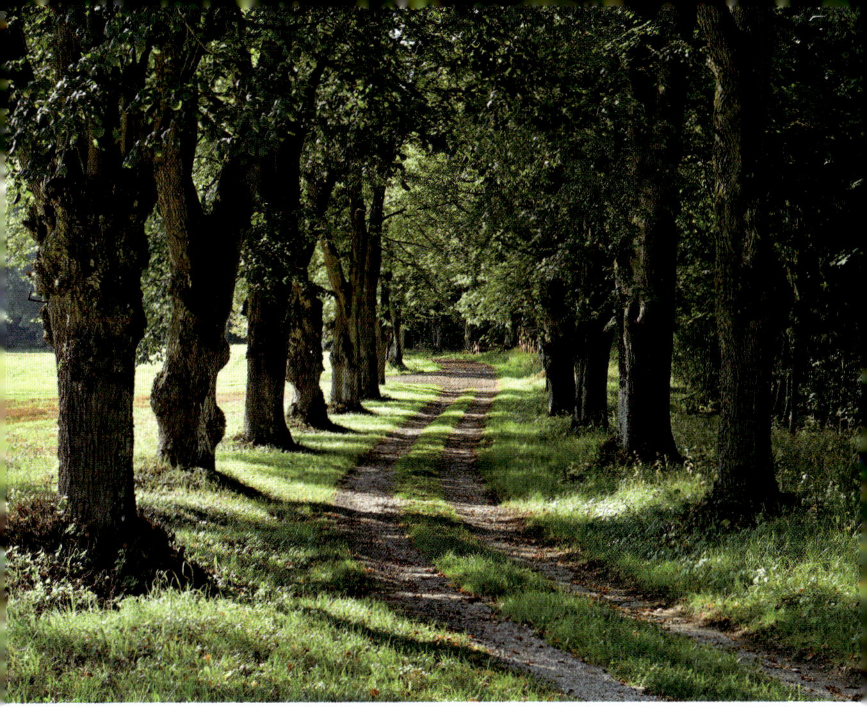

Wie aus dem Bilderbuch: die Lindenallee bei Oberaufseß.

lang der Aufseß zum Gasthof Stern. Gegenüber mit dem Wegweiser »Brauereienweg« in die Brunnengasse und an einem Bolzplatz vorbei zu einer Brücke. Entweder links über die Aufseß zum Brauereigasthof Rothenbach oder geradeaus, bis auf Höhe der Brauerei rechts Stufen (Schnapsgässle) hinaufführen. Durch den Burggraben zum Schloss Unteraufseß und auf der Straße zurück zum **Ausgangspunkt (1)**.

EINKEHR

Kathi-Bräu
Beliebte Brauereigaststätte mit schönem Biergarten und gutem Bier, eine Institution in der Fränkischen Schweiz.
Von April bis Ende Oktober von 11–21 Uhr geöffnet, an Wochenenden und Feiertagen von 9–19 Uhr, im Winter Mi und Do Ruhetag. Heckenhof 1, 91347 Aufseß, Tel. +49 9198 277, www.kathibraeu.de.

Gasthof Stern
Landgasthof am Aufseßer Brauereienweg mit traditioneller fränkischer Küche mit hausgemachten fränkischen Klößen. Empfehlenswert sind Schäufele, Schnitzel und die Fischspezialitäten wie Bachforelle, Saibling und Karpfen.
Wochenenden und Feiertage ab 11.30 Uhr, von November bis März Sonn- und Feiertage ab 11.30 Uhr. Neuhauser Straße 39, 91347 Aufseß, Tel. +49 9198 99919, www.gasthof-stern-aufsess.de.

Brauereigasthof Rothenbach
Schöner Biergarten, gut bürgerliches Essen und feines Bier aus der eigenen Brauerei.
Von Mitte April bis Mitte Oktober täglich geöffnet, Mitte Oktober bis November und März bis Mitte April Di Ruhetag, von Dezember bis Februar Fr bis So geöffnet. Im Tal 70, 91347 Aufseß, Tel. +49 9198 92920, www.brauereigasthof-rothenbach.de.

9 Totenstein und Naturfreundehaus

Links und rechts des Leinleitertals ★★★

Vom Totenstein ins Naturschutzgebiet

Immer wieder wunderschöne Aussichtspunkte und als Höhepunkt das traumhafte Leidingshofer Tal – die Wanderung über die Höhen links und rechts des Leinleitertals ist ein Genuss. Auch wenn sich an der bereits vom Ausgangspunkt zu sehenden Felswand Tragisches ereignet hat. Immerhin starb hier Hans Wilhelm von Streitberg, der mit seiner Frau auf ihrem Schloss in Veilbronn lebte, auf der Rückfahrt von Bamberg – sein Kutscher verfehlte den Weg und das komplette Gespann stürzte über die Felswand in den Tod. Trockenrasen und Kiefern begleiten einen beim Weg ins Leidingshofer Tal, das seit 1986 Naturschutzgebiet ist und damit zu den ältesten Schutzgebieten im Landkreis Bamberg zählt. Vorbei an interessanten, einst vom Wasser geformten Felsformationen, geht es zur Mathelbachquelle. In einem grünen Wiesenboden vor einer eindrucksvollen Felswand steht eine kleine Unterstandshütte – und wenige Meter unterhalb, nicht zu überhören, ein hydraulischer Widder. Die Maschine von 1875 speist mit der Kraft des Wassers einen kleinen Brunnen neben der Blockhütte.

KURZINFO

Ausgangspunkt: Veilbronn im Leinleitertal, Wanderparkplatz am Ortseingang, 338 m. (Navi: Veilbronn, 91332 Heiligenstadt i. OFr.). Mit Bahn und Bus: Bus 221 vom Bhf. Ebermannstadt (R 22).
Gehzeit: 4.45 Std.
Höhenunterschied: 490 m.
Anforderungen: Mehrere Anstiege auf wunderschönen Steigen, hier und da auch Straßen und Feldwege. Vom Naturfreundehaus auch direkter Abstieg nach Veilbronn möglich.
Kinder: Spannend und abwechslungsreich ist der Naturlehrpfad durchs Leidingshofer Tal.
Information: Tourist-Information, Marktplatz 20, 91332 Heiligenstadt, Tel. +49 9198 929932, www.markt-heiligenstadt.de.

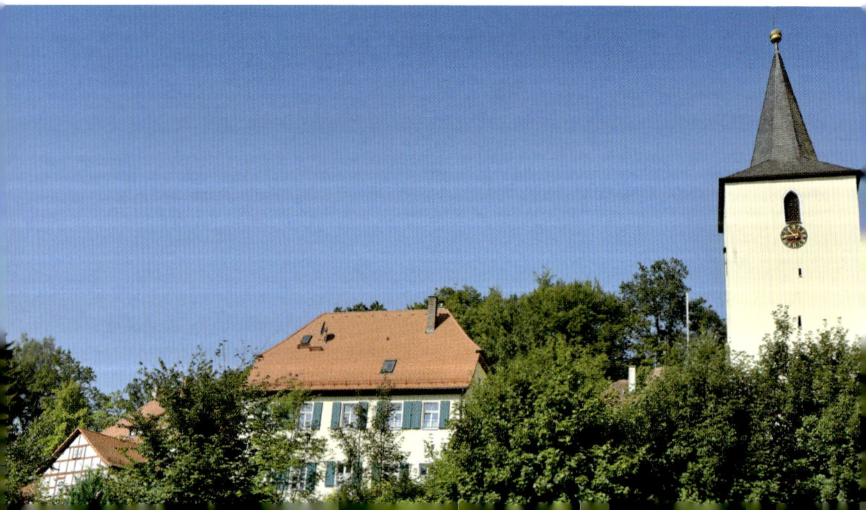

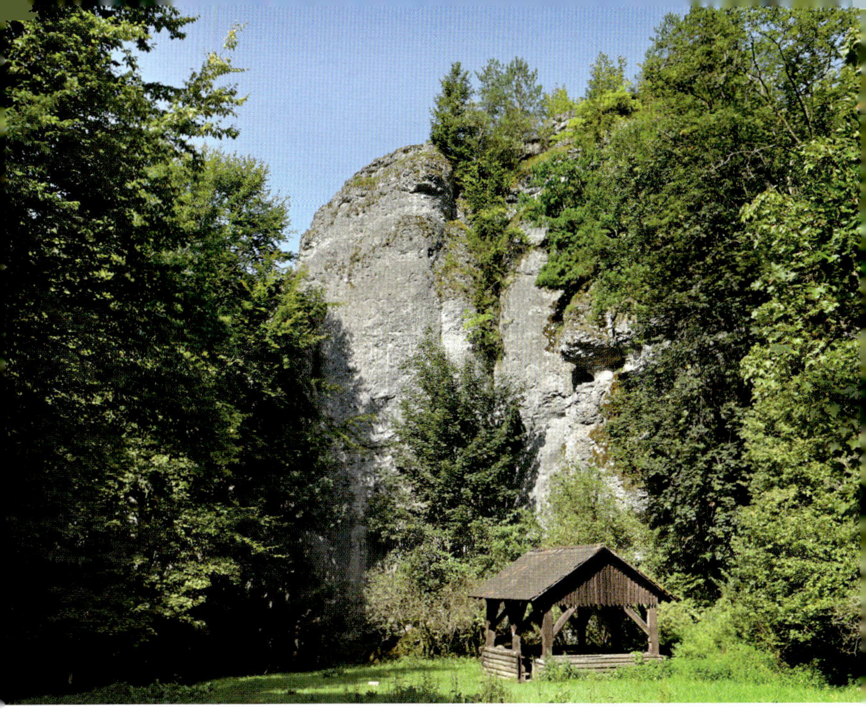

Oben: Im Leidingshofer Tal, der hydraulische Widder steht links der Felswand. Links: Die Kirche in Unterleinleiter, dahinter versteckt sich das Schloss.

Vom Parkplatz am Rand von **Veilbronn (1)** auf dem Radweg Richtung Heiligenstadt (Wegweiser »Totenstein«) bis zu einer Bank unter der Straßenbrücke. Mit dem blauen Kreis links hinauf zur Straße, der wir ein paar Meter folgen und dann mit der Markierung rechts abzweigen. Anfangs auf dem Forstweg, dann auf dem links abzweigenden Pfad steil bergauf zum Aussichtspunkt Totenstein. Der blaue Kreis leitet einen auf schönen Wegen weiter, bis wir kurz vor Volkmannsreuth auf einen Feldweg treffen, der links im spitzen Winkel abzweigt. Auf diesem ein Stück bergab und dann halb links auf einen Weg, der durch ein Tälchen zurück nach Veilbronn führt. Kurz vor Erreichen des Talbodens weist uns der blaue Schrägstrich rechts auf einen schmalen Pfad. Erst flach, dann ansteigend durch Wald, später auch am Waldrand, zu einer Teerstraße, die wir bei einer Rastbank erreichen. Auf der Straße hinunter nach **Unterleinleiter (2)**, an der Kirche vorbei zur Straße durch das Leinleitertal und geradeaus auf dem Fuß- und Radweg über den Bach.

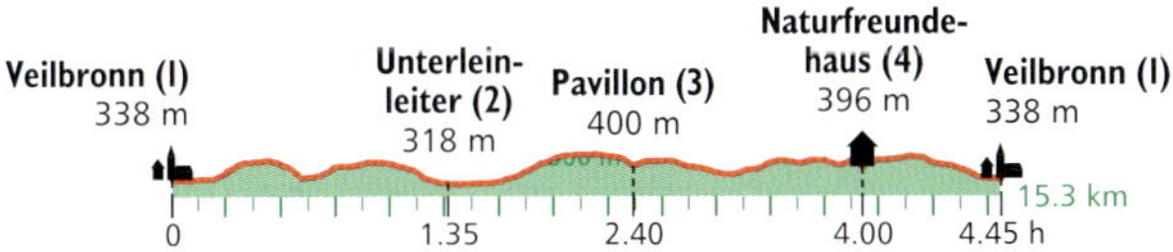

Auf dem geteerten Radweg Richtung Heiligenstadt aus dem Ort hinaus, an einem Spielplatz und Fußballfeld vorbei und kurz vor Erreichen des Waldes rechts auf einen Kiesweg. Durch das Leipoldstal geht es zu einem quer verlaufenden Forstweg und auf diesem mit der Markierung des Frankenwegs links weiter bis auf die Hochfläche. Bei Erreichen eines Feldes links und durch ein Waldstück bis zum Rand einer Wiese mit Schilderbaum. Hier zweigt der Frankenweg nach rechts ab und erreicht schließlich die Straße Veilbronn – Störnhof. Links und nach wenigen Metern wieder rechts, auf einen schönen Steig, der an einer Abzweigung nach Veilbronn vorbei am Rand der Hochfläche zu einem **Pavillon (3)** führt. Überwiegend am Waldrand entlang führt uns der Weg weiter zu einer parkähnlichen Wiese mit schönem Kiefernbestand. Mit dem Wegweiser »Leidingshofer Tal« links bergab, bei einer Weggabelung nehmen wir den linken Steig, und an einigen schönen Felsformationen vorbei zu einer Unterstandshütte neben einer Quelle. Ein paar Meter unterhalb steht der hydraulische Widder. Weiter durch das Tal und an einer Felswand links vorbei zu einer Teerstraße, auf der wir rechts hinauf nach Leidingshof wandern.

Den Ort verlassen wir auf der Straße Richtung Siegritz. Mit dem Wegweiser »Stefan-Lößlein-Weg« links auf einen Steig, der mit Holzgeländer gesichert ein paar Meter bergab führt und dann im Auf und Ab hoch über dem Leidingshofer Tal zu einem Hochseilgarten und weiter zum

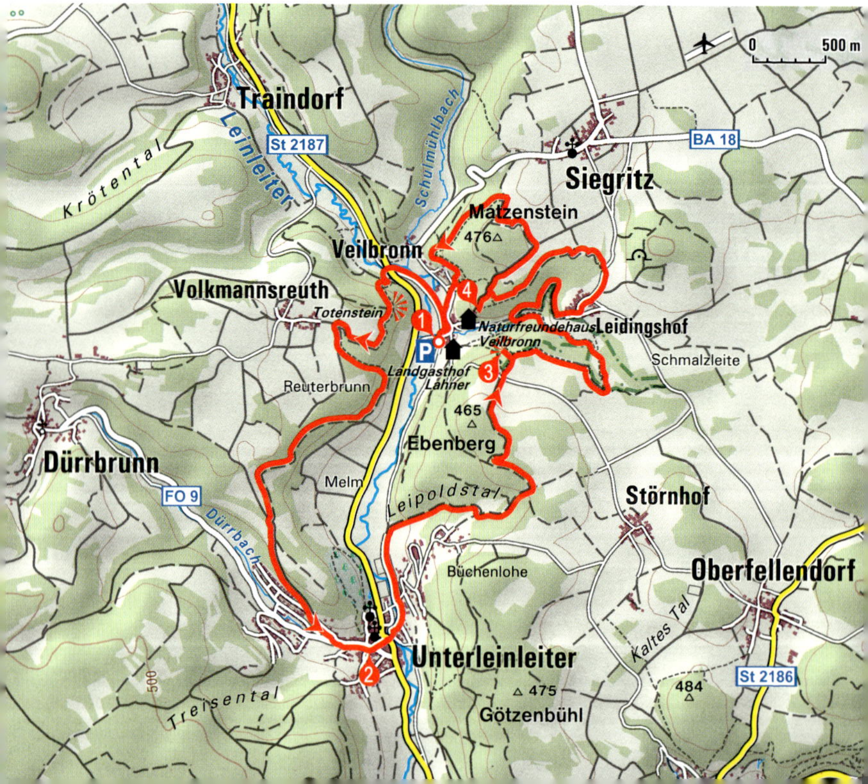

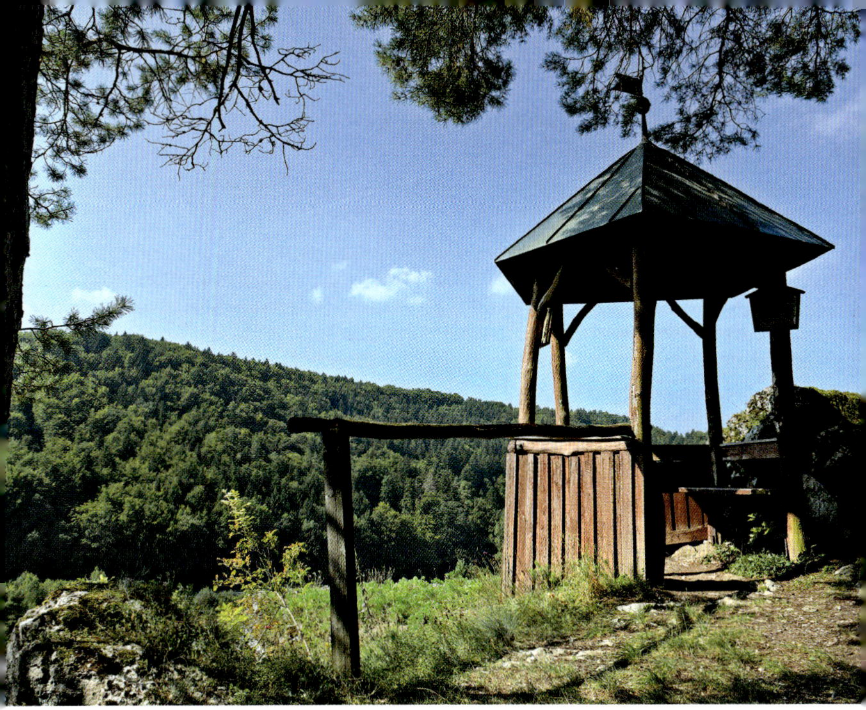

Beim Abstieg nach Veilbronn kommt man an diesem Pavillon vorbei.

Naturfreundehaus (4) führt. Auf der Straße am Hochseilgarten und Parkplatz vorbei auf die Felder, bis bei einem Stadel links ein Feldweg abzweigt (Markierung N), der am Waldrand entlangführt. Vor einer Senke, bei der der Weg eine leichte Linkskurve beschreibt, heißt es aufpassen, um die blaue Raute nicht zu übersehen, die links auf einen Waldweg weist. Durch den Wald hinunter, einen kurzen Abstecher (grüner Kreis) zu einem Pavillon sollte man nicht versäumen, dann entlang eines Zaunes oder auf dem oberhalb verlaufenden Weg in einen Graben. Bergab nach Veilbronn und zurück zum **Parkplatz (1)**.

EINKEHR

Naturfreundehaus Veilbronn

Traumhaft schöne Lage hoch über Veilbronn und dem Leinleitertal. Von der großen Sonnenterrasse wunderbarer Ausblick, bei der einem das Essen mit Burger, Schnitzel oder Schäufele noch einmal so gut schmeckt.
Saisonal wechselnde Öffnungszeiten immer aktuell auf der Homepage. Veilbronn 17, 91332 Heiligenstadt i. OFr., Tel. +49 9198 234, www.naturfreundehaus-veilbronn.de.

Landgasthof Lahner

Familienbetrieb, der mit fränkischen Spezialitaten, aber auch mit feinen Gerichten wie zum Beispiel hausgemachten Ravioli punktet. Schöner Biergarten.
Di und Mi 11–17 Uhr, Do bis Sa bis 21 Uhr und So bis 20 Uhr geöffnet, Mo Ruhetag, von Mitte Oktober bis Ostern auch Di und Mi Ruhetag (Ausnahme: Feiertage). Veilbronn 10, 91332 Heiligenstadt i. OFr., Tel. +49 9198 928990, www.landgasthof-lahner.de.

10 Retterner Kanzel, 507 m

Zwischen Weilersbach und Drosendorf ★

Aussichtsreiche Runde über die Fränkische Alb
Die Lage könnte kaum schöner sein: Hoch über dem grünen Wiesenttal steht die Kirche St. Nikolaus auf dem Reifenberg und ermöglicht einen ungehinderten Blick über den breiten Talboden. Die auch als Vexierkapelle bekannte Kirche entstand vermutlich aus der 1140 erstmals erwähnten mittelalterlichen Burg der Edelfreien von Reifenberg und ist heute ein lohnendes Ausflugsziel – und der erste schöne Aussichtspunkt auf dieser Rundwanderung. Vis-a-vis erhebt sich mit der Retterner Kanzel das aussichtsreiche Finale der Tour. Man vermutet, dass einst auf diesem südlichsten Punkt der Hochfläche der Langen Meile, die in der Vorzeit vermutlich als Höhensiedlung genutzt wurde, eine Burganlage geplant war. Es sind zwar noch Wälle und Gräben zu erkennen, doch aufgrund fehlender geschichtlicher oder archäologischer Informationen geht man davon aus, dass die Anlage nicht fertiggestellt wurde.

KURZINFO

Ausgangspunkt: Oberweilersbach, Parkmöglichkeit am Ortsende an der Straße nach Reifenberg, 311 m (Navi: Reifenberger Weg, 91365 Weilersbach).
Gehzeit: 4.45 Std.
Höhenunterschied: 410 m.
Anforderungen: Auf der Hochfläche und im Tal breite, gut zu gehende Wege, die An- bzw. Abstiege auf die Hochfläche folgen teils schmalen und steilen Steigen.
Information: Gemeinde Weilersbach, Annaberg 18, 91365 Weilersbach, Tel. +49 9191 7989-0, www.vg-kirchehrenbach.de.

Vom **Parkplatz (1)** an der Reitanlage vorbei und dahinter links auf einen Feldweg. Nach rund 100 Meter rechts, auf einem Kiesweg steil bergauf und am Ende auf schmalem Pfad am Waldrand entlang weiter aufwärts, bis man oberhalb der Wiese die Hänge nach rechts quert und schließlich kurz unterhalb der Kapelle **Reifenberg** die Straße erreicht. Links haltend auf dieser weiter bergauf und nach einem Abstecher zur aussichtsreich gelegenen Kirche St. Nikolaus auf dem Reifenberg, die unter dem Namen **Vexierkapelle (2)** bekannt ist, folgen wir beim Parkplatz der Straße weiter den Berg hinauf (Markierung *rotes Kreuz*). Bei Erreichen der Albhöhe rechts (Markierung rot-weißes Dreieck) und nach wenigen Metern wieder links auf einen Feldweg (Wegweiser »Drosendorf, Flugplatz«), der sonnig über die freien Felder auf der Hochfläche führt. Am Flugplatz Feuerstein mit schönem Ausblick westlich vorbei zur nach Drosendorf führenden Straße, die überquert wird. Auf der anderen Seite nach einem Grundstück links und am Zaun ent-

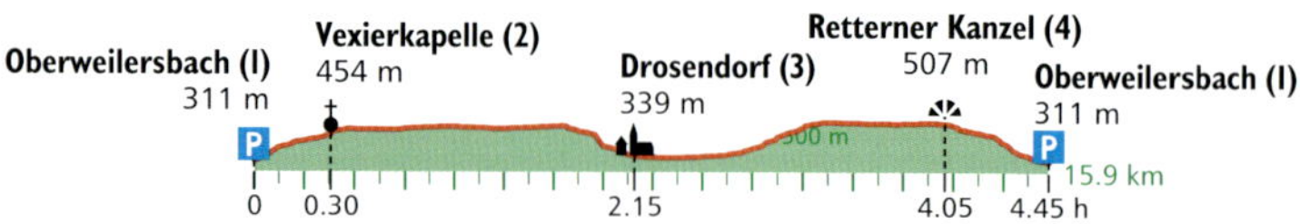

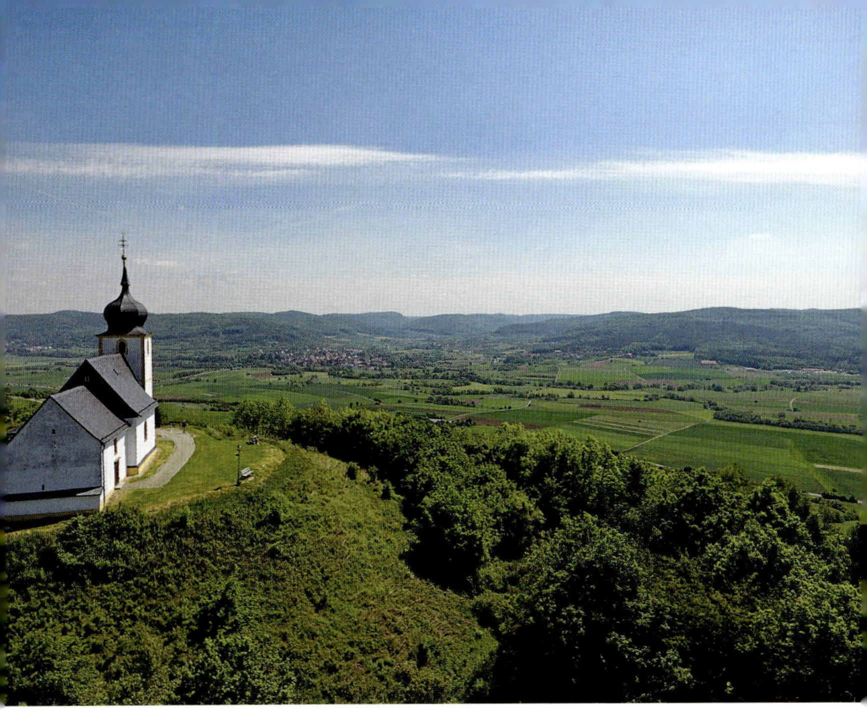

Hoch über dem Wiesenttal steht die Kirche St. Nikolaus.

lang zu einem Jägerstand. Rechts bergab und auf einem kreuzenden Weg mit der Markierung oranger Strich hinunter nach **Drosendorf (3)**, zum Schluss auf der Straße.
Auf dem Radlweg nach Weigelsheim aus dem Ort hinaus (Wegweiser) zu einer Monsterstromleitung und geradeaus weiter zu einer Streuobstwiese. Ein querender Feldweg führt rechts zur Straße von Weigelsheim zum Schwarzen Keller. Auf dieser bergauf bis zum derzeit geschlossenen Biergarten, die Ab-

EINKEHR

Landgasthof Zehner
Nach einem durch Zufall gefundenen Bierrezept lässt man hier seit 2013 das Zehner Bier brauen. Dazu gibt es eine eigene Brauerei, in der die Früchte der umliegenden Streuobstwiesen zu edlen Destillaten verarbeitet werden. Passend dazu gibt es im familiengeführten Landgasthof eine traditionelle, fränkische Küche.
Di bis Fr ab 17 Uhr geöffnet, an Wochenenden ab 11 Uhr (So nur bis 15 Uhr), Mo Ruhetag. Feuersteinstraße 55, 91330 Eggolsheim, Tel. +49 9545 950264, www.landgasthof-zehner.de.

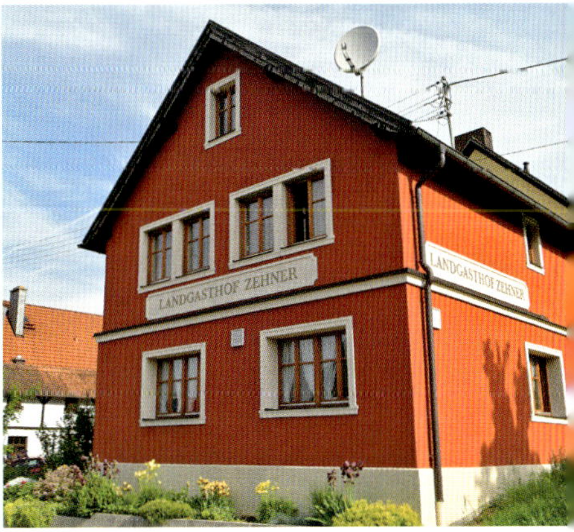

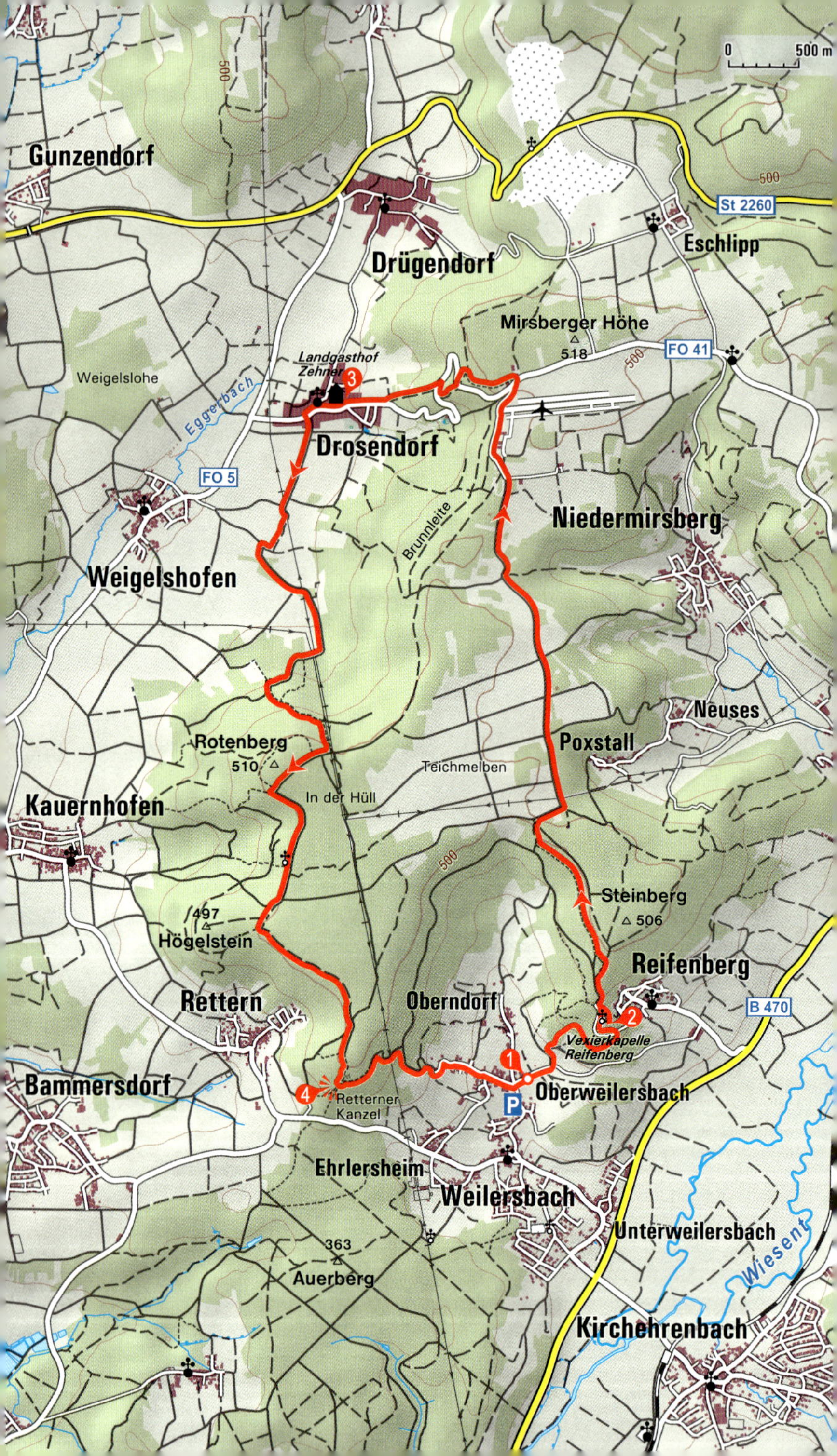

0
500 m
Gunzendorf
Drügendorf
Eschlipp
St 2260
500
Mirsberger Höhe
518
FO 41
Landgasthof Zehner
3
Weigelslohe
Eggerbach
Drosendorf
FO 5
Niedermirsberg
Brunnleite
Weigelshofen
Neuses
Rotenberg
510
Poxstall
Teichmelben
Kauernhofen
In der Hüll
Steinberg
506
497
Högelstein
Reifenberg
Rettern
Oberndorf
2
B 470
Vexierkapelle Reifenberg
1
Bammersdorf
4
Retterner Kanzel
P
Oberweilersbach
Ehrlersheim
Weilersbach
Unterweilersbach
363
Auerberg
Wiesent
Kirchehrenbach

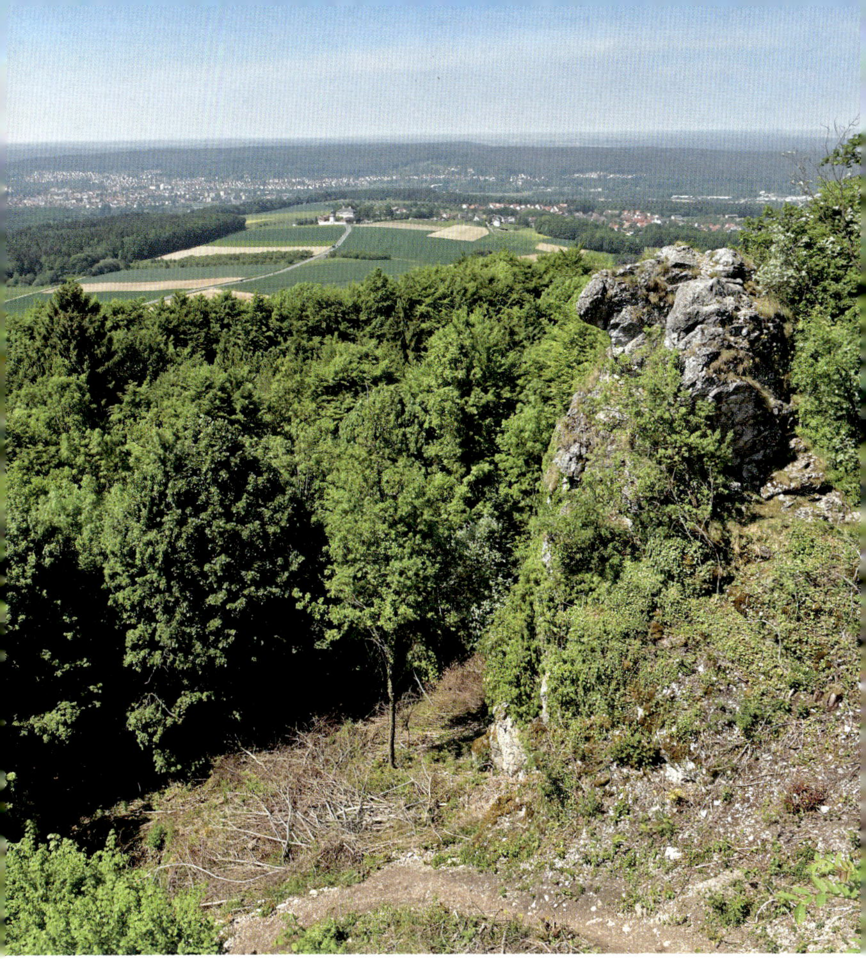

Die Retterner Kanzel punktet mit einer schönen Aussicht.

zweigung zum Biergarten wird rechts liegen gelassen, und mit dem orangen Senkrechtstrich links auf einen steilen Weg, der geradewegs durch den Wald hinaufführt. Am Ende kurz auf einem Forstweg weiter bergauf bis zur bereits bekannten Stromleitung und dort rechts auf einem Steig auf die Hochfläche der Langen Meile. Rechts an einem Wegkreuz vorbei und mit dem orangen Strich geradeaus und in einem weiten Bogen immer am Rand der Hochebene entlang zur Bergkapelle. Schließlich mit dem roten Querstrich zum Aussichtspunkt der **Retterner Kanzel (4)**. Von der ehemaligen mittelalterlichen Höhenburg, die wohl nie fertiggestellt wurde, genießt man einen herrlichen Blick ins Regnitztal und zum Walberla.

Zwischen den Felsen auf einem Steig steil bergab auf einen Querweg, dem wir nach links folgen. So treffen wir auf einen Forstweg, der einen stets bergab zurück nach **Oberweilersbach (1)** bringt.

11

Guckhüll, 499 m

Von Gasseldorf zur Ruine Neideck

★★★

Sehenswürdigkeiten links und rechts der Wiesent

Viel zu schauen gibt es auf dieser Tour, auch wenn einiges unter dichtem Wald oder gar im Inneren der Karstlandschaft verborgen bleibt. Die Spuren des Gasseldorfer Bergsturzes etwa, der sich am 21. Februar 1625 um die Mittagszeit zwischen Ebermannstadt und Gasseldorf an der Trudenleite ereignete, sind längst zugewachsen. Einen Blick in die Höhlenwelt der Fränkischen Schweiz gestattet die Binghöhle, die erst 1905 von Ignaz Bing aus Nürnberg entdeckt wurde. Im Rahmen einer Führung können rund 300 Meter der Tropfsteinhöhle, die sich als einzige der fränkischen Höhlen in geschichtetem Kalkstein befindet und zu den schönsten Tropfsteinhöhlen Deutschlands zählt, zurückgelegt werden. Der Weg dorthin führt von Streitberg durch das Schauertal, wobei man einem wunderschön angelegten Weg entlang des Wedenbachs folgt. Aufgrund des kalkhaltigen Wassers haben sich hier sehenswerte Kalktuffterrassen gebildet. Hoch über Streitberg thront die Ruine Streitberg und auf der anderen Talseite, auf einem Geländerücken über der Wiesent, die Ruine Neideck. Die ehemalige Adelsburg wurde 1553 in Brand gesteckt und anschließend bis ins frühe 19. Jahrhundert als Steinbruch genutzt. Mittlerweile wurde die Ruine saniert und zählt zu den Wahrzeichen der Fränkischen Schweiz.

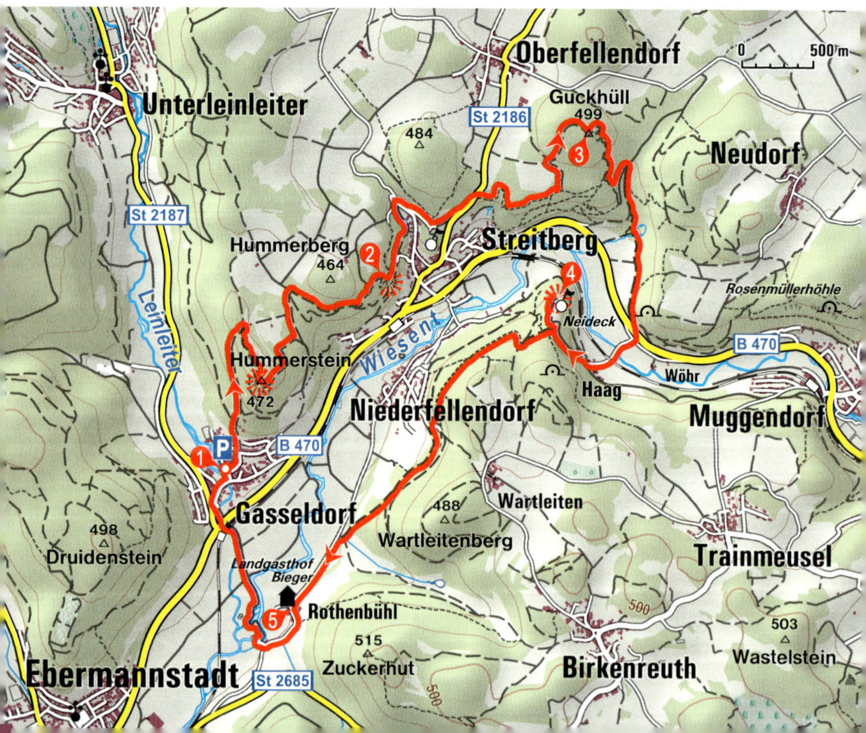

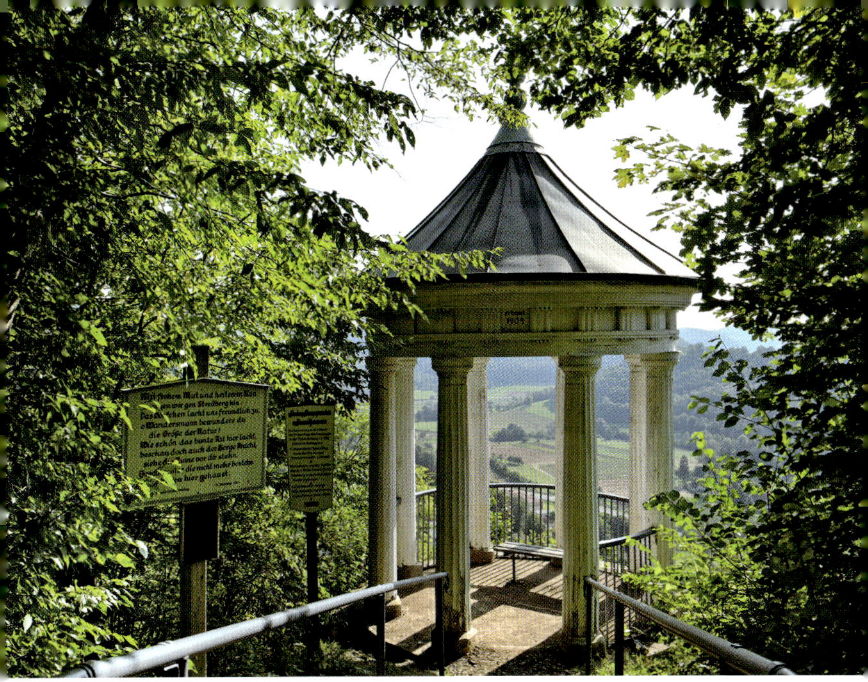

Traumhafte Lage: der Pavillon oberhalb von Streitberg.

KURZINFO

Ausgangspunkt: Gasseldorf, 300 m, zwischen Ebermannstadt und Streitberg an der B 470, Parkplatz am Dorfplatz in der Leinleiterstraße (Navi: Leinleiterstraße, 91320 Ebermannstadt). Mit Bahn und Bus: Bus 221 vom Bhf. Ebermannstadt (R 22). An Sonn- und Feiertagen zwischen Mai und Oktober in Ebermannstadt Anschluss an die Museumsdampfbahn nach Behringersmühle.
Gehzeit: 4.45 Std.
Höhenunterschied: 510 m.
Anforderungen: Überwiegend traumhafte Steige, die seitlich des Wiesenttales durch die Hänge führen. Etwas Ausdauer ist aufgrund der häufigen An- und Abstiege erforderlich.
Kinder: Eine Runde bei Streitberg mit kurzer Wanderung auf abwechslungsreichem Steig zum Pavillon und anschließendem Besuch der Binghöhle. Und wer dann noch Lust hat, der geht weiter auf die Ruine Streitburg und genießt von dort aus den Blick über das Tal.
Information: Tourist-Information, Bahnhofstraße 5, 91320 Ebermannstadt, Tel. +49 9194 506-10, www.ebermannstadt.de.
Tipp: Binghöhle, Führungen Mitte März bis Anfang Nov. Tgl. 10–17 Uhr, Dauer 40 Min (www.binghoehle.de).

In **Gasseldorf (1)** gegenüber vom Parkplatz mit dem Wegweiser »Hummerstein« (Markierung gelbes Dreieck) in die gleichnamige Straße und am Ende geradeaus in den bergauf führenden Weg. Kreuzende Straßen werden geradewegs gequert und mit der Markierung auf die Hochfläche. Dort trifft man auf den Frankenweg, der einen rechts auf das aussichtsreiche Plateau des Hummersteins (472 m) bringt. Wir wandern auf dem schönen Frankenweg weiter Richtung Streitberg (Wegweiser), gehen auf einem kreuzenden Forstweg nach links bis zu

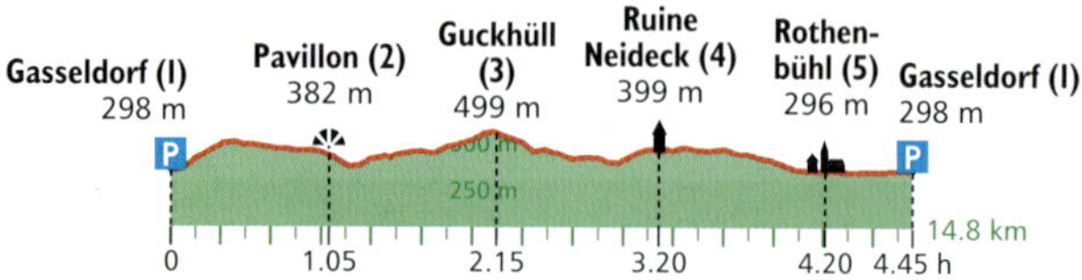

einer 90-Grad-Linkskurve, und folgen dort mit dem roten Senkrechtstrich dem Wegweiser »Streitberg ü. Pavillon«. Der Frankenweg führt weiter auf breitem Weg wunderschön durch den Wald zu dem aussichtsreich über Streitberg und dem Wiesenttal gelegenen **Pavillon (2)**, der an den Besuch des Prinzen Rupprecht von Bayern in der Fränkischen Schweiz im Jahre 1900 erinnert. Noch schöner ist der Abstieg auf schmalem Steig nach Streitberg, dessen Serpentinen wunderschön an Felsen vorbeiführen.

Kurz vor den ersten Häusern biegt der Frankenweg gleich nach einer Rastbank links ab (Wegweiser »Geologischer Erlebnispfad«). Erst an einem Zaun entlang, dann wunderschön durch die Wedenbachschlucht zu einer Straße. Rechts und wieder links mit dem Frankenweg hinauf zur Ruine Streitburg. Auf dem Weiterweg gibt der Frankenweg nur noch kurz die Richtung vor. Bei einem Jägerzaun zweigt er ab zur Muschelquelle, während wir ab jetzt dem schwarzen Kreis (Wegweiser »Guck-Hüll«) folgen und geradeaus weiter wandern bis zur Straße Streitberg – Oberfellendorf. Auf der ein Stück nach links, dann auf dem rechts abzweigenden Pfad wunderschön durch die Hänge weiter, wobei der Weg immer wieder an Felsformationen vorbeiführt. Nach einem lohnenden Abstecher zum Aussichtspunkt Rote Leiten mit Blick auf die Ruine Neideck und das Wiesenttal mit dem schwarzen Kreis weiter auf die Kuppe des **Guckhülls (3)**, bei der es schon lange nichts mehr zu gucken gibt – die Aussicht ist komplett zugewachsen.

Auf der anderen Seite der Kuppe geht es mit dem blauen Punkt (Weg-

Kurz, aber sehr schön: der Weg entlang des Wedenbachs.

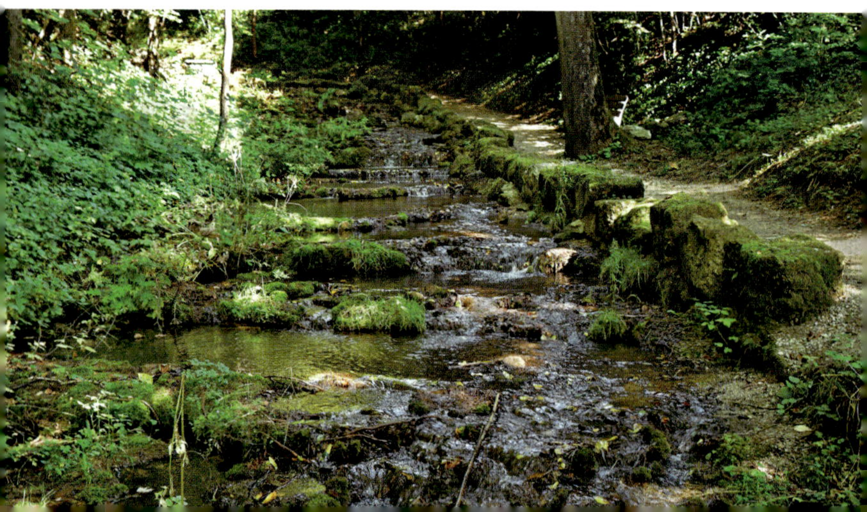

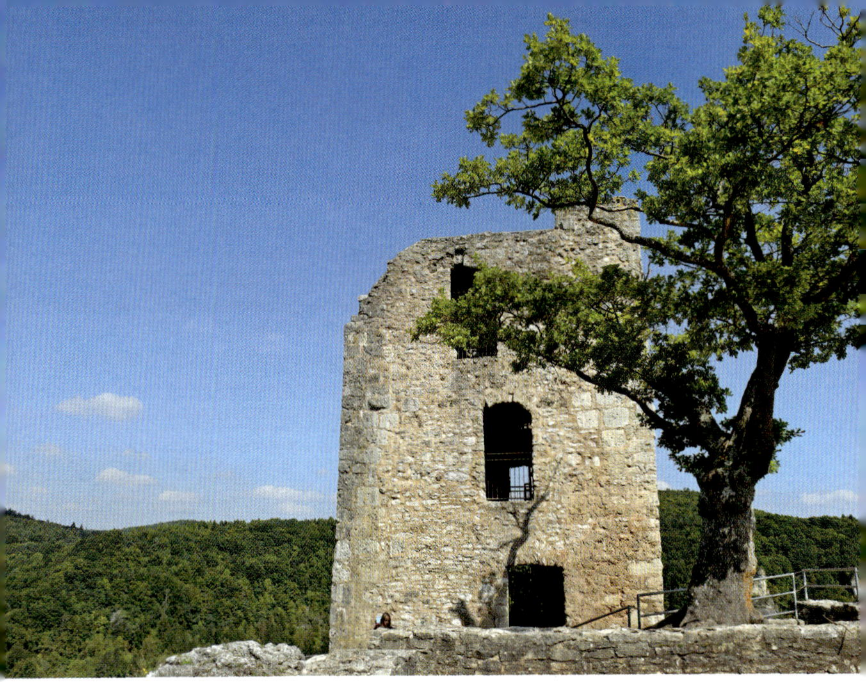

Die Ruine Neideck zählt zu den Wahrzeichen der Fränkischen Schweiz.

weiser »Langes Tal/Muggendorf«) in Serpentinen bergab und auf schönem Waldweg, dann mit der Markierung Frankenweg auf einem Forstweg ins Lange Tal. Nach gut 300 Meter treffen wir auf den Wegweiser »Ruine Neideck« und biegen links ab. Stufen führen ein paar Meter bergab, dann durch das Tal weiter abwärts und bei einer Bank links. Nach der Brücke über den kleinen Bach am Waldrand entlang mit Blick auf Neideck. Bei einer Weggabelung geradeaus (Wegweiser) auf die wenige Meter unterhalb verlaufende Straße durch das Wiesenttal und schräg gegenüber auf einen Teerweg, der durch die sonnigen Wiesen nach Haag auf der anderen Talseite führt. Am Ende des Weilers links und mit dem Wegweiser hinauf zur **Ruine Neideck (4)**. Ab hier folgen wir dem roten Kreuz und erreichen auf überwiegend wunderschönen, die Hänge querenden Pfaden oberhalb von Niederfellendorf eine Straße. Rechts und nach wenigen Metern wieder links (Abzweigung kann leicht übersehen werden) auf einen Pfad, der weiter die Hänge quert. Schließlich auf einem Forstweg, dann auf der Straße nach **Rothenbühl (5)**. Durch den Ort weiter zum Freibad des Ebser Mare und ab hier mit dem gelben Querstrich über den Parkplatz zu einem Weg, der durch das Wiesenttal zurück nach **Gasseldorf (1)** führt.

EINKEHR

Landgasthof Bieger
Kleine Auswahl an Gerichten sowie eine wechselnde Tagesempfehlung, unter der Woche auch fränkische Brotzeiten. Mo bis Sa 15–22 Uhr, Sonn- und Feiertage ab 10 Uhr, Di Ruhetag, im Winter geschlossen. Rothenbühl 3, 91320 Ebermannstadt, Tel. +49 9194 9534, www.landgasthof-bieger.de.

12
Hohes Kreuz, 522 m

Zwischen Streitberg und Muggendorf ★★★

Auf dem Frankenweg durch die Oswaldhöhle

Mitten im Wald versteckt, öffnet sich am Fuß einer Felswand das Tor in die Unterwelt. Zwölf Meter breit und sechs Meter hoch ist der imposante Nordeingang der Oswaldhöhle, die der Bevölkerung früher als Unterschlupf und später als Felsenkeller diente. Platz genug gibt es, die »Große Halle« als größter Raum der Höhle ist etwa 40 Meter lang. Von den einst vorhandenen Tropfsteinen ist allerdings nichts mehr zu sehen, lediglich einige Sinterkaskaden, Warzensinter und Deckenkolke sind noch zu finden. Das Besondere an der Oswaldhöhle ist die Dimension – und der niedrige, leicht ansteigende, stockdunkle Gang zum südlichen Höhleneingang. Eine Taschenlampe ist für die Durchquerung der 62 Meter langen Durchgangshöhle Voraussetzung, ohne künstliche Lichtquelle ist es stockdunkel – und der Verbindungsgang an den niedrigsten Stellen nur etwa 1,5 Meter hoch. Im Gegensatz zu den anderen Höhlen der Fränkischen Schweiz ist die Oswaldhöhle ganzjährig frei zugänglich – und im Winter bei Minustemperaturen absolut sehenswert. Gefrierendes Wasser bildet an der Decke und am Höhlenboden fotogene Eiszapfen bzw. Eisgebilde.

KURZINFO

Ausgangspunkt: Streitberg im Wiesenttal, Parkplatz beim Familienschwimmbad Streitberg, 300 m (Navi: Am Freibad 7, 91346 Wiesenttal). Mit Bahn und Bus: Bus 389 vom Bhf. Ebermannstadt (R 22) oder Bhf. Pegnitz (R 3). An Sonn- und Feiertagen zwischen Mai und Oktober in Ebermannstadt Anschluss an die Museumsdampfbahn nach Behringersmühle.

Gehzeit: 5.00 Std.

Höhenunterschied: 500 m.

Anforderungen: Mit den An- und Abstiegen etwas Ausdauer erfordernde Tour, im Bereich der Oswaldhöhle ist am felsigen Steig vor allem bei Nässe etwas Trittsicherheit erforderlich. Für die Oswaldhöhle unbedingt eine Taschenlampe mitnehmen, ohne künstliches Licht ist es stockdunkel.

Kinder: Eine Runde von Muggendorf aus zu Oswald- und Rosenmüllerhöhle ist für Kinder ein echtes Abenteuer.

Information: Touristinformation Muggendorf, Forchheimer Straße 8, 91346 Wiesenttal, Tel. +49 9196 929931, www.wiesenttal.de.

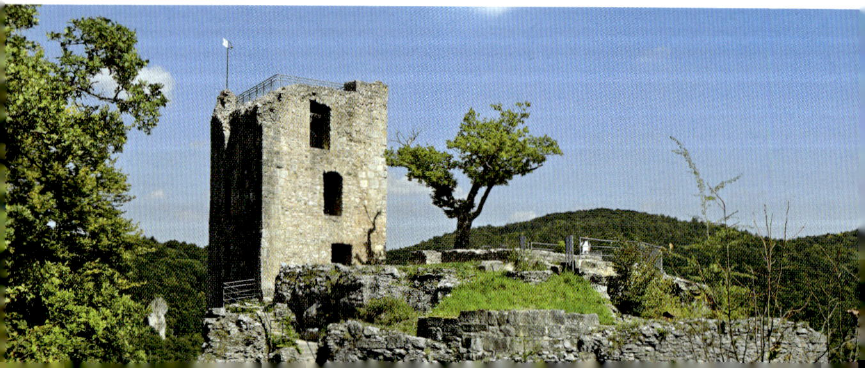

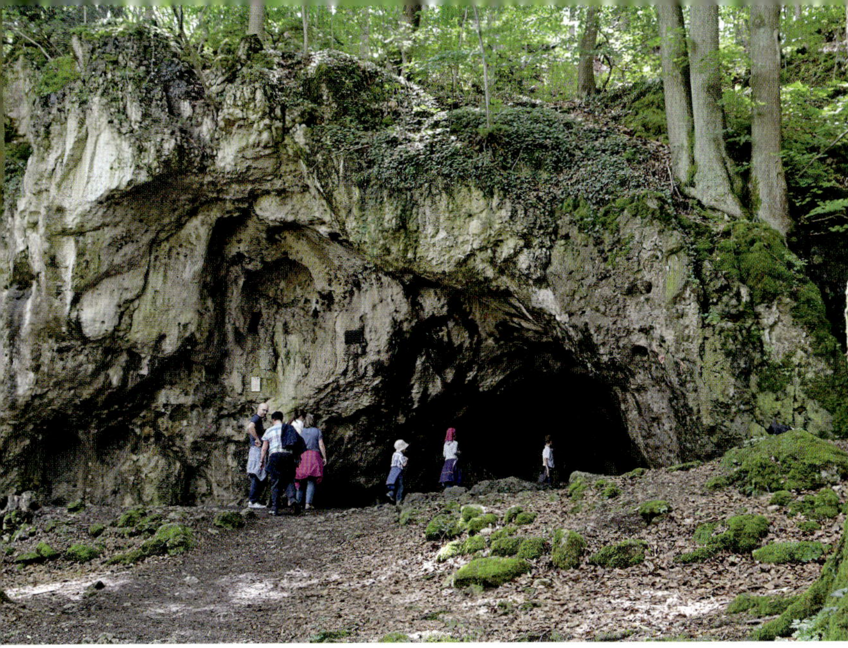

Oben: Nicht nur für Kinder spannend: die Oswaldhöhle.
Links: Erster Höhepunkt der Runde: Ruine Neideck.

Über den **Parkplatz (1)** bzw. auf dem oberhalb vorbeiführenden Wanderweg, dann mit der Markierung 6 hinauf zur **Ruine Neideck (2)** und weiter Richtung Muggendorf. Beim Abstieg folgt man dem Wegweiser »Langes Tal« nach Haag, quert hinüber zur Straße durch das Wiesenttal und folgt dort dem Wanderweg ein paar Meter bergauf zu einer Weggabelung. Hier mit dem blauen Kreis und dem grünen Kreuz auf schönem Steig rechts nach **Muggendorf (3)**.
Entweder durch den Ort oder auf Spazierwegen entlang der Wiesent Richtung östlicher Ortsrand. Beim Modellbahnmuseum links und auf einer Treppe hinauf zu den Wanderwegen. Rechts und wunderschön die Hänge querend, dann mit dem gelben Kreis halb links bergauf (Wegweiser »Engelhardsberg«) und schließlich wieder links auf den Mehlbeerensteig (blauer Schrägstrich), der als steiler Pfad, zuletzt über Treppen, auf die Hochfläche führt. Hier verlassen wir den Steig nach Engelhardsberg und gehen mit dem roten Senkrechtstrich links weiter bergauf Richtung Muggendorf. Kurz darauf teilt sich der Weg, wobei der

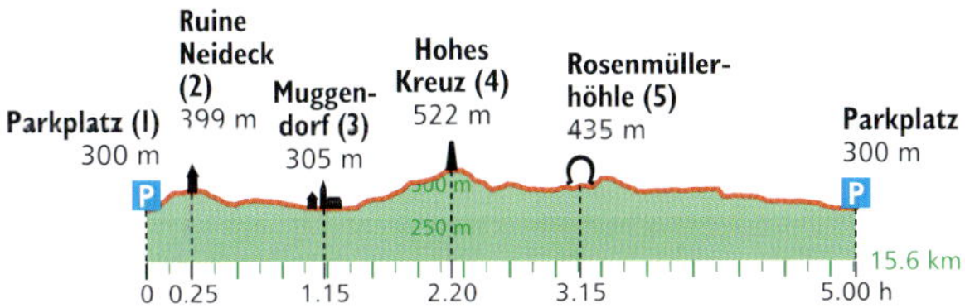

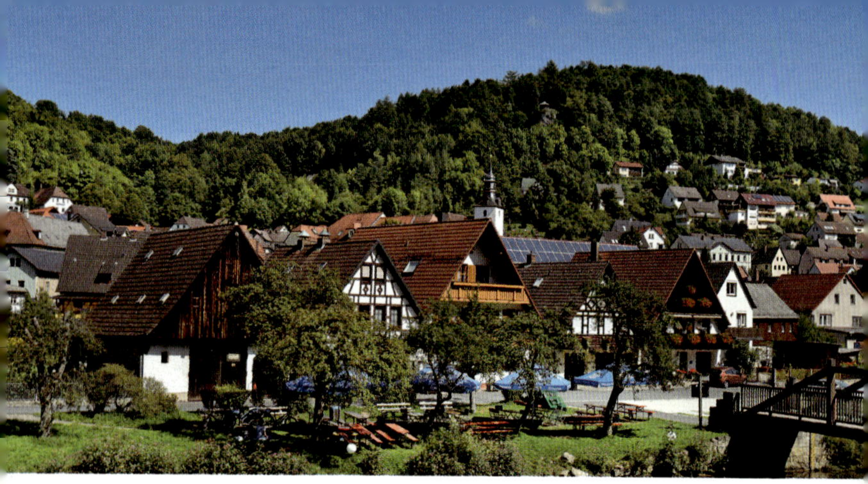

Beliebtes Ausflugsziel: Muggendorf im Wiesenttal.

Umweg über das **Hohe Kreuz (4)**, Wegweiser, mit seinem zwölf Meter hohen, hölzernen Aussichtsturm einen Abstecher wert sein sollte. Anschließend geht es zusammen mit dem Frankenweg hinunter zur **Oswaldhöhle**, wobei man hier entweder die Höhle durchqueren kann (Taschenlampe erforderlich) oder sie oberhalb umgehen kann. Dem Frankenweg folgend, erreichen wir eine Straße und gehen gegenüber durch

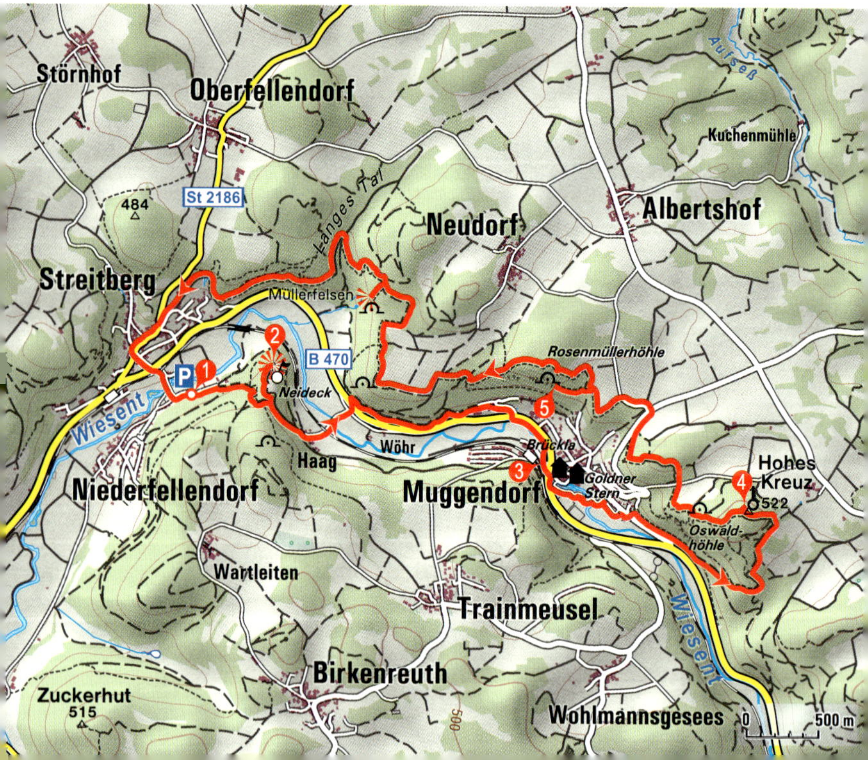

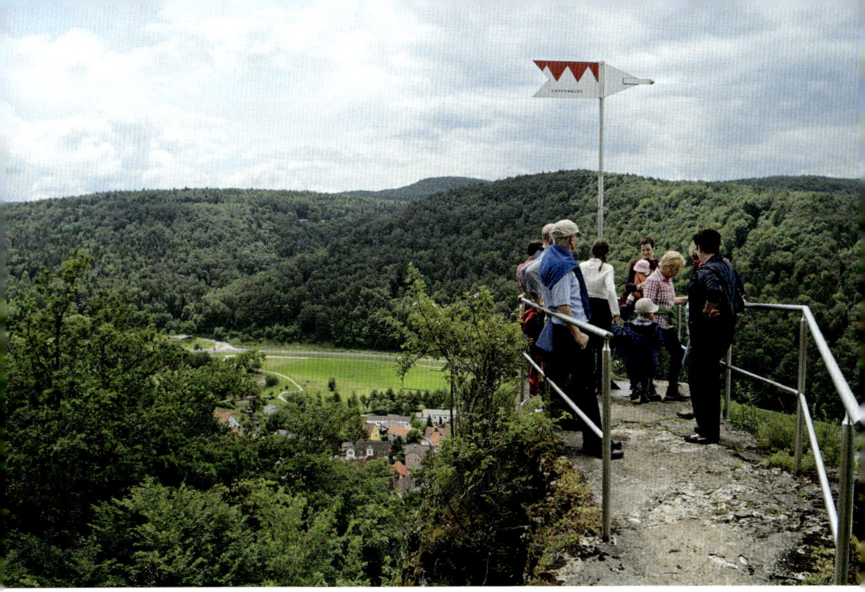

Brunhildenstein: Blick von oben über das Wiesenttal.

den Wald wieder hinauf, um schließlich leicht fallend einen Pavillon mit schöner Aussicht zu erreichen. Weiter zu einer Straße, auf der rechts bergauf zu einem Parkplatz und danach links am Waldrand entlang, bis links der Frankenweg wieder in den Wald eintaucht. Wunderschön durch den schattigen Wald weiter an den Fuß einer Treppe, bei der links ein kurzer Abstecher zur **Rosenmüllerhöhle (5)** führt. Oberhalb weiter zum Aussichtspunkt Brunhildenstein und über den Rücken bergab zu zwei Weggabelungen. Auf dem Frankenweg bleibend erst rechts, dann links zurück auf die Hochfläche und am Waldrand entlang. Die Markierung ist gut, und so erreicht man ohne Orientierungsprobleme den Aussichtsfelsen Burgblick und schließlich das Lange Tal. Hier schräg links hinauf zu einer Kurve und geradeaus an einer Bank vorbei in den Wanderweg, der wunderschön durch Wald, an Felsen vorbei und durch eine Allee zur unter einer markanten Felswand gelegenen Muschelquelle führt. Mit dem Wegweiser »Streitberg Zentrum« in die Ortsmitte und weiter zum **Parkplatz (1)** am Freibad.

EINKEHR

Brückla
Schöne Lage direkt an der Wiesent mit ein paar Gartentischen, Biertischen und -bänken in der Wiese. Verschiedene Fisch-, Fleisch- und Nudelgerichte wie Rumpsteak vom Angusrind, Tagliatelle mit Steinpilzen oder Flusskrebsen oder Cevapcici.
Geöffnet Mo 11–18 Uhr, ansonsten 11–22 Uhr, im Winter nur Fr bis So. Wiesentweg 18, 91346 Wiesenttal, Tel. +49 9196 998100.

Goldner Stern
Stattliches Haus mit kleinem Biergarten. Neben hausgemachten Flammkuchen gibt es auch gute Brotzeiten und natürlich diverse fränkische Klassiker.
Täglich ab 11.30 Uhr, Mi Ruhetag. Marktplatz 6, 91346 Wiesenttal, Tel. +49 9196 92980, www.goldner-stern.de.

13 Pfaffenstein, 524 m

Riesenburg, weite Höhen und das Wiesenttal ★★★

Spannender Steig durch eine Höhlenruine

Die Fränkische Schweiz ist bekannt für ihre Höhlen, die mit Tropfsteinen, aber häufig auch mit imposanten Hallen beeindrucken. Doch nicht jede Höhlendecke ist auf ewig stabil, wie das Beispiel der Riesenburg im Wiesenttal eindrucksvoll zeigt. Die ehemalige Karsthöhle stürzte fast vollständig ein, nur drei über zehn Meter hohe Bögen blieben als Rest des Höhlendaches erhalten. Die faszinierende Höhlenruine wurde einst vom Grafen Franz Erwein von Schönborn gekauft, um sie touristisch zu nutzen. So ließ er Wege und Treppen anlegen, um die Versturzhöhle begehbar zu machen, und die vorher baumlosen Hänge aufforsten, um die romantische Wirkung zu erhöhen. Anfang des 19. Jahrhunderts besuchte König Ludwig I. das schon damals beliebte Ausflugsziel, das heute zu den 100 schönsten Geotopen Bayerns gehört.

KURZINFO

Ausgangspunkt: Doos, 343 m, im Wiesenttal zwischen Waischenfeld und Behringersmühle, Parkplatz. (Navi: Doos, 91344 Waischenfeld).
Gehzeit: 4.00 Std.
Höhenunterschied: 230 m.
Anforderungen: Steiler Anstieg durch die Riesenburg, auf der Hochfläche schöne Wege und Pfade, der Abstieg erfordert etwas Aufmerksamkeit bei der Wegfindung.
Kinder: Es empfiehlt sich eine kurze Wanderung von Doos zur Riesenburg: Die Versturzhöhle ist auch für Kinder spannend, die Wanderung von Doos auf schmalem Steig entlang der Wiesent überaus kurzweilig – und zum Abschluss wartet die Einkehr in der Schottersmühle.
Information: Tourist-Information, Bischof-Nausea-Platz 2, 91344 Waischenfeld, Tel. +49 9202 9601-17, www.waischenfeld.de.

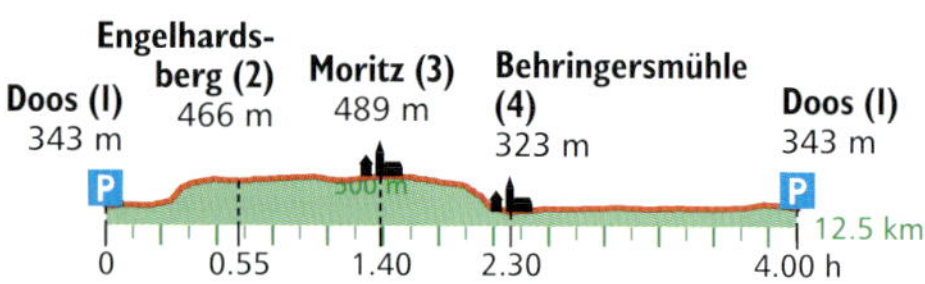

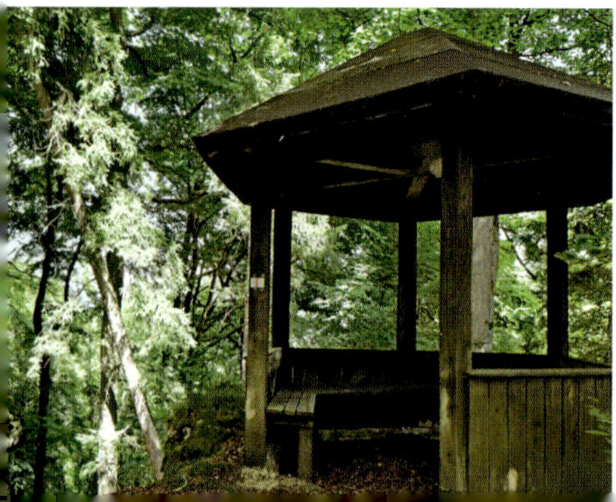

In **Doos (1)** am Parkplatz mit dem gelben Kreis über die Wiesent und auf der östlichen Talseite flussabwärts. Beim Wegweiser »Engelhardsberg« rechts über die Wiesent zur Straße und am Parkplatz vorbei,

Im Wald versteckt, die Aussicht zugewachsen: Pavillon beim Abstieg nach Behringersmühle.

EINKEHR

Schottersmühle
Wunderschöne Lage im Wiesenttal. Derzeit geschlossen, doch ab dem Sommer 2023 soll die über 650 Jahre alte Schottersmühle wieder als Tagescafé mit Biergarten öffnen.
Öffnungszeiten auf der Homepage. Schottersmühle 43, 91346 Wiesenttal, www.dieschottersmühle.de

Café Gruber
Große Sonnenterrasse direkt an der Wiesent, große Kuchenauswahl.
Täglich 13–18 Uhr, November, Januar, Februar und März nur So und Feiertag ab 13 Uhr, Dezember geschlossen. Behringersmühle 14, 91327 Gößweinstein, Tel. +49 9242 285, www.fewo-cafe-gruber.de.

bis nach 250 Meter ein Steig an einer Informationstafel über die Höhlenruine vorbei zur Riesenburg führt. Eindrucksvoll durch die eingestürzte Höhle über viele Stufen hinauf und auf dem Frankenweg mit dem roten Kreis auf teils wunderschönen Waldwegen nach **Engelhardsberg (2)**. Links entlang der Straße durch den Ort. Knapp 400 Meter nach dem Ortsende zweigt der rote Senkrechtstrich rechts ab (Wegweiser »Moritz«). Gleich nach wenigen Metern weist die Markierung bei der ersten Abzweigung nach links und führt über die Felder

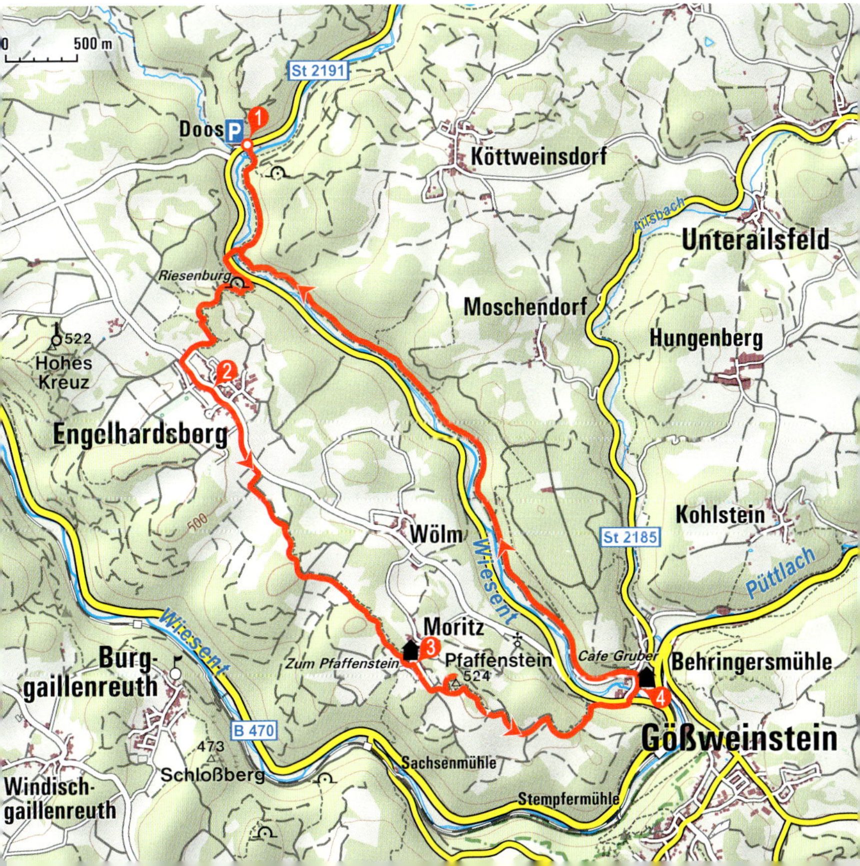

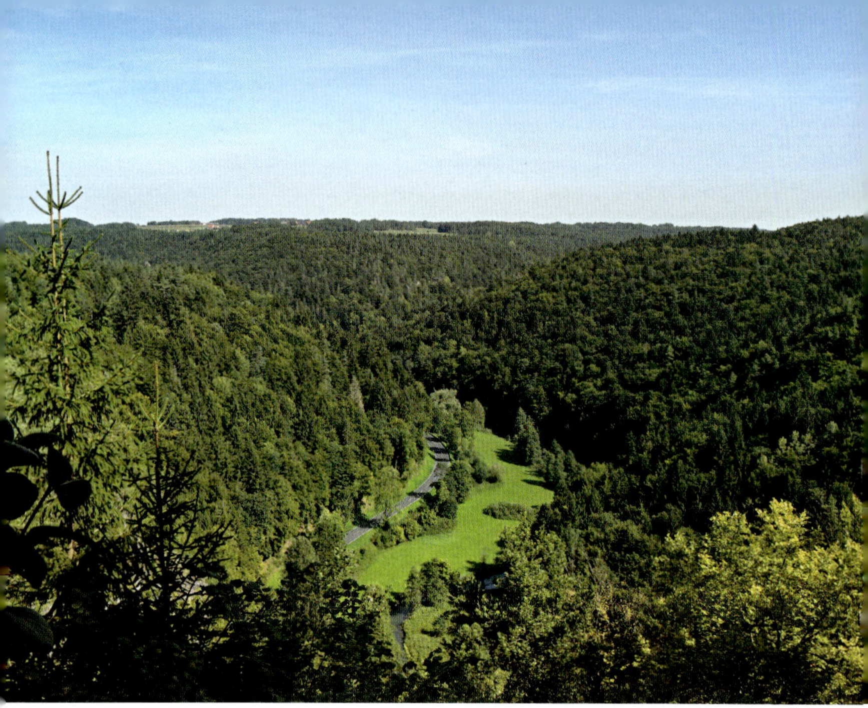

Oberhalb der Riesenburg öffnet sich der Blick Richtung Doos.

zum Waldrand. Auf schönen Wegen durch den Wald, dann über Felder weiter, wobei eine querende Teerstraße geradewegs gekreuzt wird. An einem Jägerstand vorbei zum Waldrand, rechts und nach wenigen Metern links in den Wald, den man erst in **Moritz (3)** beim kleinen Campingplatz wieder verlässt.

Am ehemaligen Gasthaus vorbei (falls jemand da ist, bekommt man evtl. etwas zum Trinken) und mit dem Wegweiser »Behringersmühle, Pfaffenstein« aus dem Ort hinaus. Kurz darauf mit dem roten Senkrechtstrich links auf einen Wiesenweg. Ein kurzer Abstecher führt links auf einem Steig zu dem Aussichtspunkt des **Pfaffensteins**, ansonsten auf dem Weg weiter zu einem geteerten Feldweg. Auf diesem links, bis man kurz nach dem Blick über das Wiesenttal auf die Burg Gößweinstein links abzweigt (Markierung roter Senkrechtstrich, Wegweiser »Pavillon«). Am Waldrand entlang, dann im Wald mit dem roten Strich kurz bergab und geradeaus. Auf etwas spärlich markiertem Weg erreicht man den Rand einer Wiese und taucht auf der anderen Seite wieder in den Wald ein. Ein kurzer Abstecher führt links zu einem Pavillon mit zugewachsener Aussicht, anschließend auf schönem Steig in Serpentinen durch den Wald hinunter zu einem Forstweg und auf diesem rechts nach **Behringersmühle (4)**. Mit dem Wegweiser »Bäckerei« links in den kleinen Ort, über die Wiesent und bei der nächsten Gelegenheit links. Auf dem Frankenweg aus dem Ort und auf wunderschönen Steigen entlang der Wiesent, am Schluss mit dem gelben Kreis, zurück nach **Doos (1)**.

Aufseß- und Wiesenttal

Von Doos ins stille Seitental der Wiesent ★★

Idyllische Täler und ein ehemaliger Wasserfall

Wer heute auf die dicht bewaldeten Hänge links und rechts der Wiesent blickt, der kann sich nur schwer vorstellen, dass früher auf den kargen Hängen zwischen Doos und Rabeneck Schafherden unterwegs waren und der Blick frei war auf die jetzt im dichten Grün versteckten Felsen. Gänzlich verschwunden ist der zweistufige Wasserfall an der Mündung der knapp 30 Kilometer langen Aufseß in die Wiesent. Das »toosende Wasser« gab dem kleinen Weiler seinen Namen und war einst eine echte Sehenswürdigkeit. Doch die rund drei Meter hohe Kalktuff-Barriere, über die einst der »wuchtigste« Wasserfall Frankens hinabstürzte, wurde um 1850 von geschäftstüchtigen Bauern aus Engelhardsberg abgebaut.

Die Zeiten und damit die Landschaft ändern sich, umso mehr freut es die Wanderer daher, dass es durch das etwa sechs Kilometer lange Tal zwischen Wüstenstein und Doos bis heute keine Straße gibt. Das heißt aber nicht, dass es hier einsam ist. Viele Wanderer genießen die Ruhe in dem idyllischen Wiesental, den Blick auf die mäandrierende Aufseß und natürlich die Einkehr in der Kuchenmühle, neben der sich das Mühlrad dreht.

KURZINFO

Ausgangspunkt: Doos, 343 m, im Wiesenttal zwischen Waischenfeld und Behringersmühle, Parkplatz. (Navi: Doos, 91344 Waischenfeld).
Gehzeit: 3.45 Std.
Höhenunterschied: 150 m.
Anforderungen: Schöne Runde mit breiten Wegen auf der Hochfläche und teils weichen Wiesenpfaden in den Tälern. Ein kurzer, steiler Anstieg, ansonsten flach.
Kinder: Flach und gemütlich ist die kurze Spritztour von Doos zur Kuchenmühle.
Information: Tourist-Information, Bischof-Nausea-Platz 2, 91344 Waischenfeld, Tel. +49 9202 9601-17, www.waischenfeld.de.

Natur pur: Durch dieses malerische Tal geht es zur Kuchenmühle.

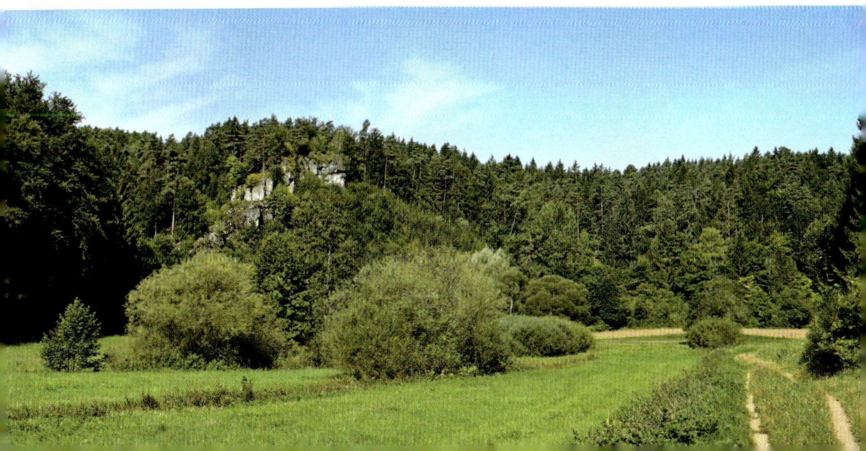

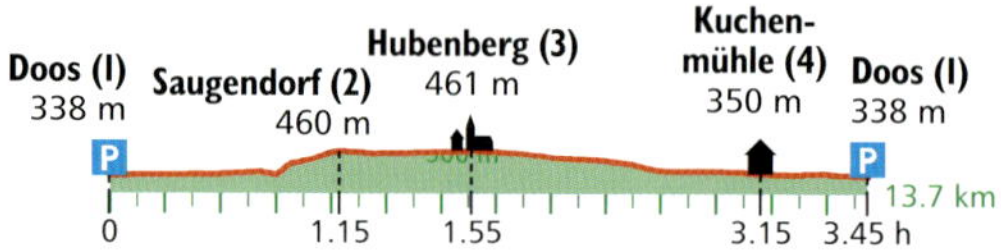

In **Doos (1)** beim Parkplatz mit dem gelben Kreis über die Wiesent und auf der östlichen Talseite flussaufwärts Richtung Rabeneck. Kurz nach der Abzweigung zur Burg geht es bei der Rabenecker Mühle links über die Wiesent. Auf der anderen Straßenseite trifft man auf einen Steig, der mit dem roten Kreis steil hinauf nach **Saugendorf (2)** führt (Wegweiser).

Im Ort bei einer Rastbank rechts über Felder, durch Wald und wieder über Felder nach **Hubenberg (3)**, Wegweiser. Kurz nach der Kapelle mit dem Wegweiser »Aufseßtal«

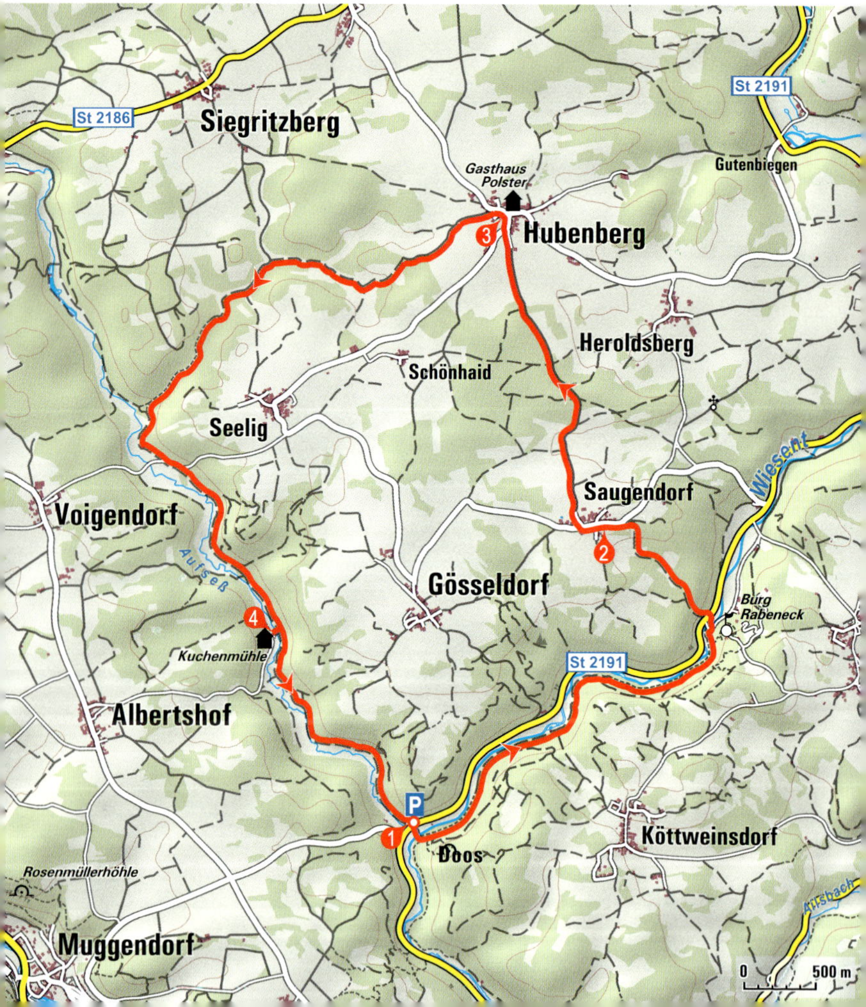

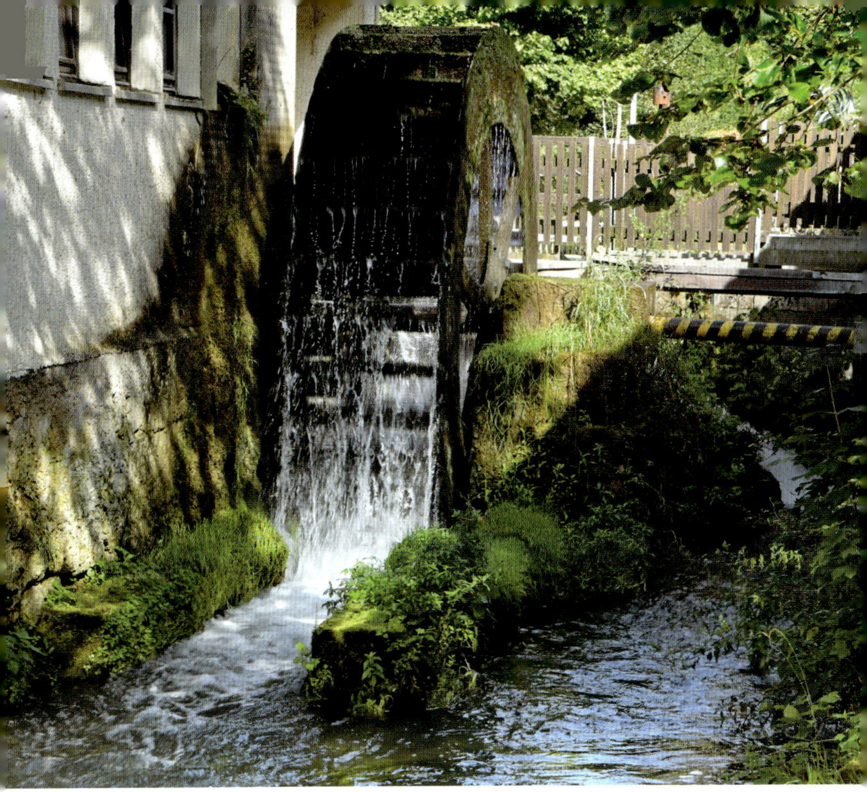

Kuchenmühle: beliebte Einkehr mit Wasserrad und guten Kuchen.

links und auf Feld-, später auch Wiesenwegen über die sonnige Hochfläche in ein stilles Seitental der Aufseß. Bei einer Bank mit Wanderkarte und Wegweiser erreicht man den Talboden und geht mit dem blauen Kreis links durch den Katzenboden ins Aufseßtal. Der grüne Talboden gibt die Richtung vor. Teils direkt an der Aufseß, manchmal auch etwas daneben führen schmale, dann wieder breite Waldwege flussabwärts zur **Kuchenmühle (4)** und zurück nach **Doos (1)**.

EINKEHR

Gasthaus Polster

Gemütliches Gasthaus mit gutem Essen. Je nach Wochentag Schnitzel oder Brotzeiten, sonntags gibt es eine extra Mittagskarte.
Do bis So warme Küche, Mo und Di Brotzeiten und Schnitzel, Mi Ruhetag. Hubenberg 22, 91344 Waischenfeld, Tel. +49 9202 244, www.gasthauspolster.de.

Kuchenmühle

Traumhafte Lage im Aufseßtal, schöner Biergarten mit Selbstbedienung. Trotz des Namens gibt es nicht nur gute Kuchen, sondern auch eine gute Auswahl an Gerichten mit Spargel im Frühjahr, Pilzen im Sommer und Gänsebraten im Winter.
Ab Anfang März Di bis So ab 11.30 Uhr, im Winter unter der Woche geschlossen, Mo Ruhetag. Kuchenmühle 21, 91346 Wiesenttal, Tel. +49 9196 377, www.kuchenmühle.de.

15 Wiesent- und Zeubachtal

Kurzweilige Runde bei Waischenfeld ★

Von den Fachwerkhäusern zu den sonnigen Höhen

Einen Ortsrundgang durch Waischenfeld sollte man sich für das Ende der Wanderung aufheben – oder viel Zeit einplanen. Schließlich gibt es in dem staatlich anerkannten Luftkurort im Wiesenttal viele fotogene Fachwerkhäuser zu bewundern. Als Wahrzeichen thront der etwa 13 Meter hohe Wehrturm Steinerner Beutel auf einem Kalksteinfelsen hoch über der Stadt. Der runde Turm, der früher nur mittels einer Leiter erstiegen werden konnte, steht auf einem Kalksteinfelsen und bildete den nördlichsten Teil der 1122 erstmals erwähnten, allerdings längst nicht mehr vorhandenen Burg. Die Reste der mittelalterlichen Anlage wurden 1982 renoviert, im Burghof gibt es eine Freilichtbühne für Theateraufführungen und Konzerte. Einen schönen Blick auf den Ort genießt man vom Aussichtspunkt Hohe Warte, der nach einem kurzen Anstieg aus dem Wiesenttal erreicht wird. Schöne Ausblicke über das Hügelland der Fränkischen Schweiz charakterisieren den Rest der kurzweiligen Runde.

KURZINFO

Ausgangspunkt: Waischenfeld, hübsches Fachwerkstädtchen im Oberen Wiesenttal, Wanderparkplatz bei der Abzweigung zum Freibad, 358 m (Navi: Fischergasse, 91344 Waischenfeld).
Gehzeit: 3.15 Std.
Höhenunterschied: 240 m.
Anforderungen: Leichte Runde auf anfangs schönen Steigen; später, im zweiten Teil der Tour überwiegend breite Feld- und Radwege.
Information: Tourist-Information, Bischof-Nausea-Platz 2, 91344 Waischenfeld, Tel. +49 9202 9601-17, www.waischenfeld.de.

Malerisch: Waischenfeld mit seinen Fachwerkhäusern.

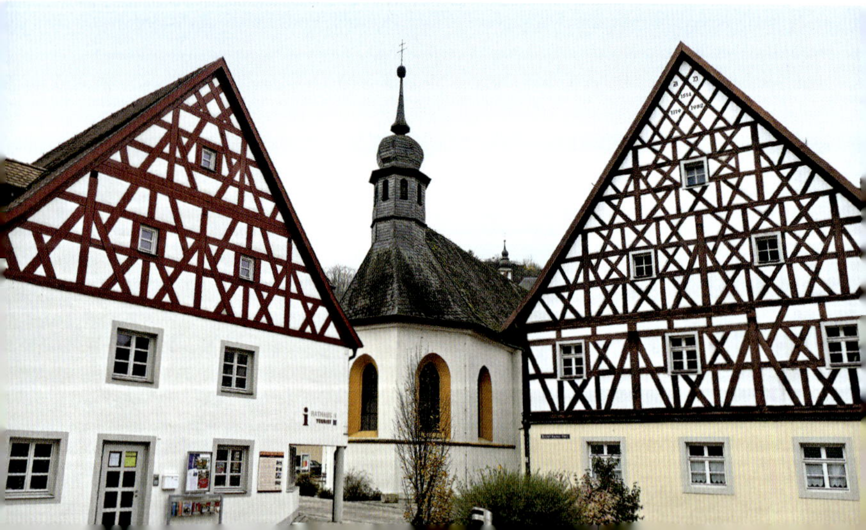

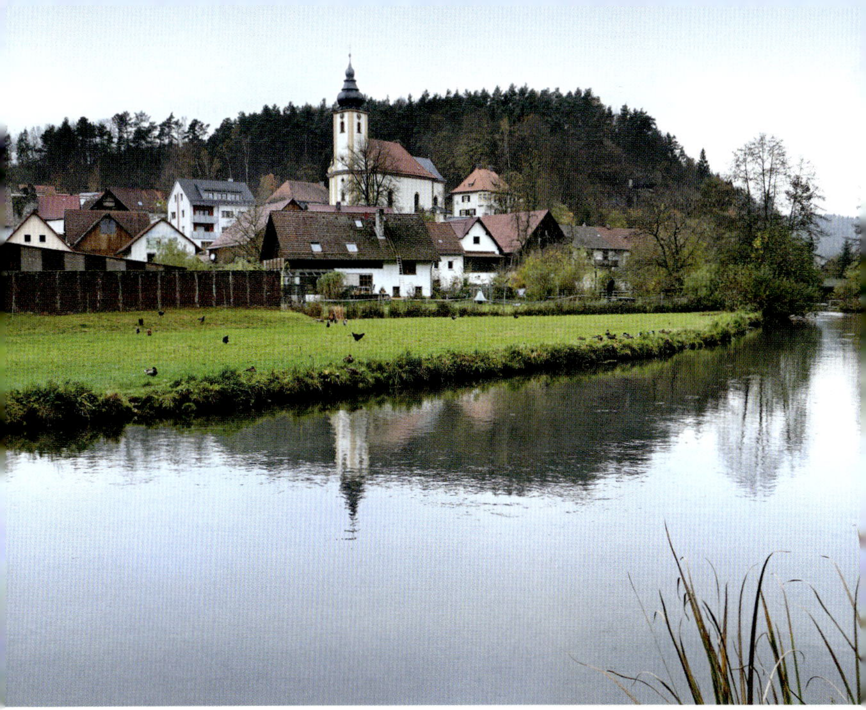

Nankendorf ist bekannt für die jährlich am 31. Dezember stattfindende Lichterprozession.

Vom Parkplatz beim Freibad von **Waischenfeld (1)** entlang der Straße in die Ortsmitte, wobei man bei der Brücke auf die westliche Seite der Wiesent wechseln kann (und nach der Tourist-Information wieder zurück), und weiter bis zu einer Tafel mit den Wanderwegen vor dem Fraunhofer Forschungscampus. Hier links in die Straße Buchberg und dann geradeaus an einem Stadel vorbei in einen Teerweg. Schließlich rechts mit dem Wegweiser »Bindelsruh« über ein paar Stufen hinauf. Ein schöner Pfad quert hier oberhalb von Waischenfeld die Hänge und erlaubt immer wieder schöne Blicke über das Tal. Mit dem Wegweiser am Freistein vorbei zur Unterstandshütte Bindelsruh. An dieser links vorbei und mit etwas Gespür auf dem manchmal nur schwer zu erkennenden Steig weiter, bis links ein Abstecher zum bereits zu sehenden Aussichtspunkt **Hohe Warte (2)** möglich ist.

Weiter geht es an den Waldrand und dort vor einer Fotovoltaikanlage links. Bei einem Wegweiser unter einer Buche trifft man auf den von links kommenden Direktanstieg von Waischenfeld und wandert mit dem gelben Punkt und dem gelben Kreis über die Felder, an einer Kapelle vor-

EINKEHR

Brauereigaststätte Schroll

Hier stärkt man sich mit einfachen Brotzeiten und einem guten hausgebrauten Bier.

Täglich ab 9 Uhr, Mo und Di Ruhetag. Nankendorf 41, 91344 Waischenfeld, Tel. +49 9204 248, www.brauerei-schroll.de.

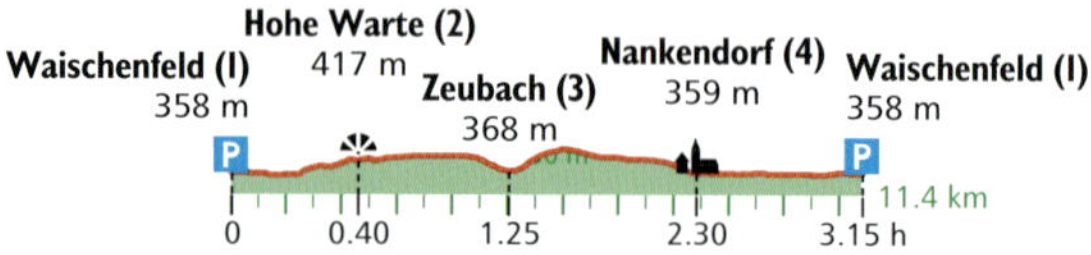

bei, nach Hannberg (Wegweiser). Auf der kaum befahrenen Straße geht es ins Tal nach **Zeubach (3)** und dort links bis zur Kapelle. Rechts in die Adistraße und mit dem diagonal halbierten rot-weißen Rechteck ohne Orientierungsprobleme auf und über den nächsten Bergrücken nach **Nankendorf (4)**. Eine Runde durch den kleinen Ort entlang der Wiesent ist zu empfehlen, ansonsten vor der Brücke links und auf dem Fuß- und Radweg flussabwärts nach Waischenfeld. Leider wird der einst vorhandene Wanderweg, der durchgehend auf der östlichen Talseite verlief, nicht mehr gepflegt, sodass man bei einer Brücke die Flussseite wechseln muss. Beim Bauernhof Schlößlein geht es wieder zurück auf die östliche Talseite und hier sieht man auf den letzten Metern zurück zum Ausgangspunkt in **Waischenfeld (1)**, wie schön der alte Pfad war. Schön ist die Wanderung durch das Wiesenttal natürlich immer noch, aber um die alten, naturbelassenen Wege ist es dennoch schade …

Bildstock auf dem Weg nach Nankendorf.

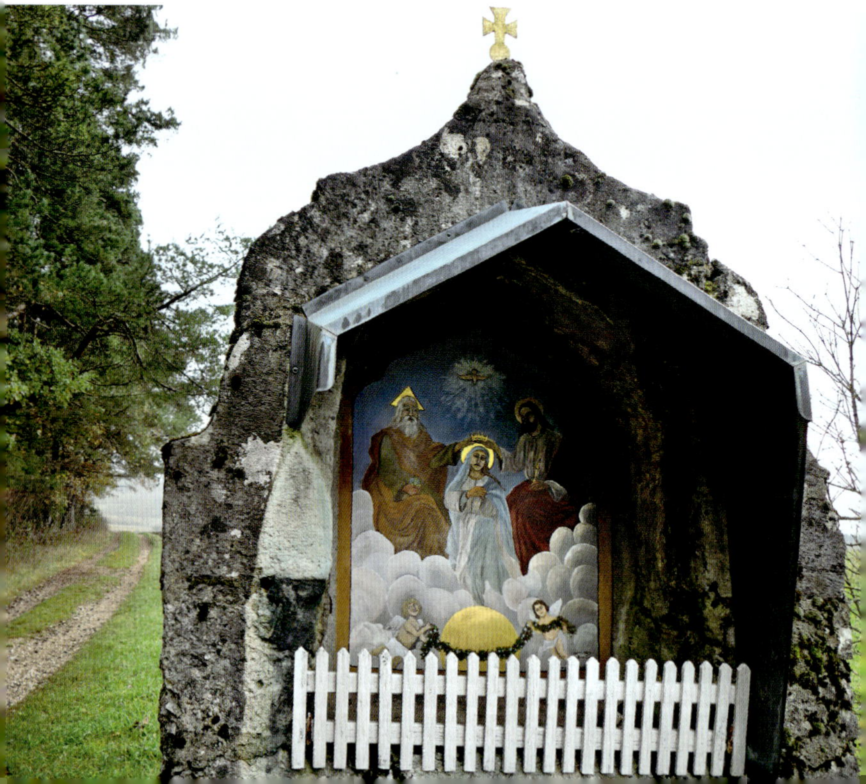

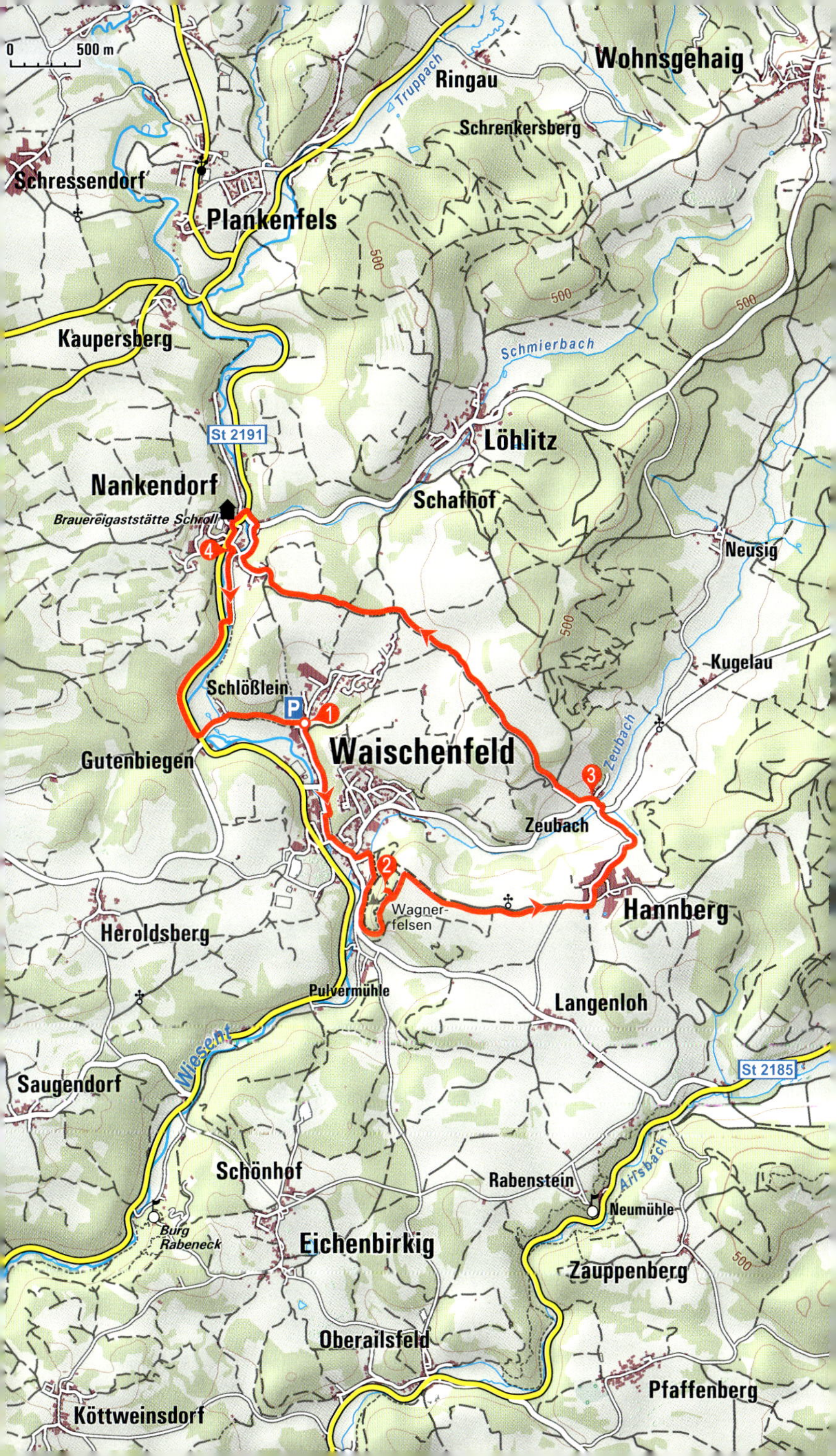

0 500 m
Wohnsgehaig
Truppach
Ringau
Schrenkersberg
Schressendorf
Plankenfels
500
Kaupersberg
Schmierbach
St 2191
Löhlitz
Nankendorf
Brauereigaststätte Schroll
Schafhof
Neusig
Kugelau
Zeubach
Schlößlein
Waischenfeld
Gutenbiegen
Zeubach
Hannberg
Wagner-
felsen
Heroldsberg
Pulvermühle
Langenloh
Wiesent
St 2185
Saugendorf
Schönhof
Rabenstein
Ailsbach
Neumühle
Burg
Rabeneck
Eichenbirkig
Zauppenberg
Oberailsfeld
Pfaffenberg
Köttweinsdorf

16 Burg Rabenstein und Burg Rabeneck

Zwischen Ailsbach- und Wiesenttal ★★★

Hochmittelalterliche Burgen wie aus dem Bilderbuch

Die auf einem Felsen über dem Ailsbachtal thronende Burg Rabenstein ist eine Augenweide und zählt zu den beliebtesten Fotomotiven der Fränkischen Schweiz. Eine ehemalige Ritterburg, deren Geschichte um 1188 begann und die mit ihren Prunksälen einen einmaligen Rahmen auch für Hochzeiten, Familienfeiern oder Dinnershows liefert. Wer den imposanten Bau auf dem Felsvorsprung sieht, der kann kaum glauben, dass die Burg im Dreißigjährigen Krieg fast vollständig zerstört wurde. Den Grafen von Schönborn ist es zu verdanken, dass aus der Ruine eine barocke Schlossanlage wurde, in der im Jahre 1830 Ludwig I. König von Bayern mit seiner Gemahlin Theresie zu Gast war. Die heute auch als Hotel genutzte Burg kann im Rahmen einer Führung besichtigt werden.

Nur wenige Kilometer entfernt steht die Burg Rabeneck über dem Wiesenttal. Die ehemalige Raubritterburg wurde vermutlich von einem Zweig der Rabensteiner erbaut und durchlebte eine wechselhafte Geschichte. Im Bauernkrieg brannte sie 1525 nieder, wurde allerdings kurz darauf wieder aufgebaut und kann heute in den Sommermonaten an Sonn- und Feiertagen besichtigt werden. Die beiden Burgen sind von weitem zu sehen, die Sophienhöhle liegt dagegen versteckt im Hang über dem Ailsbachtal. Die Tropfsteinhöhle, die zusammen mit dem Eingangsportal des Ahornlochs, der Klaussteinhöhle und der Höschhöhle ein kleines Höhlensystem bildet, wurde 1833 entdeckt und kann seit 1834 besichtigt werden – bis heute zählt sie zu den schönsten Schauhöhlen Deutschlands.

Burg Rabenstein: eine Burg wie aus dem Bilderbuch.

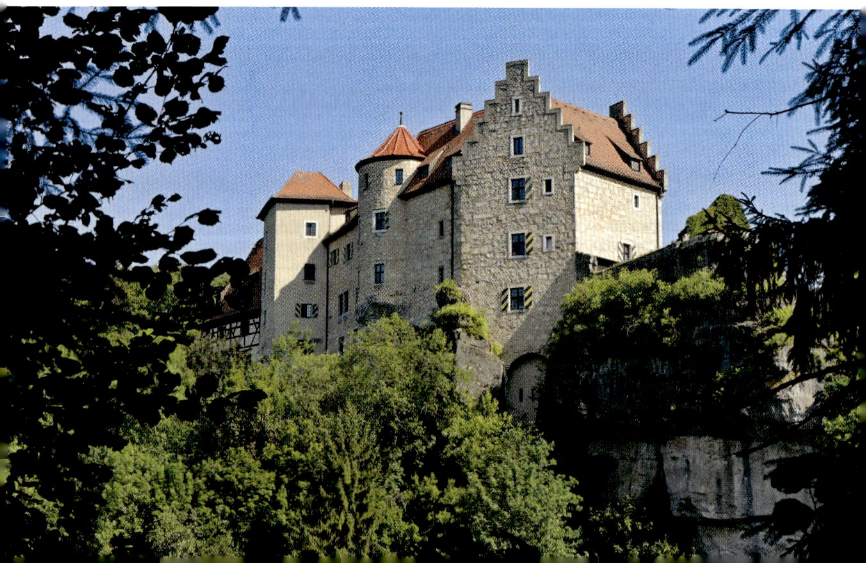

KURZINFO

Ausgangspunkt: Oberailsfeld, 360 m, hübscher Ort im Ailsbachtal, Parkplatz nördlich der Kirche (Navi: Oberailsfeld, 95491 Ahorntal).
Gehzeit: 4.00 Std.
Höhenunterschied: 300 m.
Anforderungen: Vor allem im Ailsbachtal teils schmale Steige, ansonsten eher breite, gut zu gehende Wege.
Kinder: Die Steige im Ailsbachtal, ein Besuch der Sophienhöhle und ein Abstecher zur Burg mit Falknerei bieten genug Zutaten für einen kurzweiligen Familienausflug.
Information: Gemeinde Ahorntal, Kirchahorn 63, 95491 Ahorntal, Tel. +49 9202 200, www.ahorntal.de.
Tipp: Sophienhöhle, geöffnet Mitte März bis Mitte November Di–So 10.30–17 Uhr, halbstündliche Führungen.
Die Burg Rabenstein (www.burg-rabenstein.de) kann von April bis Oktober besichtigt werden, Führungen Di–Fr von 11–16 Uhr, an Wochenenden und Feiertagen bis 17 Uhr, in den Wintermonaten Führungen in der Regel an Wochenenden und in den bayerischen Schulferien. Informationen zu verschiedenen Sonderveranstaltungen wie Ritterturnieren und Mittelaltermarkt unter Tel. +49 9202 9700440. Die Falknerei der Burg ist von April bis 1. November täglich außer Mo. 11–17 Uhr geöffnet, Flugvorführungen finden jeweils um 15 Uhr statt.

EINKEHR

Gutsschenke und Biergarten Burg Rabenstein
An schönen Sommertagen sitzt man im Biergarten unter großen, schattenspendenden Kastanien, ansonsten im Gewölbe der Gutsschenke. Ganztägig warme und kalte fränkische Küche.
Geöffnet von Mitte März bis Anfang November 11–18 Uhr, Mo Ruhetag (außer Feiertag). Rabenstein 33, 95491 Ahorntal, Tel. +49 9202 9700440, www.burg-rabenstein.de.

Gasthaus Held-Bräu
Gemütliche Gaststube, schöner Biergarten. Bürgerliche Küche, gute Brotzeiten und hervorragendes, selbst gebrautes Bier (Hell, Dunkel, Pils und Hefeweizen).
Mi und Do Ruhetag. Oberailsfeld 19, 95491 Ahorntal, Tel. +49 9242 295, www.held-braeu.de.

In **Oberailsfeld (1)** unterhalb der Kirche mit dem blauen Kreuz links haltend aus dem Ort hinaus. Auf einem Wiesenweg durch das Ailsbachtal, bei einer Wegverzweigung wählt man den linken Pfad (Wegweiser) und folgt dem Steig bergauf zum Burgstall »Alte Veste«. Weiter durch den Wald und kurzer Abstieg, bis die Markierung einen links spannend zwischen zwei Felsen hindurchführt und schließlich das Wiesenttal erreicht. Über die Straße und hinter dem Parkplatz mit der Markierung wieder auf einen Steig, der im steten Auf und Ab die Hänge quert. Der Promenadenweg führt an eindrucksvollen Felsformationen vorbei, durchquert mit dem Schneiderloch einmal sogar eine Höhle, und ermöglicht zwischen dem dichten Blätterdach immer wieder schöne Blicke auf Burg Rabenstein. Kurz nach dem Schneiderloch lässt man

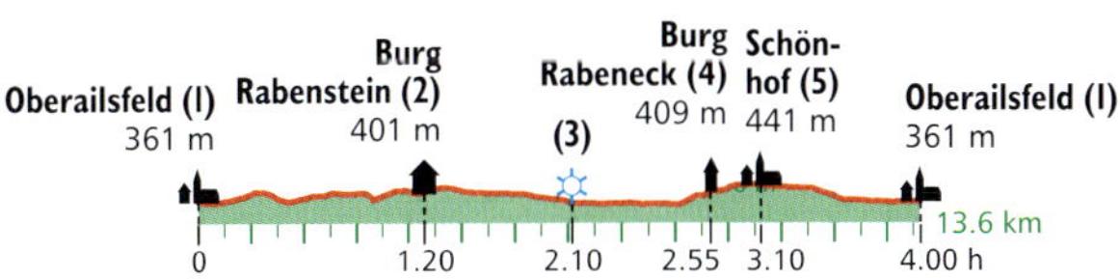

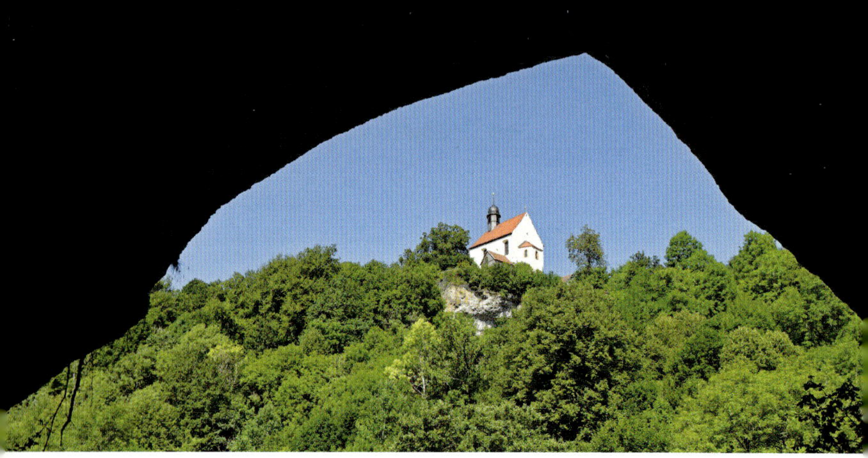

Blick aus der Ludwigshöhle auf die Klaussteinkapelle.

sich durch Abzweigungen nach rechts und links nicht beirren und bleibt auf dem Hauptweg. Erst beim Wegweiser »Ludwigshöhle, Sophienhöhle« geht es links in den Talboden, wobei man natürlich den kurzen Gegenanstieg zur Ludwigshöhle in Kauf nimmt. Von der großen Halle aus genießt man einen wunderschönen Blick auf die Klaussteinkapelle, die vis-a-vis am Rand der Hochfläche steht. Im Tal über die Straße und gegenüber auf dem mit einem Holzgeländer gesicherten Steig zur Sophienhöhle. Weiter zur **Burg Rabenstein (2)**, wobei es hier eine bequeme Variante auf breitem Fußweg (Wegweiser »bequemer Weg nach Rabenstein«) und eine etwas Anspruchsvollere auf schmalem Steig gibt (Markierung »Fränkischer Gebirgsweg«). Die macht einen kur-

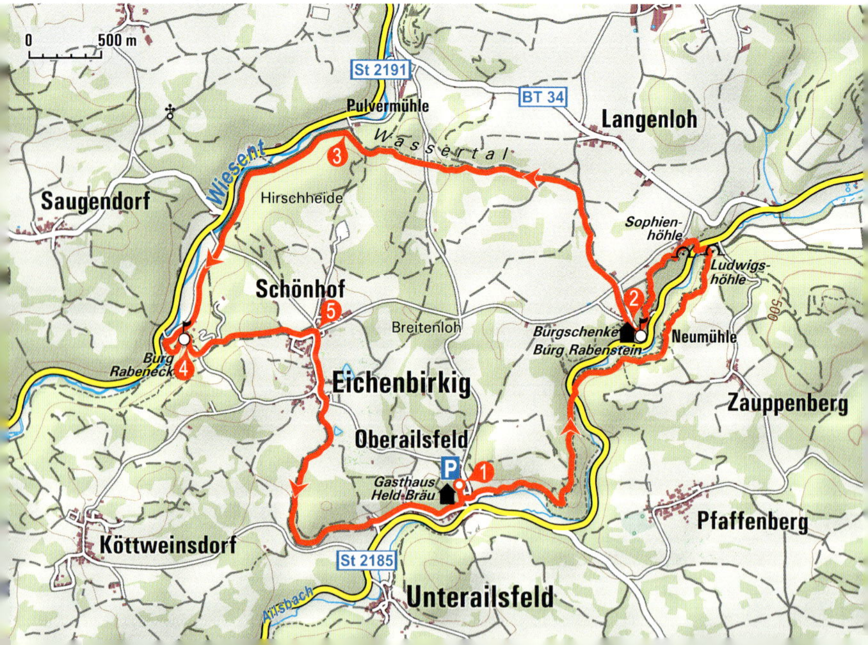

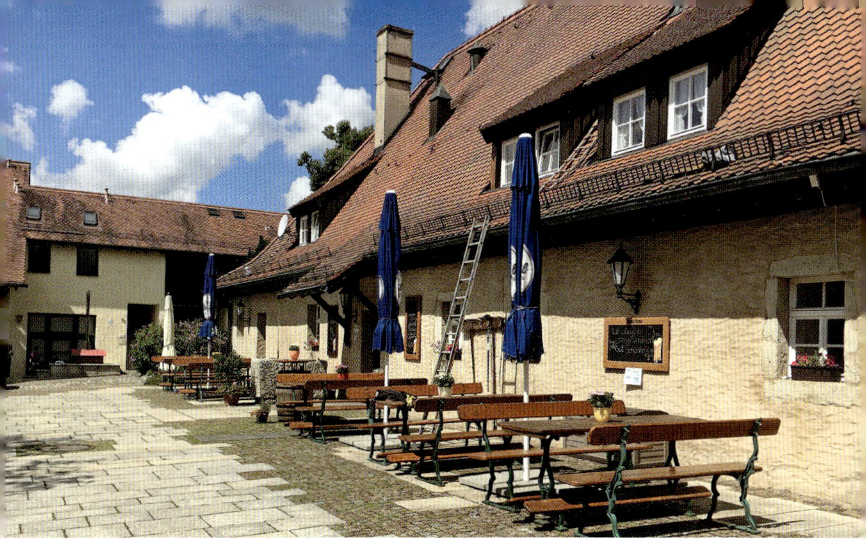

Gut Schönhof: Die einst beliebte Einkehr hat aufgrund der Corona-Folgen geschlossen, Feiern und Events sollen aber auch in Zukunft möglich sein.

zen Schlenker zu einem aussichtsreiche Felskopf (Pavillon), von dem aus man einen schönen Blick über das Tal auf die Burg genießt.
Von der Burg Rabenstein am Parkplatz vorbei zur Straße und gegenüber in einen Feldweg. Mit der Markierung »Fränkischer Gebirgsweg« und dem Wegweiser »Waischenfeld, Pulvermühle« in der Senke vor dem kleinen Weiler Langenloh links und wunderschön durch das Wassertal bergab. Nach der Querung eines geteerten Feldweges erreicht man einen schönen Wiesenweg. Bei den ersten Bäumen heißt es kurz aufpassen, um die Abzweigung auf einen kleinen Weg nicht zu verpassen. Mit dem Wegweiser »Waischenfeld über Pulvermühle« schräg links auf einen Pfad, der durch ein kurzes Waldstück führt, eine Straße quert und schließlich bei der **Pulvermühle (3)** das Wiesenttal erreicht. Links auf breitem Weg am Rand des Talbodens entlang (Wegweiser »Rabeneck«), auf einer Teerstraße unterhalb der Waldpension Rabeneck vorbei und mit schönem Blick auf die Burg zu den Häusern am Fuß der Burg. Nach dem letzten Haus zweigt links ein Steig ab, der steil und teils mit Treppen den Hang hinaufführt.
Überaus abwechslungsreich schlängelt sich der Felsensteig am Fuß senkrechter Felsen, auf denen die **Burg Rabeneck (4)** thront, entlang und erreicht schließlich beim Eingang in die Burg die Hochfläche. Nach rund 125 Meter auf der Zufahrtsstraße biegt man links ab (Markierung grüner Kreis), wählt bei der nächsten Wegverzweigung den rechten Weg (Wegweiser »Eichenbirkig«) und erreicht leicht ansteigend **Schönhof (5)**. Dort folgt man der Straße nach rechts ins angrenzende Eichenbirkig. Mit der Markierung gelbe Raute Richtung Oberailsfeld und in der Linkskurve der Straße geradeaus auf die Felder. Im Talboden bei einer Bank, kurz vor Erreichen der Teerstraße, links und mit dem Wegweiser »Oberailsfeld« (Markierung gelber Strich) zurück zum **Ausgangspunkt (1)**.

17 Von Tüchersfeld ins Ailsbachtal

Sonnige Höhen, schattige Talwege ★★

Das Bilderbuchdorf der Fränkischen Schweiz

Markante Felstürme, die der Schwerkraft trotzend als Reste eines ehemaligen Riffs kühn aufragen und an denen malerisch die Fachwerkhäuser kleben – mit diesem Bilderbuchmotiv wurde Tüchersfeld zum Symbol für die Fränkische Schweiz. Der kleine Ort im Püttlachtal ist die älteste Ansiedlung der Großgemeinde Pottenstein und wurde 1243 erstmals genannt. Von den beiden Burgen, die es einst gab, ist nichts mehr zu sehen. Im Bauernkrieg wurden beide durch Brand zerstört, wobei die ältere Burg Oberntüchersfeld auf dem Fahnenstein erst gar nicht mehr aufgebaut wurde. Untertüchersfeld bzw. Niederntüchersfeld richtete man wieder her, bis der Dreißigjährige Krieg das endgültige Ende besiegelte. Lediglich ein paar Nebengebäude blieben übrig, in denen heute das Fränkische Schweiz-Museum untergebracht ist.

KURZINFO

Ausgangspunkt: Tüchersfeld, malerisches Dorf im Püttlachtal zwischen Pottenstein und Behringersmühle, Wanderparkplatz am nördlichen Ortsausgang, 351 m (Navi: Zum Zeckenstein, 91278 Pottenstein). Mit Bahn und Bus: Bus 389 vom Bhf. Ebermannstadt (R 22) oder Bhf. Pegnitz (R 3).

Gehzeit: 3.30 Std.

Höhenunterschied: 260 m.

Anforderungen: Überwiegend breite, angenehme Wege, lediglich der Anstieg nach Kohlstein gleich zu Beginn der Rundwanderung ist anstrengend.

Kinder: Der kurzweilige Steig auf den Fahnenstein ist ein spannendes Abenteuer für Kinder.

Information: Tourismusbüro Pottenstein, Forchheimer Straße 1, 91278 Pottenstein, Tel. +49 9243 708-41, www.pottenstein.de.

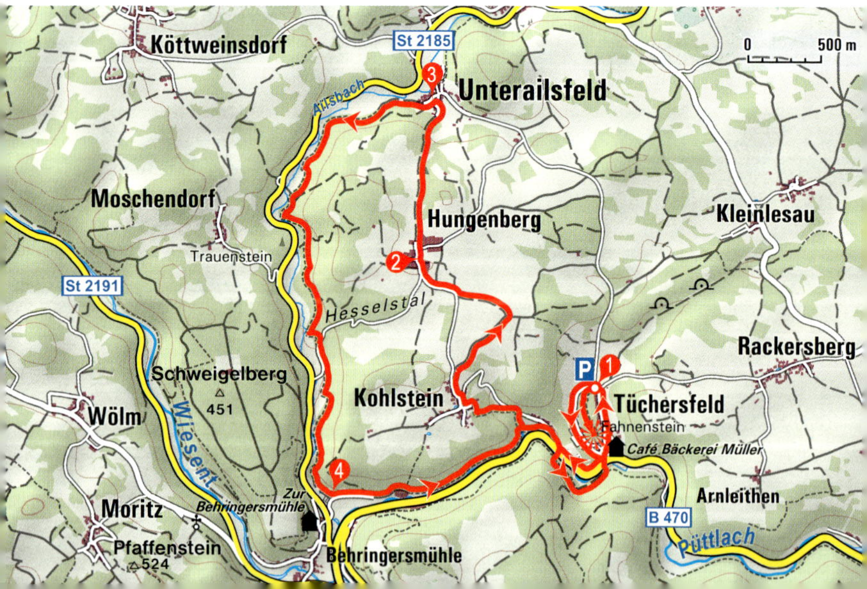

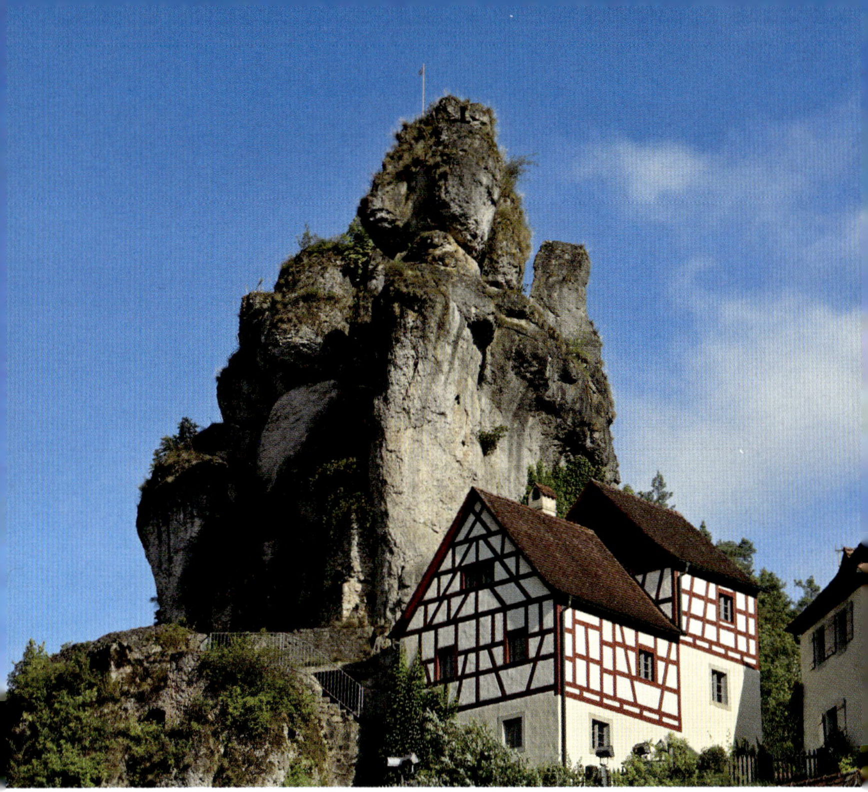

Klassisches Postkartenmotiv: Tüchersfeld mit Fachwerkhaus und Felsen.

Vom Parkplatz oberhalb von **Tüchersfeld (1)** am Glascontainer vorbei und westlich um den Zeckenstein herum nach Tüchersfeld. Den Ort auf dem Fußweg neben der Straße Richtung Behringersmühle verlassen, über die Brücke und gleich danach rechts auf einen Weg wechseln, der zwischen Straße und Bach durch die Wiese verläuft. Am Ende auf einer Holzbrücke über den Bach und mit dem Wegweiser »Kohlstein« rechts auf einen Steig, der durch den Wald hinaufführt in den kleinen Ort auf der Hochfläche. Auf der Straße Richtung Hungenberg zum Ortsende und gleich danach bei einer Rastbank mit Tisch rechts (Wegweiser »Hungenberg«). Mit der Markierung grüner Punkt

EINKEHR

Café Bäckerei Müller
Schöne Lage, kleine Terrasse, frische Backwaren und gute, selbst gemachte Kuchen.
Geöffnet Di bis Sa 6–17 Uhr, Mo bis 10 Uhr, So 7–17 Uhr. Im Tal 6, 91278 Pottenstein, Tel. +49 9242 890.

Gasthof Zur Behringersmühle
Im Jahr 1850 wurde der Gasthof zur Behringersmühle eröffnet, damals das erste Gasthaus in dem kleinen Ort. Mittags kleine Karte mit einer Auswahl an typisch fränkischen Gerichten.
Geöffnet Do bis Mo, von November bis März an manchen Wochenenden geöffnet, warme Küche 11.30–14 Uhr und 18–20 Uhr, Do erst ab 17.30 Uhr. Behringersmühle 8, 91327 Gößweinstein, Tel. +49 9242 205, www.zur-behringersmuehle.de.

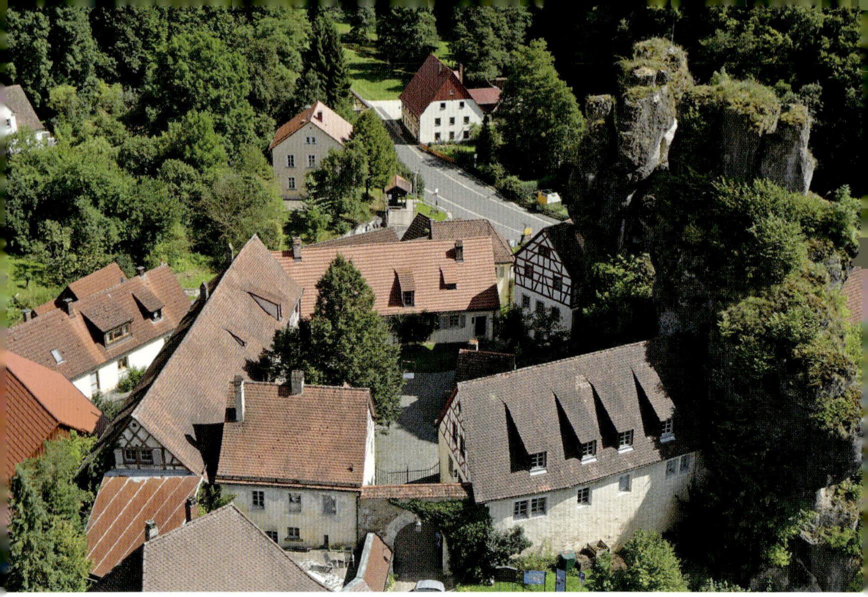

Blick von oben, vom Fahnenstein, auf den kleinen Ort.

über die Felder zu einem Holzlagerplatz und links nach **Hungenberg (2)**. Der Ort wird auf einem Feldweg in nördlicher Richtung verlassen (Wegweiser »Unterailsfeld«), wobei einen die Markierung ohne Orientierungsprobleme von der Hochfläche ins Ailsbachtal leitet.

In **Unterailsfeld (3)** mit dem blauen Kreuz links (Wegweiser »Behringersmühle«) auf einen Wiesenweg und kurz danach in den Wald, wo man nach wenigen Metern auf einen schönen Steig trifft, der gut markiert im leichten Auf und Ab etwas oberhalb des Talbodens nach **Behringersmühle (4)** führt. Den kleinen Weiler erreicht man bei einem Tennisplatz, hinter dem der Wegweiser »Tüchersfeld« die Richtung ins Püttlachtal vorgibt. Mit der Markierung gelbe Raute auf einer Teerstraße an den letzten Häusern vorbei und auf schönem Weg am Rand des Talbodens zur bereits bekannten Holzbrücke. Hier folgt man dem Weg über die Wiese weiter, quert unter der Straßenbrücke hindurch und erreicht so den südlich des Talbodens verlaufenden Weg. Hier links (Wegweiser) zu einer Kapelle (schöner Blick auf Tüchersfeld) und links haltend in den Ort. Mit dem Wegweiser »Fränk. Schweiz-Museum« in einen steilen, geteerten Weg und am Museum vorbei zurück zum **Ausgangspunkt (1)**.

Bleibt als Fleißaufgabe die Besteigung des Fahnensteins. Idealerweise könnte man den Abstecher als Rundtour machen mit Anstieg vom Brotzeitstüberl, doch ein deutlicher Hinweis gibt Auskunft, dass dies nur erlaubt ist, falls man auch einkehrt.

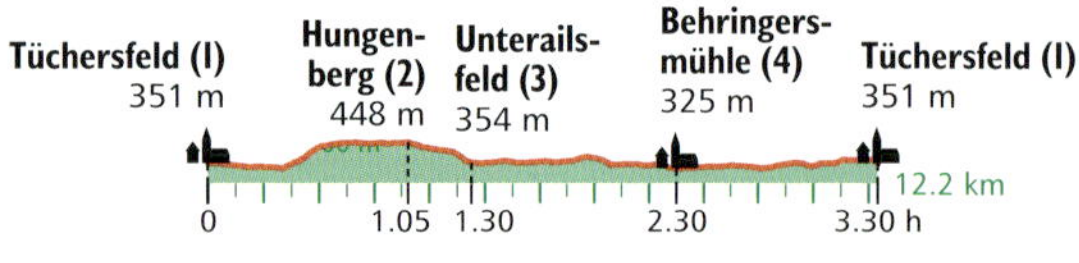

Von Gößweinstein nach Moritz

Abwechslungsreiche Runde über dem Wiesenttal ★★

Versteckte Sehenswürdigkeiten

»Franken ist wie ein Zauberschrank: immer neue Schubfächer tun sich auf und zeigen bunte, glänzende Kleinodien«. So beschrieb Karl Immermann im Herbst 1837 seine Eindrücke. Eine Aussage, die ganz gut auf diese Runde über dem Wiesenttal zutrifft, die immer wieder neue, überraschende Landschaftsjuwelen aus dem Hut zaubert. Etwa ein mitten im Buchenwald verstecktes Felsrondell, dessen Felsen wie ein Amphitheater angeordnet sind. Atemberaubend schön und gleichzeitig der Eingang in die Esperhöhle, eine der tiefsten Schachthöhlen der nördlichen Frankenalb. Der Zugang wird sicherheitshalber durch ein Gitter versperrt, denn gleich dahinter führt ein Schacht 20 Meter in die Tiefe.

Vorbei an den Überbleibseln der Burg Burggaillenreuth, einer ehemaligen Wasserhebeanlage an der Burggaillenreuther Quelle und dem kleinem Weiler Moritz erreicht man auf schmalem Pfad den Pfaffenstein. Leider ist der Ausblick durch die hohen Bäume eingeschränkt, ansonsten würde der Aussichtsfelsen zu den schönsten Plätzen der Fränkischen Schweiz zählen. Traumhaft auch die Wiesent mit der gleich daneben stehenden Stempfermühle und der gleichnamigen Quelle. Die drei Quellen lieferten mit einer Schüttung von rund 500 Litern pro Sekunde genug Wasser, um das Mühlrad anzutreiben. Und zum Abschluss führt ein Steig durch einen Eibenwald, vorbei an bis zu 30 Meter hohen Felstürmen, hinauf nach Gößweinstein – das Naturwaldreservat beherbergt den größten Eibenbestand Oberfrankens.

Die Esperhöhle fasziniert mit Felswänden, Klüften und geheimnisvollen Durchgängen.

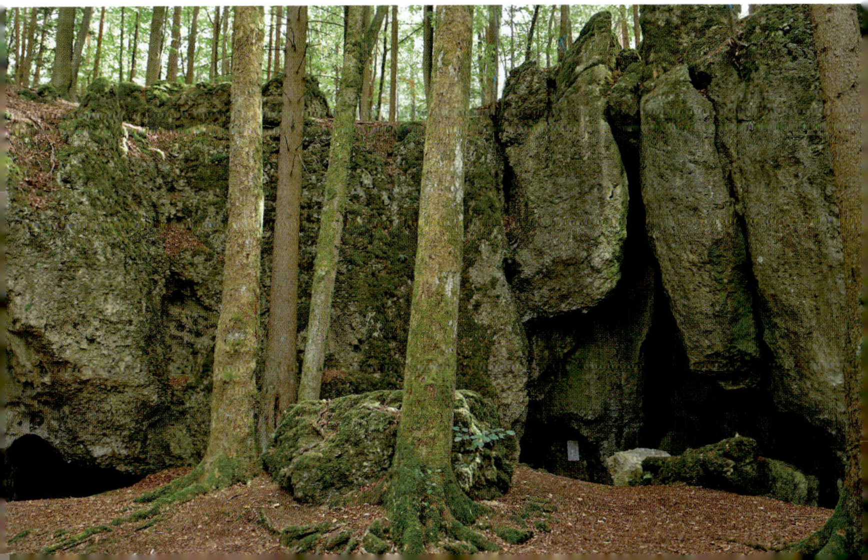

KURZINFO

Ausgangspunkt: Gößweinstein, Parkplatz beim Freibad, 425 m (Navi: Schützenstraße 1, 91327 Gößweinstein). Mit Bahn und Bus: Bus 389 vom Bhf. Ebermannstadt (R 22) oder Bhf. Pegnitz (R 3). An Sonn- und Feiertagen zwischen Mai und Oktober in Ebermannstadt Anschluss an die Museumsdampfbahn nach Behringersmühle, einem alternativen Startpunkt der Tour.
Gehzeit: 4.45 Std.
Höhenunterschied: 490 m.
Anforderungen: Immer wieder schmale Steige, die bei Nässe hier und da auch etwas Trittsicherheit erfordern. Und etwas Orientierungsvermögen, der Abstieg vom Pfaffenstein ins Wiesenttal ist nur spärlich markiert.
Kinder: Eine kurze Wanderung auf schönen Steigen führt vom Parkplatz hinunter zur Behringersmühle, dort entlang der Wiesent zur Stempfermühle und steil an Felsen hinauf zur Burg Gößweinstein.
Information: Tourist-Info, Burgstraße 6, 91327 Gößweinstein, Tel. +49 9242 456, www.ferienzentrum-goessweinstein.de.
Tipp: Fahrt mit der historischen Bahn Ebermannstadt – Behringersmühle. Sonn- und feiertags von 1. Mai bis 30. Oktober, Fahrplan unter www.dampfbahn.net.

Vom Parkplatz bei **Gößweinstein (1)** auf dem Fußweg entlang der Straße in die Ortsmitte und an der Basilika vorbei ortsauswärts. Auf der Straße Richtung Sachsenmühle und kurz vor dem Ortsende mit dem blauen Senkrechtstrich links in die »Sachsenmühler Straße«, die nach wenigen Metern in einen Wanderweg übergeht. Durch den Wald auf weichem Pfad leicht bergauf, dann etwas beengt zwischen einem Weidezaun und dem Gebüsch über offene Fluren, am Waldrand entlang und teilweise durch den Wald gut markiert zur Straße, auf der man rechts haltend **Leutzdorf (2)** erreicht.

In der Ortsmitte links Abstecher zum Landgasthof Richter, ansonsten rechts und nach dem Löschwasserteich gleich wieder links und mit der Markierung (Wegweiser »Esperhöhle«) aus dem Ort hinaus. Dem Feldweg folgend über die freien Wiesen leicht bergab in ein Tälchen, bis am

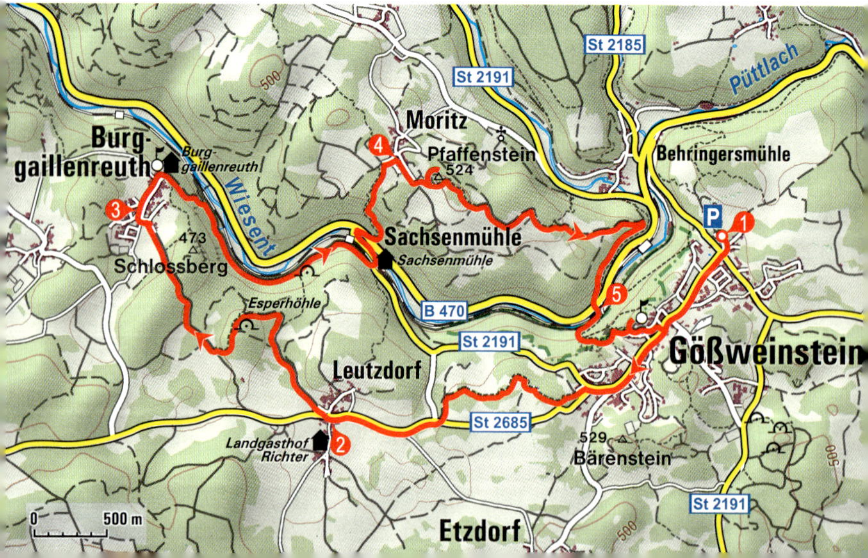

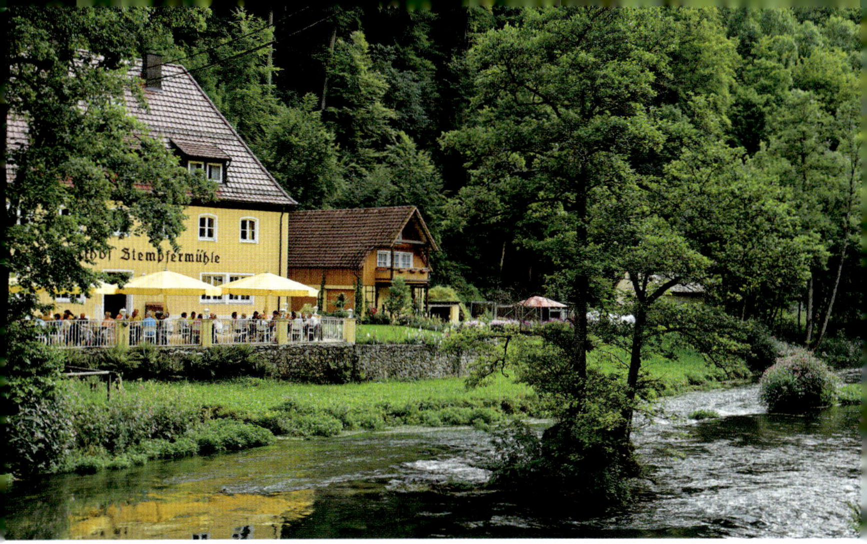

Stempfermühle: früher eine beliebte Einkehr, heute leider geschlossen.

EINKEHR

Biergarten Sachsenmühle
Großer Biergarten an der Wiesent. Kaffee, Kuchen und Getränke, unter der Woche auch Brotzeiten.
Mai bis September täglich geöffnet von 12–18 Uhr. Sachsenmühle 1, 91327 Gößweinstein, Tel. +49 9242 740660.

Landgasthof Richter
Schöne Lage am Ortsrand, schattiger Biergarten unter zwei 150 Jahre alten Lindenbäumen. Gut bürgerliche Küche, Tipp: Schäufele, Krenfleisch (Rindfleisch mit Meerrettichsoße) und die Brotzeiten. Warme Küche von 11.45–13.30 (Sonn- und feiertags 11.30–14 Uhr) und von 17.30–20 Uhr, Di Ruhetag. Leutzdorf 1, 91327 Gößweinstein, Tel. +49 9242 587, www.gasthaus-richter.de.

Burg Burggaillenreuth
Gemütliche Stuben, schattiger Biergarten mit Blick auf Burggaillenreuth.
Geöffnet Fr bis So von 11.30–20 Uhr. Burggaillenreuth 5, 91320 Ebermannstadt, Tel. +49 9242 740483, www.burggaillenreuth.de.

Burg Burggaillenreuth: Der schattige Biergarten lockt an heißen Sommertagen.

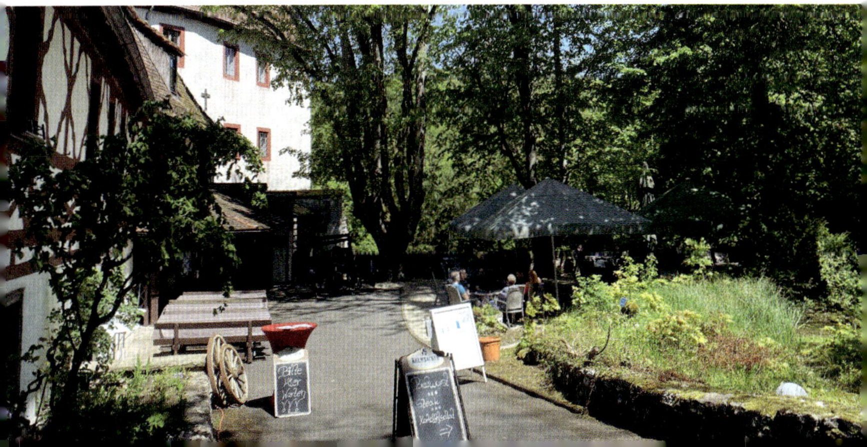

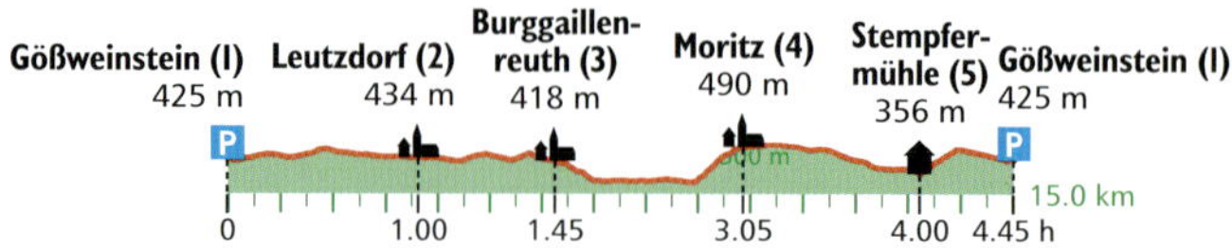

Waldrand halb links ein Wiesenpfad abzweigt (Wegweiser) und schließlich links ein kleiner Pfad (Wegweiser) zur versteckt im Wald liegenden **Esperhöhle** führt. Die befindet sich am Fuß senkrecht aufragender Felswände, die wie eine Theaterkulisse im Halbrund aufragen. Ein grandioser Platz, der zu zahlreichen Entdeckungstouren einlädt. Der rund 20 Meter tiefe Schacht des Klinglochs ist durch ein Gitter versperrt, doch daneben gibt es zahlreiche Höhlen zu erkunden.

Anschließend führt einen die Markierung aus dem Wald heraus auf einen Feldweg (Wegweiser »Burggaillenreuth«), der einen ohne Orientierungsprobleme in den kleinen Ort bringt. Auf der Anhöhe vor **Burggaillenreuth (3)** kann ein kurzer Abstecher zum Keltenwall auf dem Schlossberg unternommen werden (Wegweiser). Beim Feuerwehrhaus rechts und durch den Ort zur Burg. Bei der Wandertafel rechts und mit dem Wegweiser »In das Wiesenttal« bergab. Kurz vor Erreichen der Bahngleise rechts und auf dem Radweg an der ehemaligen Wasserhebeanlage der Burggaillenreuther Quelle vorbei zur **Sachsen-**

An Wochenenden und Feiertagen ist der Bootsverleih bei der Stempfermühle geöffnet.

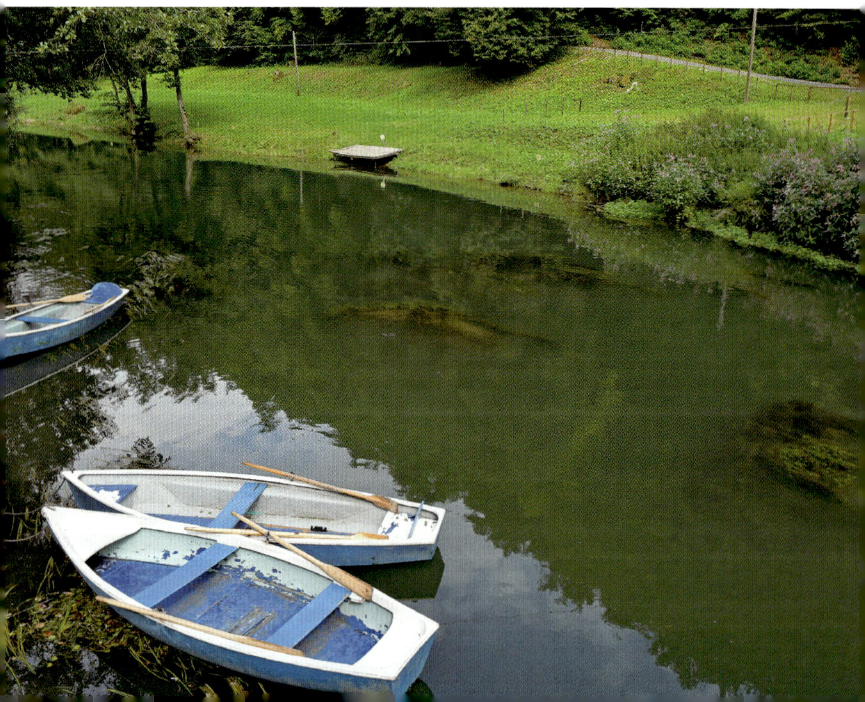

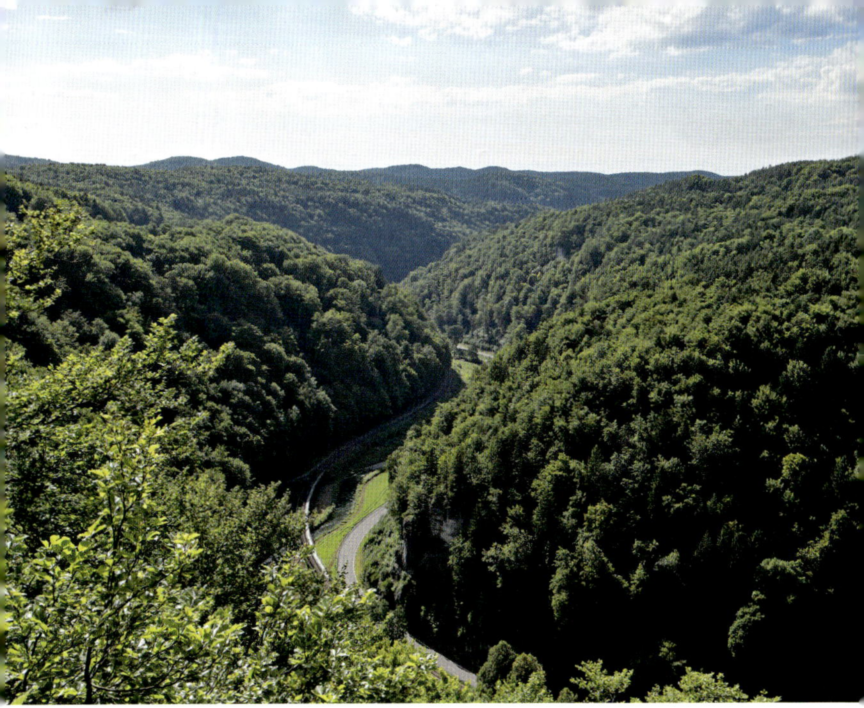

Beim Schlussanstieg nach Gößweinstein öffnet sich dieser schöne Blick ins Tal der Wiesent.

mühle (Wegweiser). Dort quert man die Gleise und folgt der Straße (Wegweiser »Moritz«) zur Bundesstraße durch das Wiesenttal. Gleich gegenüber auf einen Weg (Wegweiser), der teils steil hinaufführt auf die Hochfläche.

In **Moritz (4)** mit dem Wegweiser »Behringersmühle, Pfaffenstein« aus dem Ort hinaus und kurz darauf mit dem roten Senkrechtstrich links auf einen Wiesenweg. Ein kurzer Abstecher führt links auf einem Steig zu dem Aussichtspunkt des Pfaffensteins, ansonsten auf dem Weg weiter zu einem geteerten Feldweg. Auf diesem links, bis man kurz nach dem Blick über das Wiesenttal auf die Burg Gößweinstein links abzweigt (Markierung roter Senkrechtstrich, Wegweiser »Pavillon«). Am Waldrand entlang, dann im Wald mit dem roten Strich kurz bergab und auf dem breiten Weg nach rechts hinaus auf eine Lichtung. Dahinter taucht man wieder in den Wald ein und folgt der Markierung blauer Kreis, bis man auf den Frankenweg trifft. Diesem folgt man im spitzen Winkel nach rechts und erreicht so das Wiesenttal. Über eine Brücke zur **Stempfermühle (5)**. Bei der Stempfermühlquelle führt der Frankenweg gleich wieder bergauf in das Naturwaldreservat Eibenwald und schließlich zum Felsensteig, der eindrucksvoll zwischen mächtigen, im Wald versteckten Felsen hindurchführt und schließlich bei der Burg den Ortsrand von Gößweinstein erreicht. Auf der Straße bergab zur Basilika und links zurück zum **Ausgangspunkt (1)**.

19 Von Gößweinstein nach Allersdorf

Über die Jurahöhen ★

Aussichtspunkte über Gößweinstein

Den schönsten Blick auf Gößweinstein genoss man einst vom Bärenstein. Schön ist der Abstecher auf den Felsrücken immer noch, doch mittlerweile sind die umgebenden Bäume so hoch und das Blätterdach so dicht, dass nur noch Teile des Ortes zu sehen sind. Darunter die mittelalterliche Burg und die viel besuchte Wallfahrtsbasilika Zur Heiligsten Dreifaltigkeit, die beiden Wahrzeichen Gößweinsteins.

Die Burganlage thront auf einem Rücken zwischen Gößweinstein und dem Wiesenttal; Burgkapelle, das romantische Zimmer, die Kemenate, das Burgverlies sowie ein Ausstellungsraum können besichtigt werden. Vis-à-vis überragt die doppeltürmige Basilika den Luftkurort. Die sehenswerte Barockkirche wurde von Balthasar Neumann erbaut, da die vorhandene mittelalterliche Kirche dem Ansturm der Wallfahrer nicht mehr gewachsen war. 1739 wurde die Kirche geweiht, obwohl der Bau noch lange nicht beendet war – die Arbeiten an der Ausstattung zogen sich bis nach 1769. Etwas oberhalb der Basilika, am Ende des Kreuzwegs der Wallfahrer, steht am Kreuzberg das Hochkreuz. Der großartige Aussichtspunkt bildet das Finale dieser Rundwanderung über die weiten Fluren südlich von Gößweinstein und belohnt Wanderer mit einem Traumblick über Gößweinstein – da kann der Bärenstein nicht mithalten.

Am Waldrand entlang sonniger Wiesen wandert man Richtung Stadelhofen.

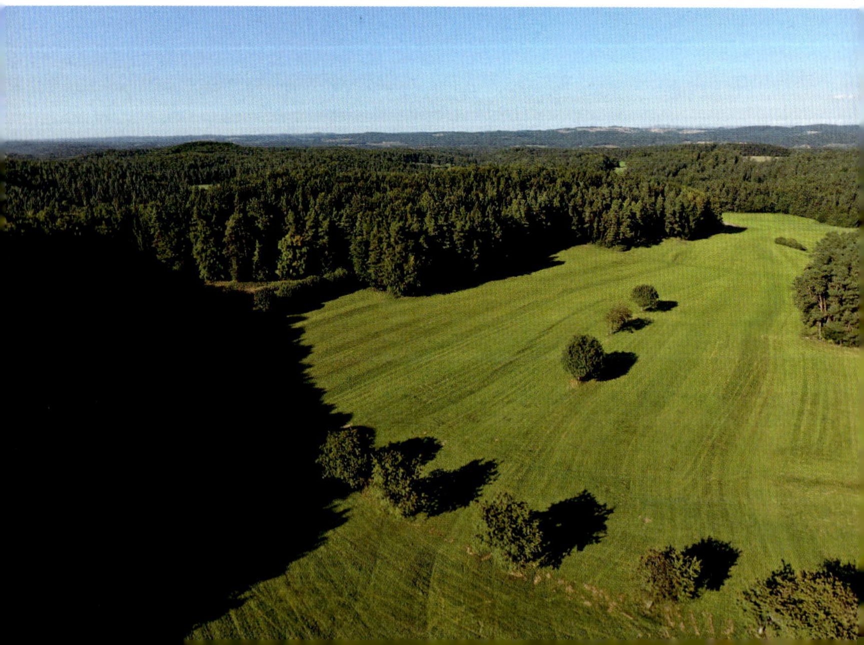

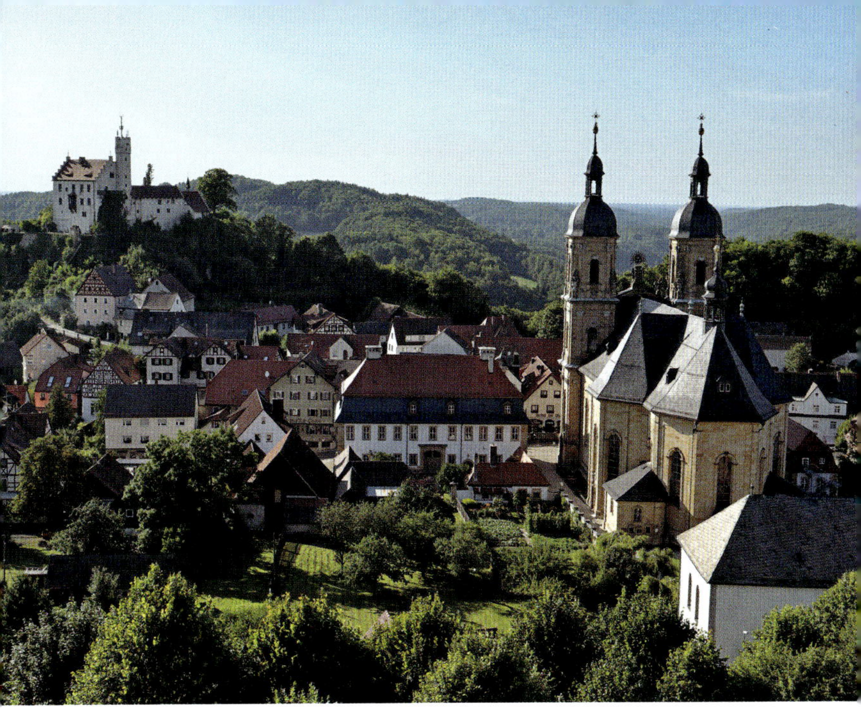

Gößweinstein mit Basilika und Burg.

KURZINFO

Ausgangspunkt: Gößweinstein, Parkplatz beim Freibad, 425 m (Navi: Schützenstraße 1, 91327 Gößweinstein). Mit Bahn und Bus: Bus 389 vom Bhf. Ebermannstadt (R 22) oder Bhf. Pegnitz (R 3).
Gehzeit: 3.30 Std.
Höhenunterschied: 270 m.
Anforderungen: Leichte Runde auf überwiegend breiten Feldwegen.
Information: Tourist-Info, Burgstraße 6, 91327 Gößweinstein, Tel. +49 9242 456, www.ferienzentrum-goessweinstein.de.
Tipp: Wallfahrtsbasilika Gößweinstein, 1730–39 im Auftrag des Bamberger Fürstbischofs Friedrich Karl von Schönborn nach Plänen von Balthasar Neumann errichtet, reiche barocke Innenausstattung. Burg Gößweinstein, um 1070 erbaut, eine der ältesten Burgen des Landes. Die romantische Zinnen- und Giebelfassade stammt aus dem 19. Jh. Besichtigung von Ostern bis Ende Oktober täglich 10–18 Uhr, www.burg-goessweinstein.de.

EINKEHR

Gasthaus Zum Felsentor
Ruhige Lage, idyllischer Biergarten, fränkische Küche und Brotzeiten. Von Mai bis Oktober wird freitags bei schönem Wetter gegrillt (Makrelen, Steaks, Bratwürste). Samstag ist Schnitzeltag, sonntags gibt es fränkischen Mittagstisch.
Täglich geöffnet. Türkelstein 7, 91327 Gößweinstein, Tel. +49 9242 381, www.tuerkelstein.de.

Haus Ammonit
Fränkische Küche, aber als Alternative auch Spaghetti, Flammkuchen und diverse Pizzen.
Täglich geöffnet. Türkelstein 11, 91327 Gößweinstein, Tel. +49 9242 92358, www.haus-ammonit.de.

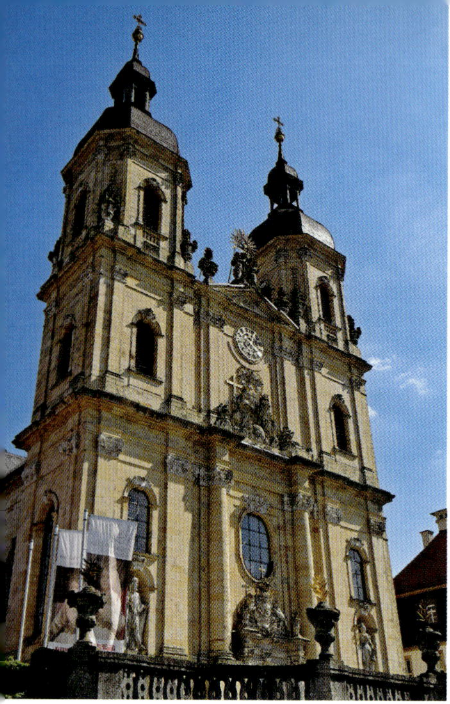

Mitten in Gößweinstein steht die Wallfahrtsbasilika Zur Heiligsten Dreifaltigkeit.

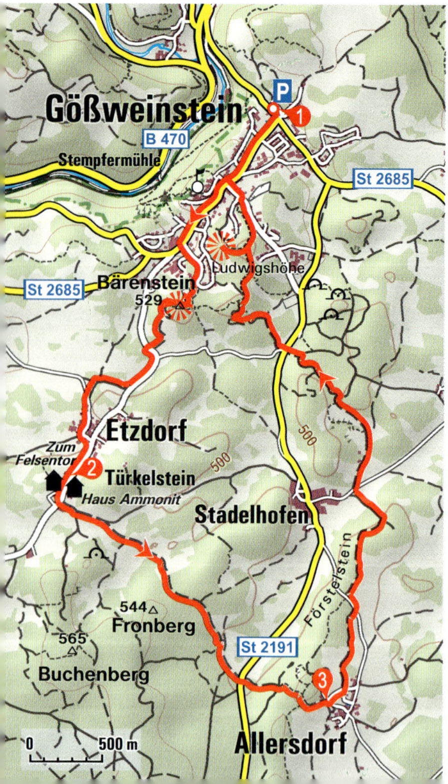

Vom Parkplatz bei **Gößweinstein (1)** auf dem Fußweg entlang der Straße in die Ortsmitte und an der Basilika vorbei ortsauswärts. Nach der Tankstelle links in die Straße »Am Bärenstein« und mit dem roten Kreis Richtung Bärenstein (Wegweiser). In der Linkskurve der Straße geradeaus und durch den Wald mit seinen Felsen bergauf. Auf der Kammhöhe mit dem Wegweiser nach rechts auf den aussichtsreichen **Bärenstein**. Ein kleiner Steig führt vom Fuß der Gipfelfelsen erst westseitig bergab und dann in südlicher Richtung an Wiesen vorbei zur Straße Gößweinstein – Etzdorf. Der muss man ein Stück nach links folgen, biegt aber bei der nächsten Gelegenheit wieder rechts ab auf einen Feldweg und folgt diesem zu einer Kreuzung. Links haltend erreicht man schließlich leicht ansteigend Etzdorf.

Bis ins benachbarte **Türkelstein (2)** muss man wieder der Straße folgen, dann biegt man jedoch am Ortsende links ab und wandert mit dem gelben Kreis über die Felder Richtung Allersdorf. Nach knapp 500 Metern gilt es, vor einem leichten Anstieg aufzupassen, um eine Abzweigung nach links nicht zu übersehen (Markierung am Baum durch Büsche verdeckt), ansonsten ohne Orientierungsprobleme nach **Allersdorf (3)**. Am westlichen Ortsrand mit dem gelben Kreis (Wegweiser »Gößweinstein«) erst an einem kleinen Campingplatz (links), dann an einer Pferdekoppel (rechts) vorbei und schließlich am Waldrand entlang zur Straße Stadelhofen – Allersdorf. Kurz links und bei der nächsten Möglich-

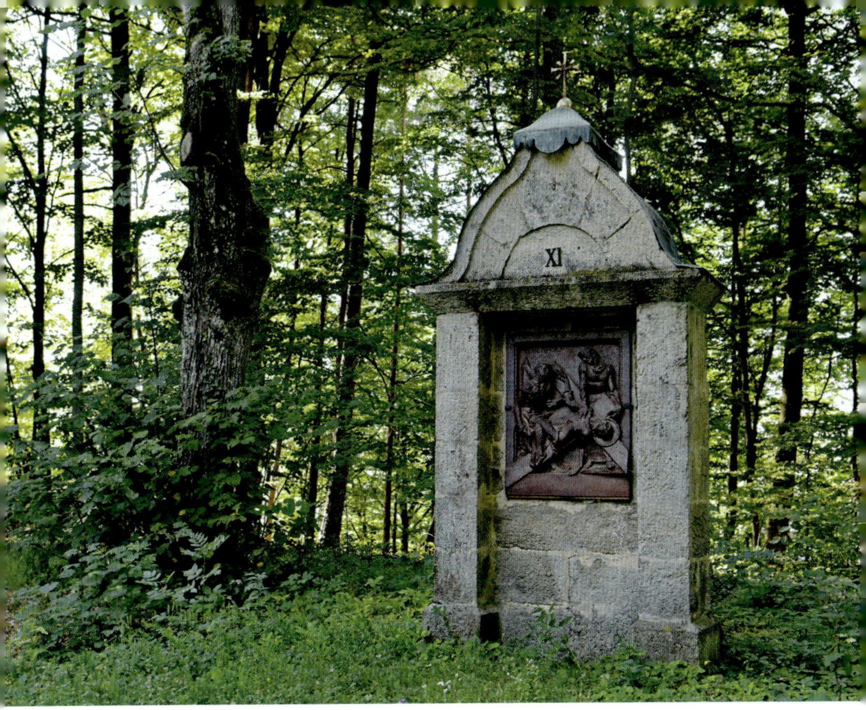

Zum Abschluss der Runde führt ein Kreuzweg zum Kreuzberg.

keit wieder rechts, um erneut am Waldrand entlang zu laufen. Schließlich taucht man in den Wald ein und erreicht auf einem gepflasterten Weg östlich von Stadelhofen eine Straße. Rechts und gleich wieder links auf einen Feldweg durch ein von Wäldern umrahmtes Tälchen, schließlich kurz bergauf zu einem querenden Forstweg und einem Wegweiser. Ab hier mit dem gelben Strich links Richtung Gößweinstein. Nach gut 400 Metern verlassen wir die breite Forststraße nach links und erreichen nach kurzem Abstieg die Straße Stadelhofen – Gößweinstein. Wir folgen geradeaus kurz einem Teersträßchen, biegen jedoch nach 50 Metern rechts ab und folgen dem Wegweiser »Gernerfels« in ein Wiesentälchen. Nach rund 250 Metern halten wir uns links und gehen am Rand einer weiteren Wiese weiter, bis links ein Steig in den Wald führt. Steil bergauf, dann am Rand einer Wiese zu einer Hütte und rechts auf einem Forstweg zum Kamm der Ludwigshöhe mit dem Kreuzweg. Ein kurzer Abstecher führt links auf die Ludwigshöhe, ehe man zum **Kreuzberg** wandert und von dort aus einen Postkartenblick auf Basilika und Schloss genießt. Zum Schluss geht es steil hinunter in den Ort und zurück zum **Ausgangspunkt (1)**.

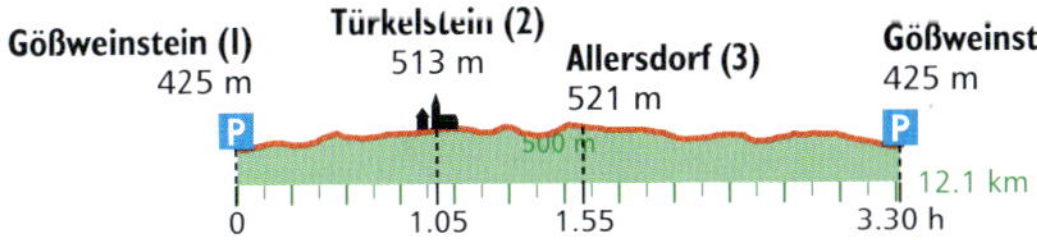

20 Von Pottenstein nach Gößweinstein

Sonnige Höhen und idyllische Talwege ★★

Durch das Püttlachtal

Die Fränkische Schweiz ist bekannt für ihre Felsen, die sich nirgends so eindrucksvoll zeigen wie im unteren Püttlachtal zwischen Behringersmühle und Pottenstein. Die Dolomitbänke sind Ablagerungen und versteinerte Zeugnisse aus der Malmzeit vor etwa 160 bis 140 Millionen Jahren. Heute sind die ehemaligen Schwammrasenkolonien, die einst den Meeresgrund eines tropischen Meeres besiedelten, ein beliebtes Ziel bei Kletterern. Und natürlich eine fotogene Kulisse bei einer Wanderung durch das enge Tal. Teils führt der Wanderweg direkt am Fuß der Felsen entlang, einmal führt er auf ein paar Meter abenteuerlich durch einen Felstunnel.
So eindrucksvoll heute der Weg durch das Püttlachtal auch ist, in früheren Zeiten wurden Täler eher gemieden. Der Fluss und das dicht bewaldete Tal erschwerten das Vorwärtskommen, und Raubritter gab es auch noch. Die ehemaligen Straßen und Handelswege führten daher bevorzugt über die Hochfläche und sind hier und da noch heute zu erkennen. Bei Pottenstein, einem im Mittelalter wirtschaftlich bedeutenden Ort, folgt die Wanderung auf einem kurzen Stück einer ehemaligen Straße, die am Siegenberg einst vom Talboden auf die Hochfläche führte. Brems- und Wagenspuren im Kalkgestein erinnern an diese ehemalige Zug- und Geleitstraße.

Der traumhafte Steig durch das Püttlachtal.

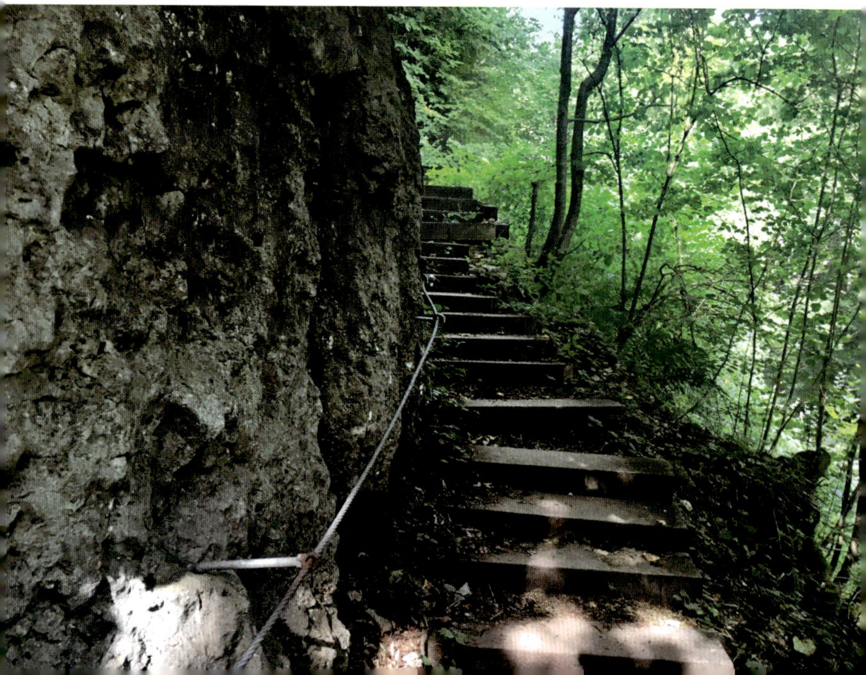

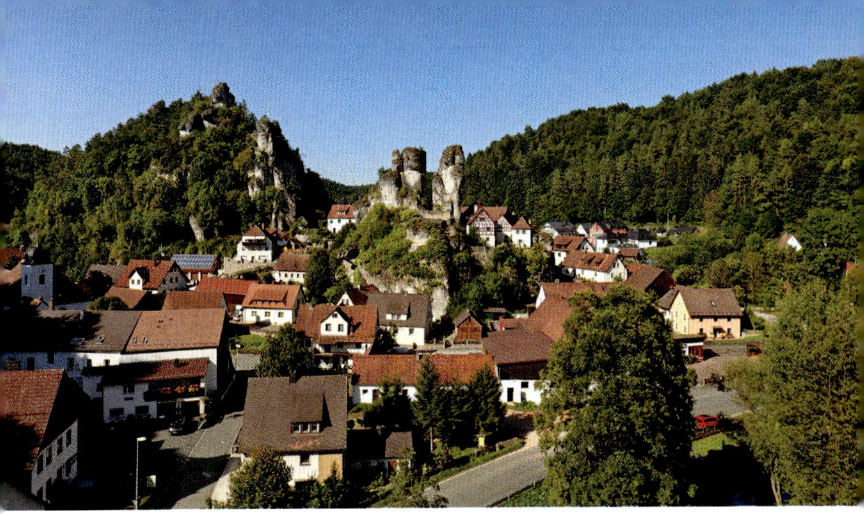

Tüchersfeld, das Bilderbuchdorf der Fränkischen Schweiz.

KURZINFO

Ausgangspunkt: Pottenstein, Wanderparkplatz (gebührenpflichtig) gegenüber der Tankstelle beim Ortsausgang Richtung Pegnitz, 367 m (Navi: 91278 Pottenstein). Mit Bahn und Bus: Bus 389 vom Bhf. Ebermannstadt (R 22) oder Bhf. Pegnitz (R 3). An Sonn- und Feiertagen zwischen Mai und Oktober in Ebermannstadt Anschluss an die Museumsdampfbahn nach Behringersmühle, einem alternativen Startpunkt der Tour.
Gehzeit: 4.30 Std.
Höhenunterschied: 330 m.
Anforderungen: Kurzweilige, zweigeteilte Runde mit eher breiten Wegen auf der Hochfläche und traumhaften Steigen im Tal.
Kinder: Der abwechslungsreiche Steig durch das Püttlachtal ist auch für Kinder interessant, wobei man die Wanderung insgesamt abkürzen sollte. Am besten steigt man bereits vor Hühnerloh mit dem Wegweiser »Bärenschlucht« ins Püttlachtal ab, um dann den spannenden Abschnitt zurück nach Pottenstein zu erleben.
Winter: Auf dem Golfplatz in Weidenloh, oberhalb von Pottenstein, wird ein vier Kilometer langer Rundkurs gespurt. Leichte Loipe, ideal für Einsteiger.
Information: Tourismusbüro Pottenstein, Forchheimer Straße 1, 91278 Pottenstein, Tel. +49 9243 708-41, www.pottenstein.de.
Tipp: Burg Pottenstein, von Mai bis Oktober Di–So 10–17 Uhr sowie an Ostern 10–17 Uhr zu besichtigen.

EINKEHR

Behringers
Gasthaus und Tagungshotel, Biergarten. Saisonale Gerichte, ab Oktober Kürbis- und Meerrettichgerichte, von Martini bis Weihnachten Gans, Wild und Ente.
Geöffnet ab Mi–So ab 12 Uhr, von November bis Ende März Mo und Di Ruhetag. Behringersmühle 23, 91327 Gößweinstein, Tel. +49 9242 740030, www.tagungshotel-behringers.de.

Hotel-Gasthof Frankenstern
Landhotel, fränkische und saisonale Speisekarte mit Klassikern wie Schäufele, Krenfleisch, Forelle Müllerin, Ofenkartoffeln, Salatteller, Rouladen und verschiedene Braten (Sauerbraten, Schweinebraten).
Geöffnet ab 11.30 Uhr, Mi Ruhetag. Behringersmühle 29, 91327 Gößweinstein, Tel. +49 9242 7416367, www.hotel-frankenstern.de.

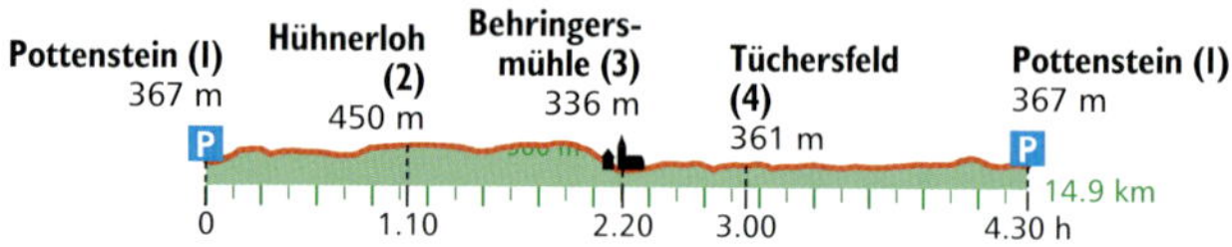

Vom Parkplatz bei **Pottenstein (1)** an einer Tafel mit den Wanderwegen vorbei, die nach Siegmannsbrunn führende Straße wird gequert und gegenüber durch die namenlose Straße bis zu einem griechischen Lokal. Hier im spitzen Winkel nach links (mehrere Wegweiser) und steil zwischen den Häusern hinauf. Nach dem letzten Haus wechselt man auf einen alten Weg mit steinigem Untergrund, auf dem noch heute die Brems- und Wagenspuren der Pferdekutschen zu erkennen sind. Nach wenigen Metern teilen sich die Wege, wir wählen den linken, deutlicheren Steig, der über die Wiesen hinaufführt zum Rand der Hochfläche. Bei einem Wegweiser rechts ab auf einen nur schwach erkennbaren Wiesenweg, der an einem hölzernen Pfosten einer Leitung vorbei zu einer schönen Allee führt und schließlich die **Kreuzkapelle** erreicht. Links (Wegweiser »Gößweinstein«) durch eine Allee und nach wenigen Metern rechts auf den Wallfahrerweg nach Gößweinstein. Mit der Markierung blauer Senkrechtstrich durch ein kurzes Waldstück und auf einem Feldweg über freie Fluren aussichtsreich weiter. Im nächsten Waldstück führt die Markierung auf einen schönen Steig, der weitgehend neben dem Forstweg zu einem Holzlagerplatz kurz vor **Hühnerloh (2)** führt.

Auf dem Forstweg weiter in den Ort und mit der Markierung blauer Kreis an einer Kapelle vorbei auf einen Feldweg (Wegweiser »Gößweinstein«). Durch Wald geht es bergab

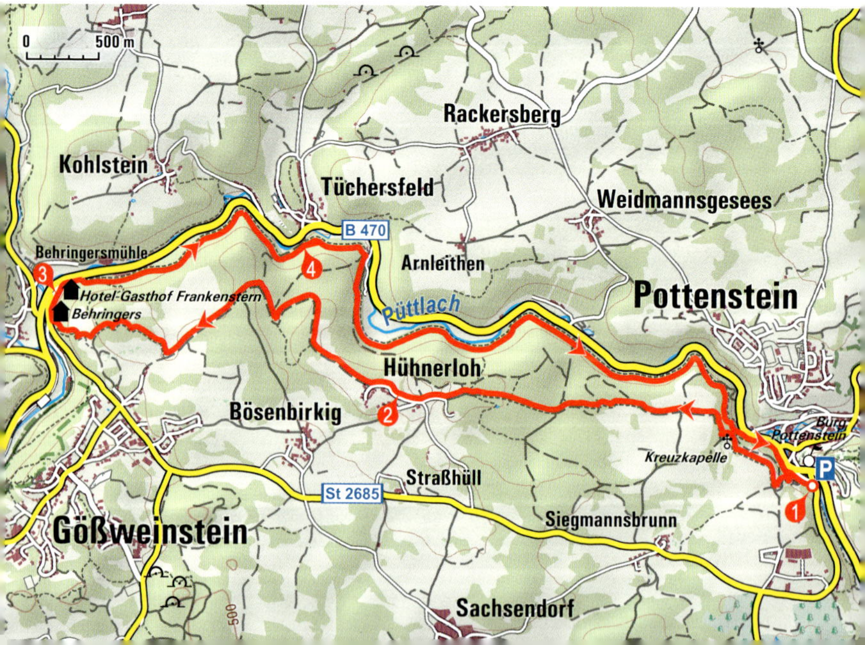

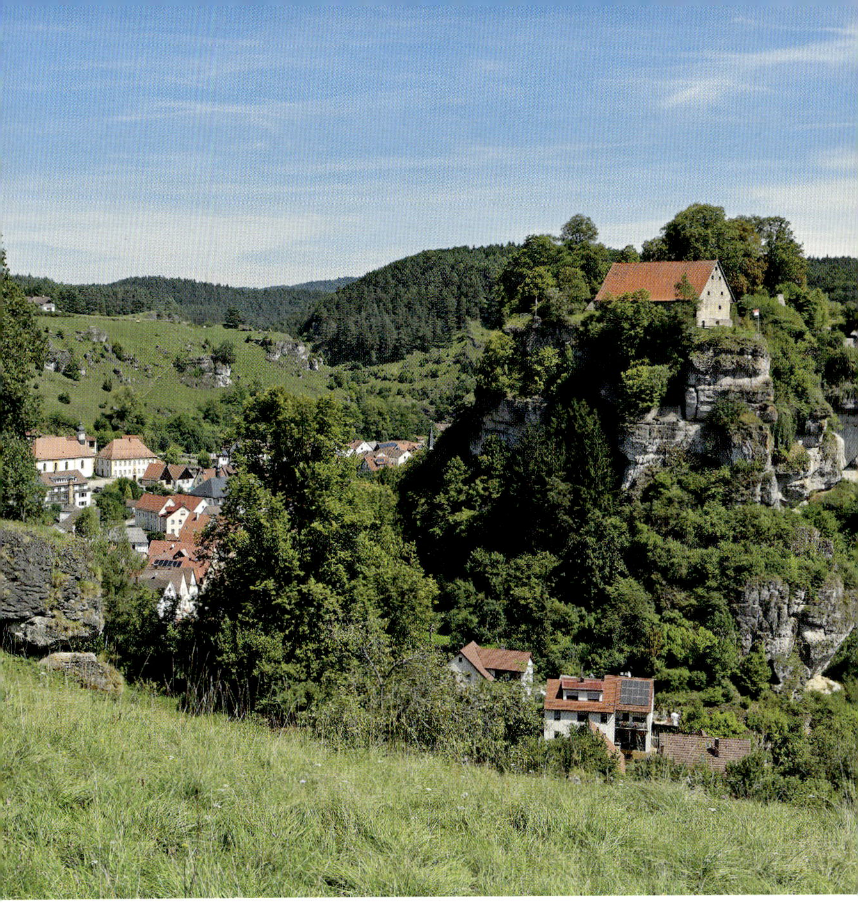

Die Wanderung startet mit Blick auf Burg Pottenstein.

in ein Tälchen, wo man auf den Frankenweg trifft. Der führt wieder auf die Hochfläche, lässt dort den Wald hinter sich und biegt nach ein paar Pferdekoppeln rechts ab auf einen Wiesenweg. Dahinter taucht der schöne Steig in den Wald ein und erreicht schließlich eine Wiese mit Blick auf die Türme der Basilika. Bei einer Wegteilung zieht der Frankenweg links über Steintreppen hinunter nach Gößweinstein, während wir rechts absteigen zur **Behringersmühle (3)**. An zwei Gasthäusern vorbei geht es mit dem roten Kreuz Richtung Tüchersfeld, wobei nach dem letzten Haus ein schöner Steig zurück in den Wald führt und dort oberhalb der Straße im leichten Auf und Ab die Hänge quert. Ohne Orientierungsprobleme geht es an **Tüchersfeld (4)** vorbei zu einem Campingplatz, durch diesen hindurch und mit dem roten Kreuz weiter. Nach der Einmündung des Frankenwegs führt der Steig spannend am Fuß imposanter Kletterfelsen entlang, durchquert schließlich sogar einen natürlichen Felstunnel und erreicht letztendlich **Pottenstein**. Entlang der Straße zurück zum **Ausgangspunkt (1)**.

21 Aussichtspunkte über Pottenstein

Kurzweilige Runde in Stadtnähe ★★

Sehenswertes Pottenstein mit Burgblick

Die markante Burg ist das Wahrzeichen Pottensteins und Mittelpunkt der Wanderung, die im Auf und Ab um den malerischen Ort führt. Besiedelt wurde die Gegend um Pottenstein wohl schon in der Altsteinzeit, eine befestigte Siedlung gibt es seit 918. Auch die älteste Burg der Fränkischen Schweiz wurde in dieser Zeit gebaut. Einen wirtschaftlichen Höhepunkt erlebte der Ort am Zusammenfluss von Püttlach, Weihersbach und Haselbrunnbach im Mittelalter. Dank der Kombination aus 1000-jähriger Burg, fotogenen Fachwerkhäusern in der Altstadt und Attraktionen wie der Teufelshöhle zählt die Stadt heute zu den touristischen Zentren der Fränkischen Schweiz. Dazu trägt natürlich auch die vielfältige Landschaft bei. Die Rundwanderung führt abwechselnd über die aussichtsreiche Jurahochfläche, wechselt vorbei an markanten Felsformationen in die engen Täler, wo man auf traumhaften Pfaden entlang klarer Bäche spazieren kann.

Einen guten Überblick über diese abwechslungsreiche Landschaft bekommt man auf dem höchsten Punkt der Pottensteiner Himmelsleiter, einem erst im Jahr 2014 erbauten, 37 Meter hohen Aussichtsturm südöstlich von Pottenstein. Den perfekten Blick auf den Ort selbst genießt man dagegen von der Wetterfahne etwas oberhalb der Burg – und vom Bayreuther Berg vis-a-vis.

Vom 37 Meter hohen Aussichtsturm genießt man einen schönen Rundblick.

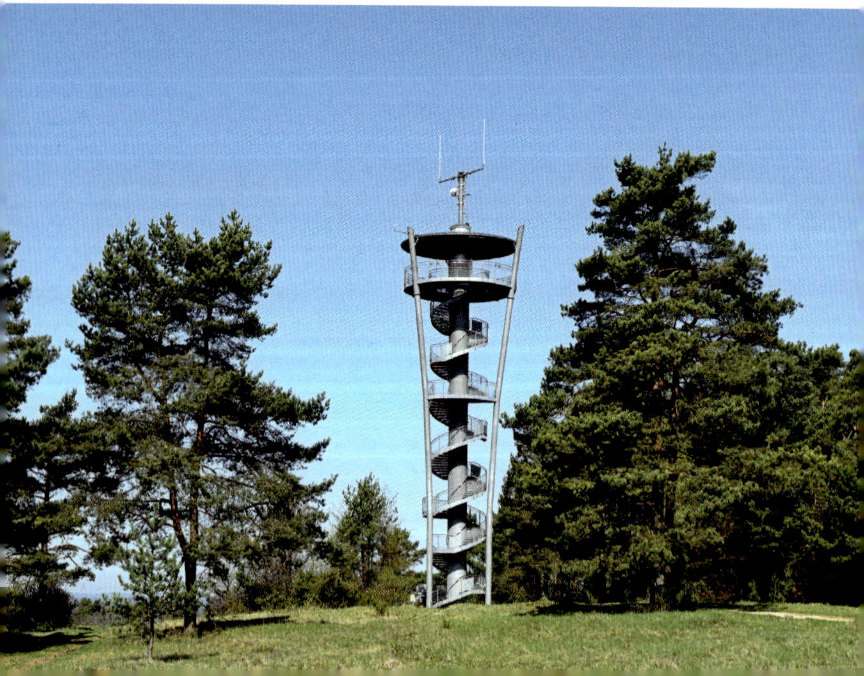

KURZINFO

Ausgangspunkt: Pottenstein, Wanderparkplatz (gebührenpflichtig) gegenüber der Tankstelle beim Ortsausgang Richtung Pegnitz, 367 m (Navi: 91278 Pottenstein). Mit Bahn und Bus: Bus 389 vom Bhf. Ebermannstadt (R 22) oder Bhf. Pegnitz (R 3).
Gehzeit: 3.00 Std.
Höhenunterschied: 310 m.
Anforderungen: Mehrere, wenn auch kurze Anstiege. Abwechselnd schöne Steige und breite Wege.
Kinder: Kurze Wanderung hinauf zur Burg mit Besichtigung und weiter zum Aussichtsturm. Und dann gibt es noch die vielen Attraktionen der Pottensteiner Erlebnismeile mit Teufelshöhle, Sommerrodelbahn und Kletterwald.
Winter: Auf dem Golfplatz in Weidenloh, oberhalb von Pottenstein, wird ein vier Kilometer langer Rundkurs gespurt. Leichte Loipe, ideal für Einsteiger.
Information: Tourismusbüro Pottenstein, Forchheimer Straße 1, 91278 Pottenstein, Tel. +49 9243 708-41, www.pottenstein.de.
Tipp: Burg Pottenstein, von Mai bis Oktober Di–So 10–17 Uhr sowie an Ostern 10–17 Uhr zu besichtigen.

Vom Parkplatz bei **Pottenstein (1)** über die nach Siegmannsdorf führende Straße und gegenüber durch die namenlose Straße bis zu einem griechischen Lokal. Hier im spitzen Winkel nach links (mehrere Wegweiser) und steil zwischen den Häusern hinauf. Nach dem letzten Haus wechselt man auf einen alten Weg mit steinigem Untergrund, auf dem noch heute die Brems- und Wagenspuren der Pferdekutschen zu erkennen sind. Nach wenigen Metern teilen sich die Wege, wir wählen den linken, deutlicheren Steig, der über die Wiesen hinaufführt zum Rand der Hochfläche. Bei einem Wegweiser rechts ab auf einen nur schwach erkennbaren Wiesenweg, der an einem hölzernen Pfosten einer Leitung vorbei zu einer schönen Allee führt und schließlich die Kreuzkapelle erreicht.

EINKEHR

Gasthof Goldene Krone
Zentral gelegen in einem wunderschönen Fachwerkhaus, fränkische Küche, saisonale Gerichte.
Täglich ab 10 Uhr, warme Gerichte mittags (11–14 Uhr) und abends (17–21 Uhr), Mi Ruhetag. Marktplatz 2, 91278 Pottenstein, Tel. +49 9243 92430, www.goldene-krone-pottenstein.de.
Brauerei-Gasthof Mager
Eine Wirtschaft, die einen optisch in eine längst vergangene Zeit versetzt. Passend dazu gibt es typisch fränkische Gerichte wie Schäufele, verschiedene Braten, alle natürlich mit Kloß, und dazu ein hausgebrautes, gutes Bier vom Fass.
Täglich geöffnet, Do Ruhetag. Hauptstraße 17, 91278 Pottenstein, Tel. +49 9243 333, www.brauerei-mager.de.

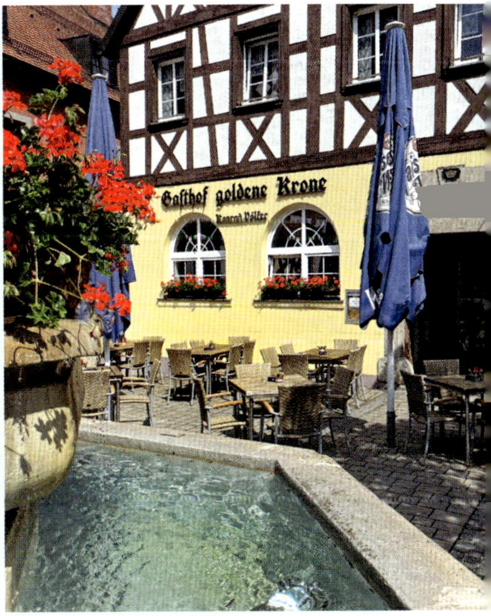

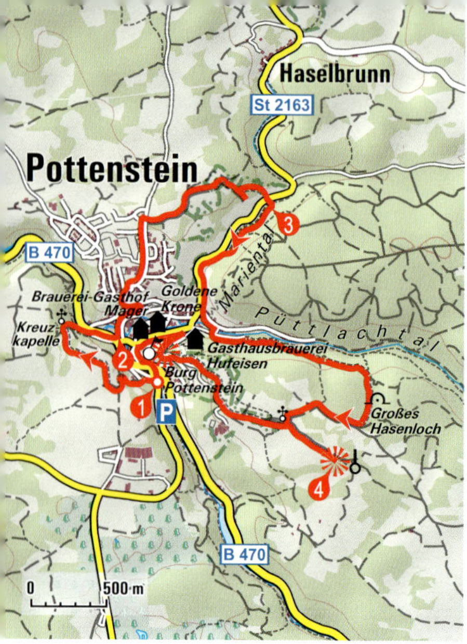

Rechts hinunter nach **Pottenstein (2)**, auf der Straße kurz rechts und dann links Richtung Stadtmitte. Nach wenigen Metern gehen wir links in die Straße »Am Kurzentrum« in Richtung des Freizeit- und Erlebnisbades, vor der Kirche links in die Straße »Am Betzenwegl« und vor dem Friedhof links auf einen Weg, der steil hinaufführt zu einer Straße. Auf der nach links, durch den Wacholder Weg rechts haltend eine Kehre abkürzen und der Straße »Bayreuther Berg« an der Schule vorbei folgen, bis nach einem kurzen Waldstück ein Forstweg abzweigt. Mit dem roten Kreis (Wegweiser »Hochgericht«) nach rechts, bei der nächsten Abzweigung wie-

Burg- und Stadtblick vom Aussichtspunkt Wetterfahne.

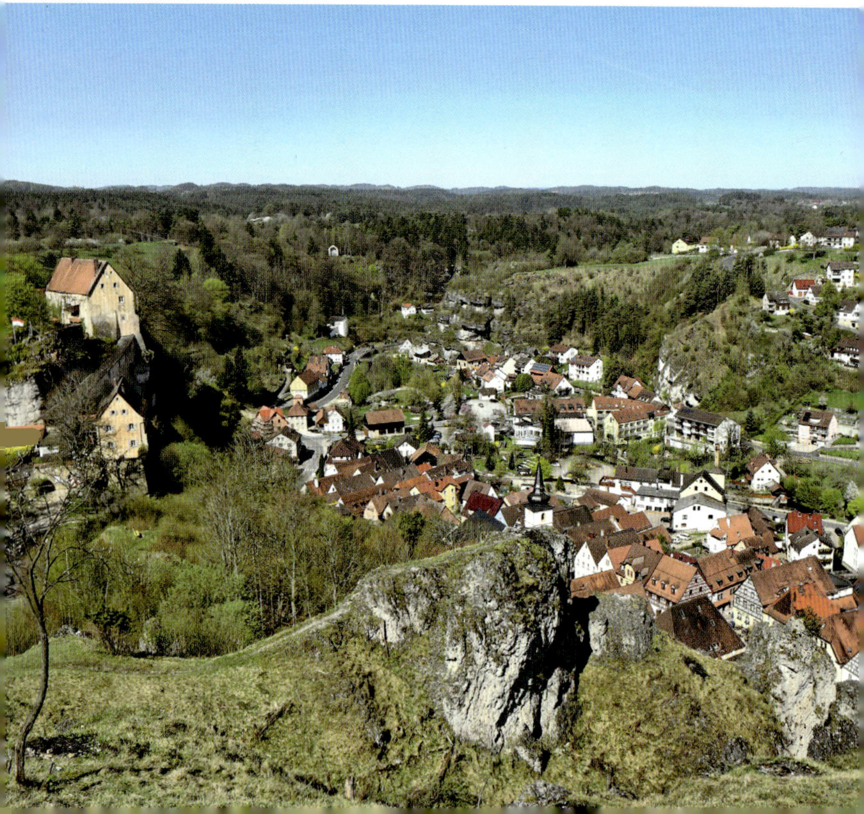

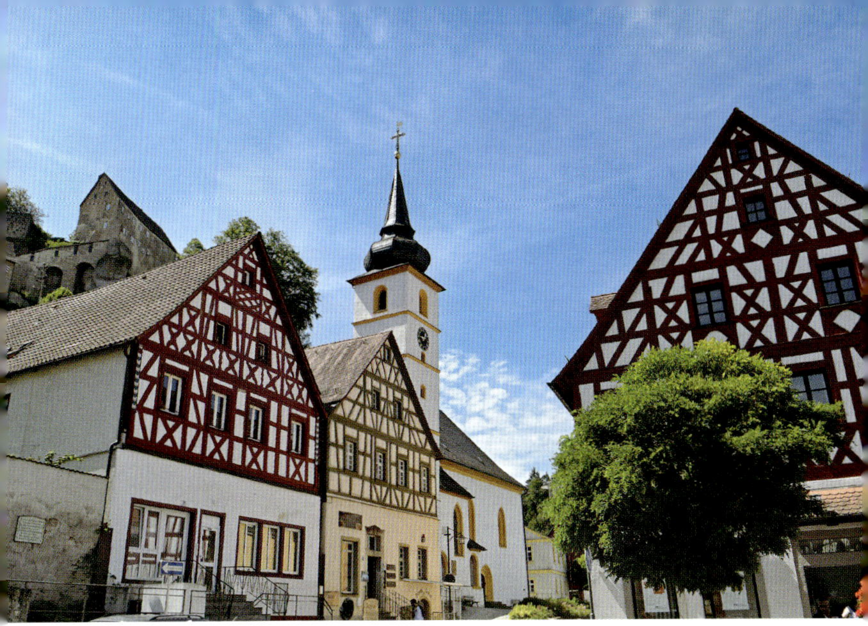

Sehenswert: Pottenstein mit seinen Fachwerkhäusern.

der rechts (Wegweiser »Pottenstein ü. Mariental«) und mit der Markierung und dem Wegweiser durch Wald hinunter ins **Mariental (3)**. Über die Straße und gegenüber auf einen schönen Wanderweg, der rechts haltend angenehm schattig und flach zurück nach Pottenstein führt. Entlang der Straße in den Ort und mit dem roten Kreuz und grünen Punkt links ins Obere Püttlachtal. Nach knapp 175 Metern mit dem Wegweiser »Fußweg zum Waldcafe« rechts und über den Ziersmühlsteg auf die südliche Talseite. Mit dem Wegweiser »Hasenloch« und grünem Punkt erst auf einer Straße, dann auf wunderschönem Weg flussaufwärts, bei einer Weggabelung halb rechts weiter (Wegweiser) zum Waldtempel und Großen Hasenloch. Mit dem grünen Punkt weiter durch das Tälchen (Wegweiser »Pottenstein«) auf die sonnige Hochfläche und zur Hofmannskapelle.
Nach dem kurzen Abstecher zum **Aussichtsturm (4)** geht es über die Hochfläche Richtung Pottenstein. Kurz berührt man eine Teerstraße, zweigt aber nach wenigen Metern schon wieder rechts ab, um über die Trockenrasen zur Wetterfahne zu wandern. Von hier aus genießt man einen schönen Blick über Pottenstein, ehe man an der Burg vorbei in den Ort absteigt und durch die Hauptstraße mit den schönen Fachwerkhäusern zurück zum **Ausgangspunkt (1)** gelangt.

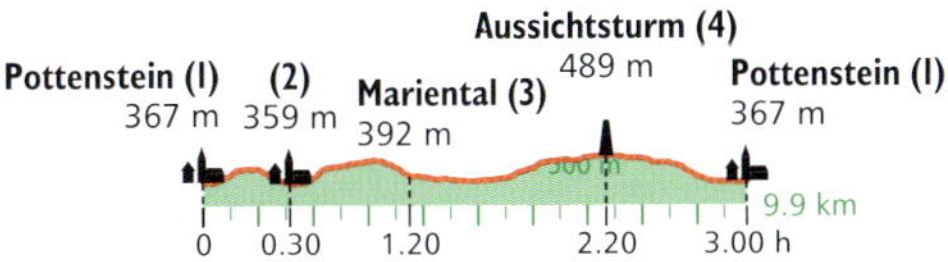

22 Hohenmirsberger Platte, 614 m

Beschauliche Täler, aussichtsreiche Höhen ★★

Natur pur im Püttlachtal

Wer schon einmal durch das Püttlachtal zwischen Pottenstein und Behringersmühle gefahren ist, der weiß um die landschaftliche Schönheit dieses Naturraumes. Wie das Ganze ohne Straße ausschaut, das sieht und erlebt man im Oberen Püttlachtal, das von Pottenstein Richtung Ost zieht. Auf einer Länge von fast zehn Kilometern gibt es nur Wanderwege und hier und da Forstwege, die parallel zum Bach entlangführen. Fast die halbe Strecke der hier vorgestellten Wanderung verläuft durch dieses traumhafte Tal, das sich zwischen Püttlach und Oberhauenstein weit und offen zeigt – und dem Bach genügend Platz lässt, um in weiten Mäandern den Talboden zu nutzen. Ab Oberhauenstein wird das Tal enger, hier und da zeigen sich erste Felsriffe. Am Heiligensteg macht das Tal einen 90-Grad-Knick. Wunderschön führt ein Pfad entlang des Flusses durch das enge und ursprüngliche Tal nach Pottenstein. Höhepunkt der Wanderung ist jedoch die Hohenmirsberger Platte, mit 614 Metern eine der höchsten Erhebungen der Frankenalb. Für den perfekten 360-Grad-Rundblick steht hier ein Aussichtsturm, auf den 110 Stufen führen. Panoramatafeln erleichtern zum Glück die Orientierung.

KURZINFO

Ausgangspunkt: Pottenstein, Wanderparkplatz an der Straße von Pottenstein nach Haselbrunn, 391 m (Navi: Mariental, 91278 Pottenstein). Mit Bahn und Bus: Bus 389 vom Bhf. Ebermannstadt (R 22) oder Bhf. Pegnitz (R 3).
Gehzeit: 5.45 Std.
Höhenunterschied: 280 m.
Anforderungen: Lange Wanderung, die etwas Ausdauer erfordert. Die Wege sind gut zu gehen, nur hier und da schmale Pfade.
Kinder: Für den Nachwuchs ist die komplette Wanderung viel zu lang, interessant dürfte dagegen ein kurzer Ausflug von Hohenmirsberg auf die Hohenmirsberger Platte mit dem Aussichtsturm sein sowie eine kurze Wanderung von Pottenstein aus ins Püttlachtal.
Information: Tourismusbüro Pottenstein, Forchheimer Straße 1, 91278 Pottenstein, Tel. +49 9243 708-41, www.pottenstein.de.

EINKEHR

Forsterstube
Rustikale Gaststube mit hellem Holz, kleiner Biergarten an der Straße, fränkische Küche mit diversen Braten. Tipp: Wildgerichte vom Wildschwein, Reh aus eigener Jagd (der Wirt ist Jagdpächter).
Mi bis Sa ab 17 Uhr, So 11–14 und 17–20 Uhr, Mo und Di Ruhetag. Haselbrunn 7, 91278 Pottenstein, Tel. +49 9243 7017564, www.forsterstube.de.

Gasthof Persau
Willkommene Einkehr im schönen Püttlachtal. Gut bürgerliche Küche (Tipp: Sauerbraten mit Klößen und Blaukraut), schöner Biergarten.
Mo und Di ab 16.30 Uhr, Mi und Do Ruhetag (außer Feiertage), Fr bis So geöffnet, im November Betriebsurlaub. Püttlach 24, 91278 Pottenstein, Tel. +49 9246 279, www.gasthof-persau.de.

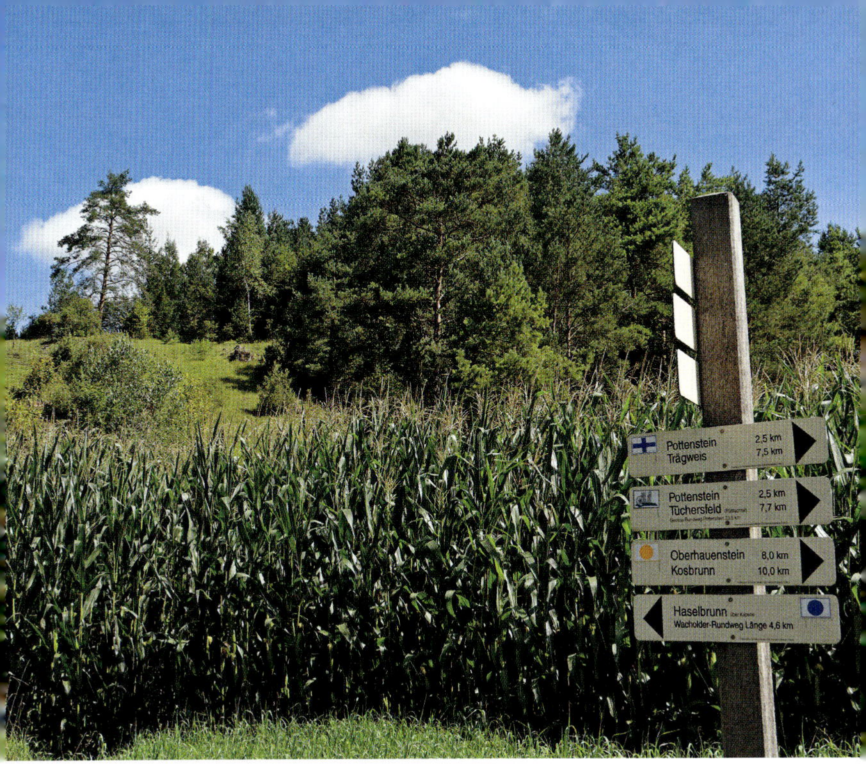

In manchen Jahren führt der Weg nach Haselbrunn durch ein Maisfeld.

Vom **Parkplatz (1)** im Mariental auf dem schönen Wanderweg taleinwärts Richtung Haselbrunn zu einem weiteren Wanderparkplatz. Links über die Straße und mit dem blauen Kreuz und dem gelben Punkt auf einem schönen Wiesenweg weiter. Kurz vor dem Ort wechselt man noch einmal die Talseite und kurz darauf hat man **Haselbrunn (2)** erreicht. Entlang der Straße weiter und mit dem blauen Kreuz (Wegweiser »Hohenmirsberger Platte«) aus dem Ort. In der Linkskurve geht es mit dem Wegweiser geradewegs über ein Feld (in manchen Sommern direkt durch meterhohen Mais) zu einem schönen Pfad, der etwas verwachsen über Trockenrasen aufwärts führt. Über Feld- und Wiesenwege, dann wieder durch Wald und teilweise auch etwas zugewachsene Pfade führt einen die Markierung ohne Orientierungsprobleme weiter nach Hohenmirsberg und schließlich auf die **Hohenmirsberger Platte (3)**, deren **Aussichtsturm** schon länger das Ziel anzeigt.

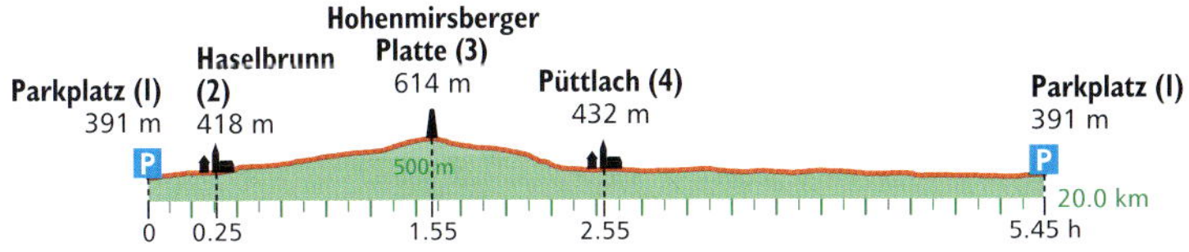

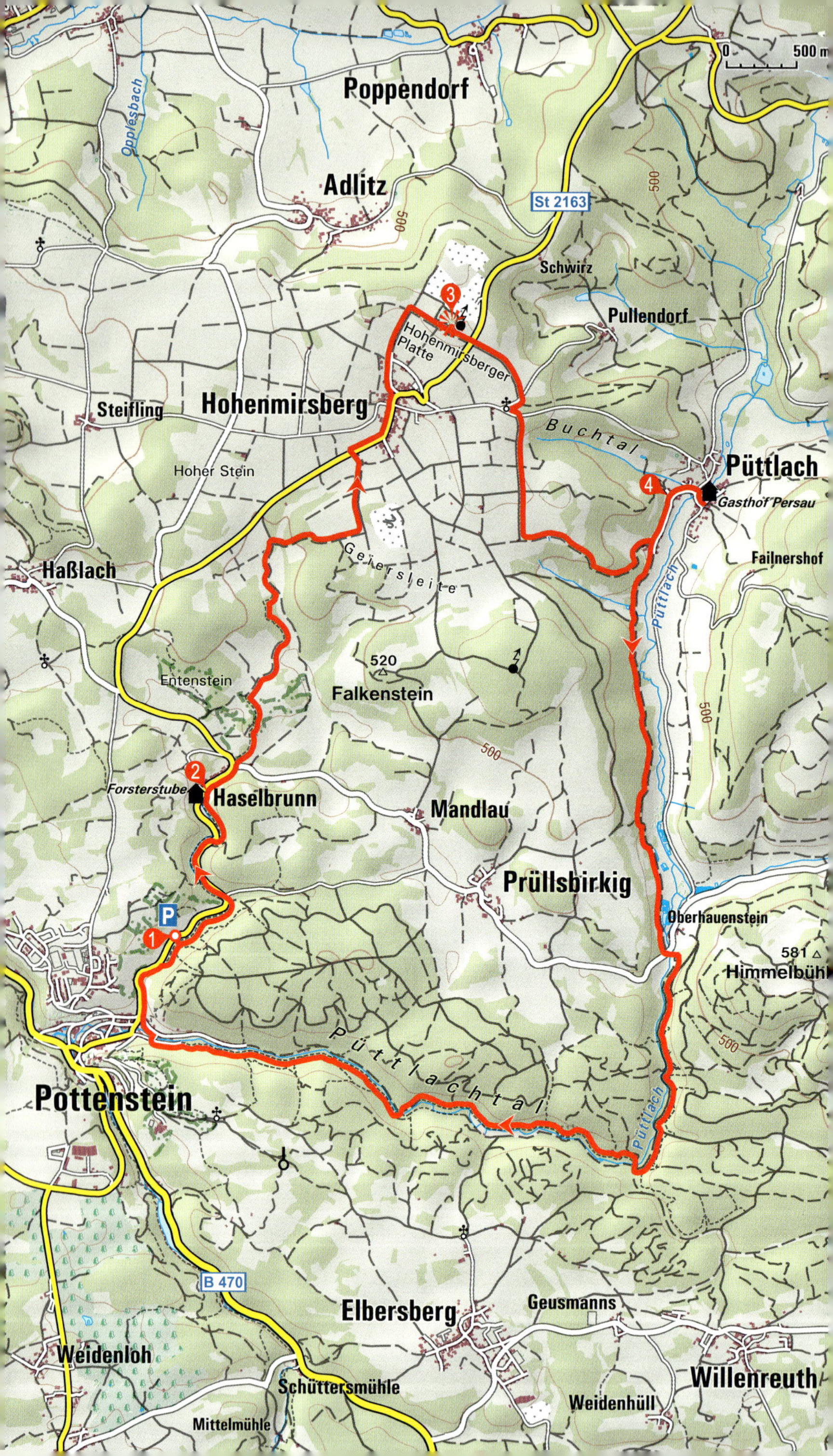

0
500 m
Poppendorf
Opplesbach
Adlitz
St 2163
500
Schwirz
Pullendorf
Hohenmirsberger Platte
Steifling
Hohenmirsberg
Buchtal
Püttlach
Hoher Stein
Gasthof Persau
Failnershof
Haßlach
Geiersleite
Püttlach
520
Entenstein
Falkenstein
500
500
Forsterstube
Haselbrunn
Mandlau
Prüllsbirkig
Oberhauenstein
581
Himmelbühl
500
Püttlachtal
Pottenstein
Püttlach
B 470
Elbersberg
Geusmanns
Weidenloh
Willenreuth
Schüttersmühle
Weidenhüll
Mittelmühle

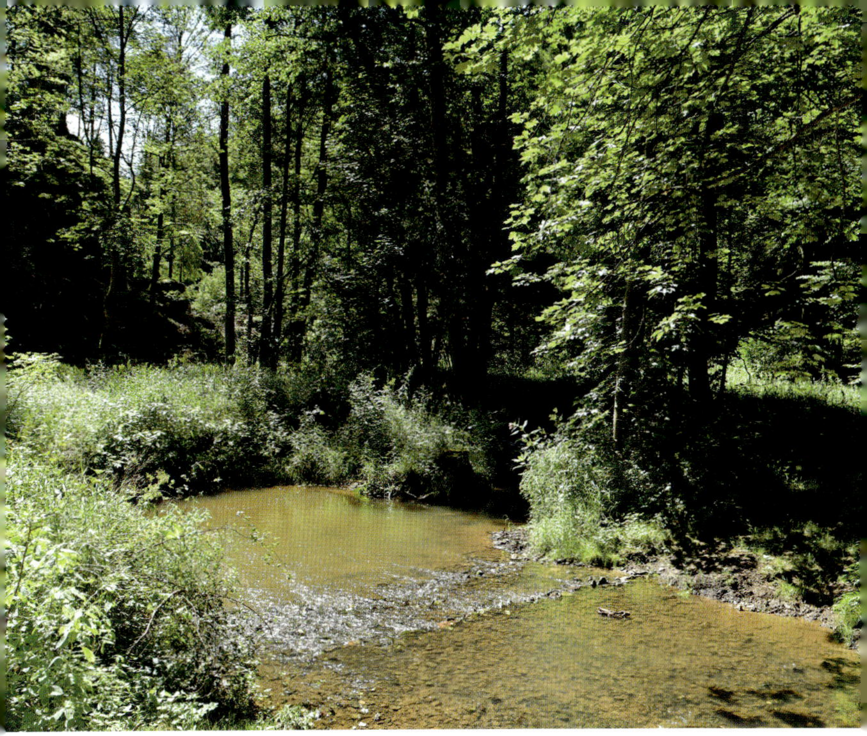

Balsam für die Seele: Wanderung durch das stille Püttlachtal.

Auf der am Aussichtsturm vorbeiführenden Straße weiter, die Straße Hohenmirsberg – Pettendorf queren und mit dem Wegweiser geradeaus weiter zur **Hubertuskapelle**. Vor der Kapelle mit Rastbänken unter Schatten spendenden Bäumen links vorbei, auf der Straße links und nach 50 Metern rechts auf einen Feldweg (Markierung gelbe Raute, Fränkischer Gebirgsweg), dem man bis zum Rand der Hochfläche folgt. Hier mit der Markierung links ins Püttlachtal (Wegweiser »Püttlach«). Im Talboden geht es links nach **Püttlach (4)** mit Einkehrmöglichkeit, ansonsten gleich rechts und auf Feld- und Waldwegen, teilweise auch auf schönen Wiesenpfaden mit dem gelben Querstrich auf dem Fränkischen Gebirgsweg nach **Oberhauenstein**. Dort trifft man auf eine Straße, geht auf der links über eine Brücke und danach mit den bereits bekannten Markierungen weiter durch das Obere Püttlachtal. Durch das langsam enger werdende Tal vorbei an einigen Felsformationen flussabwärts, wobei wir auf die Markierung gelber Strich achten, die im Talboden bleibt und an der ehemaligen Mühle Unterhauenstein vorbei den Heiligensteg erreicht. Weiter mit dem roten Kreuz auf traumhaften Pfaden durch das idyllische Tal mit seinen eindrucksvollen Felswänden, wobei man talauswärts auf einen Forstweg wechselt. Bei einer Brücke sollte man daher besser die Talseite wechseln, um auf einem schönen Wurzelpfad nach **Pottenstein** zu wandern. Im Ort rechts und entlang der Straße zurück zum **Ausgangspunkt (1)**.

23 Von Pottenstein ins Klumpertal

Schöne Wanderwege durch traumhafte Täler ★★

Attraktionen am laufenden Band

Sommerrodelbahn, Felsenbad, Schöngrundsee mit Bootsverleih, Teufelshöhle – wer von Pottenstein nach Süden ins enge Weihersbachtal wandert, der kommt an einigen der größten touristischen Attraktionen der Fränkischen Schweiz vorbei. Blickfang ist die kühne Stahlkonstruktion des »Skywalks«, der in luftiger Höhe einen atemberaubenden Tiefblick in das Tal ermöglicht. Und bei Teufelshöhle handelt es sich um die größte Tropfsteinhöhle der Fränkischen Schweiz. Ein weiterer landschaftlicher Höhepunkt folgt nach der Schüttersmühle. Hier führt ein schöner Weg zur Mittelmühle und weiter ins idyllische Klumpertal. Vorbei an einer imposanten Felswand geht es hinein in ein Naturparadies mit Fischteichen, eindrucksvollen Felsformationen – und spannenden Sagen, über die eine Informationstafel Auskunft gibt. Neben dem wunderschönen Talweg gibt es mit den Jägersteigen zwei Pfade, die etwas versetzt parallel durch die seitlichen Hänge verlaufen und schöne Ausblicke über den Felsengarten Klumpertal erlauben.

KURZINFO

Ausgangspunkt: Pottenstein, Wanderparkplatz (gebührenpflichtig) gegenüber der Tankstelle beim Ortsausgang Richtung Pegnitz, 367 m (Navi: 91278 Pottenstein). Mit Bahn und Bus: Bus 389 vom Bhf. Ebermannstadt (R 22) oder Bhf. Pegnitz (R 3).
Gehzeit: 3.30 Std.
Höhenunterschied: 220 m.
Anforderungen: Leichte Wanderung, die nur auf den beiden Jägersteigen etwas Trittsicherheit erfordert.
Kinder: Die Tour ins Klumpertal und eine Runde mit den beiden Jägersteigen ist ideal für eine Familienwanderung.
Winter: Auf dem Golfplatz in Weidenloh, oberhalb von Pottenstein, wird ein vier Kilometer langer Rundkurs gespurt. Leichte Loipe, ideal für Einsteiger.
Information: Tourismusbüro Pottenstein, Forchheimer Straße 1, 91278 Pottenstein, Tel. +49 9243 708-41, www.pottenstein.de.
Tipp: Teufelshöhle, geöffnet Ende März/Anfang April bis Anfang November tgl. 9–17 Uhr; während der Wintersaison So 11–15 Uhr, in den Weihnachtsferien tgl.

Vom Parkplatz bei **Pottenstein (1)** auf dem Frankenweg am Weihersbach entlang Richtung Teufelshöhle/Klumpertal. Bis zur Rodelbahn folgt man dabei dem Radweg, danach einem schönen Wanderweg, der im leichten Auf und Ab, teils aber auch direkt am Bach entlang, vorbei an der Teufelshöhle durch das enge Weihersbachtal zur Schüttersmühle führt. Mit dem Wegweiser »Mittelmühle« nach rechts, an einem Kiosk

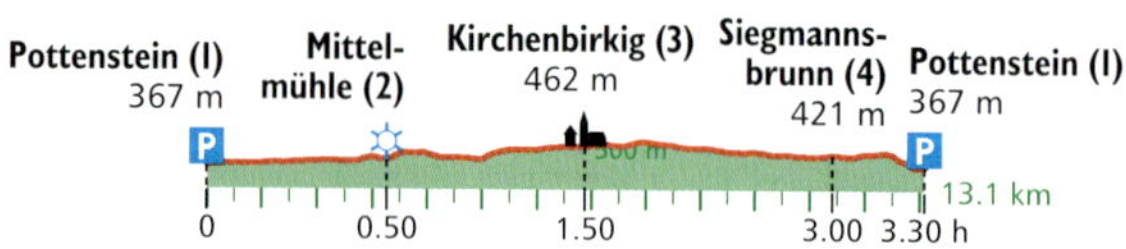

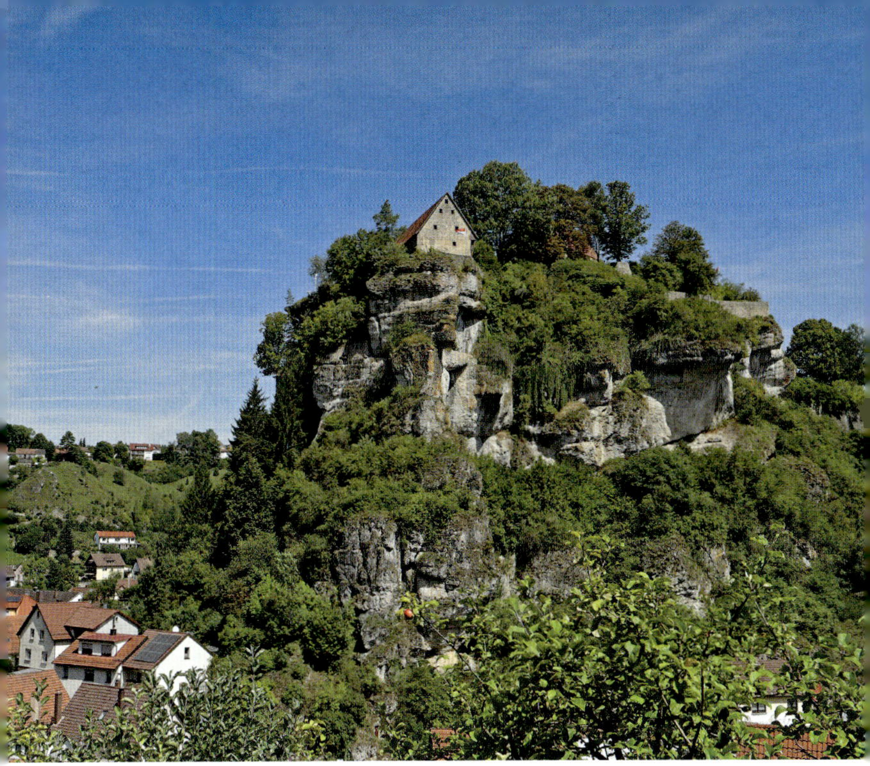

Die schöne Wanderung beginnt direkt unter der Burg Pottenstein.

vorbei, und entlang erster eindrucksvoller Felswände zur **Mittelmühle (2)**. Weiter Richtung Klumpertal, bis man nach rund 65 Metern den breiten Weg nach links verlässt und auf einen der beiden Jägersteige wechselt, die oberhalb des Talbodens die Hänge queren, dabei immer wieder an interessanten Felsformation entlangführen und dabei auch den einen oder anderen Blick ins Tal ermöglichen. Beide Wege haben ihre Reize und führen schließlich gemeinsam zurück in den Talboden. Bei einer Bank trifft man wieder auf den breiten Wanderweg, auf dem man zurück schlendert Richtung Mittelmühle und bei der Abzweigung zu den Jägersteigen links abbiegt. Auf dem Frankenweg geht es zusammen mit dem grünen Punkt erst einmal recht steil über einige Stufen bergauf und dann im leichten Auf und Ab auf Wurzelpfaden, zuletzt auf Feldwegen nach **Kirchenbirkig (3)**.

Im Ort Richtung Trägweis, dann mit dem grünen Punkt rechts in die Hir-

EINKEHR

Landhotel Bauernschmitt

Typisch fränkische Küche mit Schäufele, Kloß mit Soß, Krenfleisch, Sauerbraten und vielem mehr.

Aktuelle Öffnungszeiten auf der Homepage. St.-Johannes-Straße 25, 91278 Pottenstein-Kirchenbirkig, Tel. +49 9243 9890, www.landhotel-bauernschmitt.com.

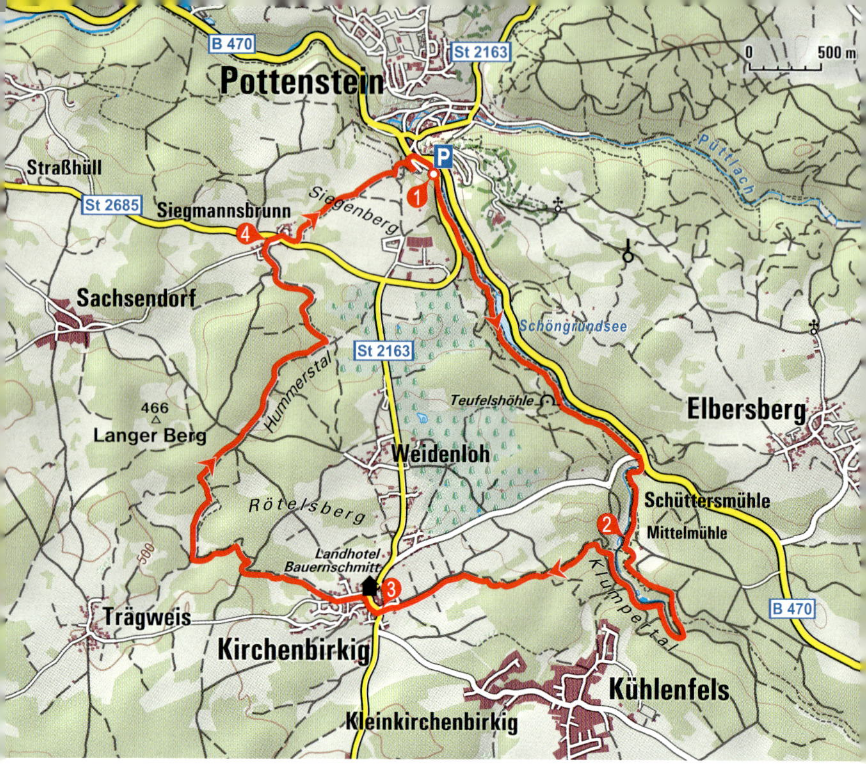

Blick vom Jägersteig auf die Fischteiche im Klumpertal.

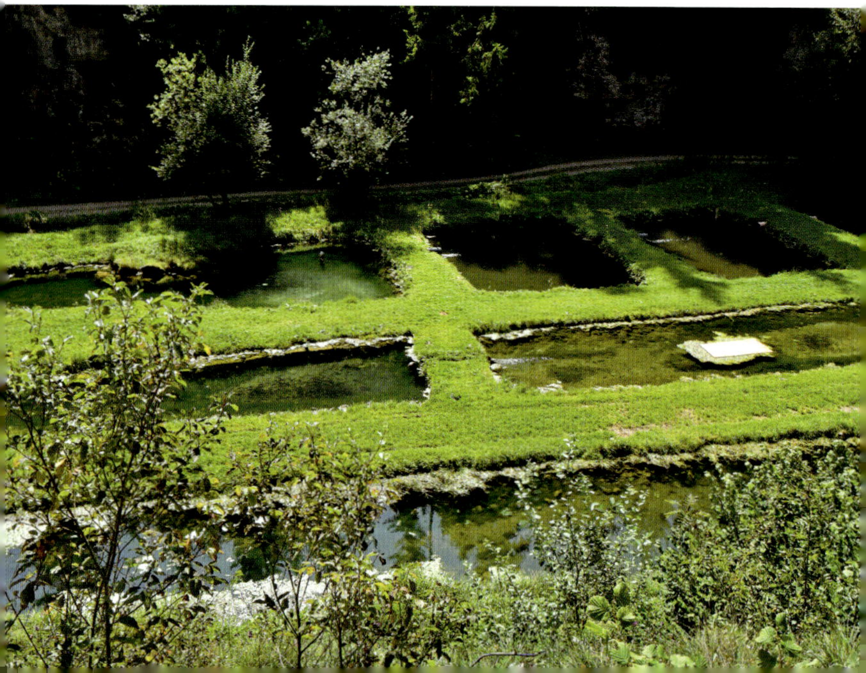

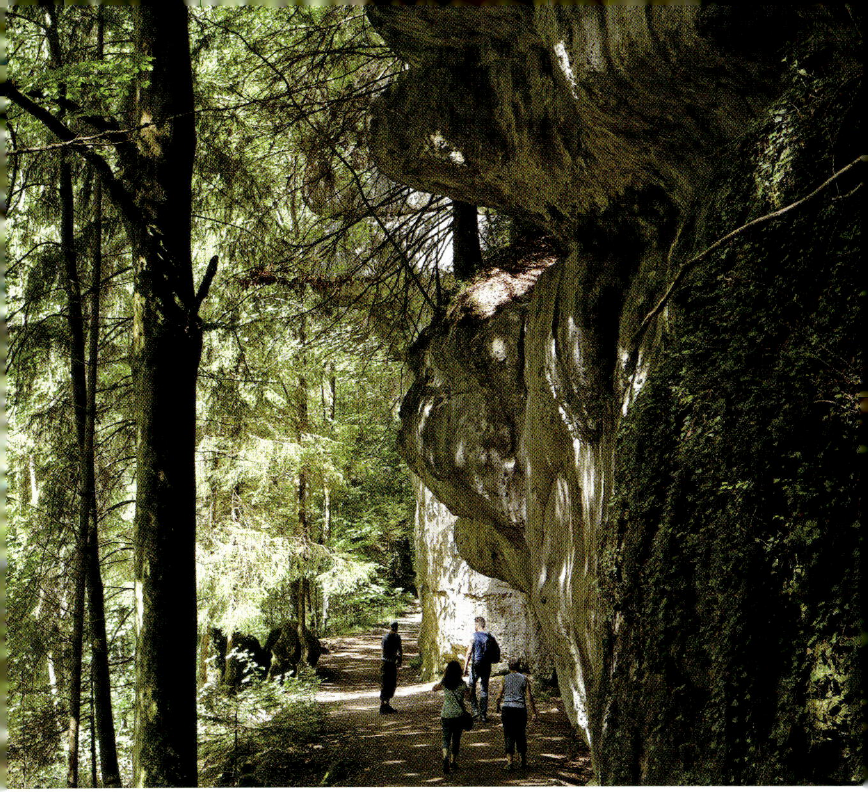

Eindrucksvolle Felswände am Weg ins Klumpertal.

tengasse. Am Ende wechselt man auf einen Wiesenweg, auf dem man einen Feldweg erreicht. An einem Holzlagerplatz mit Schuppen vorbei in den Wald und dort immer dem grünen Punkt wieder aus dem Wald folgend auf einen Wiesenweg, der leicht bergab führend ein Tal erreicht. An einem Rastplatz mit Bank vorbei und, noch vor Erreichen des großen Feldwegs, bei einem Strommast rechts Richtung Pottenstein. Ab hier mit dem blauen Kreuz immer leicht bergab ins Hummerstal. An einem von drei Fichten eingerahmten Wegkreuz vorbei, bis wir mit Blick auf ein Kiefernwäldchen auf einen Wegweiser treffen, bei dem wir mit dem blauen Punkt links nach **Siegmannsbrunn (4)** wandern können. Wir verlassen den Ort auf der Straße Richtung Pottenstein. In der Senke nach dem Ortsschild links und mit dem Rundwanderweg 2 und dem blauen Kreis auf einem Wiesenweg in ein Tälchen. Der Weg umrundet das erste Feld und führt danach im Wald ein paar Meter bergauf, ehe man wieder freie Felder erreicht. Über Wiesen und traumhaft schön durch einen von Büschen umrahmten Weg geht es im Grunde immer geradeaus, bis wir einen Trockenrasenhang mit Blick auf Burg Pottenstein erreichen. Über diesen hinunter und schließlich mit dem blauen Kreuz steil bergab nach Pottenstein. Im Ort rechts zurück zum **Ausgangspunkt (1)**.

24 Walberla, 532 m

Um und auf die Ehrenbürg ★★★

Heiliger Berg der Franken

Was heute als 1500 Meter langer und 300 Meter breiter Zeugenberg über dem breiten Wiesenttal aufragt, war einst der westliche Rand der Fränkischen Alb. Doch der kleine Ehrenbach trennte vor langer Zeit das markante Felsriff aus Überresten von Ablagerungen des Jurameeres von der Hochfläche ab. Bis zu 250 Meter überragt die Ehrenbürg mit dem Rodenstein als höchsten Punkt (532 m), dem Schlaifhausener Kopf (512 m) im Südosten und dem Walberla mit Denkmalfels (514 m) und Geierswandkopf (523 m) am nordwestlichen Rand das Wiesenttal. Dabei kennen nur wenige die stattliche Erhebung mit dem markanten Sattel in der Mitte unter dem Namen Ehrenbürg, landläufig wird der gesamte Berg Walberla genannt.
Es liegt auf der Hand, dass dieser Tafelberg mit seinen schützenden Felsabbrüchen schon früh besiedelt wurde. In der Altsteinzeit besuchten Jäger und Sammler die Ehrenbürg, ab der Eisenzeit (etwa 550 v. Chr.) gab es im Sattel zwischen den beiden Gipfeln eine keltische Siedlung, die Handelsbeziehungen bis in den Mittelmeerraum pflegte. Im Jahr 1360 wurde die der heiligen Walburga geweihte Kapelle im Sattel unter dem Walberla samt dazugehöriger Kirchweih erstmals urkundlich erwähnt. Die ehemalige Kirchweih am 1. Mai, dem Namenstag der Heiligen Walburga, verwandelte sich zu Beginn des 19. Jahrhunderts allmählich in einen Jahrmarkt, der von weit gereisten Krämern besucht wurde. Seit 1910 findet das Walberlafest an jedem ersten Sonntag im Mai statt. Mittlerweile wurde das älteste Frühlingsfest Deutschlands, das alljährlich Tausende Besucher anzieht, auf das gesamte Wochenende verlängert und startet bereits freitags gegen 17 Uhr mit dem traditionellen Maibaumaufstellen.

Das Walberla mit der der heiligen Walburga geweihten Kapelle.

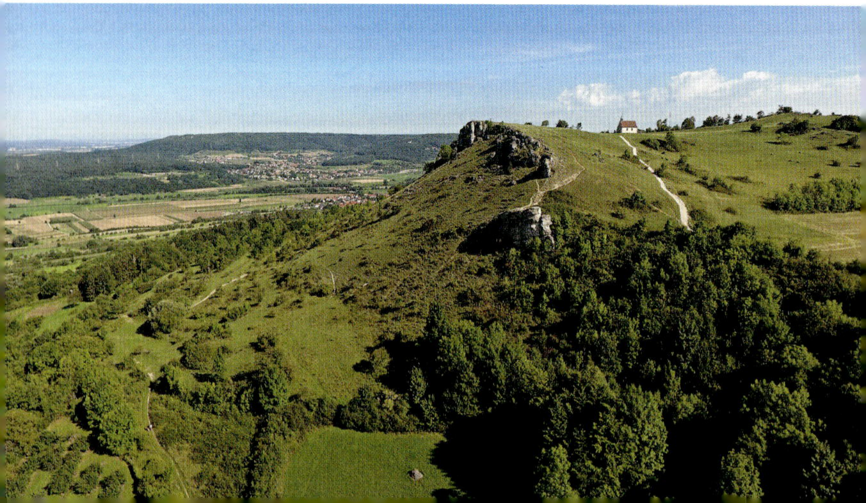

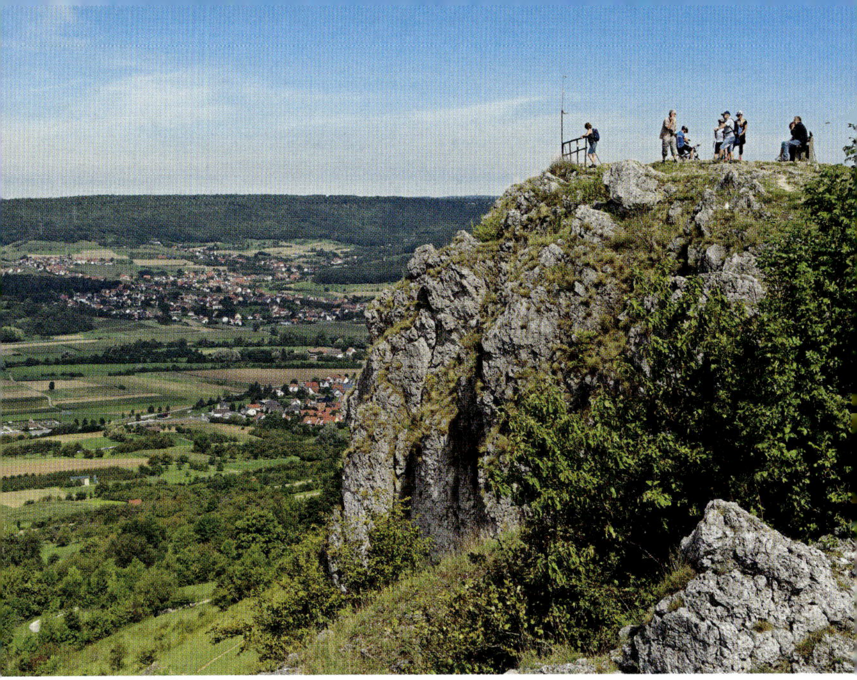

Blick vom Walberla ins Tal der Wiesent.

KURZINFO

Ausgangspunkt: Wiesenthau, Parkplatz in der Ortsmitte bei der Bushaltestelle Feuerwehrhaus, 309 m (Navi: Hauptstraße 3, 91369 Wiesenthau). Mit Bahn und Bus: Mit der Bahn nach Forchheim, mit dem Bus 223 zur Haltestelle Feuerwehrhaus Wiesenthau oder der Bahnlinie R22 zum Bahnhof.
Gehzeit: 4.00 Std.
Höhenunterschied: 470 m.

Anforderungen: Wunderschöne Runde auf teils traumhaften Steigen, die Anstiege erfordern etwas Ausdauer – die Aussicht entschädigt dafür.
Kinder: Mit dem Nachwuchs startet man besser auf dem hochgelegenen Parkplatz unter dem Walberla (Zufahrt von Schlaifhausen) und macht nur die Runde Rodenstein – Walberla.
Information: Tourismusverein »Rund ums Walberla – Ehrenbürg«, Regensberg 10, 91358 Kunreuth, Tel. +49 9199 80990, www.walberla.de.

EINKEHR

Gasthof Drummer

Brauereigasthof mit kleinem Biergarten im Innenhof, klassischen fränkischen Gerichten und selbst gebrautem hellem Lagerbier sowie dunklem Vollbier.
Geöffnet Di, Mi und Fr 11–14.30 und 17–22 Uhr, Do von 11–14.30 Uhr, Sa 11–22 Uhr, Sonn- und Feiertage 11–15.30 Uhr, Mo Ruhetag. Dorfstraße 10, 91359 Leutenbach, Tel. +49 9199 403, www.brauerei-gasthof-drummer.de.

Gasthaus Kroder

Schönes Fachwerkhaus und beliebte Einkehr am Walberla. Sehr gutes fränkisches Essen, dazu Bier von der Brauerei Ott in Oberleinleiter. Und zum Abschluss gibt's einen Schnaps aus Früchten der eigenen Obstwiesen, gebrannt in der eigenen Brennerei.
Mi ab 17 Uhr, Do ab 11 Uhr geöffnet. Schlaifhausen 43, 91369 Wiesenthau, Tel. +49 9199 416, www.gasthaus-kroder.de.

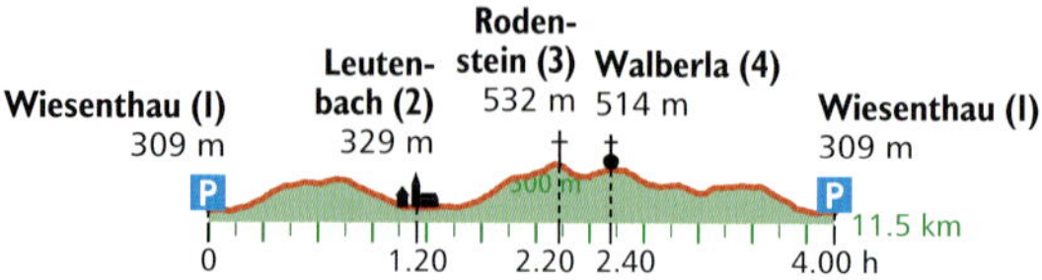

Vom Parkplatz in der Ortsmitte von **Wiesenthau (1)** mit dem blauen Schrägstrich durch die Ehrenbürgstraße Richtung Walberla. Am Ende geradeaus leicht bergab in ein Tälchen und auf der anderen Seite an Obstbäumen vorbei hinauf bis zum Querweg, der das Walberla umrundet. Die Markierungen sind beim Bergauf vor allem in der unteren Hälfte lückenhaft, so dass man am besten vom Talboden dem Forstweg immer rechts haltend rund 200 Meter folgt und erst dann links abbiegt. Dieser Weg führt in einer geraden Linie auf den Rundweg, auf dem man rechts nach ein paar Metern einen Parkplatz erreicht. Der kann als alternativer Startpunkt für eine Umrundung des Walberlas oder nur eine kurze Spritztour auf den Gipfel genutzt werden. An einer Infotafel zum Walberla vorbei und auf dem Rundweg weiter, bis man südöstlich des Rodensteins auf einen Wegweiser trifft. Hier rechts bergab (Wegweiser »WP Rodenstein«) und beim Parkplatz links. Mit dem gelben Kreuz leicht fallend Richtung Leutenbach, wobei die Markierung an einer Stelle lückenhaft ist. Zumindest übersieht man leicht den nach rechts abzweigenden Pfad, der über eine Wiese mit hohem Gras führt und schließlich den Talboden erreicht.

Entlang der Straße nach **Leutenbach (2)**, vor der Brücke über einen kleinen Bach links und auf schmalen Fußweg zum Fußballplatz, der rechts umgangen wird. Erneut auf einem schmalen »Privatweg« zu einer Stra-

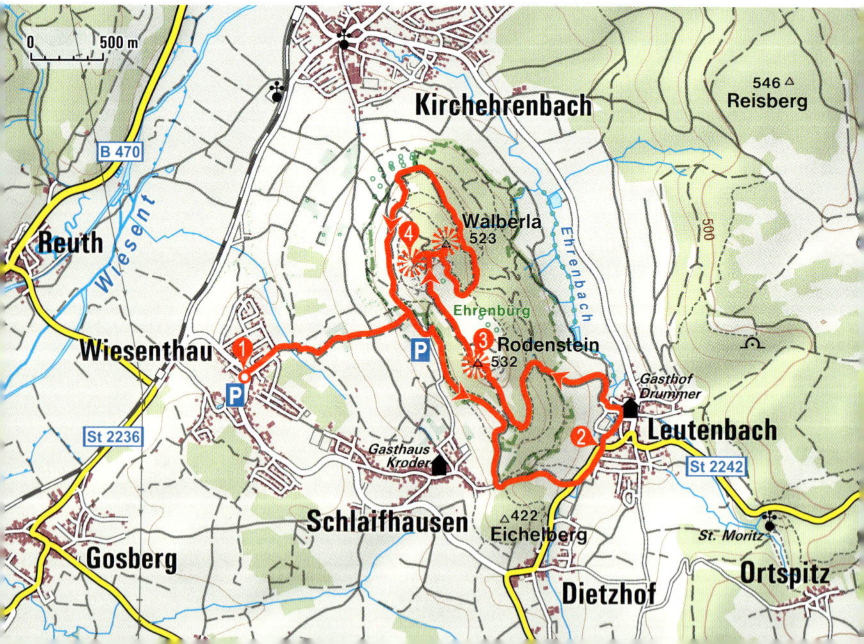

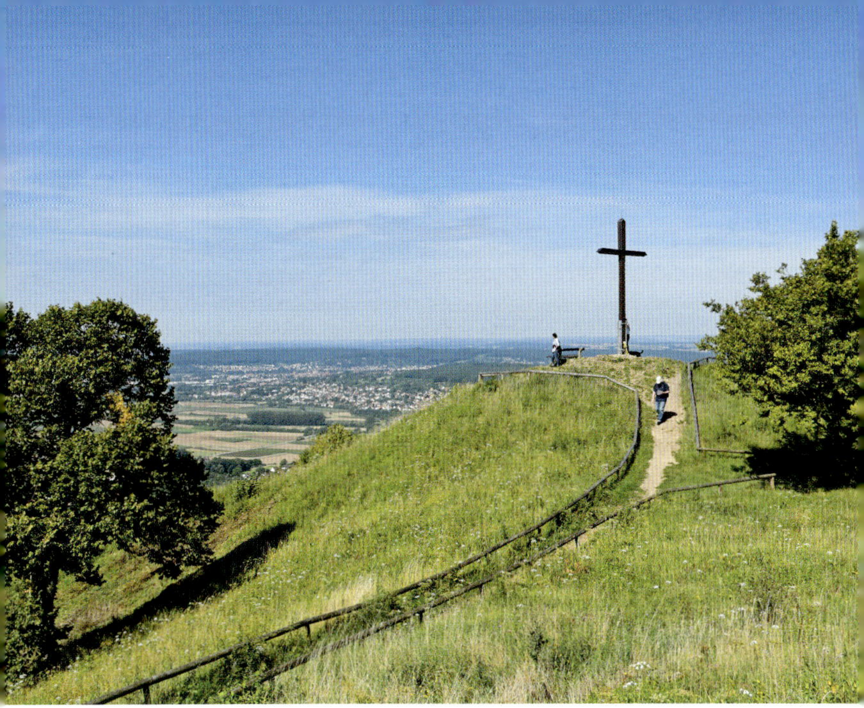

Aussicht mit Gipfelkreuz vom 532 Meter hohen Rodenstein.

ße und rechts zur Einkehr oder gleich links an den Parkplätzen vorbei, über den Bach, dann rechts und mit dem Wegweiser »Rundwanderweg« links hinauf Richtung Walberla. Im Wald trifft man auf dem Forstweg auf eine Schranke und biegt dort links ab auf einen schönen Waldweg, der steil hinauf führt zum Rundweg. Auf diesem links zu dem bereits vom Herweg bekannten Wegweiser südöstlich vom Walberla und rechts hinauf zum **Rodenstein (3)**, dem höchsten Punkt der aussichtsreichen Hochfläche. Auf dem breiten Wanderweg kurzer Abstieg und über den Gipfel des **Walberla (4)** zur **Kapelle** und weiter auf die nördlichste Erhebung.

Auf einem deutlichen Wiesenpfad Richtung Südosten in die Senke zwischen Rodenstein und Walberla und links mit dem diagonal halbierten rot-weißen Rechteck durch den Wald hinunter auf den Rundwanderweg. Auf diesem nach links und das Walberla nordseitig umrunden. Die Markierung führt schließlich bergab auf einen querenden Forstweg, dem wir kurz nach links folgen und bei der nächsten Möglichkeit wieder links abbiegen. Die gepflasterten Fahrspuren werden nach ein paar Meter verlassen, geradeaus uber die Wiese hinauf und am Waldrand bei einer Bank rechts. Auf schönem Weg zu einem neben großen Bäumen stehenden Kreuz und auf der Straße leicht bergab. In der Serpentine geht man geradeaus und umrundet auf dem weitgehend flachen Weg das Walberla auf seiner Westseite, bis man kurz vor dem Parkplatz mit dem blauen Schrägstrich auf dem bereits bekannten Weg nach **Wiesenthau (1)** absteigt.

25 Zwischen Leutenbach und Hetzelsdorf

Einsame Höhen über dem Trubachtal ★★

Kulturelle und weltliche Pilgerstätten

Das benachbarte Walberla zieht alle Aufmerksamkeit auf sich, so dass man leicht die Möglichkeiten östlich von Leutenbach übersieht. Dabei führen hier wunderschöne Pfade nach St. Moritz und weiter zum Burgstein. Allein die inmitten eines von Mauern umgebenen Friedhofes stehende Kapelle St. Moritz ist einen Ausflug wert. Das bis ins 19. Jahrhundert von Einsiedlern bewohnte, angrenzende Eremitenhäuschen wurde mittlerweile umgewandelt in eine Kultur- und Besinnungsklause. Nur wenige Meter entfernt findet man den St.-Moritz-Brunnen, dessen Wasser heilende Kräfte nachgesagt wird. Auf dem oberhalb befindlichen Burgstein stand einst eine Burg, die der Sage nach durch einen unterirdischen Gang mit der Moritzkapelle verbunden war. Nach so viel Kultur freut man sich in Hetzelsdorf erst einmal über eine gute Brotzeit und ein gutes Bier – für die Stammgäste das beste Bier weit und breit. Blickfang gleich gegenüber der Gaststätte ist die im Jahr 1901 im neugotischen Stil erbaute St. Matthäus-Kirche, die wegen ihrer Größe auch »Juradom« genannt wird. Die für einen 300-Einwohner-Ort ungewöhnlich große Kirche drohte 1979 einzustürzen. Zur Stabilisierung wurden 38 Zuganker in den Untergrund gerammt.

Ein Kreuzweg führt zur Kapelle St. Moritz.

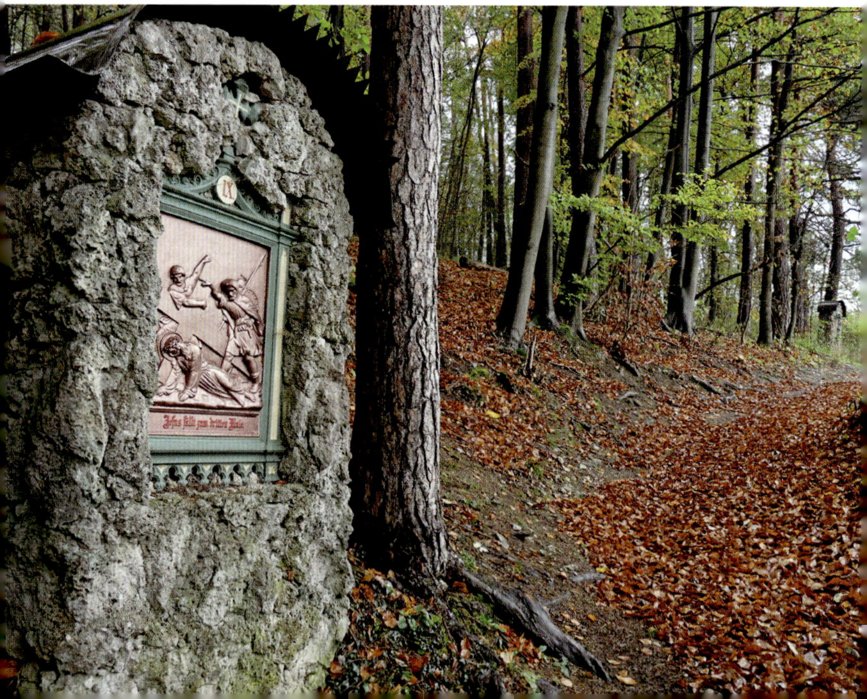

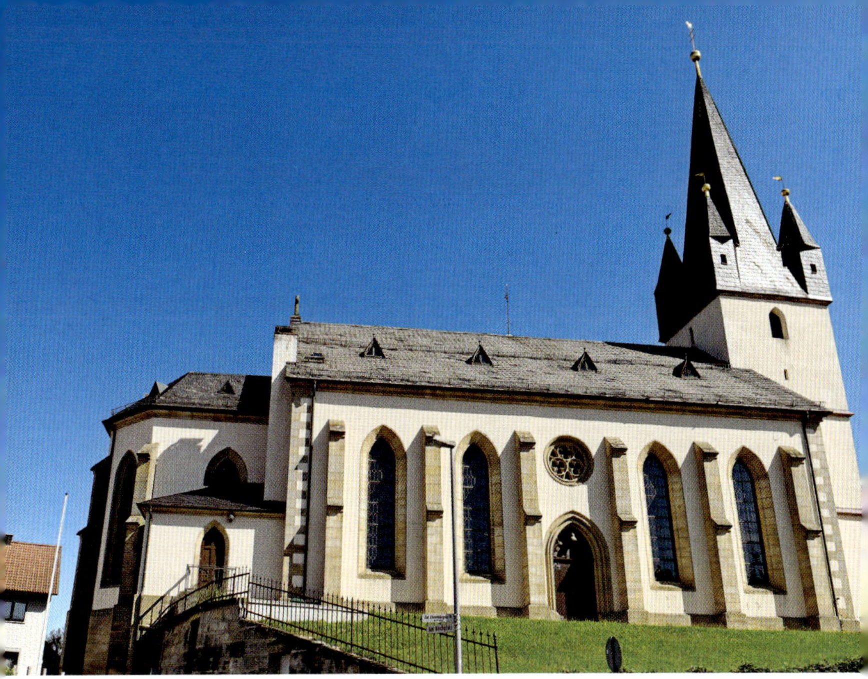

Bei der Kirche von Leutenbach befindet sich der Start der Wanderung.

KURZINFO

Ausgangspunkt: Leutenbach, im Ehrenbachtal, Parkplatz in der Ehrenbürgstraße, 329 m (Navi: Ehrenbürgstraße, 91359 Leutenbach). Mit Bahn und Bus: Mit der Bahn nach Forchheim, mit dem Bus 223 nach Leutenbach.
Gehzeit: 4.00 Std.
Höhenunterschied: 350 m.
Anforderungen: Anfangs schöne Steige, dann breite Wege über freie Flächen und durch einen schönen, parkähnlichen Wald.
Kinder: Eine kurze Wanderung nach St. Moritz, auf den Burgstein und zum Kalktuffbach mit kleinem Wasserfall unterhalb von St. Moritz ist auch für Kinder spannend.
Information: Tourismusverein »Rund ums Walberla – Ehrenbürg«, Regensberg 10, 91358 Kunreuth, Tel. +49 9199 80996, www.walberla.de.

EINKEHR

Gasthof Drummer

Brauereigasthof mit kleinem Biergarten im Innenhof, klassischen fränkischen Gerichten und selbst gebrautem hellem Lagerbier sowie dunklem Vollbier.
Geöffnet Di, Mi und Fr 11–14.30 und 17–22 Uhr, Do von 11–14.30 Uhr, Sa 11–22 Uhr, Sonn- und Feiertag 11–15.30 Uhr, Mo Ruhetag. Dorfstraße 10, 91359 Leutenbach, Tel. +49 9199 403, www.brauerei-gasthof-drummer.de.

Brauerei Penning-Zeissler

Kleiner Biergarten mit Blick auf die riesige Hetzeldorfer Kirche. Bekannt für Schnitzel, fränkische Küche, Brotzeiten und natürlich das Bier. Der Klassiker ist das dunkle Vollbier vom Fass. Gebraut werden auch Pils, Lager, Leichtes, Hefeweizen, Maibock, Weihnachtsbock und im Frühling und an Weihnachten Festbiere.
Mi bis Fr ab 16 Uhr, Sa, So und Feiertage ab 11 Uhr. Hetzelsdorf 9, 91362 Pretzfeld, Tel. +49 9194 252.

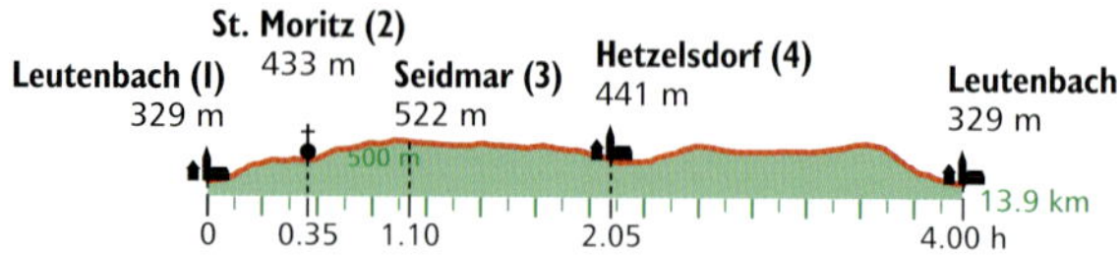

Vom **Parkplatz (1)** in die Ortsmitte und nach dem **Gasthof Drummer** links in die Mühlgasse. Mit dem Wegweiser »St. Moritz« bergauf, an einer Rastbank mit Tisch vor einem Kreuz links vorbei und am Ende der Straße halb rechts mit dem roten Kreis in einen schönen Wanderweg. Bergauf auf einen Querweg, rechts und mit der Markierung auf teils wunderschönen Pfaden hinüber zum Kreuzweg, auf dem wir weiter nach Moritz wandern. Zuletzt über Treppen kurz bergab zur Straße und gegenüber am St.-Moritz-Brunnen vorbei zur Kirchenanlage **St. Moritz (2)**. Zurück bei der in der Art einer Feldkapelle ummauerten Quelle, folgen wir dem gelben Kreuz und dem grünen Schrägstrich (Wegweiser »Seidmar«), wobei wir für den kurzen Anstieg auf den Burgstein mit einem schönen Blick über das Tal und hinunter nach St. Moritz be-

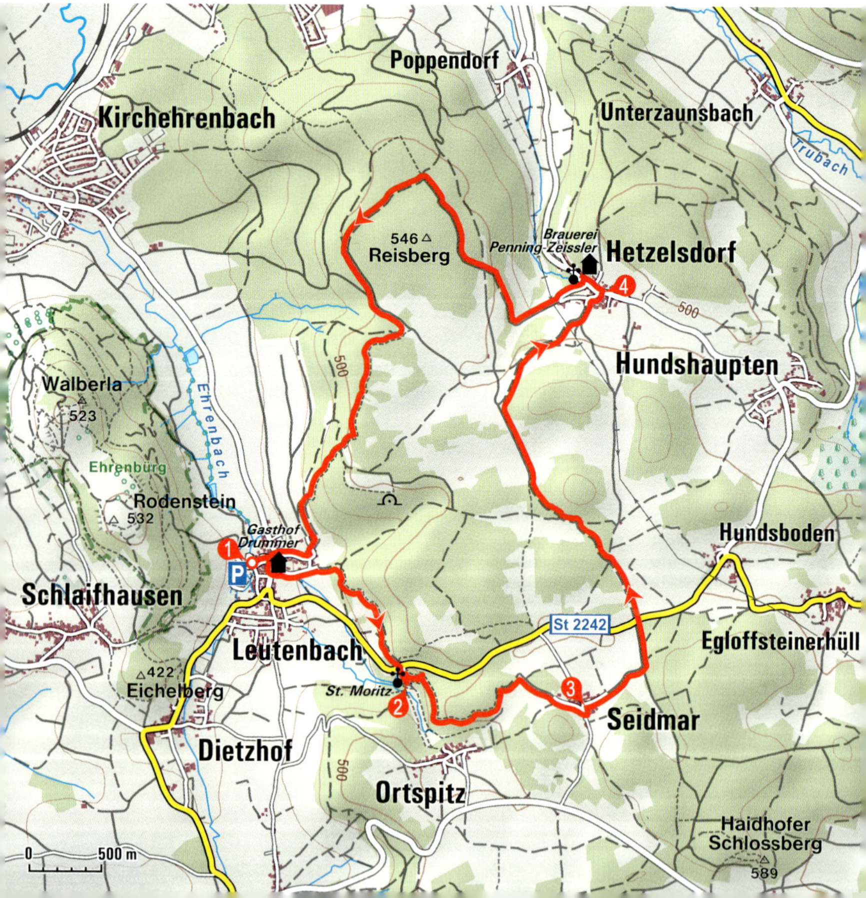

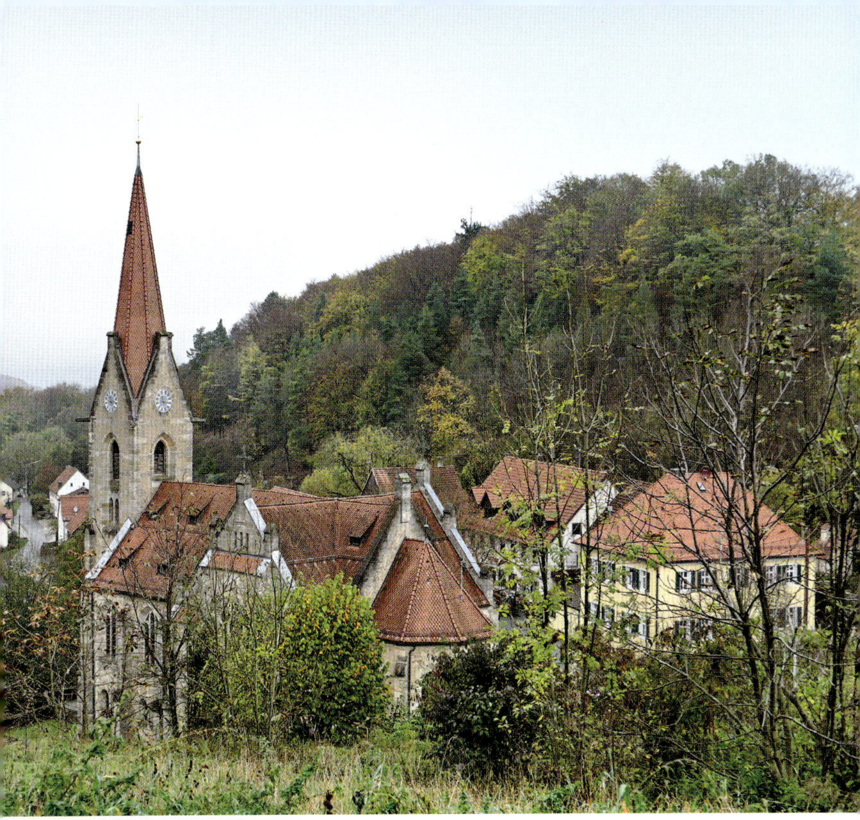

Imposant: die große St.-Matthäus-Kirche in Hetzelsdorf.

lohnt werden. **Seidmar (3)** verlassen wir mit der Markierung auf einem gepflasterten Weg Richtung Hundsboden. Am Waldrand bei einer Bank links und mit dem roten Andreaskreuz Richtung Altreuth. Die Straße Leutenbach – Hundsboden wird überquert, dann auf dem Feldweg weiter, bis der eine leichte Rechtskurve beschreibt. Geradeaus mit der Markierung in den Wald und dahinter am Waldrand entlang bis zu einem Wegweiser, der erstmals nach Hetzelsdorf weist. Ab hier mit dem gelben Punkt durch Wald, dann über offene Fluren bis zu Feldern mit Obstbäumen. Hier mit dem Wegweiser rechts nach **Hetzelsdorf (4)** und im Ort links zur **Brauerei Penning-Zeissler** vis-a-vis der Kirche. Vor dem imposanten Bau, der erst 1901 im neugotischen Stil errichtet wurde, am Haus der Feuerwehr vorbei und mit dem roten und gelben Punkt leicht bergauf. In der Serpentine rechts auf den Feldweg und auf diesem durch Wald unter den Reisberg, dabei wird der kreuzende Forstweg mit dem roten Andreaskreuz gequert. In einem großen Bogen wird der Reisberg umrundet, wobei ab dem mit Kiefern bestandenen, parkähnlichen Wald nördlich des Reisbergs der gelbe Punkt die Richtung vorgibt und uns zuverlässig zurück nach **Leutenbach (1)** bringt, am Schluss mit schönem Blick zum Walberla.

26 Wallerwarte, 513 m

Zwischen Trubachtal und Ebermannstadt ★★

Höhenrücken über dem Kirschanbaugebiet

In erster Linie prägen Wiesen das Bild der Landschaft um Pretzfeld und im Trubachtal, auf den zweiten Blick fallen einem jedoch auch die vielen Kirschbäume auf. Sie sind Teil eines der größten geschlossenen Süßkirschenanbaugebiete der Europäischen Union. Wer mehr darüber erfahren will, der kann von Pretzfeld aus dem Kirschenweg folgen, alle anderen genießen auf einer überaus abwechslungsreichen Runde die Ausblicke auf der Hochfläche und traumhaft schattige Pfade durch endlose Buchenwälder – und lernen auf dem langen Rückweg durch das Trubachtal die Pretzfelder Wässerwiesen kennen. Dabei handelt es sich um eine spezielle Form der Bewässerung der Talwiesen durch den sogenannten Rückenbau. In den erhöhten Geländestreifen verliefen Bewässerungsrinnen, von denen aus die angrenzenden Wiesenflächen quasi unter Wasser gesetzt werden konnten.

KURZINFO

Ausgangspunkt: Pretzfeld, Parkmöglichkeit von der B470 kommend am Ortseingang, gleich nach dem Bahnübergang links, 286 m (Navi: Walter-Schottky-Straße, 91362 Pretzfeld). Mit Bahn und Bus: Pretzfeld ist Haltestelle der Bahnlinie R 22 Forchheim – Ebermannstadt.

Gehzeit: 6.15 Std.

Höhenunterschied: 500 m.

Anforderungen: Lange Rundwanderung, je zur Hälfte auf breiten Feld- und Radwegen sowie auf gut zu begehenden Waldpfaden.

Information: Verwaltung Markt Pretzfeld, Hauptstraße 3, 91362 Pretzfeld, Tel. +49 9194 7347-0, www.pretzfeld.de.

Vom Parkplatz am Ortseingang von **Pretzfeld (1)** auf dem Bürgersteig zwischen Bach und Straße in den Ort und links in den Schlossbergweg. An der Kirche links vorbei zur Straße nach Ebermannstadt mit Wandertafel und einem Wurstautomaten für Hungrige, die ihre Brotzeit vergessen haben. Wir folgen der Straße ein Stück nach links, gehen dann rechts in die Pfarrgasse und folgen der Straße »Im Steinbühl« nach links. Ein Kiesweg führt schließlich an den Häusern entlang zu den Wiesen am Ortsrand, wo wir mit dem Wegweiser »Kirschenweg« rechts durch die Streuobstwiesen zu einer Kapelle wandern. Links und auf dem Feldweg entlang der Straße zu dem Großparkplatz des Pretzfelder Kellers. Von dem traumhaft oberhalb von Pretzfeld gelegenen Biergarten folgt man der Straße an einigen in den Fels gegrabenen Kel-

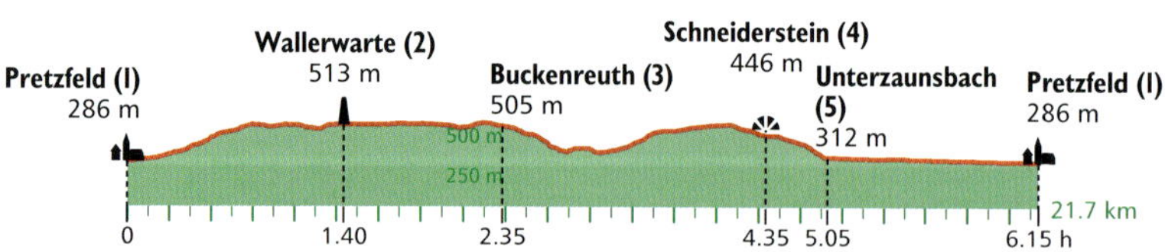

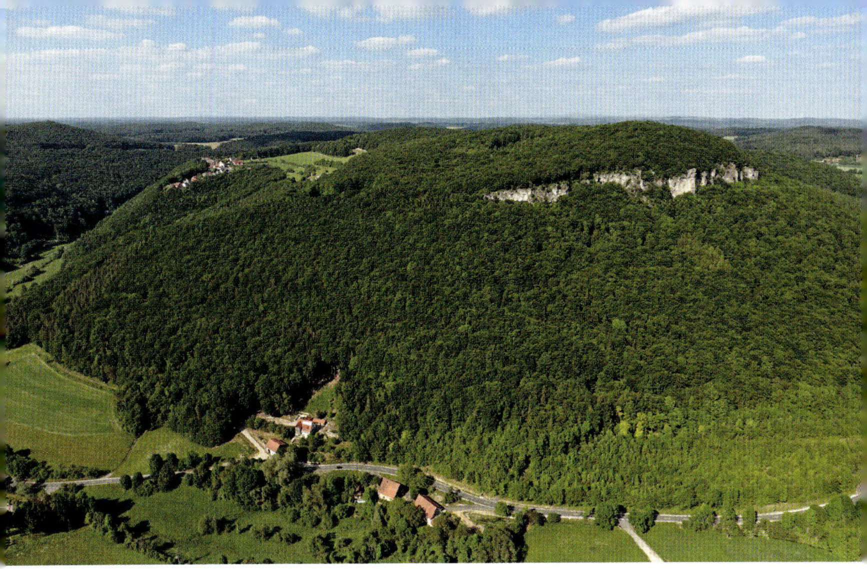

Die Wanderung führt unterhalb des mächtigen Rötelfelsens vorbei.

lern vorbei zu einer Wegkreuzung. Mit dem Wegweiser »Kirschenweg/Judenberg« und dem blauen Strich weiter den Berg hinauf, bis auf der Hochfläche die Markierung nach links weist (Wegweiser »Schlüsselstein/Wallerwarte«). Der Kiesweg wird bald zum schönen Wanderweg, der durch den schattigen Buchenwald hinüber führt zu den Aussichtspunkten oberhalb von Ebermannstadt. Ein kurzer Abstecher führt zum Schlüsselstein, anschließend geht es weiter durch den Wald und an einem Sendemast vorbei zum steinernen Aussichtsturm der **Wallerwarte (2)**, auf den eine steile Holztreppe führt.

Zurück beim Sendemast, mit dem blauen Strich am Waldrand entlang

EINKEHR

Pretzfelder Keller

Die Aussicht vom idyllisch unter Bäumen versteckten Biergarten über Pretzfeld und das Wiesenttal ist einfach ein Traum.

Mi bis Fr ab 16 Uhr, Wochenenden und Feiertage ab 11 Uhr geöffnet. 91362 Pretzfeld, Tel. +49 175 1645863, www.pretzfelderkeller.de.

Gasthof Brauerei Meister

Für viele ist das selbst gebraute Meisterbräu das beste dunkle Bier im Landkreis Forchheim. Und auch die gute Küche trug zur Beliebtheit des Traditionsgasthauses im Trubachtal bei. Dennoch musste die beliebte Einkehr mit dem Biergarten Anfang 2017 schließen, es fehlte an Personal. Zum Glück gibt es einen gut gefüllten Kühlschrank, der durstige Wanderer rettet. Und wer weiß, vielleicht findet sich bald ein Pächter, der das Gasthaus weiter betreibt.

Leider geschlossen, für Durstige steht ein gefüllter Getränkekühlschrank im Hof (gegenüber vom Biergarten) parat. Unterzaunsbach 8, 91362 Pretzfeld, Tel. +49 9194 9126, www.brauereimeister.de.

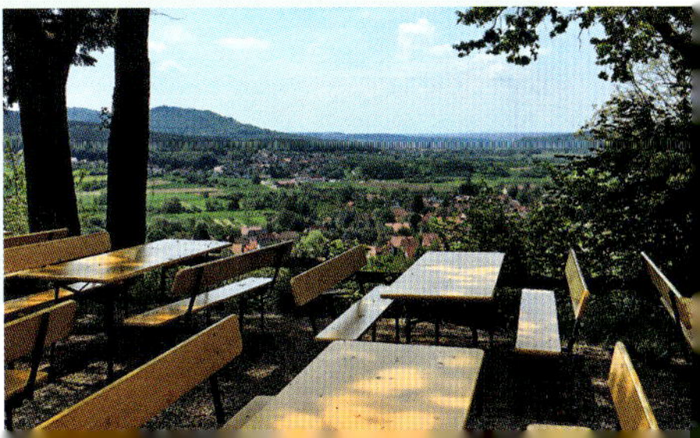

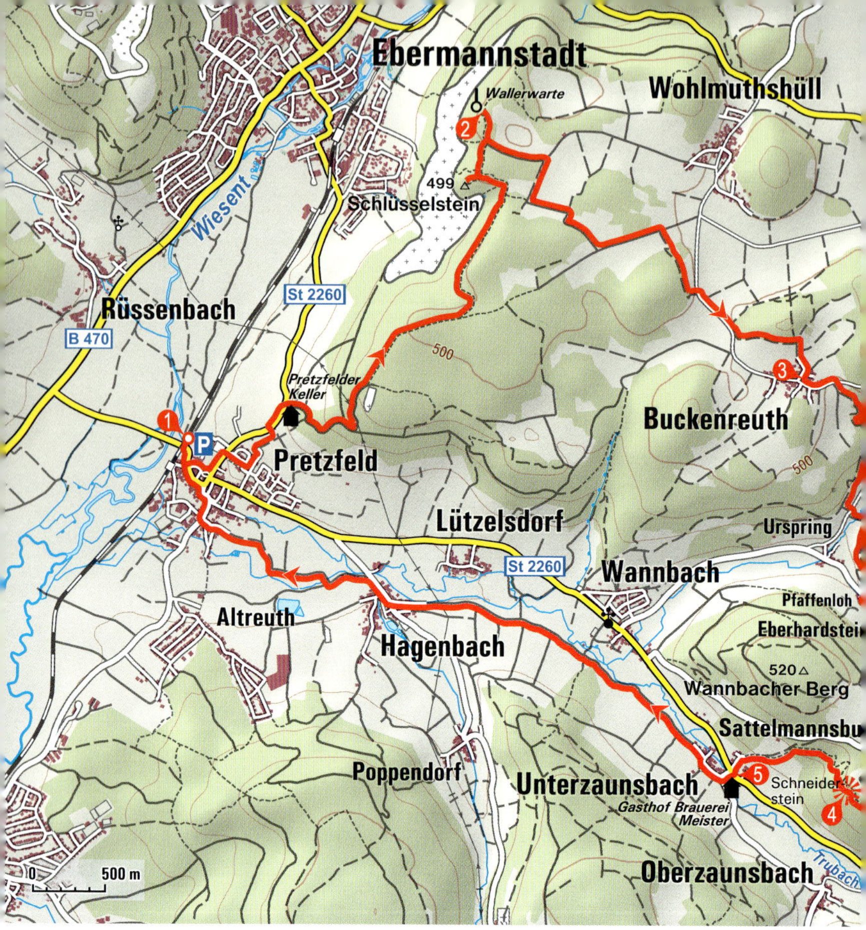

Richtung Wohlmuthshüll. Bei Erreichen der freien Felder rechts und wieder am Waldrand entlang zu drei markanten Laubbäumen, die an einem quer verlaufenden Feldweg stehen. Auf diesem links mit der grünen Raute nach **Buckenreuth (3)**. Bei der kleinen Kirche links und Richtung Moggast aus dem Ort hinaus. Kurz nach dem Ortsschild mit der grünen Raute rechts (Wegweiser »Pfaffenloh«) und auf einer kleinen Teerstraße bergab. Nach rund 75 Metern links auf einen kleinen Feldweg und schließlich im Wald auf einem schönen Steig hinunter ins Tal des Thosmühlbachs, wo wir auf eine Straße treffen. Auf dieser rechts und gleich wieder links (Wegweiser »Pfaffenloh«) auf einen Feldweg, der hinaufführt zum Waldrand. Rechts haltend geht es hinüber zu dem kleinen Weiler, den wir rechts liegen lassen. Wir treffen südlich der Häuser auf eine Straße, gehen kurz rechts und gleich wieder links auf einen Weg, der im Talboden Richtung Wichsenstein führt. Bei einer Weggabelung zweigt von dem Forstweg rechts ein erdiger Weg ab, der mit der grünen Raute auf die Hochfläche führt. Dabei passiert man den Rand eines Steinbruchs und kann hinüber schauen auf die

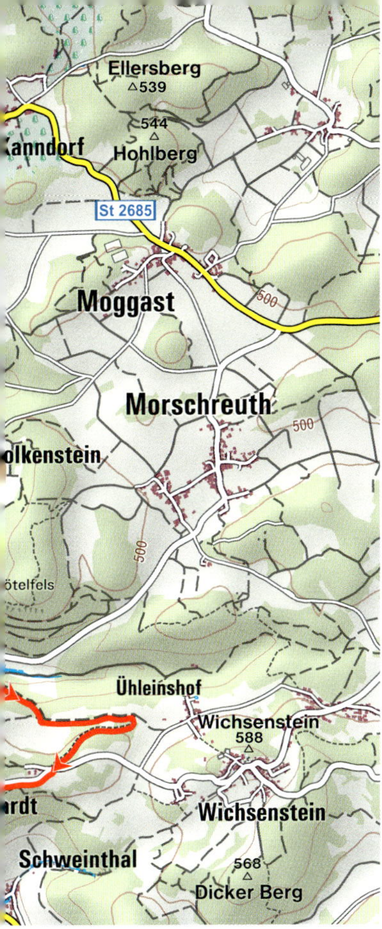

Felsabbrüche des Rötelfelsens. Auf der Hochfläche links bis zu einem Wegweiser 300 Meter vor Ühleinshof. Dort im spitzen Winkel nach rechts und mit dem gelben Kreis auf schönem Steig durch einen Wald mit verstreut liegenden Felsgruppen zu einer Teerstraße. Rechts und mit dem gelben Punkt nach ein paar Metern wieder links (Wegweiser »Aussichtspunkt Schneiderstein«) durch Wald zu den Häusern von Hardt. Mit der Markierung durch die kleine Ansiedlung, dabei muss man darauf achten, beim letzten Haus nicht die Abzweigung nach links in den Wald zu versäumen. Kurz darauf tritt man hinaus auf den freien Kopf des **Schneidersteins (4)**, der einen schönen Blick ins Trubachtal gewährt.

Mit dem gelben Punkt auf einem schönen Steig in Serpentinen bergab, zuletzt steil auf einem gepflasterten Weg nach **Unterzaunsbach (5)**. Ab hier auf dem mit blauem Querstrich markierten Weg auf asphaltierten Sträßchen und über Feldwege nach Hagenbach und weiter nach **Pretzfeld (1)**.

Blick vom Schneiderstein über Untertrubach bis nach Pretzfeld.

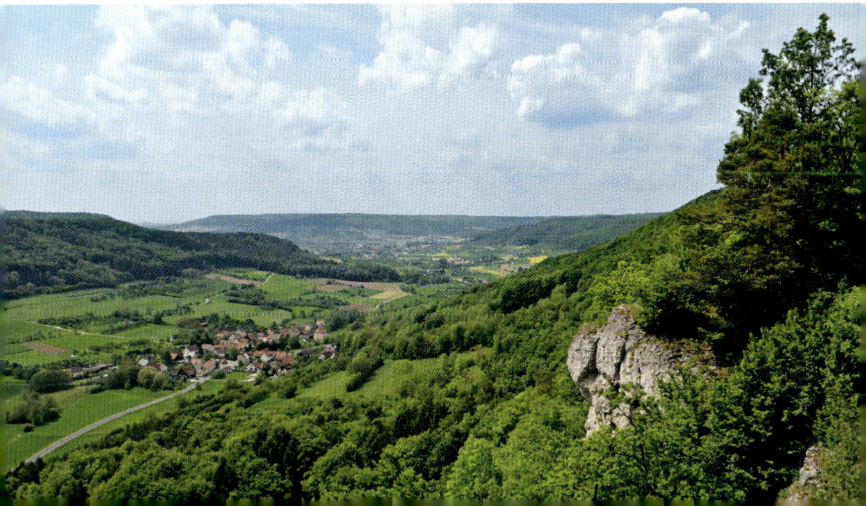

27 Wichsenstein, 588 m

Von Wichsenstein zum Rötelfels ★★

Markante Felsen über stillen Tälern

Das höchste Kreuz befindet sich in Wichsenstein ausnahmsweise nicht auf der Kirchturmspitze, sondern auf dem Felsen dahinter. Das typisch bayerische Ensemble Kirche und gleich daneben – in diesem Falle vis-a-vis – Wirtshaus wird in Wichsenstein ergänzt durch einen von einem großen Kreuz gekrönten Felszahn, der den Kirchturm deutlich überragt. Ein kleiner Steig mit Stufen führt hinauf auf diesen großartigen Aussichtspunkt: Eindrucksvoll der Blick hinunter auf die Kirche und den Ort, überwältigend das Panorama mit den grünen Kuppen der Fränkischen Schweiz. Der Name des Ortes stammt übrigens von einer ehemals vorhandenen Burg – die heutige Kirche gründet auf dem Unterbau der im Jahr 1372 errichteten Burgkapelle.

In Sichtweite, nur getrennt durch das Tal des Altenthalbaches, sind die grauen Felswände des Rötelfels am Rand einer bis zu 575 Meter hohen Waldkuppe nicht zu übersehen. Mit über 300 Meter Länge handelt es sich hier um den größten zusammenhängenden Felsriegel der Fränkischen Schweiz. Entsprechend beliebt sind die bis zu 40 Meter hohen Felsen bei Kletterern. Auf dem bewaldeten Hochplateau erinnert ein Gedenkstein an eine Tragödie, am 28. November 1937 kamen bei einem Flugzeugabsturz drei Personen ums Leben.

Mariengrotte beim kurzen Anstieg von Wichsenstein auf den Aussichtsfelsen.

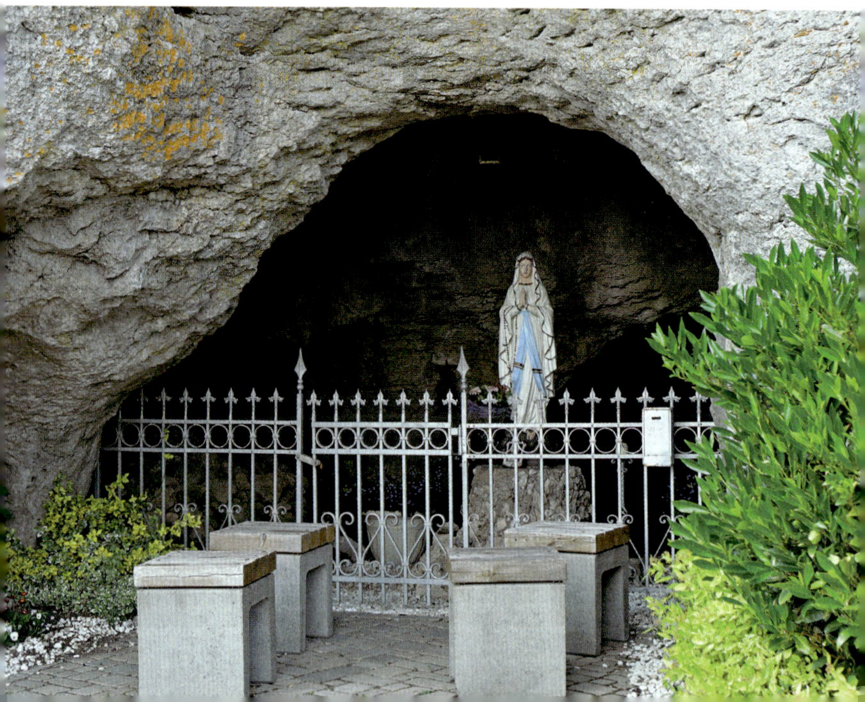

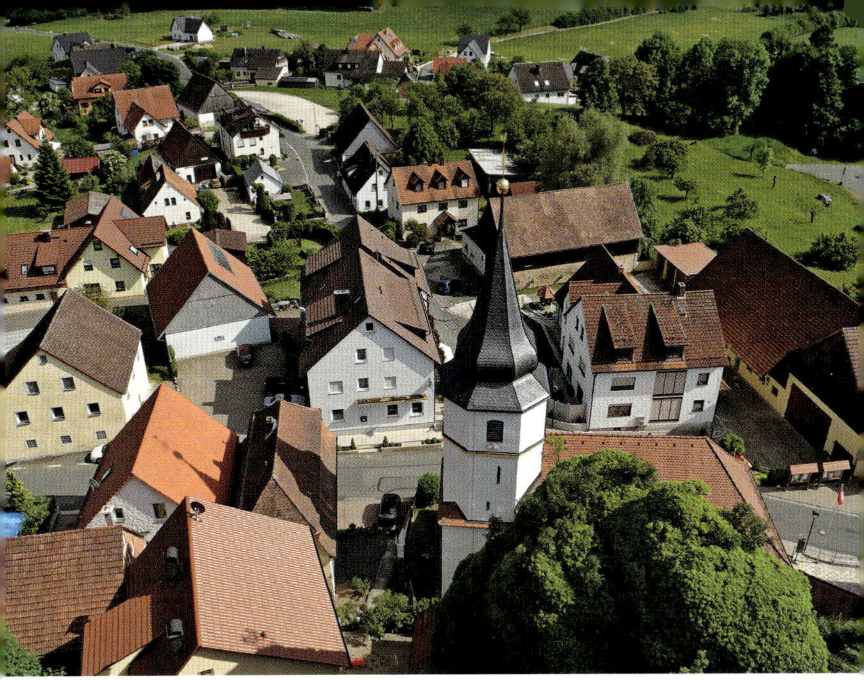

Ein schöner Blick über Wichsenstein ist der Lohn für diesen Abstecher.

KURZINFO

Ausgangspunkt: Wichsenstein, kleiner Ort auf der Hochfläche östlich des Trubachtals, 545 m (Navi: Wichsenstein, 91327 Gößweinstein).
Gehzeit: 4.00 Std.
Höhenunterschied: 375 m.

Anforderungen: Schmaler Pfad auf den Aussichtspunkt, steiler Anstieg zum Rötelfels, ansonsten problemlose Wanderung auf abwechselnd Wald- und Feldwegen.
Information: Tourist-Info, Burgstraße 6, 91327 Gößweinstein, Tel. +49 9242 456, www.ferienzentrum-goessweinstein.de.

Vom **Parkplatz (1)** in die Ortsmitte und erst einmal hinauf zum **Aussichtspunkt Wichsenstein**, 588 m. Anschließend mit der grünen Raute und dem blauen Dreieck mit der 7 (Wegweiser »Ühleinshof, Eberhardstein«) durch eine Teerstraße bergauf zum Friedhof. An dem links vorbei und mit Blick auf den Rötelfels hinunter nach Ühleinshof. Links durch den kleinen Weiler und auf der Straße Richtung Hardt. Kurz nach dem Ortsschild rechts auf einen Feldweg (Wegweiser), der über die Felder zum Waldrand führt. Dort taucht der Weg in den Wald ein und

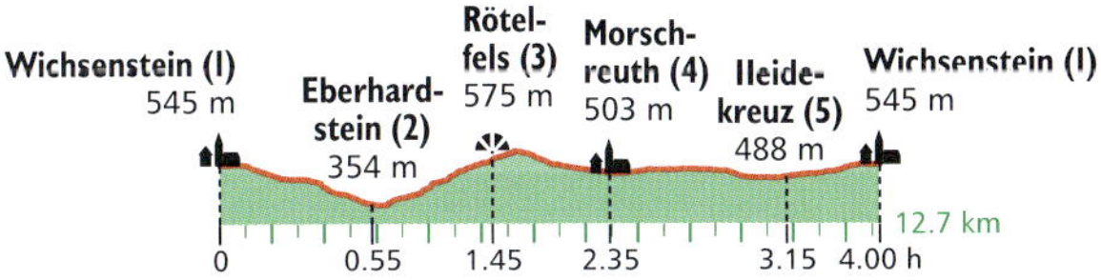

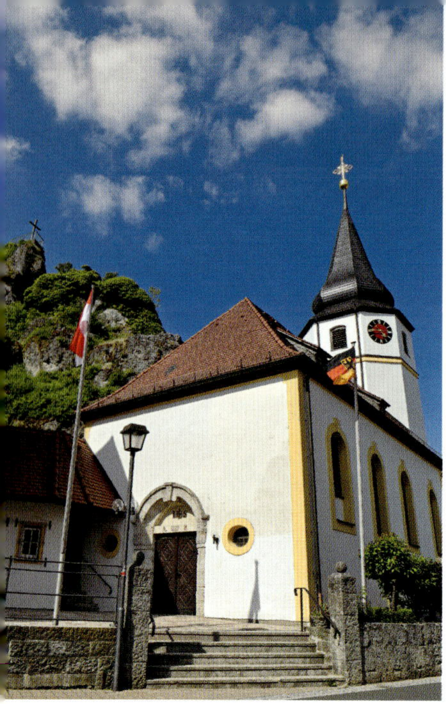

Kirche von Wichsenstein mit Aussichtsfelsen.

führt hinunter ins Tal, erst nach **Eberhardstein (2)** und weiter nach Pfaffenloh. Der Straße folgen wir ein paar Meter nach rechts, bis wir links auf einen Feldweg abzweigen können. Am Waldrand entlang quert man oberhalb von Urspring den westlichen Ausläufer des Rötelfels. Bei einer Wegverzweigung rechts (Wegweiser »Rötelfels«) und mit dem roten Punkt in den Wald. Nach rund 60 Metern wählt man den rechten Weg, der anfangs steil bergauf führt und dann weniger steil Richtung Waldrand zieht. Dort auf einem Feldweg rechts und auf der oberhalb verlaufenden Straße wieder rechts. Mit dem blauen und gelben Kreis schließlich am oberen Rand einer Wiese entlang und am südöstlichen Eck der Wiese in den Wald. Hier auf dem rechten Steig mit der Markierung zu einer Bank und einem ersten Aussichtspunkt mit schönem Blick ins Tal.

Weiter am Rand der Abbrüche hinauf, wobei sich immer wieder neue Ausblicke auf die Felskante des **Rötelfels (3)** öffnen und mit dem blauen Kreis weiter Richtung Morschreuth. Kurz nach Verlassen des Waldes erreicht man mit Blick auf

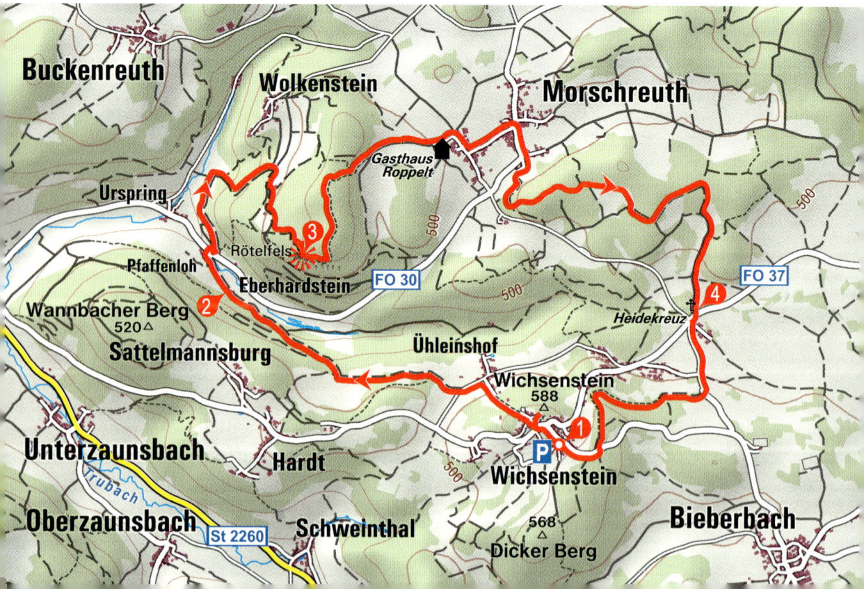

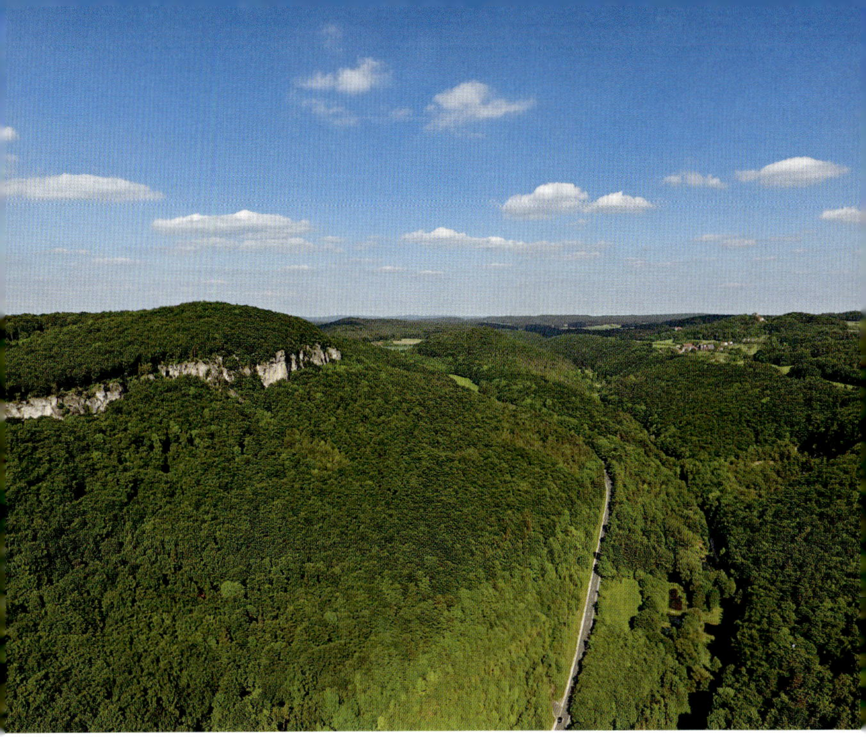

Anstrengend: der steile Anstieg auf den Waldrücken des Rötelfels.

den Ort einen Feldweg, dem man links haltend folgt. In **Morschreuth (4)** vor einem Stadel rechts und kurz darauf links in die Kirchenstraße. Am Gasthaus Roppelt vorbei zur Hauptstraße, rechts und mit dem roten Kreis geradeaus in den »Hartweg«. Nach den letzten Häusern links in den Wald zu einer Wegkreuzung. Links und mit dem grünen Kreis über den Waldrücken des Hartbergs, dann kurz am Waldrand durch hohes Gras und schließlich wieder durch Wald zu einer Wegkreuzung. Ab hier mit der roten Raute auf einem Forstweg nach rechts, am Waldrand dann kurz auf einem parallel verlaufenden Waldweg, und schließlich auf einem Feldweg zu einer Rastbank am **Heidekreuz (5)**.

Vor einem kleinen Weiler quert man die Straße nach Wichsenstein und folgt gegenüber der Straße nach Bieberbach (Markierung an einem Baumstamm). Nach gut 450 Metern erreicht man den Waldrand und folgt dem schwarzen Kreis nach rechts. Auf schönen Pfaden wird der Grauenberg in einem weiten Linksbogen umrundet. Am Waldrand erreicht man schließlich einen kleinen Parkplatz und folgt der Straße nach Wichsenstein rechts zurück zum **Ausgangspunkt (1)**.

EINKEHR

Gasthaus Roppelt
Familienfreundliches Gasthaus mit fränkischen Brotzeiten und schönem Biergarten unter einer Linde.
Di Ruhetag. Morschreuth-Kirchenstraße 3, 91327 Gößweinstein, Tel. +49 9194 9246, www.gasthaus-roppelt.de.

28 Links und rechts des Trubachtals

Schöne Pfade rund um Egloffstein ★★

Sehenswertes Trubachtal

Als »Perle des Trubachtales« bezeichnet sich Egloffstein selbstbewusst. Wer sich bei der Fahrt durch das idyllische Trubachtal dem Markt nähert und über den terrassenartig über den Hang verteilten Fachwerkhäusern das imposante Stammschloss der Freiherrn von Egloffstein erblickt, der wird zugeben müssen, dass Egloffstein ein besonders schönes Stück Fränkische Schweiz darstellt. Der Ort mit der auf einem Felsen hoch über dem Tal thronenden Burg bildet auf der Rundwanderung immer wieder den Blickfang. Besonders schön anzuschauen sind Ort und Burg vom gegenüberliegenden Pfarrfelsen, dessen Aussicht zuzuwachsen drohte und der erst vor wenigen Jahren wieder von Bäumen und Büschen befreit wurde.

Überaus abwechslungsreich gestaltet sich die Landschaft. Nicht zu übersehender Bestandteil der Kulturlandschaft sind etwa Streuobstwiesen auf der Hochfläche oder die Trockenhänge der Thuisbrunner Leiten. Dank der Beweidung mit Schafen und Ziegen entwickelte sich auf den Kalkmagerrasenflächen ein wertvoller Lebensraum für Tiere und Pflanzen. Im Talboden findet man dagegen saftig grüne Wiesen und ein künstliches Bewässerungssystem, das schon vor mehreren hundert Jahren angelegt wurde. Im Wald versteckt entdeckt man auf der Runde geologische Sehenswürdigkeiten wie die Frauenhöhle. Nicht weit entfernt von der Karsthöhle mit ihren drei Zugängen liegen der Aussichtspunkt »Wilhelmsfelsen« und – nur wenige Meter unterhalb – das Felsentor.

Purer Genuss: die Pfade zwischen Thuisbrunn und Egloffstein.

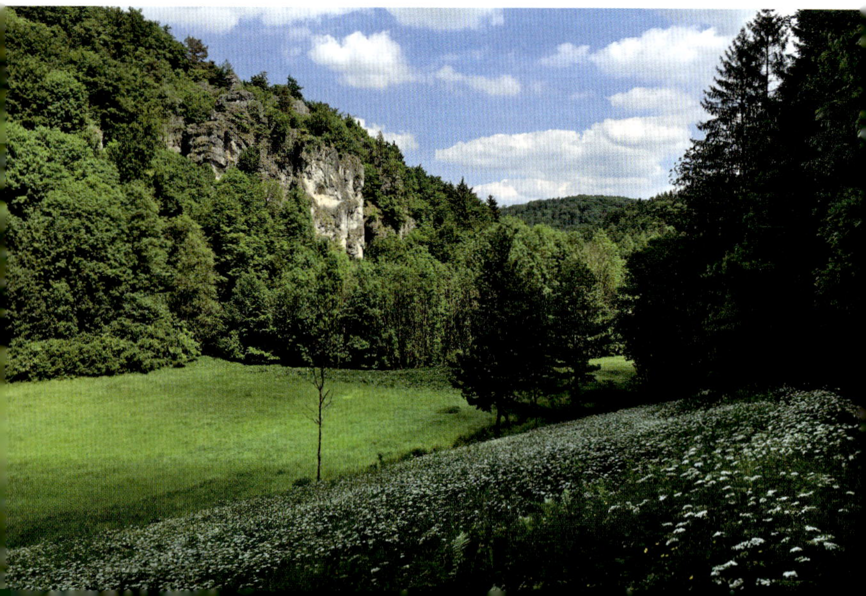

EINKEHR

Gasthof Schlehenmühle
Familienfreundliche Einkehr mit Sonnenterrasse, Minigolf, Kinderspielplatz und Fossilienklopfplatz. Fränkische Klassiker, aber auch täglich wechselndes vegetarisches Gericht. In den Monaten mit »r« gibt es Karpfenfilet, im Mai und Juni Spargelgerichte.
Mi ab 17 Uhr geöffnet, sonst ab 11.30 Uhr warme Küche, Do Ruhetag (Nov. bis März Mi u. Do). Schlehenmühle 1 91349 Egloffstein, Tel. +49 9197 291, www.gasthof-schlehenmuehle.de.

Gasthof Seitz
Gastwirtschaft mit Tradition. Die Anfänge liegen wahrscheinlich Ende des 16. Jahrhunderts, doch die Brauerei wurde 1920 verkauft. Mittlerweile lebt das Brauwesen wieder auf, seit 2007 werden naturtrübe Biere gebraut und in der Wirtschaft ausgeschenkt. Das »Elch-Bräu« hat seinen Namen von dem in der Gaststube hängenden Elchkopf. Passend zum hauseigenen Bier bietet die Küche deftige fränkische Spezialitäten, wechselnde Wildgerichte (aus eigener Jagd) und Fische frisch aus dem eigenen Brunnen.
Di und Fr bis So ab 10 Uhr geöffnet. Thuisbrunn 11, 91322 Gräfenberg, Tel. +49 9197 221, www.gasthof-seitz.de.

KURZINFO

Ausgangspunkt: Egloffstein, im Trubachtal, Wanderparkplatz am südlichen Ortsende, 355 m (Navi: Talstraße, 91349 Egloffstein). Mit Bahn und Bus: Bus 222 vom Bhf. Pretzfeld (R 22).
Gehzeit: 6.00 Std.
Höhenunterschied: 570 m.
Anforderungen: Ausdauer ist auf dieser Tour erforderlich, ansonsten einfache Wege und Steige.
Kinder: Für den Nachwuchs ist die Tour viel zu lang, doch einzelne Abschnitte sind durchaus zu empfehlen. Etwa der Anfang bis zum Balkenstein und von dort Abstieg durch das Trubachtal zurück zum Ausgangspunkt. Und wer etwas länger durchhält, der wandert weiter zur Schlehenmühle mit Spielplatz und von dort durch das Trubachtal zurück. Ganzjährig geöffnet ist der Wildpark Hundshaupten mit 40 heimischen Wildtierarten und 20 Haustierarten. Außerdem gibt es regelmäßige Wildtierfütterungen und Greifvogelschauen (im Sommer an Wochenenden und Feiertagen um 14 Uhr, www.wildpark-hundshaupten.de).
Information: Tourist-Information Egloffstein, Felsenkellerstraße 20, 91349 Egloffstein, Tel. +49 9197 202, www.trubachtal.com.

Am Parkplatz südlich von **Egloffstein (1)** mit dem Schild »Freibad« in eine Teerstraße, an einem Wegweiser vorbei und sobald die Straße in der Linkskurve leicht bergab führt mit der Markierung roter Senkrechtstrich halb rechts in eine bergaufführende Straße. Bei einer Verzweigung nimmt man die rechte Straße und taucht nach wenigen Metern in den Wald ein. Dort mit der Markierung auf schönem Waldpfad bergauf, dann bei einer Gabelung mit dem gelben Kreis nach links zum Aussichtspunkt des Pfarrfelsens. Anschließend weiter zum Balkenstein, kurz bergab und mit der Markierung roter Kreis wunder-

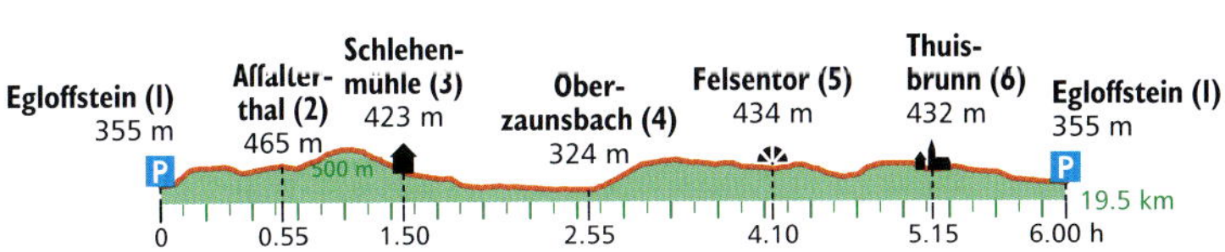

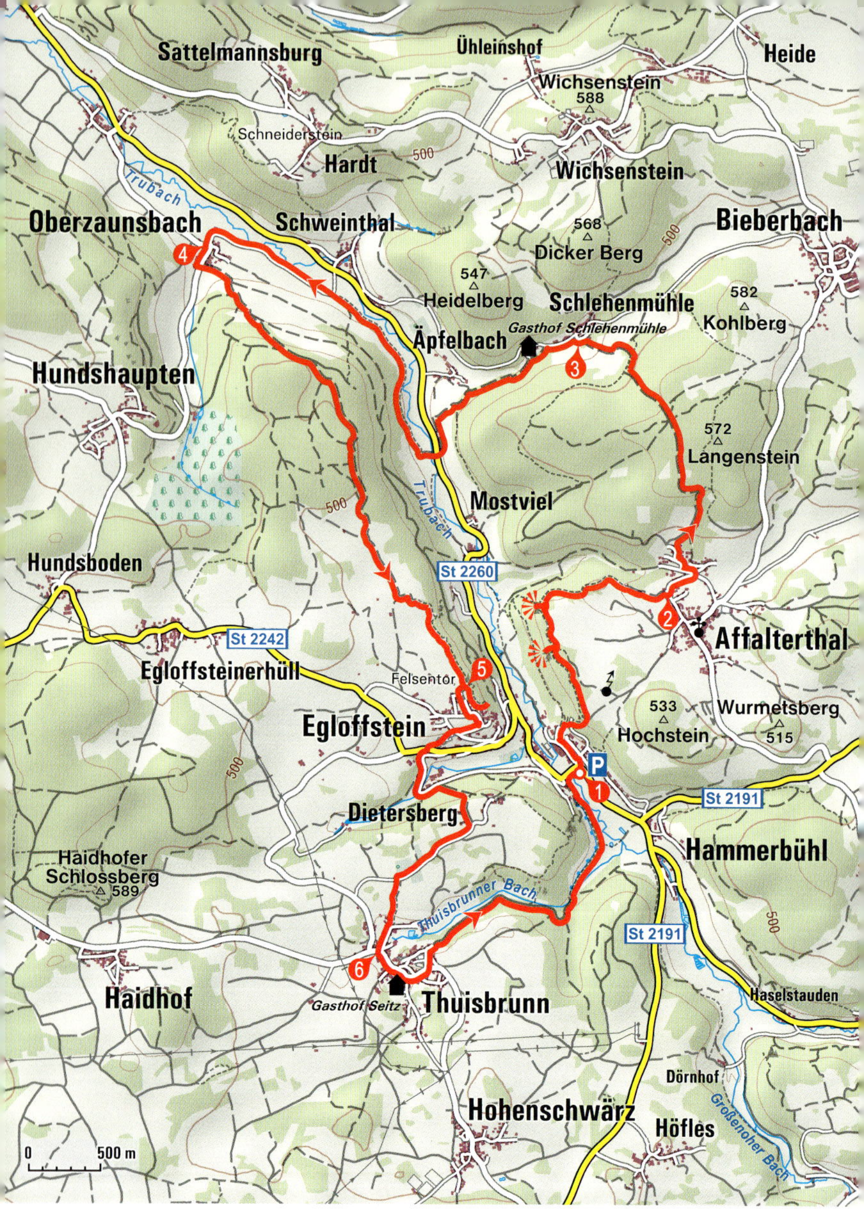

schön an Felsen vorbei durch den Wald. Nach einem kurzen Anstieg erreicht man den Waldrand und kurz darauf **Affalterthal (2)**.

Mit dem roten Kreis (Wegweiser »Schlehenmühle«) links bergab zu einem Parkplatz und wieder bergauf (Wegweiser). Am unteren Rand einer Wiese rechts (Wegweiser) und mit der Markierung roter Kreis (falls die fehlt, dann mit der Nr. 2) weiter, bei einer Wegkreuzung mitten im Wald geradeaus und dann bergab zur **Schlehenmühle**

(3) und zur Straße. Der folgt man links ein paar Meter und verlässt sie bei einem Parkplatz gleich wieder nach links.
Mit dem blauen Kreuz folgt man einem Feldweg (Wegweiser »Mostviel«), bis man kurz vor Äpfelbach eine Wegkreuzung erreicht. Hier links kurz bergauf (Markierung) und gleich wieder rechts bergab. In der Rechtskurve des Weges kurz vor dem Talboden heißt es kurz aufpassen, um die Abzweigung eines kleinen Wegleins nach links nicht zu verpassen (Nr. 1). Bei einem Haus erreicht man die Straße und quert den Talboden (Wegweiser »Kläranlage Trubachtal«). Vor der Kläranlage rechts und mit dem blauen Querstrich auf schönen Pfaden, später kaum befahrener Teerstraße, nach **Oberzaunsbach (4)**.

Mit dem grünen Querstrich durch den Ort und kurz vor dem Ortsende links über den Bach (Wegweiser »Egloffstein«, Markierung). Nach dem letzten Haus auf dem Feldweg bergauf und die Richtung beibehaltend bis zu einem Wegweiser. Hier wählt man den halb rechts abzweigenden Weg, der weiter bergauf führt (Markierung roter Kreis) und folgt dann einem Forstweg (Markierung grüner Schrägstrich). Nach einem längeren Waldstück erreicht man offene Fluren und wandert an einer eingezäunten Streuobstwiese vorbei, bis nach einem kurzen Gegenanstieg ein Wegweiser links Richtung Frauenhöhle weist. Am Waldrand bei einer Bank mit dem blauen Kreis auf einen Pfad, der zum Rand der Hochfläche führt. Bei einer weiteren Bank führt ein kurzer

Kurz, aber lohnend: der Abstecher zum Felsentor.

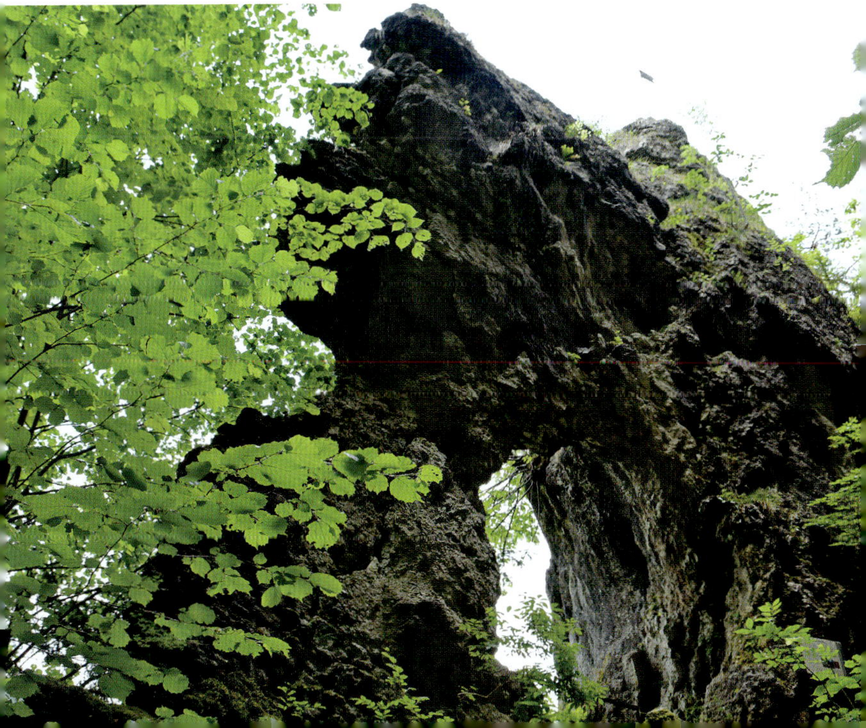

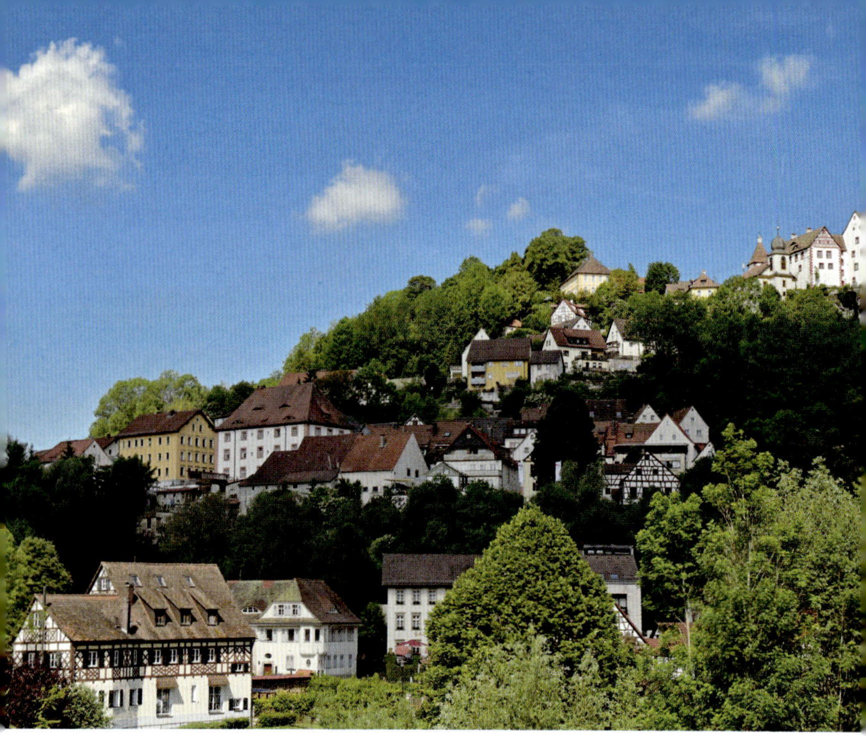

»Perle des Trubachtales«: Egloffstein mit Fachwerkhäusern und Schloss.

Abstieg zur Höhle, ansonsten hält man sich rechts und folgt dem Steig zu einem Ziegengehege. Links führt ein lohnender Abstecher zu den Aussichtspunkten **Felsentor (5)** und Wilhelmsfelsen, anschließend geht es rechts über einen Steinwall nach Egloffstein und mit dem blauen Kreis Richtung Burg.

Mit der Wegnummer 5 im grünen Dreieck auf der Burgbergstraße bergab, in der Linkskurve geradeaus und unterhalb des Friedhofs vorbei zur Straße nach Egloffsteinerhüll, die man genau beim Ortsschild Egloffstein erreicht. Links und am Ende der Leitplanke rechts auf einer Treppe hinunter in die Arlesbrunnenstraße, die zum Paradiesweg auf der anderen Talseite führt. Dort rechts auf einen Weg (Wegweiser »Dietersberg«) und mit der Markierung auf die Hochfläche. An der ehemaligen Dietersbergkirche vorbei zu einer Straße und auf dieser rechts bis zu älteren, hölzernen Wegweisern. Hier links Richtung Schmiedleite und auf schönem Steig hinunter nach **Thuisbrunn (6)**.

Ab hier gäbe es einige schöne Steige, die allerdings schlecht zu finden und auch schlecht gepflegt sind. Daher am einfachsten rechts zur Straße und auf dieser an einem Parkplatz vorbei zur Kirche. Dahinter mit dem Frankenweg durch ein traumhaftes Tal mit Blick auf die Thuisbrunner Leiten zu einer Wegkreuzung mit einer Informationstafel über »Eisenerzabbau und Verhüttung rund um Thuisbrunn«. Hier links und auf einem wunderschönen Pfad entlang eines künstlichen Wasserlaufs zurück nach Egloffstein (Wegweiser) und zum **Ausgangspunkt (1)**.

Signalstein, 564 m

Grüne Täler und bewaldete Höhen

★★★

Waalwege und Aussichtspunkte

Saftig grüne Wiesen, durch die die Trubach mäandert, idyllische Seitentäler mit kleinen Bächen, sattgrüne Laubwälder, in denen sich einige eindrucksvolle Felswände und -türme verstecken – das gut 20 Kilometer lange Trubachtal gehört zu den reizvollsten Tälern der Fränkischen Schweiz. Das Schöne für Wanderer ist dabei, dass sie große Abschnitte auf stillen Pfaden erkunden und genießen können. Eindrucksvoll beweist das bereits der Auftakt der Wanderung, bei der der angenehme Weg vergleichbar mit einem Südtiroler Waalweg einem Wasserlauf folgt. Und richtig, auch dieser Bach wurde extra angelegt, um Wasser aus den Seitentälern des Trubachtals auf die Felder und Wiesen zu leiten. Mit Erfolg: Statt zweimal konnte man bis zu viermal im Jahr die Wiesen mähen. Auch in Dörnhof, einer weiteren Station auf dieser Wanderung, entdeckt man ein künstlich angelegtes Grabensystem zur Bewässerung.

Im Wald versteckte Felsen findet man etwa am Burggraf oberhalb des Großenoher Tales. Hier soll einst Burggraf Friedrich von Nürnberg bei der Belagerung der Burgen Egloffstein, Wolfsberg und Leienfels sein Lager aufgeschlagen haben. Der Platz wurde gut gewählt, ein niedriger Felstunnel (Hohlkirche) führt zu einem wunderbaren Aussichtspunkt mit Ausblick auf das obere Trubachtal bis Wolfsberg und das untere Trubachtal bis Egloffstein. Aufpassen musste der Burggraf dennoch, denn auf der anderen Talseite – schräg gegenüber – ragt der Signalstein auf. Ein Signalfeuer auf dem zwölf Meter hohen Felsen warnte in früheren Jahrhunderten die umliegenden Burgen vor Angriffen.

Auf weichen Wiesenpfaden durch das Trubachtal.

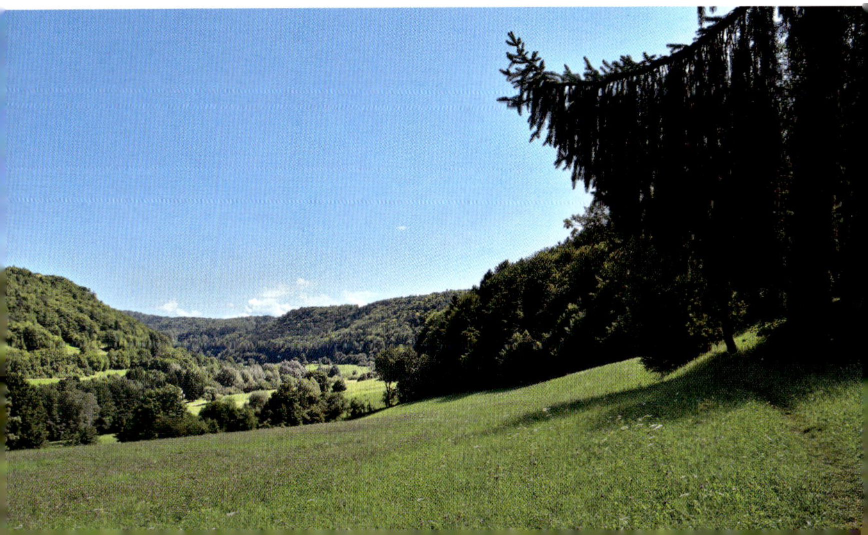

KURZINFO

Ausgangspunkt: Egloffstein, im Trubachtal, Wanderparkplatz am südlichen Ortsende, 355 m (Navi: Talstraße, 91349 Egloffstein). Mit Bahn und Bus: Bus 222 vom Bhf. Pretzfeld (R 22).
Gehzeit: 4.30 Std.
Höhenunterschied: 330 m.
Anforderungen: Etwas Ausdauer erfordert die lange, wenn auch kurzweilige Runde auf überwiegend schmalen Wiesenpfaden und Steigen.
Kinder: Die komplette Tour ist für Kinder zu lang, so dass man sich besser einzelne Höhepunkte heraussucht und dort eine kurze Runde dreht. Etwa entlang des Waalwegs nach Thuisbrunn wandert oder in Sorg auf den Signalstein geht.
Information: Tourist-Information Egloffstein, Felsenkellerstraße 20, 91349 Egloffstein, Tel. +49 9197 202, www.trubachtal.com.

Vom Parkplatz südlich von **Egloffstein (1)** entlang der Straße Richtung Ort, über die Brücke und in der Rechtskurve links (Wegweiser »Obertrubach«). Nach den letzten Häusern wechselt man von einem Teerweg auf einen traumhaften Pfad, der ähnlich wie ein Waalweg bequem neben einem Wasserlauf entlang führt und schöne Blicke über das Trubachtal erlaubt. Kurz darauf erreicht man den Wasserwiesenbach und damit den Ursprung des künstlichen Wasserlaufs. Auf der anderen Seite des Baches weist einen ein Wegweiser nach links und man wandert mit dem blauen Querstrich im Auf und Ab um den Rücken des Saumbergs herum. Kurz vor Erreichen der Bundesstraße nach Gräfenberg heißt es kurz aufpassen, um die Abzweigung (Wegweiser) auf den Wiesenweg nicht zu verpassen, der erst oberhalb der Straße entlang führt und schließlich die Straße überquert. Ab hier wan-

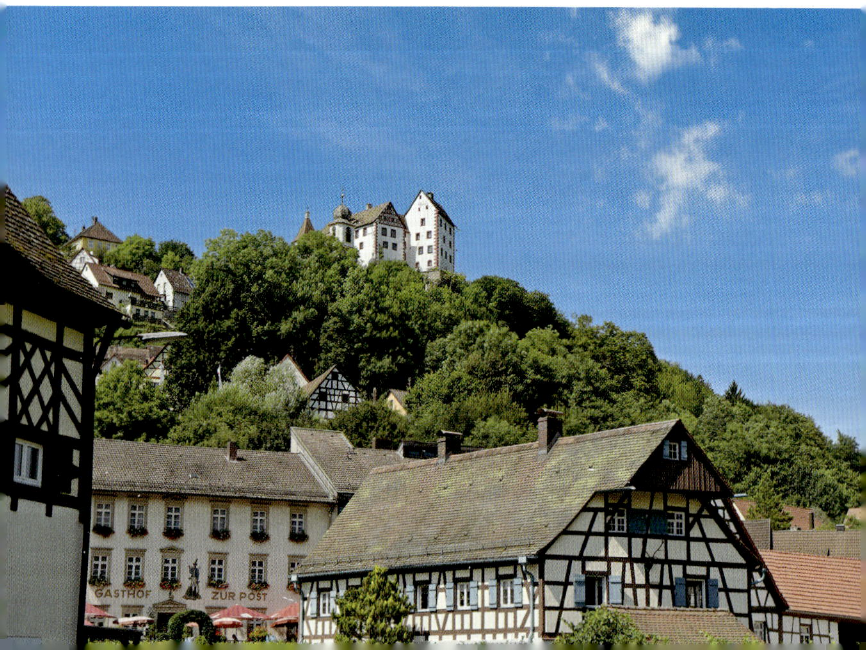

Spätestens in Egloffstein wartet eine Einkehr auf durstige Wanderer.

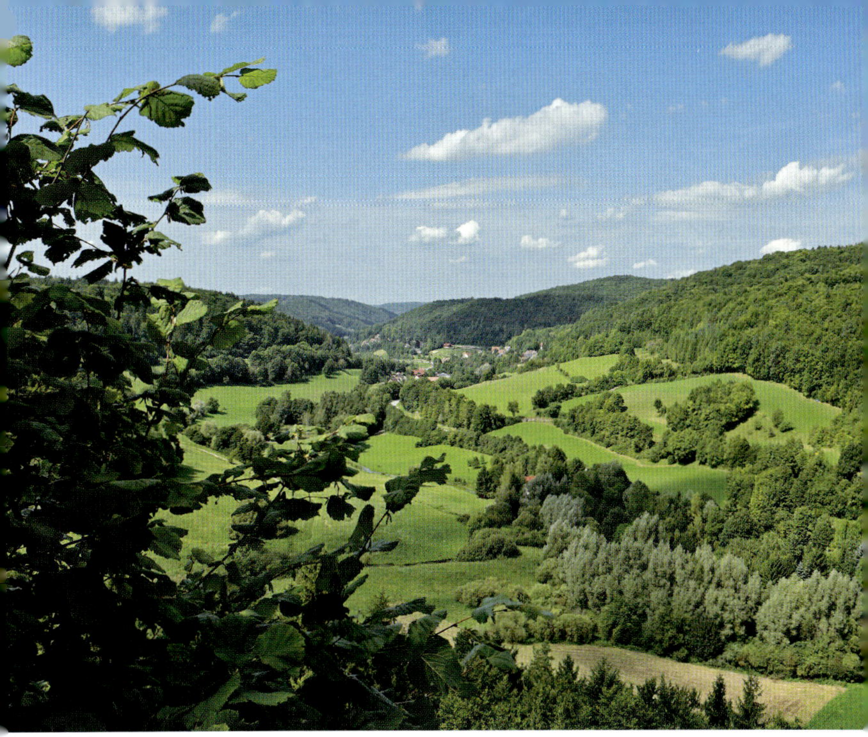

Das Trubachtal zählt zu den reizvollsten Tälern der Fränkischen Schweiz.

dert man anfangs unterhalb der und parallel zur Straße durch die Wiese, wobei es sich mehr um Trittspuren als um einen Weg handelt. Ein kurzes Stück folgt man einem Forstweg, dann geht es wieder auf verwachsenem Wiesenpfad weiter, bis man kurz vor Dörnhof auf einen Feldweg trifft, der an dem einzelnen Gehöft vorbei den Talboden erreicht und nach einer Brücke auf die Straße nach Großenohe trifft. Der Kiesweg wird kaum befahren und führt an einem Bach entlang zu dem einsamen Weiler in einem stillen Seitental der Trubach.

Bei der Informationstafel »Spiesmühle Burgstall Burggraf« in **Großenohe (2)** führt rechts ein Abstecher zum Gasthof »Zur Sägemühle«, ansonsten links mit dem Wegweiser »Burggraf« steil bergauf auf die Hochfläche und über eine Wiese auf einen Feldweg. Noch ein paar Meter geradeaus, bei einem Jägerstand links (Wegweiser) und mit dem grünen Kreis auf schönem Pfad durch ein Waldstück. An Pferdekoppeln vorbei zu einer Bank, links und bei der letzten Wiese links in einen Waldweg, der bergab zum Burggraffelsen führt. Hier sollte man unbedingt ei-

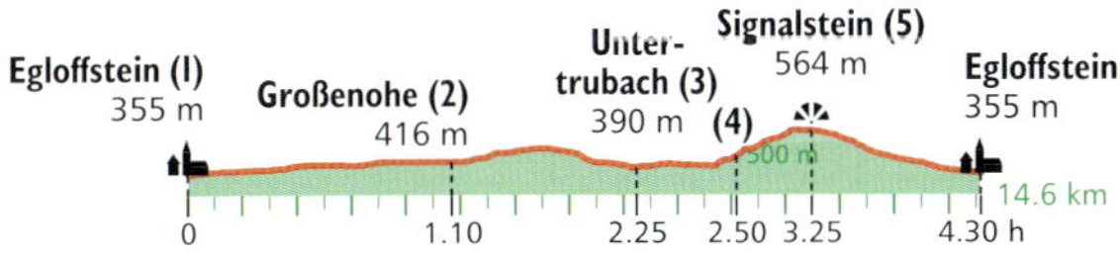

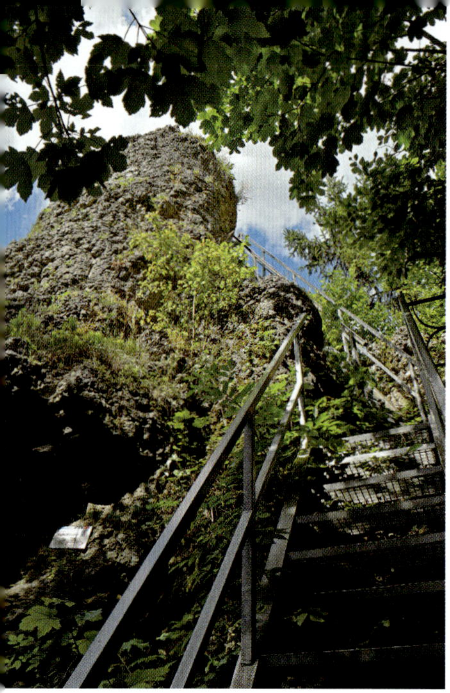

Eine steile Treppe führt auf den 564 m hohen Signalstein.

nen Abstecher nach links machen und an einer Bank vorbei zum Aussichtspunkt »Hohlkirche« gehen. Ansonsten rechts auf einem Steig mit vielen Stufen hinunter zur im Wald versteckten Felssäule des Fürther Turms. Weiter bergab und mit dem grünen Kreis nach **Untertrubach (3)**. Auf Höhe der Kirche wechselt man auf die Markierung blauer Querstrich und verlässt den kleinen Ort auf einer Teerstraße Richtung Wolfsberg. Bevor die Straße bergab zu einem Campingplatz führt, hält man sich halb rechts und erreicht nach einem kurzen Anstieg einen Pfad, der wunderschön am Hang entlang nach **Wolfsberg (4)** führt. Hier mit dem Wegweiser »Sorf« und dem roten Punkt in den Ort, an der Straße links und nach wenigen Metern bei einer Garage mit Fachwerk rechts (Wegweiser »Signalstein«, Markierung) auf einen Weg, der

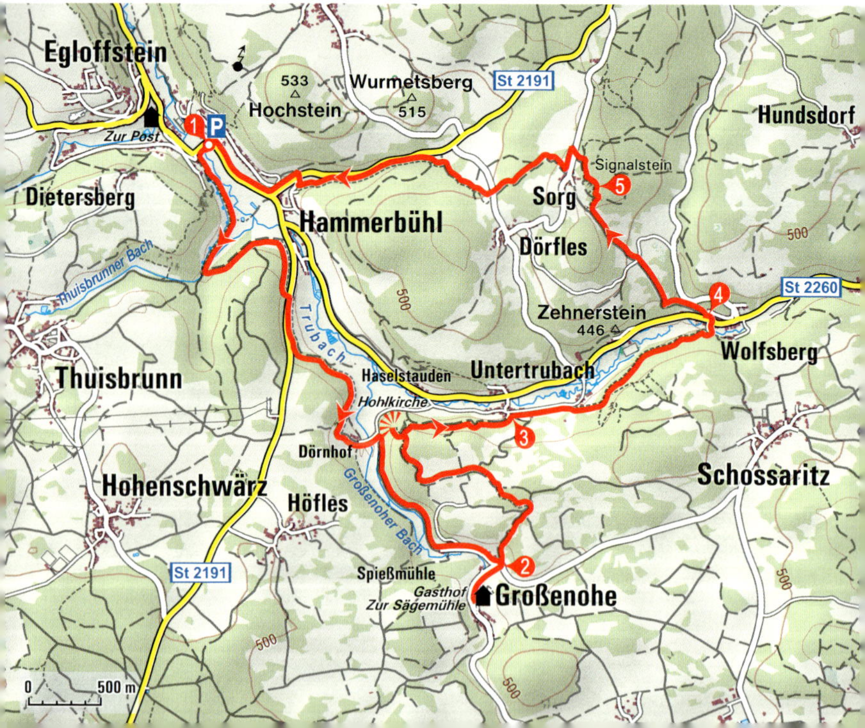

steil bergauf führt. Ein ausgeschilderter Abstecher führt zur Burgruine, ansonsten weiter bis zum Markierungspfosten 99. Hier auf dem Trubachweg rechts in den Wald, auf einem Forstweg kurz links und gleich wieder rechts (Wegweiser) an der Felswand der Klagemauer vorbei zum **Signalstein (5)**, dessen Felskopf dank einer steilen Treppe bestiegen werden kann. Der Lohn: Eine leider immer mehr zuwachsende Aussicht über die bewaldeten Höhen der Fränkischen Schweiz.

Beim Abstieg biegt man rechts zur Klagemauer ab und wandert am Fuß der beliebten Boulderfelsen entlang. Kurz darauf trifft man auf die Markierung gelbes Kreuz, die aus dem Wald zu einem Parkplatz und zusammen mit dem Frankenweg links entlang der Straße in den Weiler Sorg führt. Vor der Bushaltestelle rechts und auf dem durchweg gut markierten Frankenweg und überwiegend wunderschönen Pfaden nach Hammerbühl am Rand des Trubachtals. Rechts zur Straße und auf dem Fußweg zurück zum **Ausgangspunkt (1)**.

EINKEHR

Gasthof zur Sägemühle
Fangfrische Forellen, Schnitzel, klassische böhmische Küche mit hausgemachten böhmischen Knödeln, Burger sowie vegetarisch/vegane Gerichte. Gekocht und gebacken wird laktose- und glutenfrei! Jeden Donnerstag wird Brot gebacken (Bestellung bis Mo 12 Uhr).
Geöffnet Fr bis So von 12–22 Uhr, Mi und Do ab 17 Uhr, Mo und Di Ruhetag. Großenohe 19, 91355 Hiltpoltstein, Tel. +49 9192 2370756, www.gasthof-zur-saegemuehle.de.

Gasthof Zur Post
Stattliches Haus in Egloffstein mit typisch fränkischen Spezialitäten wie Braten mit Kloß. Ansonsten heimische Wildspezialitäten und frische Fische aus hauseigenem Bassin, aber auch vegetarische Gerichte.
Warme Küche Mo ab 17 Uhr, Di und Fr 11.30–13.30 und 17–20 Uhr, an Wochenenden und Feiertagen 11.30–20 Uhr, Mi und Do Ruhetag. Talstraße 8, 91349 Egloffstein, Tel. +49 9197 555, www.gasthofzurpost-egloffstein.de.

Hinter der Durchgangshöhle Hohlkirche versteckt sich ein Aussichtspunkt.

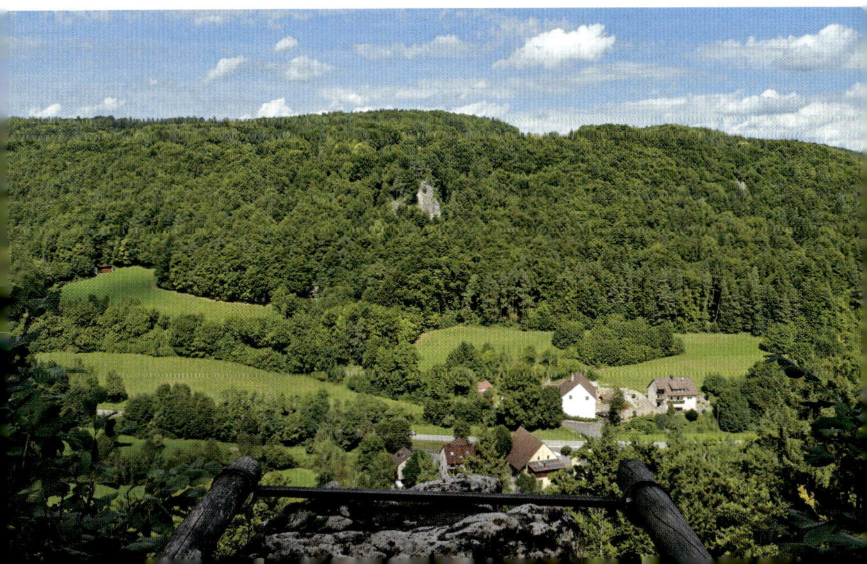

30 Leienfels, 590 m

Stille Wege zwischen Obertrubach und Leienfels ★★

Vom Kletterzentrum zur Burgruine

Die Fränkische Schweiz mit ihren Felsen ist ein Paradies für Kletterer und zählt zu den besten Klettergebieten Europas. Zentrum der Kletterbewegung ist Obertrubach mit dem Trubachtal. Dank des festen, griffigen Gesteins, der leichten Erreichbarkeit und der Möglichkeiten wird hier seit über 150 Jahren Klettergeschichte geschrieben. Auf den bis zu 30 Meter hohen Felsen mit ihren furchteinflößenden Überhängen wurden die Schwierigkeitsgrade immer wieder in neue Dimensionen verschoben. Zu verdanken ist dies auch der Kletterlegende Wolfgang Güllich, der 1992 bei einem Autounfall starb und in Obertrubach begraben ist. Einen Überblick über die Möglichkeiten gibt das Kletter-Infozentrum Fränkische Schweiz, das sich am Blechstein westlich von Obertrubach befindet.

Obertrubach ist jedoch nicht nur ein Kletter-, sondern auch ein Wanderparadies. Vom 590 Meter hohen Leienfelser Schlossberg, auf dem noch Mauerreste der Anfang des 14. Jahrhunderts gebauten Burg Leienfels stehen, genießt man etwa einen wunderschönen Blick über das Hügelland der Fränkischen Schweiz. Und beim Abstieg durch das Teich- und Pitztal berührt man zwei idyllische Trockentäler, die im Grunde die Fortsetzung des Trubachtales sind.

Grenzstein der ehemaligen Fraischgrenze zwischen Bamberg und Nürnberg.

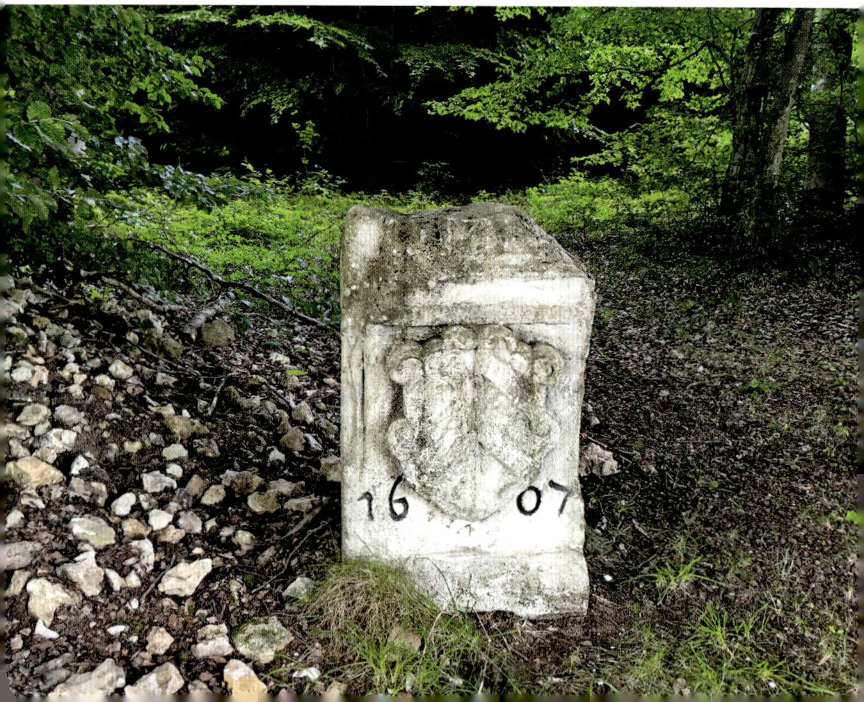

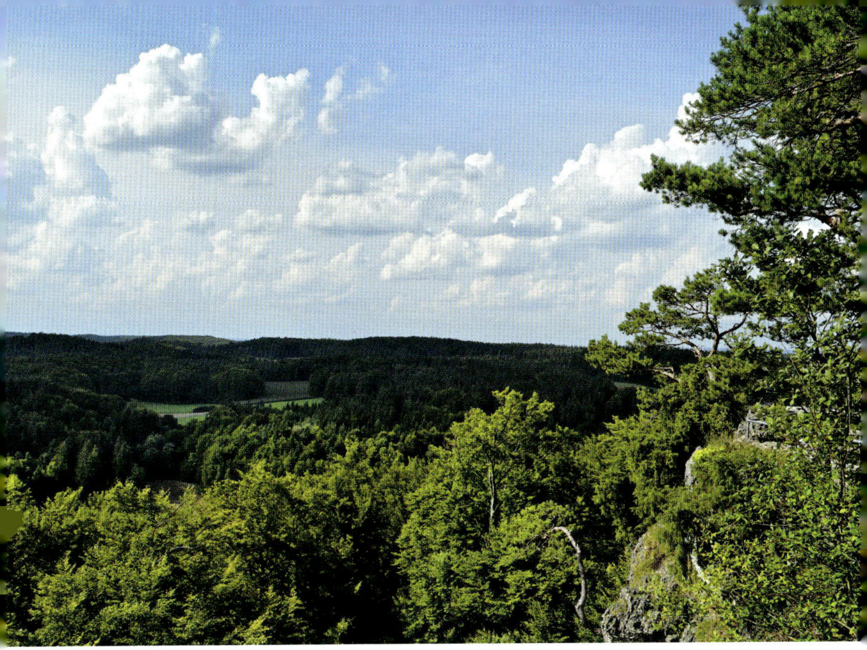

Blick von der Burgruine über die bewaldeten Höhen der Fränkischen Schweiz.

KURZINFO

Ausgangspunkt: Obertrubach, Fremdenverkehrsort im obersten Trubachtal, Parkplatz hinter der Gemeindeverwaltung, 425 m (Navi: Teichstraße, 91286 Obertrubach). Mit Bahn und Bus: Bus 222 vom Bhf. Pretzfeld (R 22).
Gehzeit: 2.30 Std.
Höhenunterschied: 240 m.
Anforderungen: Leichte Wanderung mit steilem Auftakt, anschließend jedoch angenehmen Wegen.
Kinder: Beim Kletter-Infozentrum in Obertrubach (www.kletterinfozentrum.de) können Kinder bis 12 Jahren das Klettern ausprobieren. Der Erlebnisspielplatz bietet Kletterburg, Seilpyramide, Kletter-Labyrinth und einen Boulderturm.
Information: Tourist-Info Obertrubach, Teichstraße 5, 91286 Obertrubach, Tel. +49 9245 988-0, www.trubachtal.com.

Vom Parkplatz in **Obertrubach (1)** durch den kleinen Park am Rathaus vorbei und entlang der Straße in die Ortsmitte. Mit dem Wegweiser «Leienfels« (Markierung Frankenweg) in den Pfarrer-Grieb-Weg und an der Kirche vorbei bergauf bis zum Parkplatz »Bildungshaus Anmeldung«. Hier halb rechts in eine Teerstraße, die nach wenigen Metern in einen Wiesenweg übergeht. Steil bergauf, wobei einige Meter auf einem neu gebauten Forstweg nicht ganz so schön sind, dann auf Wiesen- und Waldwegen angenehm zur Infotafel »Obertrubach Fraischgrenze« mit Bank und Tisch zur Rast. Ein paar Meter weiter steht ein historischer Grenzstein, bei dem der Frankenweg vom Forstweg abzweigt. Ab hier wandert man auf teils wunderschönen, stillen und abschnittsweise wurzelreichen Waldpfaden. Begleitet von einem mit sattgrünem

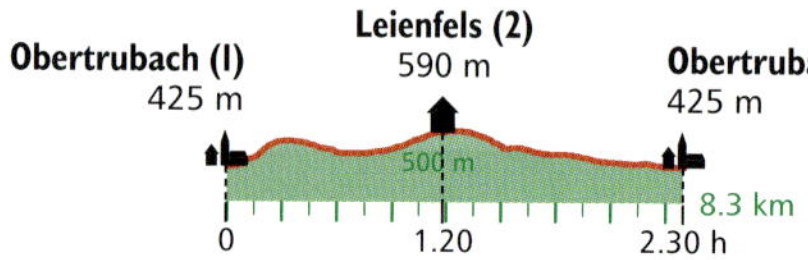

Moos bedeckten Waldboden steigt man ab in das Pitztal. Durch den Fichtenwald zum Rand einer Wiese mit schönem Blick in den stillen Wiesengrund. An einem Grenzstein vorbei wieder bergauf zu einem Forstweg und auf diesem links zu einem weiteren Grenzstein. Die Markierung des Frankenwegs ist nicht zu übersehen: Bei der ersten Wegverzweigung hält man sich links, bei den nächsten beiden rechts. Dann ist der Großteil des Anstiegs geschafft und man erreicht **Leienfels (2)** mit seinem Gasthaus. Ein Wegweiser weist einen den Weg zur nahen **Burgruine** auf dem **Schlossberg**, von der aus man einen schönen Blick über die bewaldeten Höhen der Fränkischen Schweiz genießt.

Zurück beim Gasthaus auf der Straße Richtung Graisch bergab zur Rechtskurve. Hier auf dem Frankenweg geradeaus (Wegweiser »Soranger«), an einer Bank vorbei und ein paar Meter bergauf. Ab hier geht es auf einem traumhaften Waldweg bergab, wobei man bei einer kreuzenden Forststraße weiter dem Waldweg folgt, anstatt mit der Markierung die Kehre auszulaufen. Kurz vor Erreichen einer Teerstraße erreicht man eine Wegkreuzung, bei der man den Frankenweg verlässt und mit dem gelben Strich links auf einen etwas matschigen Forstweg abzweigt. Zum Glück weist kurz darauf die Markierung halb rechts auf einen schönen Waldweg, der ins stille Teichtal führt. Auf einem Kiesweg kurz rechts und auf der anderen Talseite bei einer Bank links. Immer leicht fallend durch das wunderschöne Tälchen, wobei sich links und rechts im Wald immer wie-

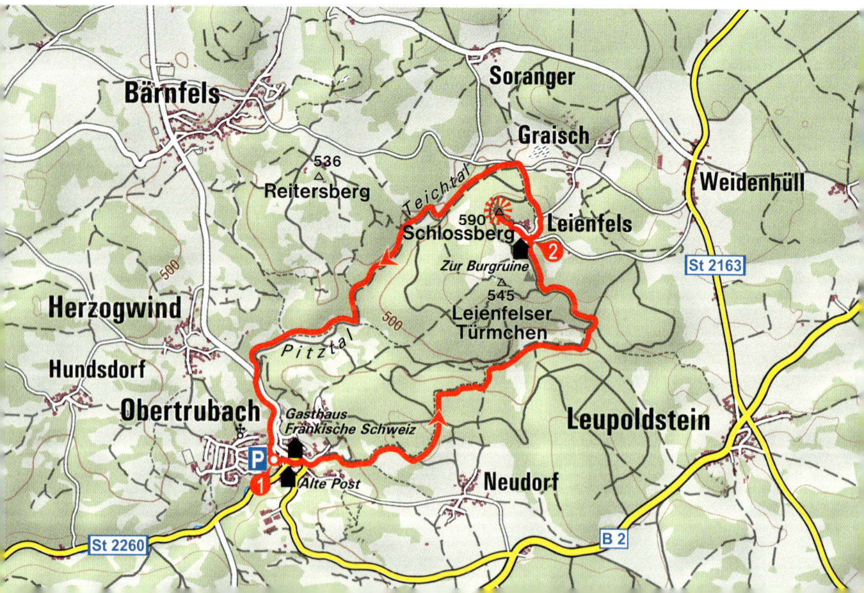

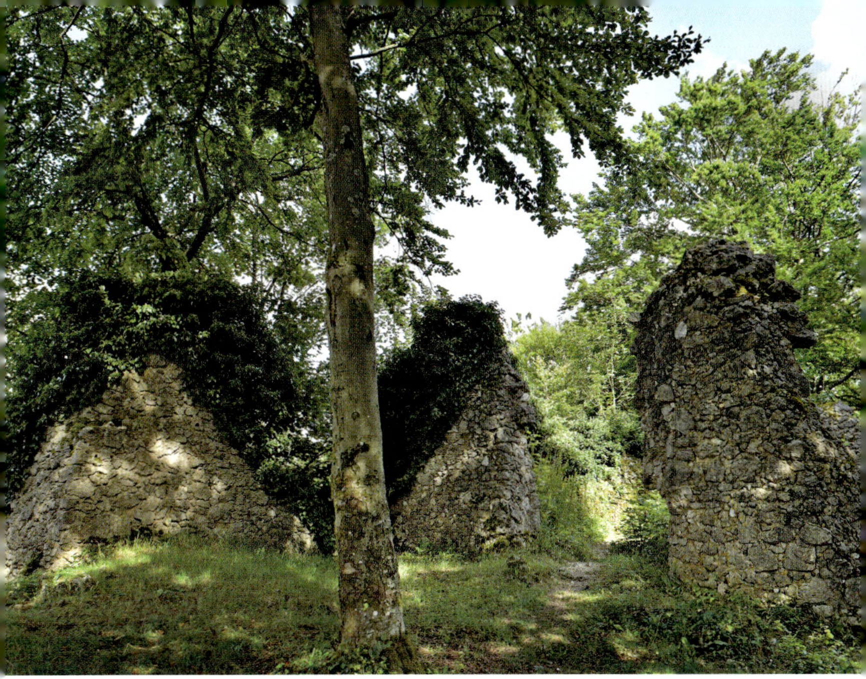

Von der Burg Leienfels sind nur Mauerreste erhalten geblieben.

der Felsen verstecken. Der Forstweg gibt die Richtung vor, wobei in einem Wiesenboden eine Schleife auf dem wunderschönen Naturlehrpfad Obertrubach abgekürzt werden kann. Bei einem Parkplatz erreicht man schließlich die Straße und wandert auf dem parallel verlaufenden Kiesweg zurück zum **Ausgangspunkt (1)**.

EINKEHR

Gasthof Zur Burgruine
Traumhafte Lage, schöner Biergarten unter schattenspendenden Linden und dazu passend wird Gutes aus der fränkischen Küche serviert (Tipp: Schäufele). Selbst gebackene Kuchen und Torten.
Mi bis So von 9.30–21 Uhr (Mittagstisch 11.30–14 Uhr, Abendkarte von 17–20 Uhr), Mo und Di Ruhetag. Leienfels 2, 91278 Pottenstein, Tel. +49 9244 366, www.zur-burgruine.de.

Gasthaus Fränkische Schweiz
Zentral in der Ortsmitte von Obertrubach gelegen, direkt an der Straße und neben der Kirche. Seit über 100 Jahren Familienbetrieb, mittlerweile in der vierten Generation. Fränkische Küche mit frischen Zutaten aus der Region, saisonale Gerichte.
Aktuelle Öffnungszeiten auf der Homepage, Do Ruhetag, Mi ab 14 Uhr geschlossen. Bergstraße 1, 91286 Obertrubach, Tel. +49 9245 218, www.gasthof fraenkischeschweiz.de.

Gasthof Alte Post
Die ehemalige Posthalterei befindet sich gleich gegenüber vom Gasthaus Fränkische Schweiz und bietet ebenfalls gutbürgerliche, fränkische Küche. Familienbetrieb in der sechsten Generation, »gediegen und geschmackvoll eingerichtet und mit rustikalem Charme« – so die Eigenwerbung auf der Homepage des Gasthauses.
Di und Mi Ruhetag, im Sommer ab 17 Uhr jedoch geöffnet. Trubachtalstr. 1, 91286 Obertrubach, Tel. +49 9245 322, www.postritter.de.

31 Eberhardsberg, 534 m

Berge und Täler um Gräfenberg und Weißenohe ★★★

Auf stillen Pfaden ins Lillachtal

Die einen kennen das Lillachtal als Heimat vieler Kirschbäume, die anderen wegen der großartigen Sinterstufen unterhalb der Quelle. So oder so ist das Lillachtal ein besonders schönes Stück Fränkische Schweiz, vor allem in Verbindung mit einer Rundwanderung über den Eberhardsberg mit dem Naturdenkmal Teufelstisch und dem Rücken des Kühebergs mit dem Burgstall Hainburg. Hauptattraktion ist jedoch das Lillachtal. Der Anbau von Süßkirschen hat in der Fränkischen Schweiz Tradition und in der Gemeinde Weißenohe mit seinem Kloster seinen Ursprung. Die namensgebende Lillach, die ihre Quelle ganz unspektakulär am Fuß eines Hanges hat, zählt zu den seltenen Kalktuffbächen in Deutschland. Dabei bildet das sehr kalkhaltige Wasser durch Ablagerungen und unter Beteiligung von Pflanzen stockwerkartige Kalkgebilde, sogenannte Tuffe. Der Prozess geht allerdings nur sehr langsam vor sich. Das Naturdenkmal Lillachtal ist über die letzten 10.000 Jahre entstanden, wobei die Sinterstufen jährlich nur um zwei bis drei Millimeter wachsen. Neben den einmaligen Sinterterrassen ist das Lillachtal auch Lebensraum für seltene Tiere wie Wasseramsel und Feuersalamander.

KURZINFO

Ausgangspunkt: Gräfenberg, begrenzte Parkmöglichkeiten entlang der Zufahrtsstraße zum Bahnhof, 398 m (Navi: Bahnhofstraße, 91322 Gräfenberg). Mit Bahn und Bus: Endstation der Bahnlinie R 21 Nürnberg – Gräfenberg.
Gehzeit: 6.00 Std.
Höhenunterschied: 580 m.
Anforderungen: Lange Rundwanderung auf abschnittsweise traumhaften Pfaden und Steigen.
Kinder: Der Lehrpfad von Weißenohe entlang der Lillach mit ihren Sinterstufen begeistert auch den Nachwuchs. Vor allem im Frühsommer, wenn man anschließend noch Kirschen pflücken kann.
Information: Stadt Gräfenberg, Kirchplatz 8, 91322 Gräfenberg, Tel. +49 9192 7090, www.graefenberg.de.

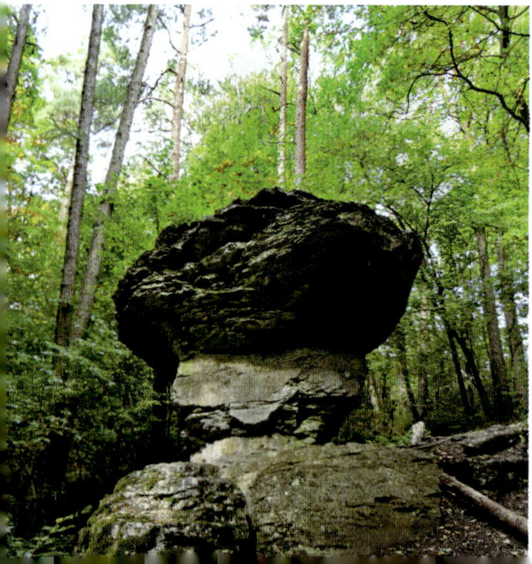

Am **Bahnhof** im Tal unterhalb von **Gräfenberg (1)** vorbei und über die Straße zu einer Treppe, die durch die Friedhofgasse und das Hiltpoltsteiner Tor hinauf zum Marktplatz führt. Den lässt man rechts liegen und geht geradeaus zur Bahnhofstraße und dort mit dem blauen Querstrich nach links (Wegweiser »Teufelstisch«) in die Guttenburgerstraße. Nach gut 200 Metern halb links in den Teufels-

Im Wald versteckt: der steinerne Teufelstisch.

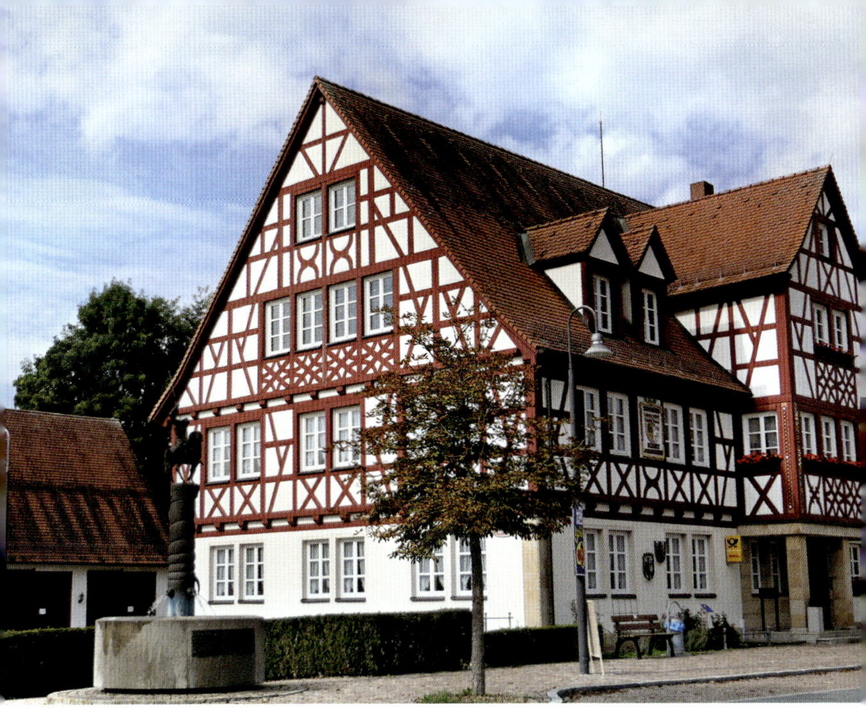

Ein Schmuckstück: das Rathaus von Igensdorf.

tischweg und auf diesem aus dem Ort hinaus bis zu einer Quelle. Hier links auf einen schönen Pfad, der durch den Wald zu einem Querweg führt, auf dem man nach rechts geht. Nach rund 70 Meter links über die Wiese oder, falls Kühe auf der dann eingezäunten Weide sind, weiter und immer am Zaun entlang auf die andere Seite der Wiese. Der Pfad führt in den Wald hinein und mit dem grünen Kreis zu den Felsen der Teufelsküche und schräg rechts aufwärts zum Teufelstisch.

Weiter mit dem gelben Kreuz auf den **Eberhardsberg (2)** mit Tisch und Bank. Auf schönem Steig zu einem querenden Forstweg, links und dann mit der Markierung rechts auf einen Steig, der in Serpentinen an Felsen vorbei weiter bergab führt. Auf dem nächsten Querweg rechts und schließlich bei großen Kirschbäumen links hinunter in den Talboden. Kurz vor Erreichen der Straße durch das Schwabachtal rechts nach **Dachstadt (3)**. Die Ortsdurchgangsstraße wird gequert und bei einem schönen Fachwerkhaus mit der Markierung links aus dem Ort hinaus. Bei der ersten Weggabelung rechts, bei der nächsten wieder (Markierung am Baum) und am Rand der Felder auf einem Wiesenweg in den

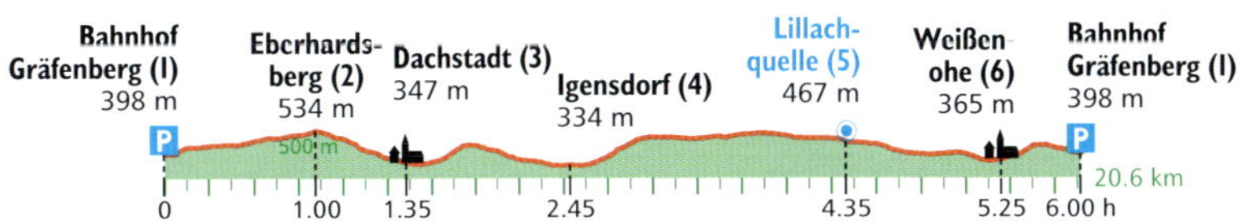

Wald. Das gelbe Kreuz führt einen anfangs recht steil bergauf, dann quert man flach hinüber zum Bergrücken und trifft dort auf den roten Querstrich. Der führt einen links aus dem Wald hinaus und folgt anschließend wunderschön immer dem Kamm. Zwischen Obstplantagen rechts und Wald links geht es hinunter nach **Igensdorf (4)**.

An der Kirche rechts vorbei und mit dem roten Strich durch den Ort Richtung Oberrüsselbach (Wegweiser). Nach dem Bahnübergang verlassen wir auf der Lohestraße den Ort. Nach den letzten Häusern bei der ersten Abzweigung links und nach 60 Metern vor der Zufahrt zu einem Grundstück rechts. An Obstbäumen vorbei auf einen Feldweg, dem wir gut 50 Meter folgen und bei der Linkskurve geradeaus an einem Zaun entlang hinauf zum Wald gehen (Wegweiser »Westl. Albrandweg, Hainburg«). Der rote Querstrich folgt anfangs direkt dem Rücken, zieht dann aber nach links. Kurz darauf verlassen wir die Markierung und gehen mit dem K (Kulturerlebnis Fränkische Schweiz) rechts hinauf zum Burgstall Hainburg. Nachdem wir mehrere Infotafeln passiert haben, treffen wir wieder auf den roten Querstrich, der uns wunderschön durch den Wald auf der Hochfläche des Kühebergs leitet und schließlich am Waldrand auf eine Straße trifft. Rechts und vor einer Solaranlage wieder links. Den gepflasterten Weg verlassen wir bei der ersten Möglichkeit nach rechts, folgen am Ende einem quer verlaufenden Weg 60 Meter nach rechts und biegen bei einem Jägerstand wieder links ab. Sobald der Feldweg in den Wald eintaucht,

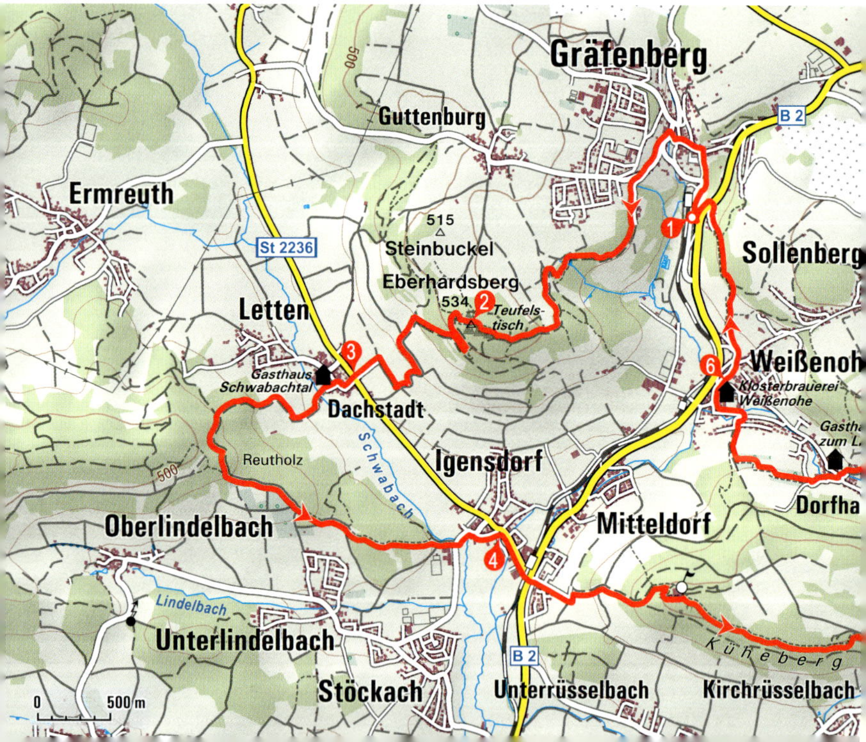

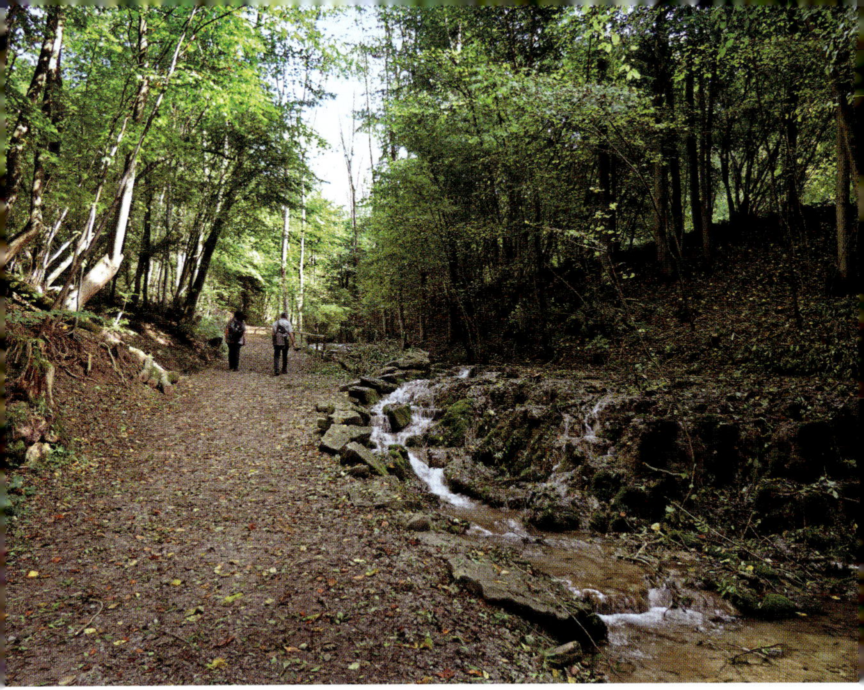

Teilweise führt der Wanderweg direkt entlang der Lillach.

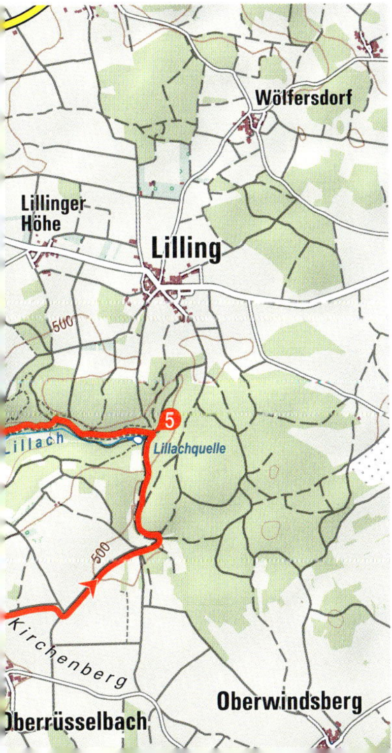

biegen wir mit dem Frankenweg links ab und wandern hinunter zur **Lillachquelle (5)**.

An einem Unterstand vorbei über den Bach und links wunderschön durch das Tal hinaus zu den Sinterterrassen und weiter zu Fischteichen. Bei den ersten Häusern von Dorfhaus wechseln wir mit dem Frankenweg die Talseite und gehen auf der Waldstraße hinaus auf die Felder. Aussichtsreich führt der Frankenweg hier als Wiesenweg an Obstbäumen entlang und schließlich auf einem gepflasterten Weg nach **Weißenohe (6)** und zum Kloster. Weiter geht es durch die Sollenberger, dann Gräfenberger Straße hinauf zum Waldrand, wo wir den Frankenweg verlassen und links mit dem blauen Kreis Richtung Gräfenberg wandern. Die Bundesstraße nach Gräfenberg queren wir und finden ein paar Meter weiter links

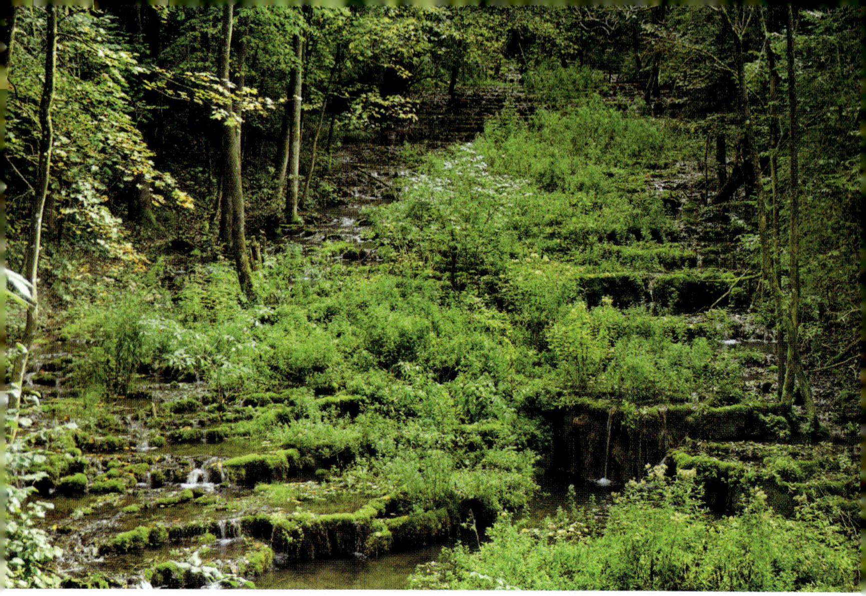

Ein Naturjuwel: die Lillach mit ihren Sinterterrassen.

ein paar Stufen, die den Zugang zur Reuthgasse ermöglichen. Links haltend erreichen wir kurz darauf den Rotweg, folgen diesem bergab und biegen kurz vor der Bahnhofstraße rechts auf einen Pfad ab (Markierung grüner Kreis), der uns zurück zum **Ausgangspunkt (1)** bringt.

EINKEHR

Gasthaus Schwabachtal
An Sonn- und Feiertagen gibt's Schäufele, Schweinebraten, Schälripple und viele andere Braten, ansonsten stehen die üblichen Gerichte auf der Karte.
Geöffnet Fr und Sa ab 17.30 Uhr, Sonn- und Feiertage 11–14 und ab 17.30 Uhr. Dachstadt 19, 91338 Igensdorf-Dachstadt, Tel. +49 9192 993108, www.gasthaus-schwabachtal.de.

Gasthaus zum Lillachtal
Fränkische Spezialitäten inklusive vegetarischer oder veganer Variationen, hausgemachte Flammkuchen aus dem Steinofen und selbst gebackene Kuchen.
Nur Biergartenbetrieb, daher nur bei schönem Wetter von Do bis So geöffnet (11.30–20 Uhr). Dorfhauser Straße 69, 91367 Weißenohe, Tel. +49 178 550 2478, www.zum-lillachtal.de.

Klosterbrauerei Weißenohe
Beliebte Einkehr im Brauereihof vor der Kirche, schöner Gastgarten gegenüber. Wechselnde Tagesgerichte und Aktionen: Mittwoch ist Haxentag, Donnerstag gibt's Schaschlik und Freitag ist Karpfentag (in den R-Monaten). In der Klosterbrauerei werden vier Biere gebraut.
Ab 11 Uhr geöffnet, an Wochenenden ab 10 Uhr (von Oktober bis März ab 11 Uhr), Mo und Di Ruhetag (außer Feiertag). Klosterstraße 20, 91367 Weißenohe, Tel. +49 9192 6357, www.das-wirtshaus-klosterbrauerei-weissenohe.de.

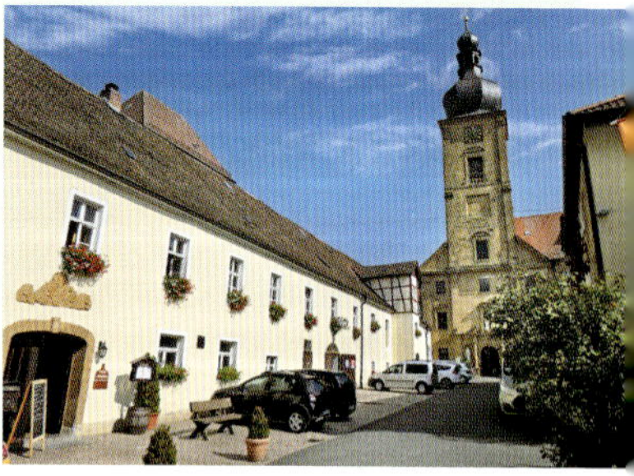

In den Hügeln über Simmelsdorf

Sonnige Feldwege und schattige Waldpfade ★★

Am Tor zur Fränkischen Schweiz

An der Schnittstelle zwischen der Fränkischen Schweiz im Nordwesten und der Hersbrucker Schweiz im Südosten befindet sich Simmelsdorf mit seinen 26 Ortsteilen. Das breite, von der Schnaittach durchflossene Tal bildet den Ausgangspunkt einer langen Wanderung, die immer wieder am Rand der Hochfläche entlang führt und daher schöne Ausblicke erlaubt. Das zeigt sich bereits beim Auftakt der Runde in Bühl. Der kleine Weiler mit seiner Barockkirche Mariae Heimsuchung befindet sich auf einem Wiesenrücken oberhalb von Simmelsdorf. Von hier und der etwas oberhalb befindlichen Streuobstpflanzung, die erst im Herbst 2014 auf einem alten Obstanger neu angelegt wurde, genießt man einen wunderbaren Blick über das Schnaittachtal.
Nach einem wunderschönen Wegabschnitt auf dem Frankenweg steigt man ab nach Kirchröttenbach. Die der heiligen Walburga geweihte Kirche in der Ortsmitte war eine befestigte Kirchenburg und im 18. Jahrhundert eine beliebte Wallfahrtsstätte. Heute bilden Kirche und die benachbarten Fachwerkhäuser ein malerisches Ensemble – und ein beliebtes Fotomotiv.

Gemächlich bergauf: von Simmelsdorf auf die Jurahöhe.

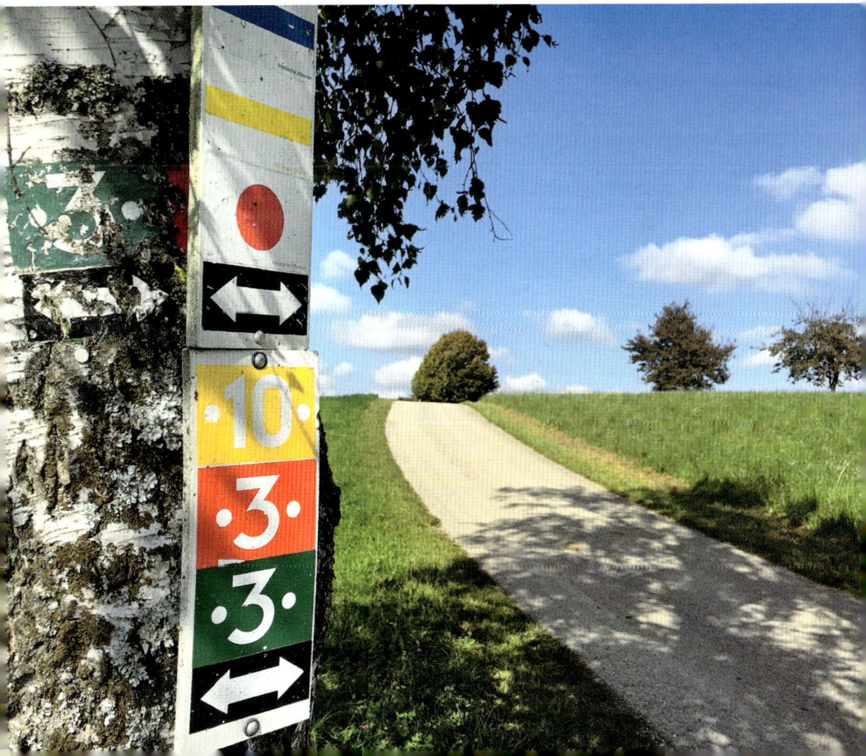

KURZINFO

Ausgangspunkt: Simmelsdorf, Parkplätze beim Bahnhof, 376 m (Navi: Bahnhofstraße, 91245 Simmelsdorf). Mit Bahn und Bus: Der Bahnhof Simmelsdorf-Hüttenbach ist Endpunkt der von Nürnberg kommenden Regionalbahn.
Gehzeit: 6.00 Std.
Höhenunterschied: 480 m.
Anforderungen: Ausdauer ist auf dieser Tour erforderlich. Die Wege sind problemlos, lediglich der Abschnitt oberhalb von Unterwindsbach erfordert etwas Aufmerksamkeit, da die Markierungen hier etwas spärlich sind.
Winter: Im benachbarten Osternohe östlich der Autobahn steht der längste Skilift Mittelfrankens. Die Abfahrten sind rund 1000 Meter lang, es gibt Flutlicht, Schneekanonen und einen kleinen Snowpark (Mo bis Fr. 13–21 Uhr, an Wochenenden 9–21 Uhr, www.skilift-osternohe.de). Bei der Bergstation ist der Einstieg zur Loipe um den Schlossberg. Und in Schnaittach gibt es am Rothenberg zwei Skilifte, die je 240 Meter lang sind (Mo bis Fr. 13–17 Uhr, Wochenenden ab 10 Uhr).
Information: Gemeinde Simmelsdorf, Nürnberger Straße 16, 91245 Simmelsdorf, Tel. +49 9155 780, www.simmelsdorf.de.

Beim **Simmelsdorfer Bahnhof (1)** mit dem Wegweiser »Bühl« in die Bergstraße und auf dem Fußweg neben der Bühler Straße zur Kirche von Bühl. Durch den Friedhof auf eine Straße, der wir mit dem gelben Querstrich und der 3 zur Streuobstpflanzung am »Hirtenwasen« folgen. Über die Wiese hinauf zu einer Bank unter einer einzelnen Birke und auf dem Feldweg weiter zu einem Wegkreuz mit Rastbank und Tisch. Geradeaus weiter über die Felder zur Wandertafel 2392 und mit dem gelben Strich und der 3 links auf einen Wiesenweg. Nach einem längeren Waldstück erreicht man einen Teerweg, den man schräg links überquert und mit dem gelben Strich an einer Bank und der Tafel 2437 vorbei auf einem mit Gras bewachsenen Feldweg leicht bergauf wandert. Oben rechts und entlang einer Hecke zu einem Feldweg. Diesem folgt man gut 100 Meter nach rechts und biegt bei der Tafel 2365 links ab. Wieder nach rund 100 Metern erreicht man den Waldrand und einen zwischen den Blättern nur schwer zu sehenden Wegweiser. Hier verlässt man den gelben Strich und folgt der 3 auf blauem Grund links Richtung Oberndorf. An der Tafel 2362 vorbei bergab. Kurz vor Erreichen einer Wiese würde die Markierung links abzweigen und die Schleife des Forstwegs damit abkürzen, allerdings ist dieser Pfad im Sommer recht zugewachsen, so dass man besser dem breiten Weg folgt.
In **Oberndorf (2)** mit der 2 links Richtung Kaltenhof und nach 200 Meter rechts in die Straße »Zur Mühle« (Wegweiser). Mit der Mar-

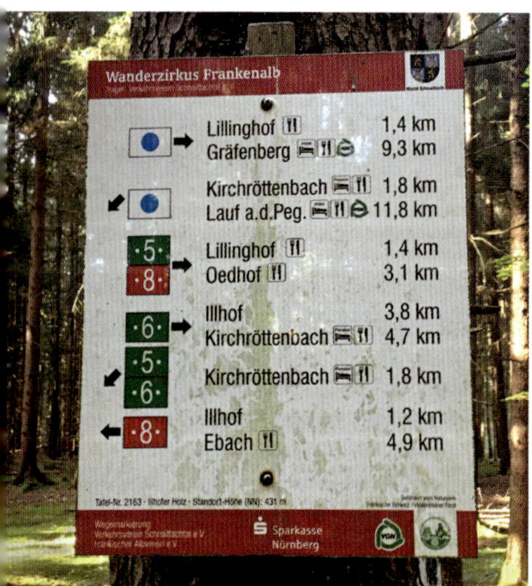

Perfekt: informative Tafel mit allen Wanderwegen.

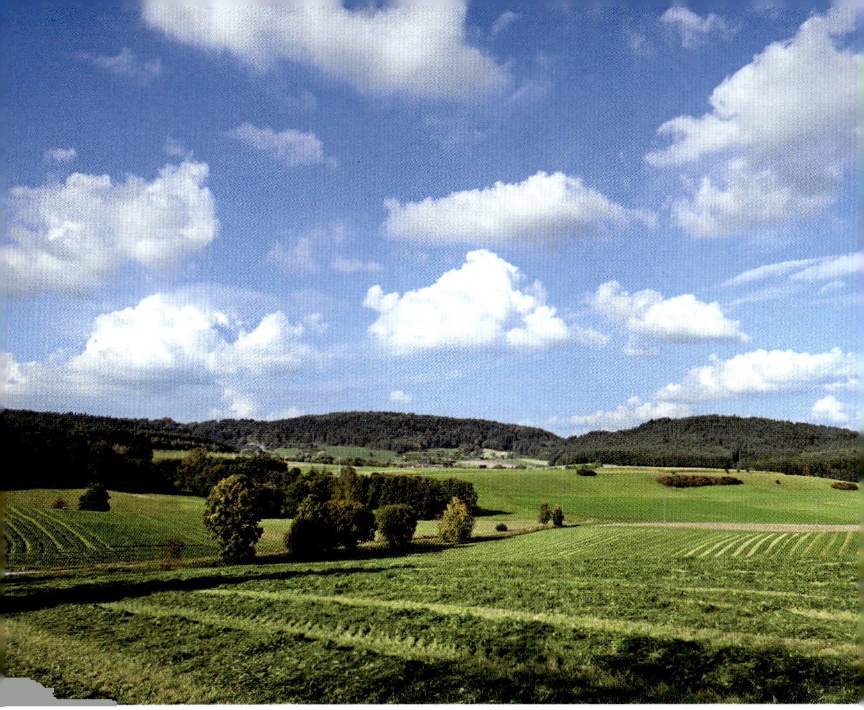

Weite Fluren bestimmen das Bild zwischen Kirchröttenbach und Röhrischhof.

kierung an ein paar Fischteichen vorbei und durch den Wald zur Straße Hüttenbach – Kaltenhof, der wir ein paar Meter nach rechts folgen, um bei der nächsten Gelegenheit gleich wieder links Richtung Hubertus-Kapelle abzubiegen. Auf dem etwas zugewachsenen Pfad weitgehend flach weiter, nach 300 Meter ist rechts ein Schwenk zur Kapelle möglich, der ein paar Meter weiter wieder auf den Pfad trifft, und mit Blick auf Unterwindsberg weiter durch die Südhänge. Die Markierung ist spärlich, aber der Pfad eindeutig, wenngleich manchmal etwas schmal und zugewachsen. Schließlich geht es leicht bergauf auf die Hochfläche und zur Straße nach Oberwindsberg, auf der wir links hinunter laufen nach Sankt Martin (das letzte Stück auf einem rechts der Straße verlaufenden Wanderweg). Hier treffen wir auf den Frankenweg, dem wir auf wunderschönen Pfaden nach rechts folgen bis zu einer Straße, auf der wir links bergab gehen. Nach rund 110 Metern biegen wir rechts ab nach **Lillinghof (3)**.

Bei der Tafel 2002 verlassen wir den Frankenweg und gehen mit dem blauen Punkt Richtung Kirchröttenbach. Überaus abwechslungsreich

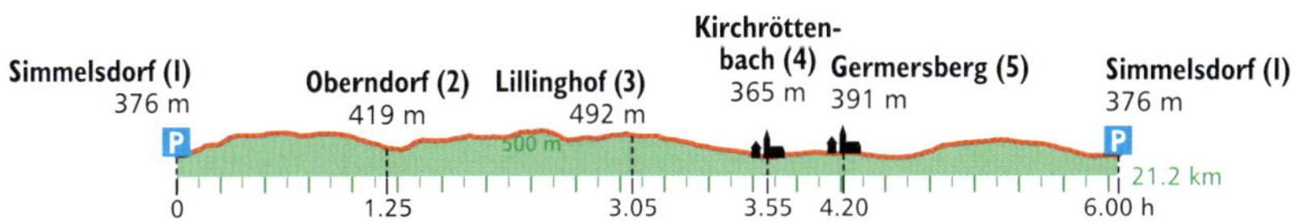

geht es teils aussichtsreich entlang von Wiesen, dann durch schöne Wälder auf überwiegend schönen Pfaden bergab. Am Schluss auf Feldwegen in den Ort und an der Kirche vorbei auf einen Platz mit Spielplatz. Wir verlassen **Kirchröttenbach (4)** auf der Straße nach Laipersdorf und folgen beim Friedhof einem eingewachsenen Kreuzweg nach links. Vor der Kapelle können wir rechts an einer Bank vorbei auf die Felder queren und auf einen Feldweg wechseln, dem wir links nach **Germersberg (5)** folgen. An der Abzweigung mit dem Ortsschild vorbei und erst nach einem Teich links in den Ort. Die Straße Germersberg – Kirchröttenbach queren und mit der 2 auf blauem Grund Richtung Freiröttenbach. Nach etwa 170 Metern mit der Markierung nach links auf einen Feldweg, der leicht fallend in einem Bogen durch die Felder führt und schließlich wieder auf die Straße nach Freiröttenbach trifft. Links und nach wenigen Metern rechts, am Röhrischhof vorbei geradeaus

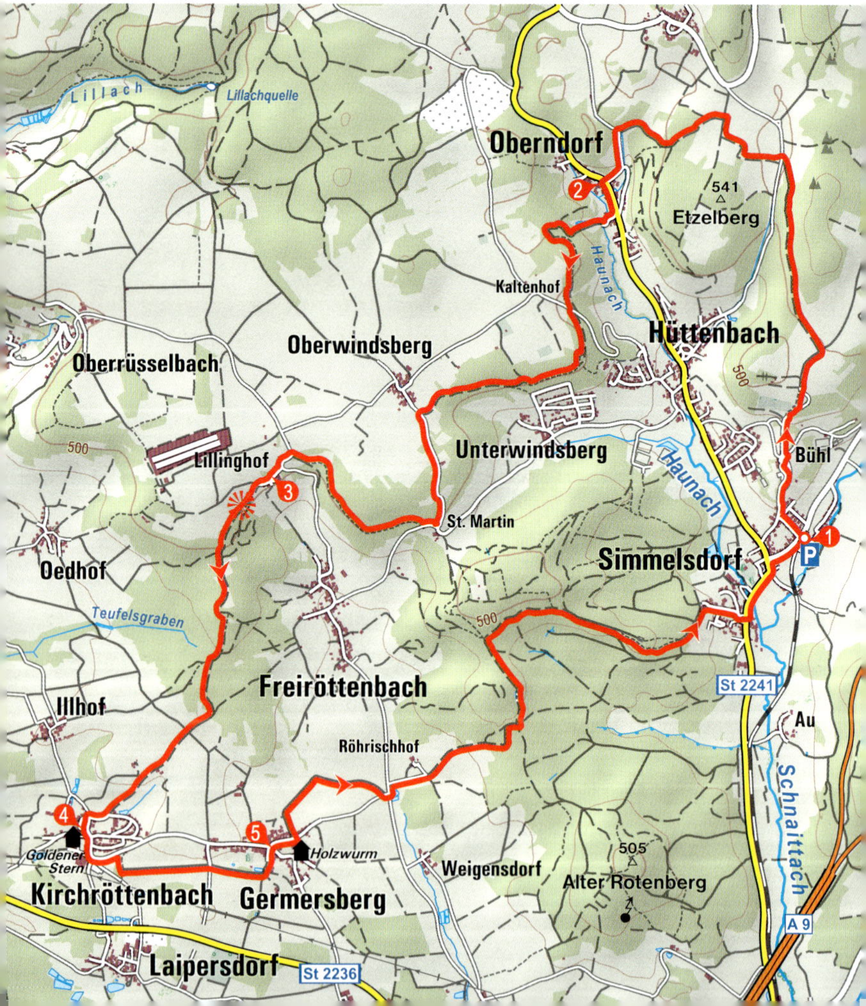

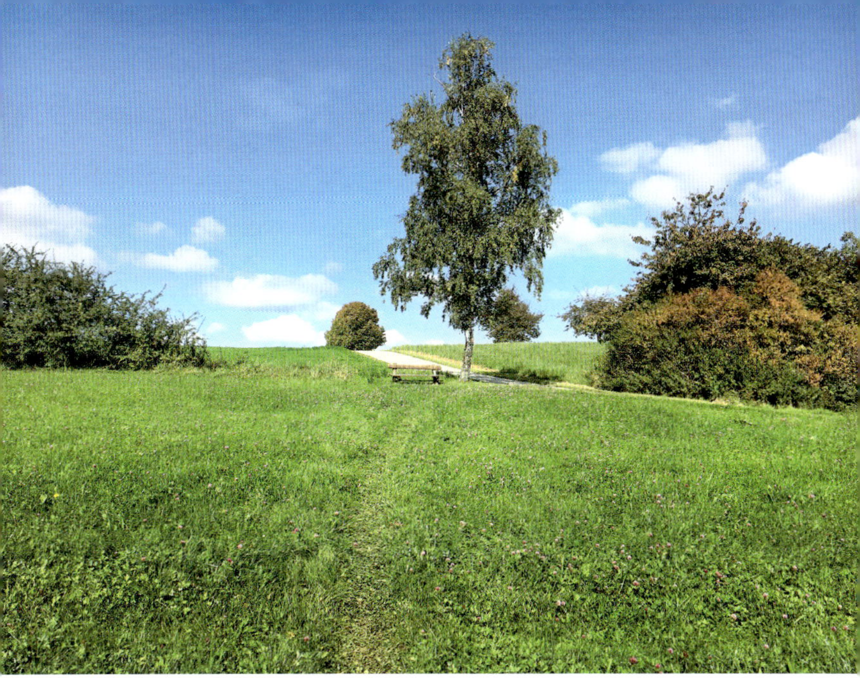

Unübersehbar: die Birke oberhalb der Streuobstpflanzung am »Hirtenwasen«.

über die Felder in den Wald und dort auf etwas zugewachsenem Pfad zum Frankenweg, den wir bei der Tafel 2111 erreichen. Bis zur Tafel 2010 folgen wir dem beliebten Fernwanderweg, dann biegen wir rechts ab und gehen auf dem Laufer Hüttenweg mit kurzem Abstecher zum »Von-Tucher-Mausoleum« zurück nach **Simmelsdorf (1)**.

EINKEHR

Goldener Stern
Wunderschönes Haus, bildet zusammen mit der benachbarten Kirche ein fotogenes Ensemble. Gute Küche, neben saisonalen Gerichten und den typischen Spezialitäten der fränkischen Küche gibt es von September bis April Karpfen.
Durchgehend geöffnet, warme Küche von 11.30–13.30 und ab 17 Uhr, Mo, Di und Do Ruhetag. Kirchröttenbach A F3, 91220 Schnaittach, Tel. +49 9126 9109, www.gasthausgoldenerstern.de.

Café-Konditorei Restaurant Holzwurm
Ehemaliges Café, mittlerweile auch Restaurant, mit gutem fränkischen Essen und hausgemachten Torten und Kuchen.
Geöffnet Mo von 17–21 Uhr, Do und Fr ab 14 Uhr, an Wochenenden und Feiertagen ab 11 Uhr, Di und Mi Ruhetag. Spanhaufenstraße 12, 91220 Schnaittach Germersberg, Tel. +49 9153 7325, www.mitten-im-web.de/holzwurmcafe.

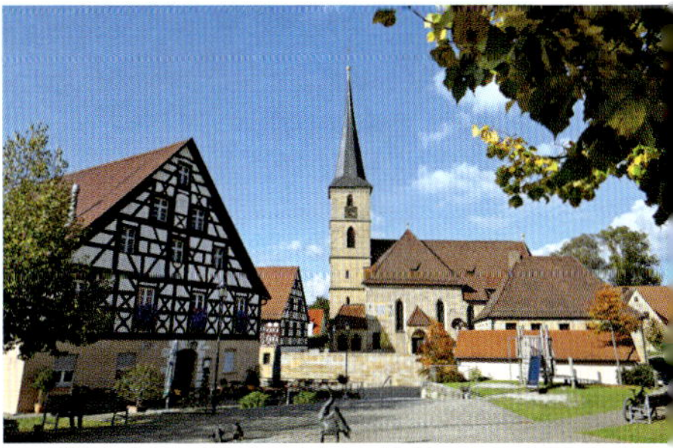

33 Schlossberg, 598 m

Zwischen Betzenstein und Langem Berg ★★

Streuobst, versteckte Felsen und eine Burg

Typisch fränkisch sind die Streuobstwiesen, die seit Jahrhunderten das Landschaftsbild prägen – im heutigen Zeitalter der intensiven Landwirtschaft aber immer weniger werden. Rund um Stierberg findet man noch die alte Kulturlandschaft mit den hochstämmigen Streuobstbäumen, die mal in Reihen, manchmal auch in Gruppen oder einzeln verstreut auf den Äckern und Wiesen stehen. Der Gedanke dahinter war, dass man weiter Ackerbau betreiben oder Nutzvieh weiden lassen konnte, während die hochstämmigen Obstbäume quasi als »obere« Etage Obst produzierten. Häufig umgaben die Streuobstwiesen die Dörfer. Ein Teilstück der vorgestellten Tour folgt dem Streuobstwanderweg Stierberg, der auch als eigenständige, familienfreundliche Runde zu empfehlen ist.

Typisch Fränkische Schweiz sind die Burgen und die im Wald versteckten Felsen wie das Felsriff des Langen Bergs, der auf einem schönen Steig umrundet werden kann. Auf über einem Kilometer Länge findet man hier imposante Felsen wie die Gemsenwand, die auch bei Kletterern beliebt sind. Und einen Kalksteinfelsen mit elefantenähnlichem Aussehen, der als Juraelefant bekannt ist. Südöstlich von Stierberg liegt auf einem steil abfallenden Felsriff die Burgruine Stierberg. Vom Wanderweg aus sind noch einige Mauerreste der 1553 ausgebrannten Burg zu sehen.

Langer Berg: fotogene Felsen am laufenden Band.

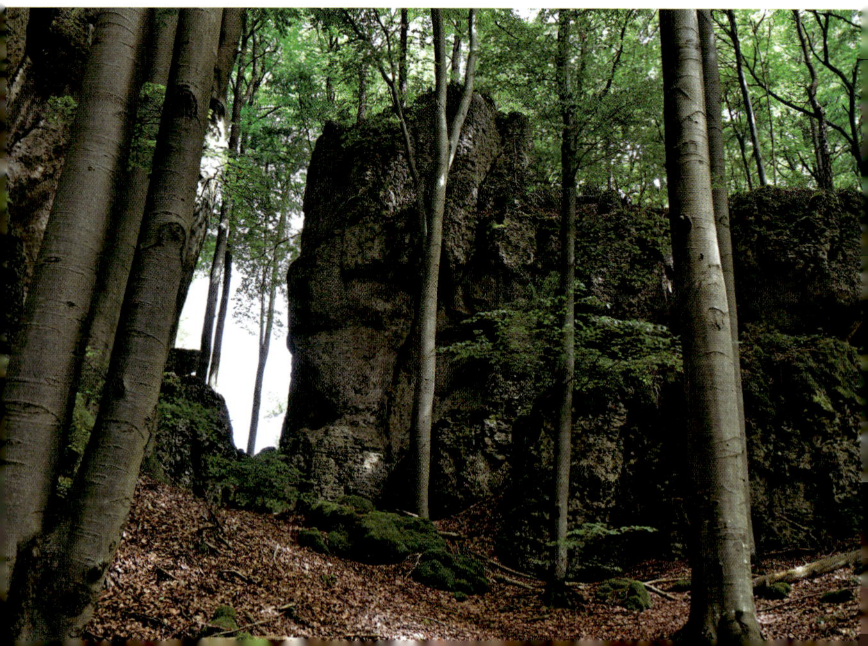

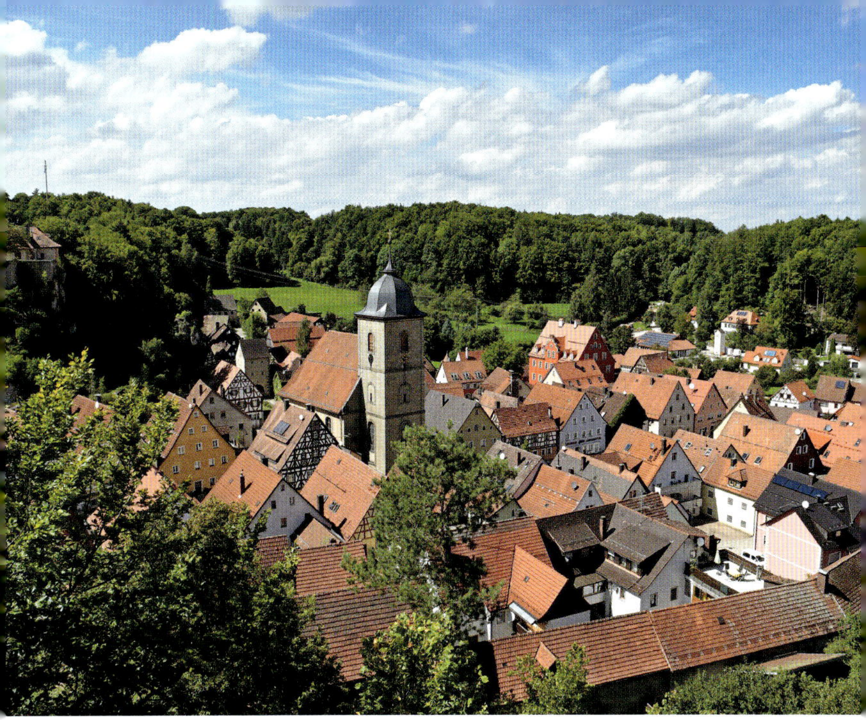

Der historische Ortskern von Betzenstein – Frankens kleinste Stadt.

KURZINFO

Ausgangspunkt: Betzenstein, schönes Fachwerkstädtchen mit Burg und historischem Ortskern, Wanderparkplatz an der Abzweigung der Straße nach Stierberg, ca. 200 Meter nach Betzenstein, 515 m (Navi: Stierberger Straße, 91282 Betzenstein). Mit Bahn und Bus: Bus 343 vom Bahnhof Neuhaus (R 3) oder Bus 386 von Pegnitz (R 3).
Gehzeit: 3.30 Std.
Höhenunterschied: 280 m.
Anforderungen: Viele schöne Waldpfade, die hier und da etwas verwachsen sind, teilweise auch breite Feld- und Forstwege.
Kinder: Schmale Pfade, spannende Felsen – die Umrundung des Langen Bergs ist auch für Kinder ein Abenteuer. Genauso wie der Abenteuerpark Betzenstein. In dem Naturhochseilgarten gibt es 11 Parcours unterschiedlicher Schwierigkeit.
Winter: Eine klassische Loipe führt rund um Betzenstein (9,3 km), Einstiegsmöglichkeiten in Hetzendorf und am Campingplatz in Betzenstein. Eine weitere Loipe wird bei Stierberg gespurt (4,7 km). Der Skilift in Spies ist bei geeigneter Schneelage unter der Woche ab 13 Uhr, an Wochenenden bereits ab 9 Uhr geöffnet, Tel. +49 9244 394.
Information: Tourist-Info, Hauptstraße 44, 91282 Betzenstein, Tel. +49 9244 985221, www.betzenstein.de.

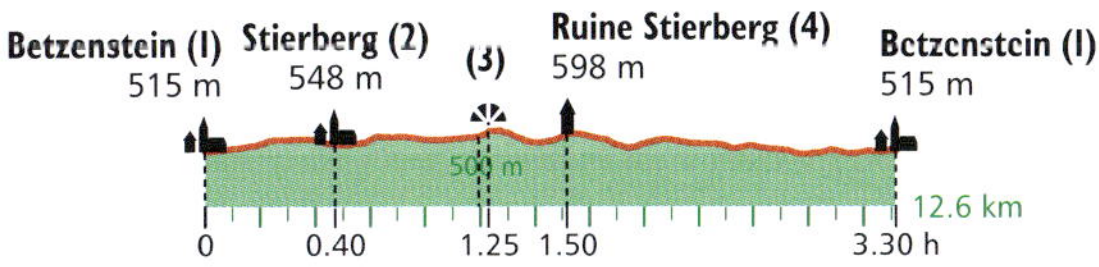

Vom Parkplatz am nordwestlichen Ortsrand von **Betzenstein (1)** auf einem Wanderweg parallel zur Straße zum Freibad, dann auf der anderen Straßenseite durch den Parkplatz und schließlich ein Stück entlang der Straße zum Campingplatz. Mit dem blauen Punkt in einen Feldweg (Wegweiser »Obertrubach«) und nach einem längeren Waldstück in den Weg halb rechts. Nach 175 Meter bei einer Wegkreuzung mit Rastbank links und mit dem blauen Kreis auf breitem Feldweg nach **Stierberg (2)**.

Im Ort rechts und in der leichten Rechtskurve der Straße mit dem Wegweiser »Fuchsweg« geradeaus. An einem Holzschuppen vorbei über die Felder zum Waldrand mit Rastbank und mit der Markierung des Fuchswegs rechts. Ein wunderschöner Pfad umrundet so den mit Felsen gespickten Waldrücken des **Langen Bergs**. Nach gut 500 Metern, sobald sich der breite Weg vom Kamm entfernt, heißt es aufpassen, um eine leicht zu übersehende Abzweigung nicht zu verpassen. Etwas zugewachsen biegt der Fuchsweg nach links ab, überquert nach gut 300 Metern den Waldrücken und führt auf der Südwestseite quasi parallel zum Hinweg wieder zurück. Schließlich überquert der Steig erneut den Waldrücken, wobei man hier den Abstecher (Wegweiser) zur **Aussicht (3)** keinesfalls versäumen sollte – dieser Aussichtspunkt ist ausnahmsweise einmal nicht zugewachsen.

Anschließend zurück, rechts hinunter zu der Rastbank, bei der die Umrundung des Langen Bergs begann, und rechts zur nach Stierberg führenden Straße. Mit dem Wegweiser »Waiganz« geradewegs drüber, bei den beiden nächsten Weggabelungen jeweils halb links und mit der gelben Raute Richtung Betzenstein. Kurz nachdem man ein paar Meter am Waldrand entlang gelaufen ist, zweigt links ein Pfad zur **Ruine Stierberg (4)** ab. Oben folgt man dem Rücken des Schlossbergs Richtung Nordost, hält sich unten rechts und trifft schließlich bei einer großen Wegkreuzung wieder auf die gelbe Raute. Mit der halb rechts bergab, an einem eingezäunten Gelände vorbei, bis schließlich der Wegweiser »Betzenstein« links in den Wald weist. Die gelbe Raute begleitet uns bis zu einer Wegkreuzung im Wald, dort rechts und mit dem roten Kreis weiter zur Straße Betzenstein – Waiganz. Gegenüber bei einem kleinen Parkplatz halb

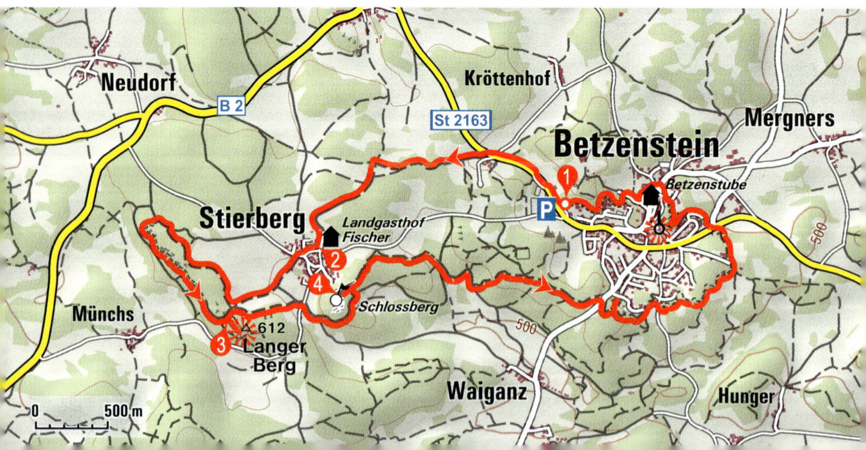

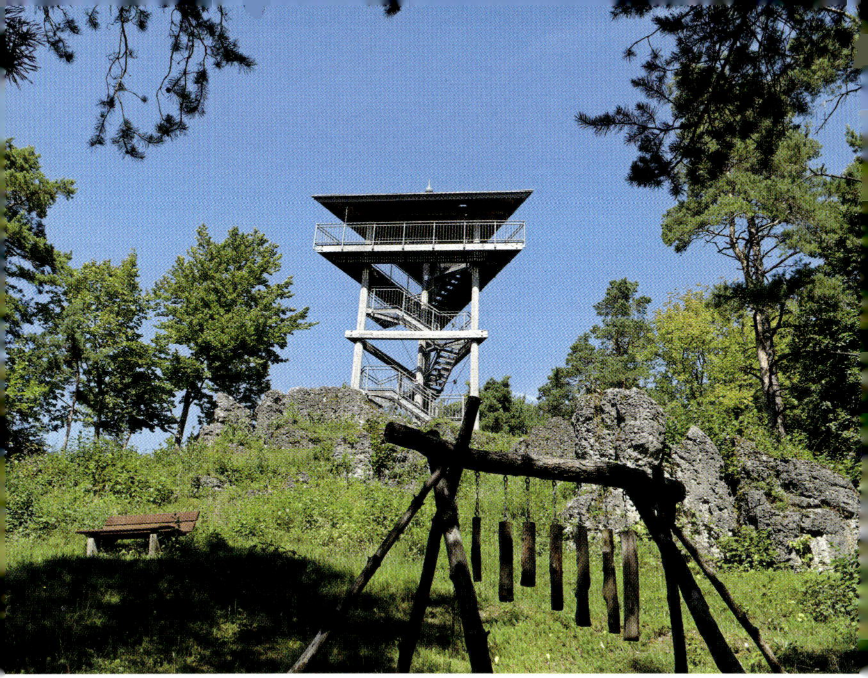

Der Schmidberg-Aussichtsturm bietet den schönsten Blick auf Betzenstein.

rechts weiter auf den Rundweg Betzenstein, der mit dem roten Kreis markiert ist und wunderschön den bewaldeten Höhen südlich des Ortes folgt.
Zum Schluss trifft man auf die Markierung des Fränkischen Gebirgswegs, überquert die Staatsstraße und geht an einer Informationstafel vorbei zur Laufer Hütte. Über den Schmidberg mit seinem Aussichtsturm wandert man in den malerischen Ortskern mit den Fachwerkhäusern und geht auf dem Fränkischen Gebirgsweg mit dem roten Punkt am nördlichen Ortsrand entlang zurück zum **Ausgangspunkt (1)**.

EINKEHR

Landgasthof Fischer
Große Sonnenterrasse, gut bürgerliches Essen, saisonale Gerichte.
Warme Küche Mo und Di 18–20 Uhr, Mi bis Fr 11.30–14 und 17.30–22 Uhr, Wochenende 11.30–20 Uhr. Stierberg 25, 91282 Betzenstein, Tel. +49 9244 384, www.gasthof-pension-fischer.de.

Betzenstube
Fränkischer Landgasthof in einem wunderschönen Fachwerkhaus am Fuß von Schloss Betzenstein. Hervorragende Küche, wunderschöne Stube, einladender Gastgarten. Geöffnet Do bis Sa ab 17 Uhr, So und Feiertage ab 11 Uhr. Schloßstraße 5, 91282 Betzenstein, Tel. +49 9244 920201, www.schloss-betzenstein.de/betzenstube.html.

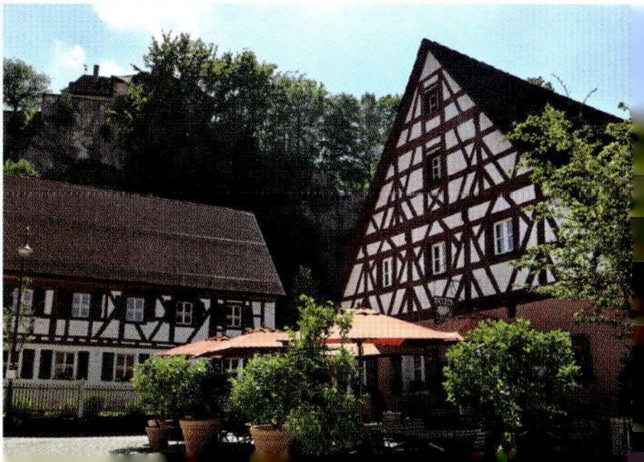

34 Eibenfels, 595 m

Felsrücken zwischen Betzenstein und Spies ★★

Faszinierender Felsensteig und schattige Waldwege

Vor rund 156 Millionen Jahren begann das Riff im Jurameer zu wachsen – und heute prägen die versteinerten Reste die Frankenalb wie Inseln. Ein besonders eindrucksvolles Beispiel ist der rund einen Kilometer lange Rücken des Eibengrats. Der helle Felskamm mit seinen bis zu 20 Meter hohen Abbrüchen überragt seine Umgebung deutlich – und dennoch ist von ihm erst etwas zu sehen, wenn man direkt vor ihm steht. Zu dicht ist der urwaldartige Baumbestand mit seinem grünen Blätterdach, der Ausblicke über die Umgebung verhindert. Ein kleiner Wermutstropfen einer ansonsten großartigen Wanderung, die auf einem Steig abwechslungsreich und abenteuerlich direkt über das Riff führt. Gelegentlich ist etwas Trittsicherheit erforderlich, immerhin lauern gleich neben dem Steig einige Felsabbrüche. Hier und da müssen bei kleinen Felsstufen auch die Hände zu Hilfe genommen werden, eine senkrechte Felsstufe wird mit Hilfe einer steilen Treppenleiter problemlos überwunden. Doch der Weg selbst ist nicht schwer, wobei gleich zu Beginn eine »Schlüsselstelle« in Form eines engen Felsspaltes überwunden werden muss – große Rucksäcke sind da eher hinderlich.

KURZINFO

Ausgangspunkt: Ausgangsort: Spies, kleiner Ort in unmittelbarer Nähe der A 9 (Ausfahrt Hormersdorf), Wanderparkplatz Eibengrat, etwa 800 m nördlich, Abzweigung zum Parkplatz in der Linkskurve der Straße von Spies Richtung Hetzendorf/Betzenstein, 540 m (Navi: Spies, 91282 Betzenstein).
Gehzeit: 3.30 Std.
Höhenunterschied: 290 m.
Anforderungen: Der Eibengrat ist kein Klettersteig, wie man gelegentlich liest, sondern ein kurzweiliger Steig, der einem Felskamm folgt, mit kurzen, leichten Felsstufen und zwei Leitertreppen. Daher muss man vor allem bei Nässe aufpassen. Große Abschnitte des Steigs sind einfaches Gehgelände, doch hier und da gibt es neben dem Pfad senkrechte Felsabbrüche.
Kinder: Keine Zeit für Langeweile, der abwechslungsreiche Steig über den Eibengrat begeistert auch den Nachwuchs. Allerdings sollte der alt genug sein, um mit dem nötigen Ernst und Respekt den Steig zu begehen, denn stolpern sollte man hier nicht. Kleinere Kinder daher besser sichern und ans Seil nehmen.
Winter: Der Skilift in Spies ist bei geeigneter Schneelage unter der Woche ab 13 Uhr, an Wochenenden bereits ab 9 Uhr geöffnet (Tel. +49 9244 394). Am Parkplatz befindet sich auch der Einstieg in mehrere Loipen, die in unterschiedlichen Längen zwischen Spies, Hetzendorf, Eichenstruth und Reuthof gespurt werden.
Information: Tourist-Info, Hauptstraße 44, 91282 Betzenstein, Tel. +49 9244 985221, www.betzenstein.de.

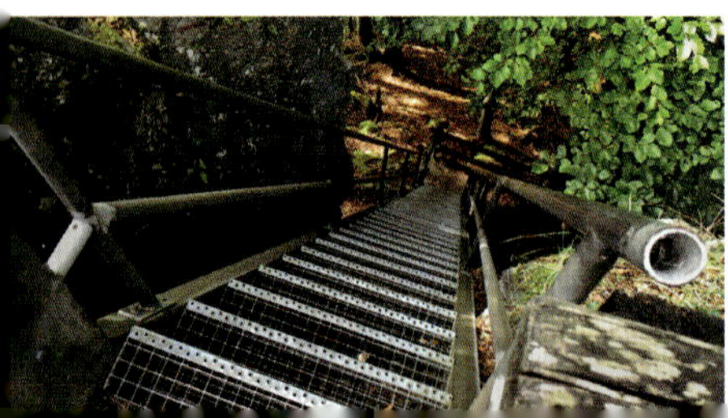

Eine steile Treppe bildet die »Schlüsselstelle« bei der Wanderung über den Eibenfels.

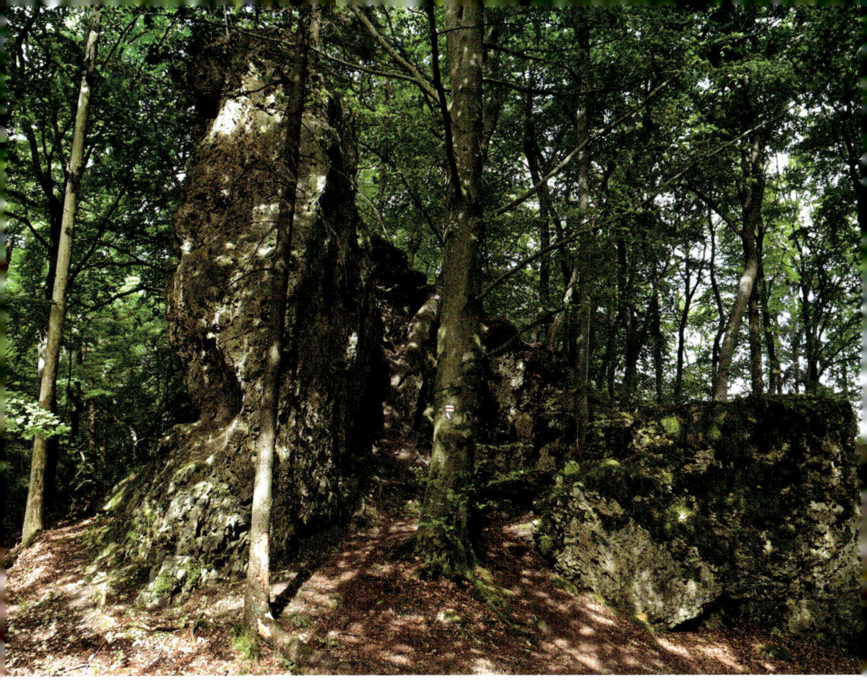

Der östliche Einstieg zum Eibenfels.

Beim schattigen **Waldparkplatz (1)** geht man erst einmal mit dem grünen Querstrich am Waldrand entlang und dann mit der Markierung des Fränkischen Gebirgswegs nach rechts. Das Feld wird so in einem großen Rechtsbogen umgangen. Kurz vor einem Lagerschuppen auf einem Forstweg links in den Wald und nach ein paar Metern wieder rechts. Auf schönem Steig unter eindrucksvollen Felsabbrüchen zu einer Wegkreuzung, bei der wir noch 35 Meter geradeaus weitergehen und erst bei der nächsten Weggabelung links abbiegen, um mit dem grünen Querstrich durch das Schollental nach **Riegelstein (2)** zu wandern.

Im Ort folgen wir dem blauen Punkt nach links und wandern erst parallel zur Autobahn, dann links durch den Wald zu einer Lichtung mit Feldern, die wir links immer am Waldrand bleibend umrunden. Manchmal ist der Pfad im hohen Gras etwas schwer zu erkennen, doch letztlich ist die Orientierung ganz einfach. Auf einem Forstweg schließlich mit der Markierung nach rechts und nach 75 Metern spitzwinklig links in den Wald. Ein schöner Steig führt leicht ansteigend zum östlichen Rand des **Eibenfels (3)**. Der im Wald versteckte Felskamm kann auf einem wunderschönen, teils etwas felsigen Steig überquert werden. »Schlüssel-

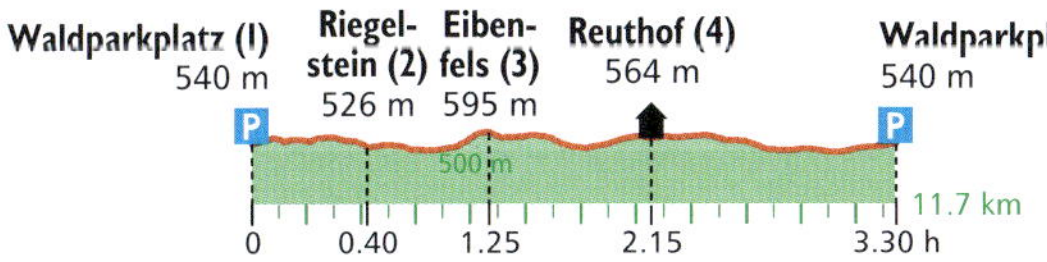

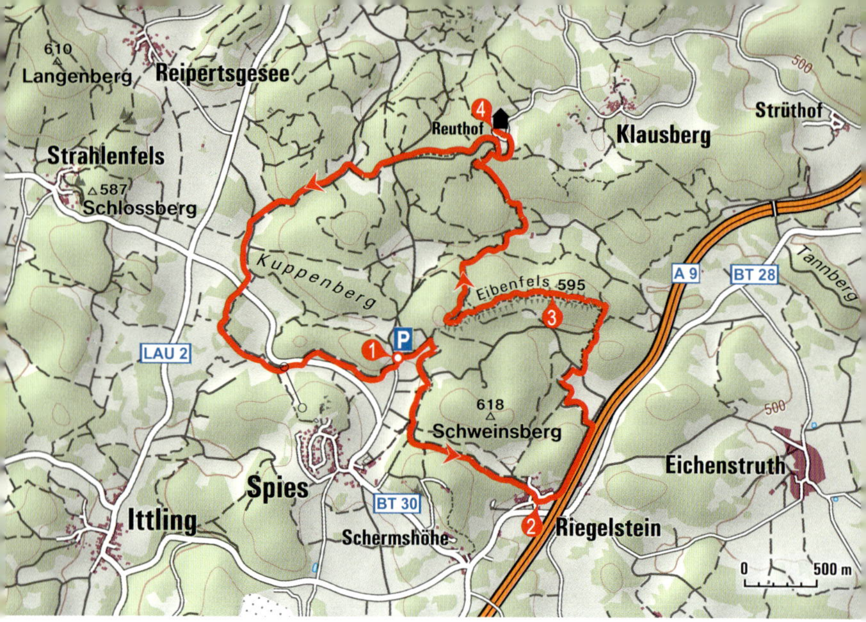

stelle« des mit einem roten Querstrich markierten Weges ist eine steile Leiter. Wichtig ist vor allem, dass man sich an die Markierung hält, um nicht plötzlich über einem unüberwindbaren Felsabbruch zu stehen. Am westlichen Ende des Eibengrats trifft man auf den vom Parkplatz kommenden Weg mit dem blauen Querstrich. Wer wenig Zeit hat, der bricht die Runde hier ab, ansonsten steigt man rechts auf dem Fränkischen Gebirgsweg ab ins Eibental. Auf einem Forstweg rechts und mit

Überaus kurzweilig: Die Kulisse am Eibengrat wechselt ständig.

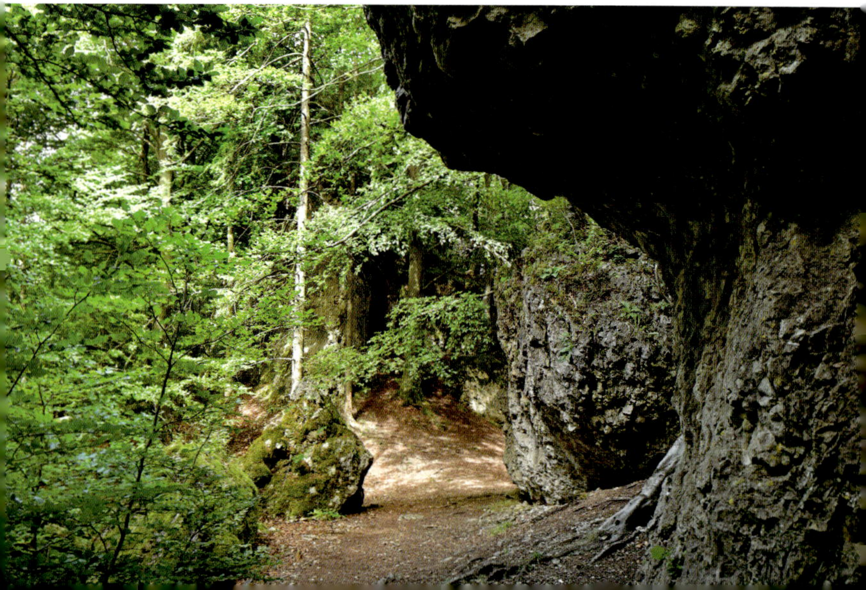

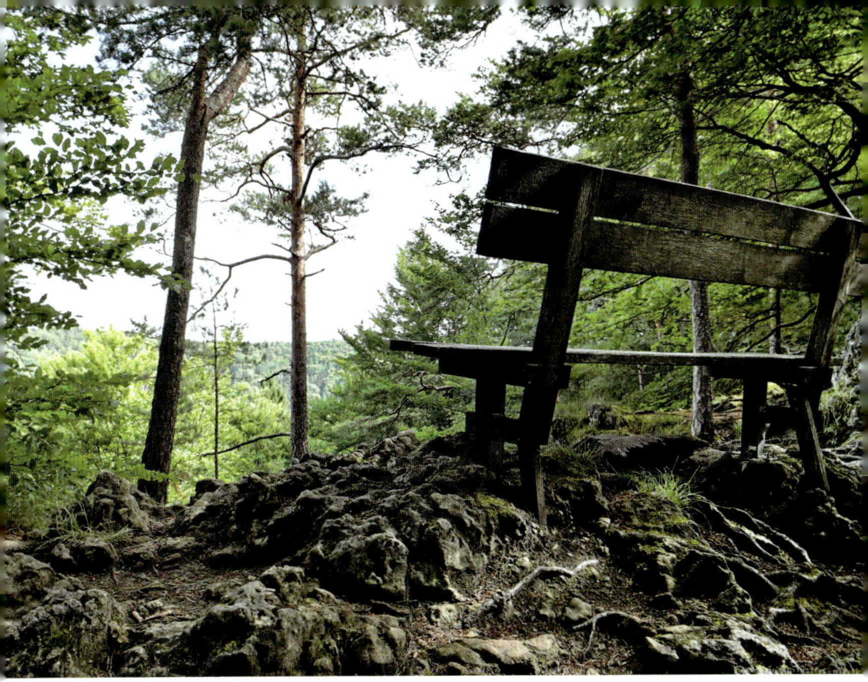

Rastbank am Eibengrat, leider ist die Aussicht zugewachsen.

dem blauen Querstrich auf teils schönen Pfaden zu einer eingezäunten Wiese. Bei einer Bank verlässt man den Fränkischen Gebirgsweg und folgt links dem blauen Querstrich zum **Reuthof (4)**.
Nach einer Einkehr geht es mit dem blauen Kreis weiter, wobei man erst ein Stück dem bereits vom Herweg bekannten Forstweg folgt, dann aber rechts abbiegt. Dieser Forstweg führt nordlich am Waldrücken des Klausberg vorbei, wobei man kurz auf einen parallel verlaufenden Wanderweg ausweichen kann, und erreicht schließlich bei einer Bank eine Wegkreuzung. Mit dem blauen Kreuz geradeaus und bei einem Jägerstand links. Leicht bergauf in den Wald und hinunter in den Geiergrund, in dem wir uns bei einer Wegkreuzung links halten und mit der Markierung des Naturkundlichen Rundwanderwegs die nach Spies führende Straße erreichen. Auf der anderen Straßenseite tauchen wir gleich wieder in den Wald ein und gehen bei einem Holzlagerplatz rechts an den Waldrand. Hier treffen wir neben einer alten Bank mit Tisch auf die Wanderwegtafel 2406. Links haltend Richtung Spies und über eine Wiese zum Schlepplift. An dessen Talstation vorbei, über die Straße und mit dem blauen Kreis zurück zum **Waldparkplatz (1)**.

EINKEHR

Reuthof
Beliebtes Ausflugsziel inmitten der Wälder zwischen Betzenstein und Eibengrat. Auf der Karte stehen Schnitzel, Grill-Spezialitäten, Fisch und vegetarische Gerichte.
Täglich geöffnet ab 12 Uhr, Fr Ruhetag. Eckenreuth 11, 91282 Betzenstein, Tel. +49 9244 310, www.reuthof.eu.

35 Großer Berg, 539 m

Hügel und Höhlen rund um Plech ★★

Versteckte Felsen und idyllische Wiesentäler

Zwischen Autobahn und dem Veldensteiner Forst, mit rund 70 Quadratkilometer Fläche eines der größten zusammenhängenden Waldgebiete Bayerns, findet man rund um Plech ein besonders schönes Wandergebiet. Bezaubernde Pfade führen zu versteckten Felsen und geheimnisvollen Höhlen. Mehrere Hügel wie der Gottvaterberg, dessen Felsenkeller einst zur Lagerung landwirtschaftlicher Produkte und von Bier genutzt wurden, werden überschritten, ehe man im idyllischen Wiesenboden des Engentales mit der Saalburggrotte die erste Höhle erreicht. Den Eingang der kleinen Höhle entdeckt man am Fuß eindrucksvoller Felswände. Vorbei am Großen Rohenloch, einer rund 50 Quadratmeter großen Halle mit einem etwa 20 Meter langen Seitengang, und der Raumhöhle erreicht man das Felsenloch, eine acht Meter tiefe Schachthöhle. Am Boden des elf Meter langen und vier Meter breiten Hohlraums wurden Schmuck und Scherben aus der Bronzezeit sowie Knochenreste von 49 Menschen entdeckt. Ein Steg führt direkt über den Schachtmund und ermöglicht einen Blick in das dunkle Loch. Vorbei an Kletterfelsen führt der Wanderweg schließlich zur Fleischlochhöhle,die ihren Namen einem Fleischdieb verdankt, der hier in der Zeit um den Ersten Weltkrieg sein Unwesen trieb und seine Beute in der kleinen, stark verblockten Höhle versteckte.

KURZINFO

Ausgangspunkt: Plech, Marktgemeinde östlich der A 9, Parkplätze am Kirchplatz, 456 m (Navi: Am Gottvaterberg, 91287 Plech). Mit Bahn und Bus: Bus 343 vom Bahnhof Neuhaus (R 3).
Gehzeit: 3.30 Std.
Höhenunterschied: 310 m.
Anforderungen: Leichte Runde auf teils schmalen, wenngleich wunderschönen Pfaden. Bei Nässe hier und da etwas rutschig. Aufgrund der ständigen An- und Abstiege hilft etwas Ausdauer.
Kinder: Eine spannende Runde ermöglicht der Plecher Höhlenweg (8,6 km), der von Plech aus zu den versteckten Höhlen führt. Tipp: Unbedingt eine Taschenlampe mitnehmen!
Winter: Südwestlich von Plech wird bei Eichenstruth die Obstbaumloipe (4,3 km) gespurt. Von Eichenstruth aus führen auch Loipen Richtung Reuthof und Spies.
Information: Touristinfo Markt Plech, Hauptstraße 15, 91287 Plech, Tel. +49 9244 9852-11, www.plech.de.
Tipp: Wer noch mehr Höhlen sehen möchte, der macht noch einen Abstecher zur Geißlochhöhle. Die ehemalige Schauhöhle kann nur im Sommer besucht werden (1. Okt.–1. April aus Naturschutzgründen verschlossen).

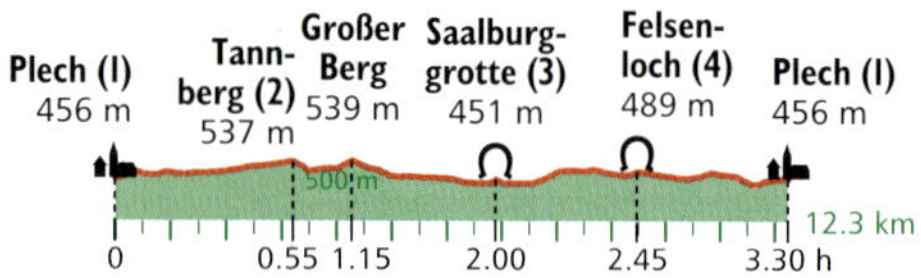

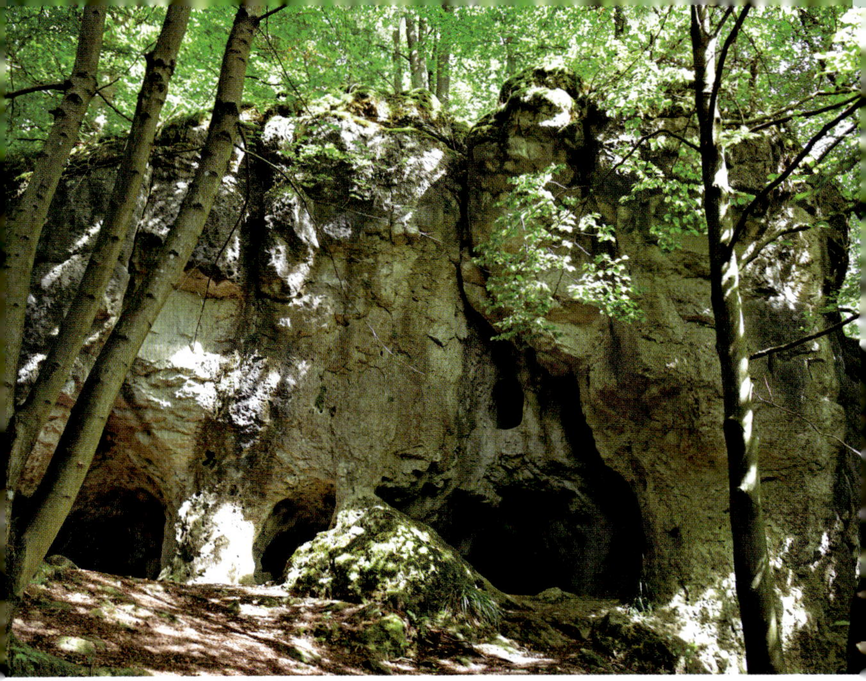

Neben dem Weg entdeckt man immer wieder schöne Felsformationen.

In **Plech (1)** mit dem roten Kreis auf dem Fränkischen Gebirgsweg an der Kirche vorbei, dann rechts über ein paar Stufen auf einen Steig, der hinauf zum Gottvaterberg (506 m) führt. Bei der Wanderwegtafel 5025 rechts und hinunter auf den Rundweg, den man bei der Tafel 5024 erreicht. Links haltend auf einem schönen, an Felsen vorbeiführenden Steig um den Gottvaterberg herum und durch ein Kiefernwäldchen hinunter zu einer Rastbank mit Tisch (»Gänsbauch«). Rechts haltend an zwei Rastbänken vorbei zu einer Tafel und mit der gelben Raute nach links Richtung Eichenstruth. Der Weg führt überwiegend am Waldrand entlang und umrundet die Waldkuppe des Rohrsteins auf der Südseite. Bei einer Wegverzweigung könnte man abkürzen und links auf direktem Weg zum Großen Berg gehen, wir wandern jedoch mit dem roten Kreis weiter zur Tafel 5029. Ab hier mit dem blauen Punkt Richtung Spies (alternativ folgt man bereits bei der Tafel 5027 bei Gänsbauch dem blauen Punkt, der nördlich um den Rohrstein herum zur Tafel 5029 führt), wobei man anfangs direkt auf die Autobahn zusteuert, dann aber links abbiegt und am Hafnerberg vorbei einen Weg und die Tafel 5001 erreicht.

Jetzt auf dem Fränkischen Gebirgsweg links zur Straße und gegenüber auf dem Wiesenweg hinauf zum Waldrand. In einem Rechtsbogen auf den Rücken des **Tannbergs (2)** und an Rastbänken vorbei hinunter zu einem Forstweg mit der Tafel 5004. Links ein paar Meter bergauf, dann wenige Meter nach Beginn der Teerdecke rechts (Wegweiser »Großer Berg«) und an einem Parkplatz vorbei auf einen Forstweg. Mit der Markierung des Fränkischen Ge-

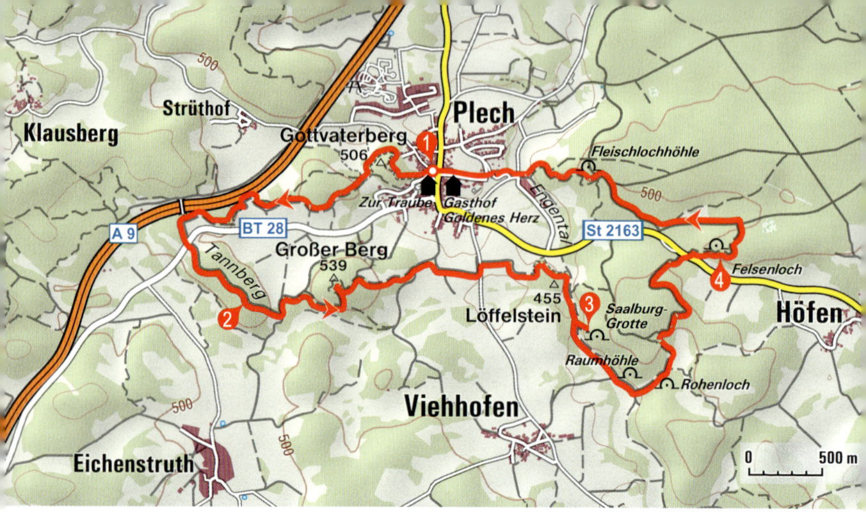

birgswegs an dem etwas enttäuschenden Panoramapunkt »Schöne Aussicht Süd« vorbei und nach 50 Metern links bergauf. Am Judenfriedhof, einer Ansammlung von am Waldboden verstreuten Felsblöcken, vorbei, über ein paar Stufen bergab und auf dem Kultur-Landschaftsweg rechts Richtung Plech. Am Rand einer Lichtung entlang, dann kurz durch Wald auf einen geteerten Weg und links haltend zu einer Wegverzweigung. Hier rechts (Wegweiser »Köhlerei«) und bei den bereits zu sehenden Bäumen links in einen Feldweg. An der Infotafel über den Plecher Kohlenmeiler vorbei (Markierung blauer Punkt), vor einer Teerstaße links und auf der anderen Straßenseite mit dem blauen Punkt weiter. Am Waldrand links und gut markiert nördlich um die Erhebung des Löffelsteins herum ins Engental. Auf dem Höhlenweg durch das stille Wiesental, wobei ein kurzer Abstecher hinauf zur **Saalburggrotte (3)**

Wenig fotogen, aber wegen der Geschichte interessant.

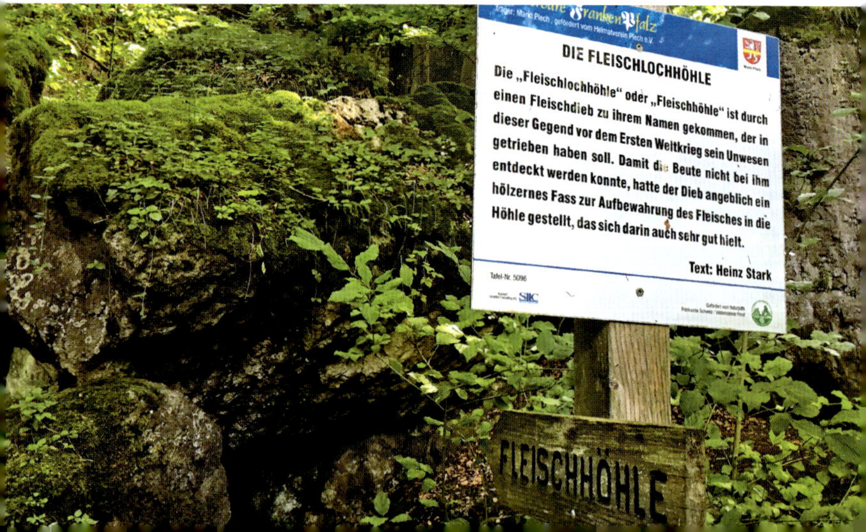

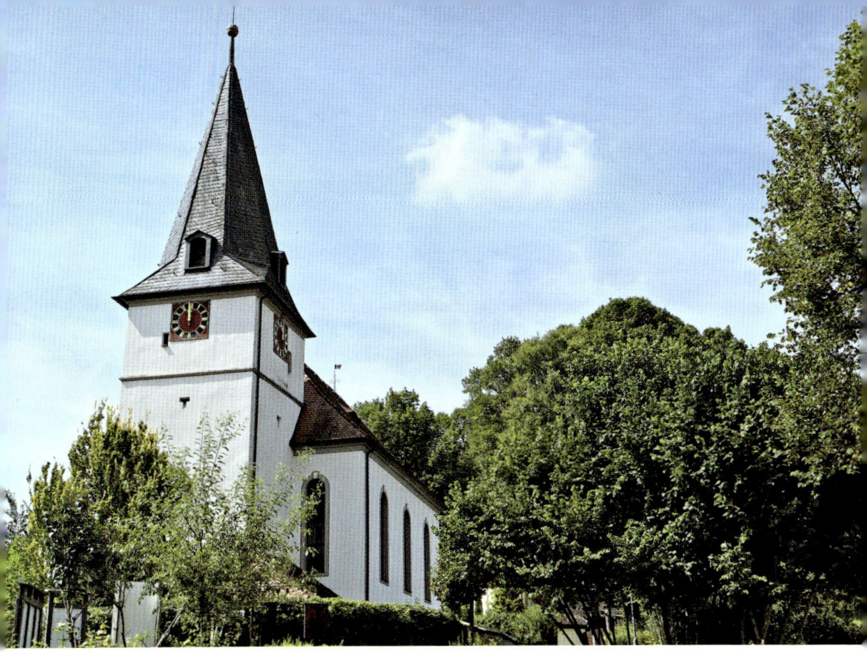

Gleich hinter der Kirche von Plech geht es auf den Gottvaterberg.

nicht versäumt werden darf. Bei einem kreuzenden Feldweg links, am **Rohenloch** vorbei, und links auf einem Wiesenweg (Wegweiser »Plech«) in den Wald. Der bei Nässe recht rutschige Weg führt leicht bergauf und mündet oben in eine Wiese. Kurz davor führt ein kurzer Abstecher rechts zur **Raumhöhle**. Bei der Wiese links und mit dem Höhlenweg (Markierung gelbes Dreieck) auf einem etwas zugewachsenen Pfad am Waldrand entlang, dann links abzweigend zu einem Forstweg mit der Tafel 5079. Rechts weiter zum **Felsenloch (4)**, wobei man bis zur Straße Plech – Höfen dem Forstweg folgt und anschließend einem schönen Steig. Etwa 250 Meter nach der Schachthöhle trifft die Markierung auf einen Forstweg, der links zu einem Parkplatz führt. Dort rechts weiter zur **Fleischlochhöhle**, anfangs auf einem Forstweg, dann auf einem links abzweigenden Steig. Damit ist das Ende der Höhlenrunde erreicht und wir folgen der Markierung aus dem Wald hinaus und zurück zum Ausgangspunkt in **Plech (1)**.

EINKEHR

Landgasthof Zur Traube

Traditionsgasthaus mit typisch fränkischen Gerichten und deftigen Brotzeitplatten. Hauseigene Metzgerei.
Warme Küche von 11.30–13.30 und ab 17 Uhr, Di nur ab 17 Uhr, Mo Ruhetag. Hauptstraße 9, 91287 Plech, Tel. +49 9244 329, www.zur-traube-plech.de.

Gasthof Goldenes Herz

Fränkische Küche mit Spezialitäten aus eigener Hausschlachtung, freundliche, rustikale Gasträume mit Nebenzimmer.
Warme Küche 11–14 und ab 17 Uhr, Mi Ruhetag. Hauptstraße 12, 91287 Plech, Tel. +49 9244 398, www.gasthaus-goldenes-herz.de.

36 Burg Hohenstein, 628 m

Vom Pegnitztal nach Hohenstein ★★

Zum Wahrzeichen der Hersbrucker Schweiz
Von weitem sichtbar thront die Burg Hohenstein über den Kuppen der Hersbrucker Alb. Auch wenn es sich bei der im Jahr 1163 erstmals urkundlich erwähnten Burg heute um eine Halbruine handelt, eindrucksvoll anzuschauen ist das auf einem 30 Meter hohen und an drei Seiten beinahe senkrecht abfallendem Dolomitfelsen stehende Ensemble noch immer. Am Fuß des Burgfelsens befindet sich mit Hohenstein die zweithöchstgelegene Ortschaft Mittelfrankens – und die Bergstation eines Schleppliftes. Burg Hohenstein ist natürlich der Höhepunkt dieser Wanderung, bei der bereits der Auftakt im Pegnitztal mit dem schönen Weg durch das Treufer Tal begeistert. Geheimnisvoll ist dagegen das Schlussstück der Runde durch das Ankatal mit dem Naturdenkmal Andreaskirche. Dabei handelt es sich um eine Karsthöhle mit einem sieben Meter hohen Eingangsportal.

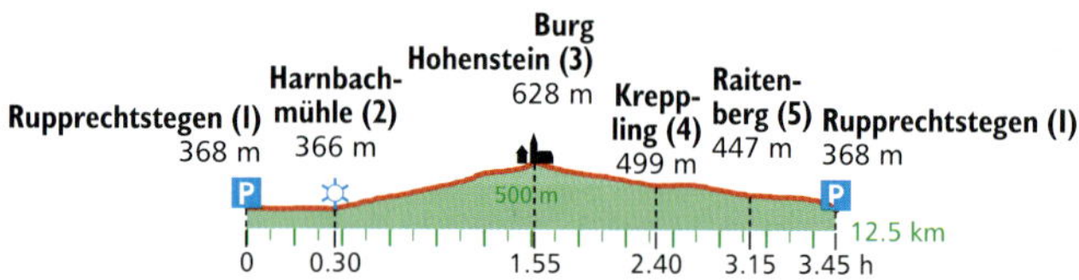

Links des Kletterfelsens verläuft das schattige Ankatal.

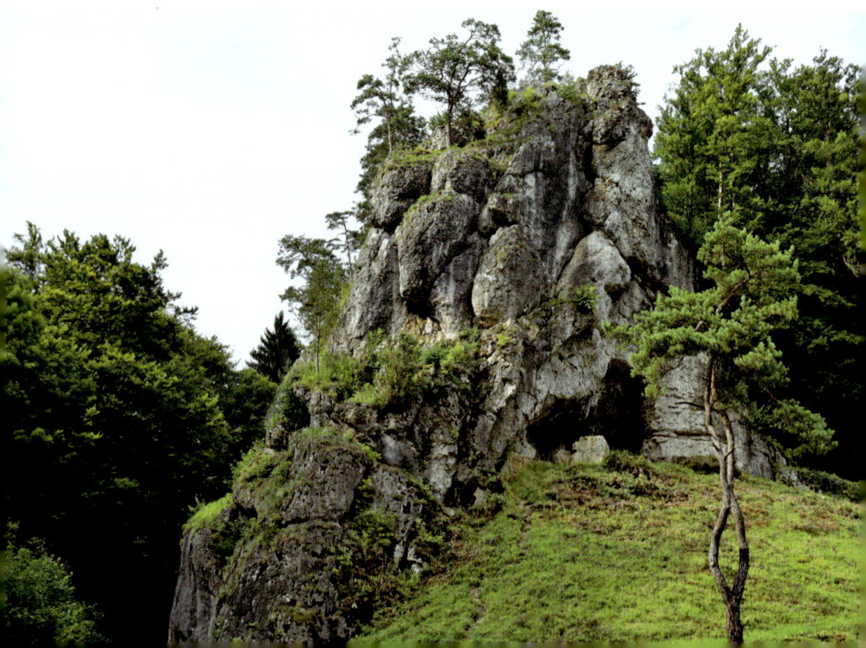

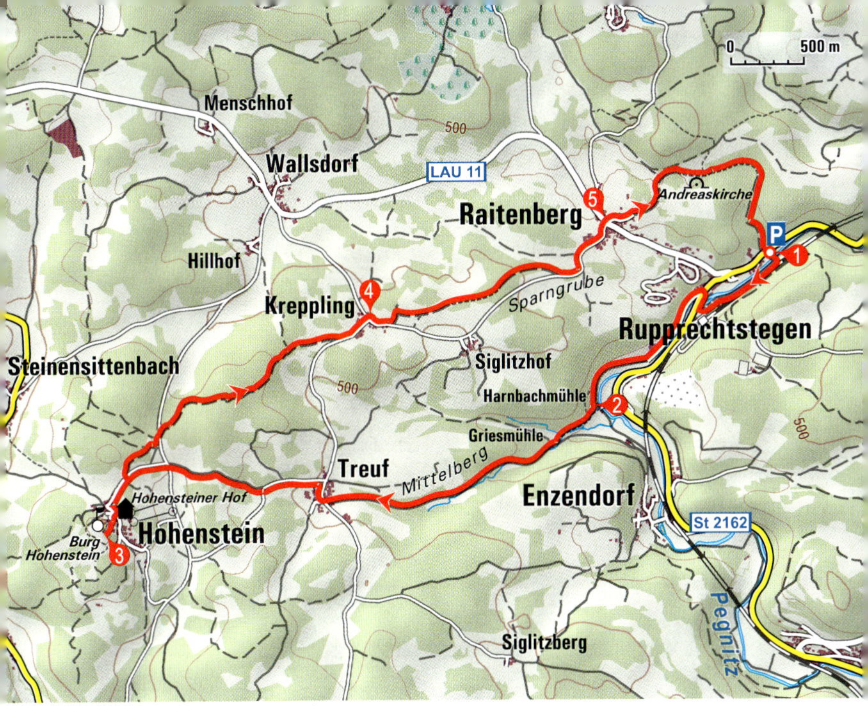

KURZINFO

Ausgangspunkt: Rupprechtstegen, im Pegnitztal, Parkplätze am östlichen Ortsrand an der Straße nach Velden, 371 m (Navi: Pegnitztalstraße, 91235 Hartenstein). Mit Bahn und Bus: Bus 440 vom Bahnhof Hersbruck (R 3).
Gehzeit: 3.45 Std.
Höhenunterschied: 270 m.
Anforderungen: Langer, wenn auch schöner Anstieg. Kurzweilige Wanderung auf guten Wegen, lediglich das Schlussstück durch das Ankatal ist etwas verwachsen und bei Nässe matschig.
Winter: Die beiden Schlepplifte in Hohenstein sind je 400 Meter lang und dank Flutlicht auch abends in Betrieb. Unter der Woche Skibetrieb von 13–21 Uhr, an Wochenenden ab 9 Uhr. Info: Hohensteiner Hof, Tel. +49 9152 533.
Information: Gemeinde Hartenstein, Höflaser Straße 1, 91235 Hartenstein, Tel. +49 9152 926900, www.hartenstein-mfr.de; Gemeinde Kirchensittenbach, Rathausgasse 1, 91241 Kirchensittenbach, Tel. +49 9151 86400, www.kirchensittenbach.de.
Tipp: Die Halbruine Hohenstein kann von März bis November an Sonn- und Feiertagen besichtigt werden (11–17 Uhr).

Mit Blick auf den markanten Kletterfelsen der Ankatal-Südwand beginnt am Parkplatz am Ortsrand von **Rupprechtstegen (1)** die Rundtour. Auf einer Brücke über die Pegnitz und auf der anderen Seite flussabwärts, bis man die Straße durch das Pegnitztal erreicht und auf der rechts haltend erneut die Pegnitz überquert. Dahinter links auf den Radweg, der an einem Senioren- und Pflegezentrum vorbei zur Harnbachmühle führt. Schon hier begleitet einen das rote Kreuz, das einen ohne Orientierungsprobleme nach Hohenstein führt. Erst einmal geht es flach durch das Pegnitztal zur **Harnbachmühle (2)**, bei der Wan-

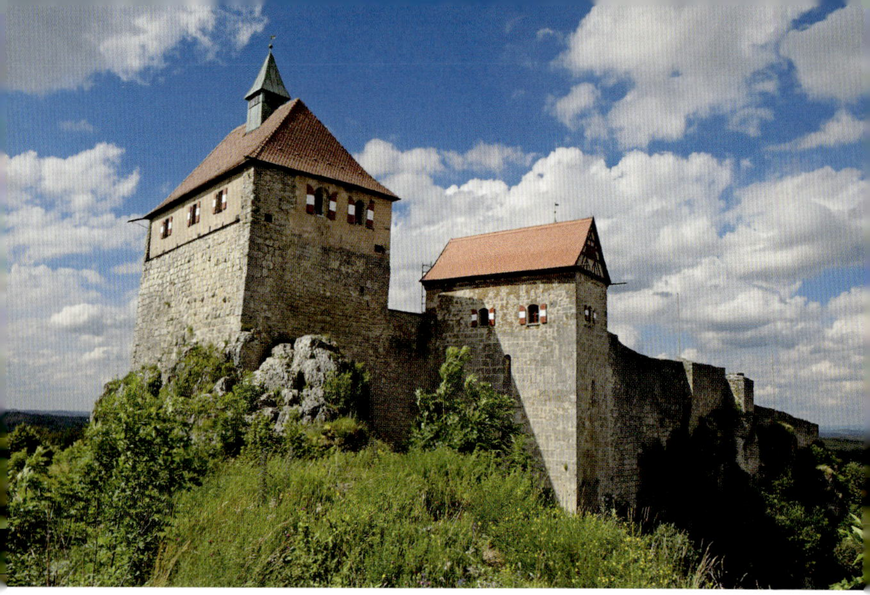

Burg Hohenstein: imposant und an Wochenenden auch zu besichtigen.

derwegtafel 0647 rechts und auf dem Paul-Pfinzing-Weg wunderschön entlang eines Baches zur Griesmühle. An der links vorbei, bei einer Wegkreuzung rund 100 Meter nach der Griesmühle bleiben wir am unteren Weg, und am Bach entlang weiter hinauf nach **Treuf**. Rechts, an Brauns Hofcafé vorbei, und am Ortsende nach links auf die Straße Richtung Hohenstein. In der Linkskurve weist die Markierung nach rechts auf einen asphaltierten Weg (Rastbank). Auf der Anhöhe mit Blick auf die Burg zur Straße und auf der hinauf nach **Hohenstein (3)**, am Schluss auf einem Fußweg zur gleichnamigen Burg.

Auf der Straße geht es im Anschluss wieder ein Stück zurück zur Tafel 0190 und mit dem roten Andreaskreuz und dem gelben Kreuz am Waldrand entlang zum Hüllweiher und zur Straße. Links und nach wenigen Metern mit der Markierung rechts in den Wald, den man erst kurz vor **Kreppling (4)** wieder verlässt. Über die Felder zur Teerstraße und auf der in den Ort. Rechts Richtung Siglizhof und am Ortsende, kurz vor dem Ortsschild, links auf einen Feldweg. Nach gut 80 Metern biegen wir rechts ab (Wegweiser »Rupprechtstegen«) und mit dem roten Andreaskreuz anfangs über die Felder, dann durch Wald zu einer Straße, auf der wir links haltend **Raitenberg (5)** erreichen. Geradewegs durch den Ort ins **Ankatal** (in einigen Karten steht auch Ankertal) und im Talboden rechts. Auf dem etwas zugewachsenen Weg mit kurzem Abstecher zur Felshöhle der **Andreaskirche** talauswärts zurück zum **Ausgangspunkt (1)**.

EINKEHR

Hohensteiner Hof
Beliebtes Café mit schönem Blick auf die Burg. Spezialität: Riesenwindbeutel. Geöffnet Mi bis So 12–18 Uhr, Mo und Di Ruhetag. Hohenstein 43, 91241 Kirchensittenbach, Tel. +49 9152 533.

Hirtenberg, 563 m

Zwischen Velden und Hartenstein

★

Vom Pegnitztal auf die Frankenalb

Eine Tour voller Kontraste. Unten das enge, idyllische Pegnitztal, oben weite, aussichtsreiche Felder. Mal folgt die Wanderung schattigen Pfaden durch den Buchenwald, dann breiten, sonnigen Forstwegen. Großartig ist der Ausblick über die Frankenalb zur Burg Hohenstein vom Felsvorsprung des Hirtenbergs, der sich direkt über Hartenstein erhebt, geheimnisvoll der Abstecher in die erst 1914 entdeckte Petershöhle. Mit einer Gesamtlänge von rund 70 Metern eher eine kleine Höhle, dafür fand man hier zahlreiche Überreste eiszeitlicher Tiere wie Höhlenbär und Höhlenlöwe. Auch Steingeräte aus der Zeit des Neandertalers vor etwa 80.000 Jahre wurden gefunden. Und zum Abschluss geht es entlang der Pegnitz in das kleine Städtchen Velden mit seinem malerischen Stadtkern.

KURZINFO

Ausgangspunkt: Velden, hübsches Fachwerkstädtchen im Pegnitztal, Parkplatz am Ortsausgang der Straße Richtung Vorra, 388 m (Navi: Nürnberger Straße 17, 91235 Velden). Mit Bahn und Bus: Haltestelle an der Bahnlinie R 3 Nürnberg – Bayreuth.
Gehzeit: 3.30 Std.
Höhenunterschied: 370 m.

Anforderungen: Trotz guter Markierungen ist aufgrund der vielen Abzweigungen etwas Orientierungsvermögen hilfreich. Überwiegend breite, gut zu gehende Wege, zwischen Hartenstein und Petershöhle schöne Natursteige.
Information: Tourist-Information, Marktplatz 9, 91235 Velden, Tel. +49 9152 929123, www.velden.de; Gemeinde Hartenstein, Höflaser Straße 1, 91235 Hartenstein, Tel. +49 9152 926900, www.hartenstein-mfr.de.

Vom Parkplatz südöstlich von **Velden (1)** zur Brücke über die Pegnitz und auf der anderen Flussseite mit der Markierung 1 und 2 links. Man läuft etwa 120 Meter entlang des Flusses, dann mit der Markierung rechts in den Wald und bergauf. Oben mit dem grünen Kreuz und Strich links haltend weiter nach **Lungsdorf**. Anfangs durch Wiesen, dann an einem Fußballfeld vorbei und schließlich auf einer Kiesstraße hinunter in den an einer Schlaufe der Pegnitz gelegenen Ort. An einem Spielplatz vorbei auf den Rad-

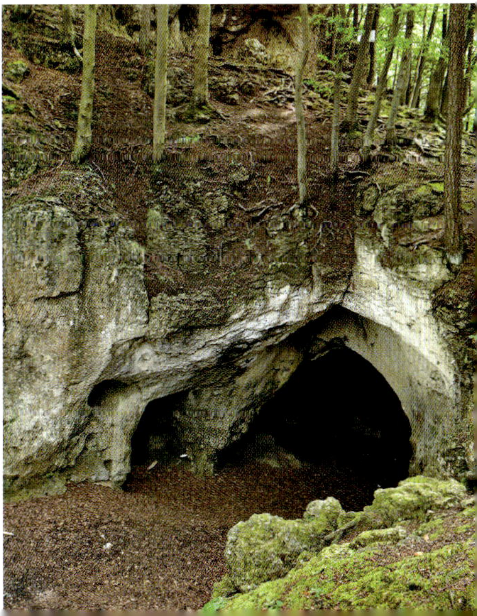

Das große Eingangsportal der Petershöhle.

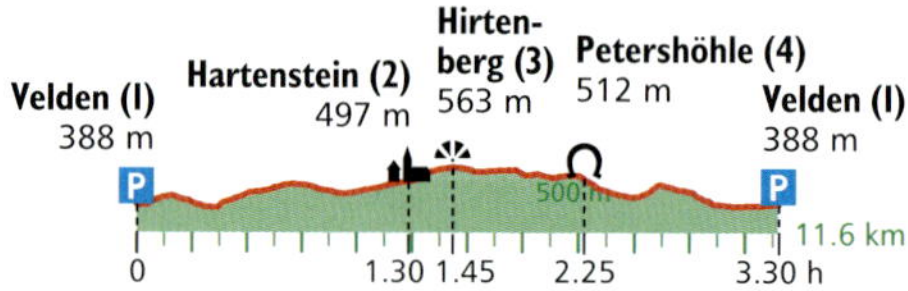

weg nach Hersbruck, dem man etwa 125 Meter folgt und dann bei der Wandertafel 0654 links auf einen schmalen Pfad wechselt, der mit dem grünen Kreuz steil bergauf führt. Weiter oben mündet der Steig in einen Forstweg, auf dem man den Wald verlässt und über die Felder zu einer Wegkreuzung geht. Hier hält man sich links und geht mit dem roten Andreaskreuz an einem Holzschuppen vorbei. Bei der nächsten Weggabelung wieder links, an einem Umspannwerk vorbei und danach rechts hinauf nach **Hartenstein (2)**.

Auf der Hauptstraße Richtung Südost durch den Ort und nach einer Garage mit dem Wegweiser »Hirtenberg« links auf einen Steig, der mit der 4 durch den Wald auf einen Bergrücken führt. Hier machen wir einen kurzen Abstecher links zum direkt über Hartenstein gelegenen Aussichtspunkt des **Hirtenbergs (3)** und gehen anschließend auf der anderen Seite des Bergrückens hinunter auf einen Forstweg. Links, dann mit dem blauen Querstrich auf einem Kreuzweg auf den Frauenberg. Oben bei der Kapelle links und mit dem blauen Strich weiter zur Petershöhle. Dabei im Auf und Ab auf wunderbaren Steigen durch den Wald, in dem immer wieder Felsen versteckt sind, zur Infotafel **Petershöhle (4)**.

Die Höhle selbst befindet sich ein paar Meter unterhalb des Weges (bei Nässe rutschiger Zustieg). Anschließend steigt man mit dem

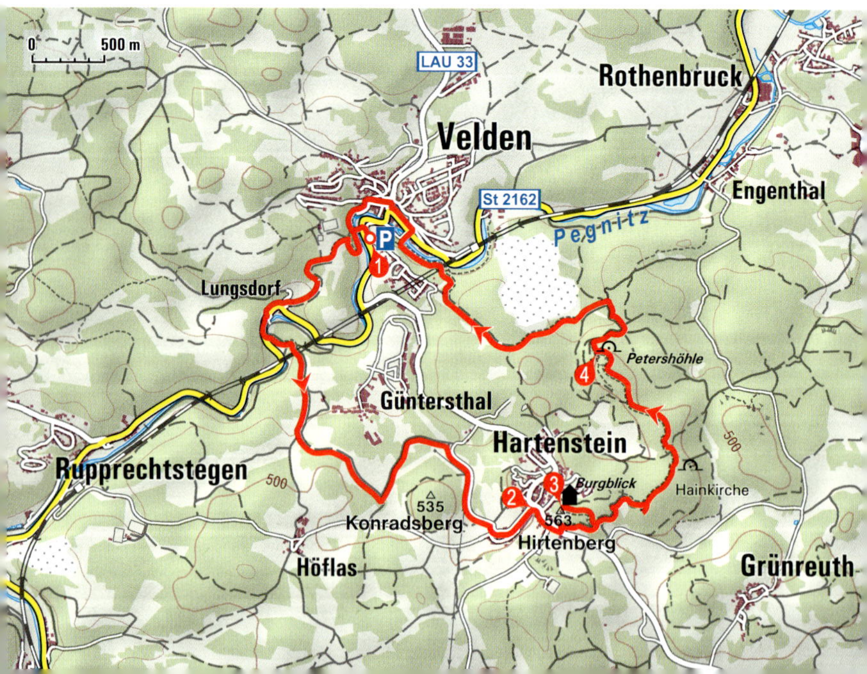

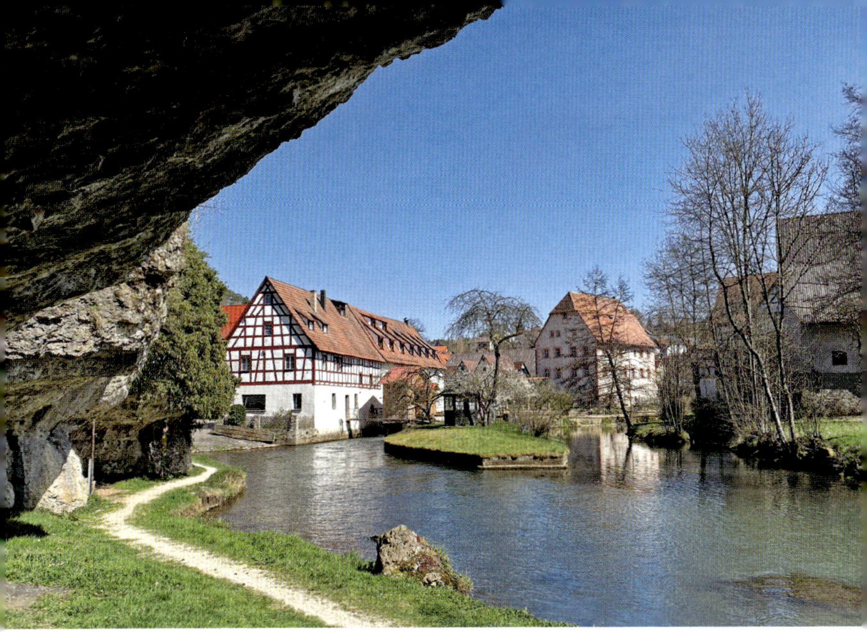

Malerisch: Velden an der Pegnitz mit der Stadtmühle.

blauen Strich weiter Richtung Velden ab. Bei einer Wegkreuzung trifft man auf breite Forstwege, folgt dem abwärtsführenden nach links und biegt bei der nächsten Wegkreuzung erneut links ab. Nach etwa 175 Metern wechselt man mit der Markierung rechts auf einen Pfad, der neben dem Kalkabbaugebiet durch das Weidental bergauf führt. Schließlich am Waldrand bis kurz vor einen Spielplatz und mit dem blauen Strich rechts bergab Richtung Bahnhof. An der Pegnitz links und auf schmalen Pfad am Ufer entlang, beim Radlverbotsschild rechts über die Brücke und in die Stadt. Durch die Mühltorstraße zum Mühltor, danach links in die Mühlgasse und entlang der Pegnitz zur Brücke, über die man wieder den **Parkplatz (1)** erreicht.

EINKEHR

Gaststätte Burgblick
Empfehlenswerte Gaststätte mit eigener Metzgerei, gute Schnitzel.
Warme Küche von 11–14 und von 16.30–20 Uhr, Mo und Di Ruhetag. Am Hirtenberg 8, 91235 Hartenstein, Tel. +49 9152 1287.

Über diese Brücke musst du gehen: die Pegnitz bei Velden.

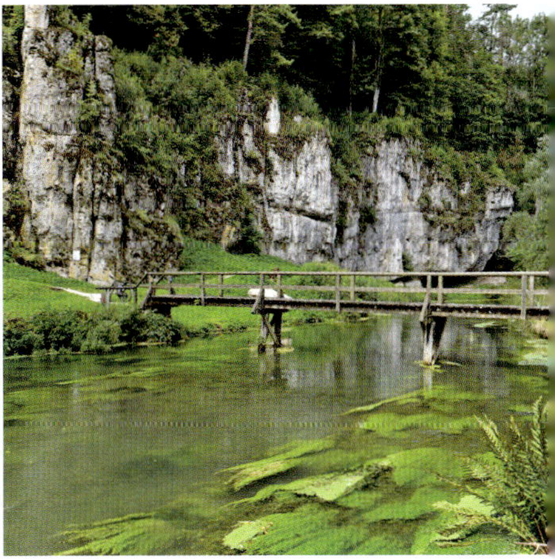

38 Weißingkuppe, 532 m

Dolinen, Höhlen und eindrucksvolle Felsen ★★★

Auf dem karstkundlichen Pfad zur Maximiliansgrotte

Für höhlenbegeisterte Wanderer gehört die Tour zur Maximiliansgrotte zum Pflichtprogramm. Immerhin handelt es sich um eine der größten Höhlen der Fränkischen Alb. Die Gesamtlänge der Tropfsteinhöhle beträgt 1,2 Kilometer und der tiefste Punkt liegt 70 Meter unter der Erdoberfläche. Im Rahmen einer Besichtigung kann allerdings nur ein kleiner Bereich des verzweigten Gangsystems mit diversen Hallen auf mehreren Etagen besucht werden. Seit 1862 wird die Maximiliansgrotte als Schauhöhle betrieben, entsprechend schwarz sind aufgrund der jahrelangen Nutzung von Karbidlampen die Tropfsteine. Der sogenannte Eisberg gilt mit einer Höhe von sechs Metern als größter Tropfstein Deutschlands.

Die Maximiliansgrotte ist der Höhepunkt des karstkundlichen Weges, der zu einigen Höhlen und typischen Karstformen des oberen Pegnitzgebietes führt. Nicht nur für Kletterer faszinierend sind etwa die mächtigen Felsen der »Steinernen Stadt« mit den »Zwei Brüdern«. Einige Felstürme haben die Gestalt eines Pilzes, wobei die oberste Schicht der Felsen aus hartem dolomitischen Riffkalk besteht und damit die darunter liegende, weichere mergelreiche Schicht schützt.

KURZINFO

Ausgangspunkt: Neuhaus an der Pegnitz, Parkmöglichkeiten im Umfeld des Bahnhofs, 387 m (Navi: Bahnhofstraße, 91284 Neuhaus an der Pegnitz). Mit Bahn und Bus: Zugverbindung von Nürnberg und Bayreuth (R 3).
Gehzeit: 3.30 Std.
Höhenunterschied: 300 m.
Anforderungen: Kurzweilige Tour, wobei die Pfade zwischen Maximiliansgrotte und Vogelherdgrotte bei Nässe etwas rutschig sein können.
Kinder: Auch für Kinder spannend ist eine Kurzvariante (ca. 5 km) von der Maximiliansgrotte (Wanderparkplatz) mit dem grünen Punkt bis zur Vogelherdgrotte und von dort aus mit dem roten Kreuz zurück zum Startpunkt. Und zur Belohnung geht's zum Abschluss in eine der sehenswertesten Tropfsteinhöhlen Deutschlands.
Information: Tourismusbüro, Unterer Markt 9, 91284 Neuhaus a.d. Pegnitz, Tel. +49 9156 9291-10, www.neuhaus-pegnitz.de.
Tipp: Maximiliansgrotte, geöffnet 1. April–1. Nov., stündliche Führungen täglich außer montags 10–17 Uhr, sonn- und feiertags durchgehend nach Bedarf (www.maximiliansgrotte.de).

Die Markierung grüner Punkt gibt am Bahnhof in **Neuhaus (1)** die Richtung vor: An einer Tafel mit den verschiedenen Wanderwegen vorbei und auf dem Fußweg entlang der Straße über die Pegnitzbrücke. Gleich danach, noch vor dem Bäcker, scharf nach rechts (Wegweiser »Kneippanlage)«. Immer entlang des Flusses auf anfangs breitem, dann schmalem Pfad an den Ortsrand und geradewegs über die Straße zur Wandertafel 0749. Der karstkundliche Pfad folgt einem Feldweg – nach etwa 250 Meter bei einer Bank kurzer Abstecher zur im Wald versteckten **Distlergrotte (2)**, deren Eingang bis auf einen schma-

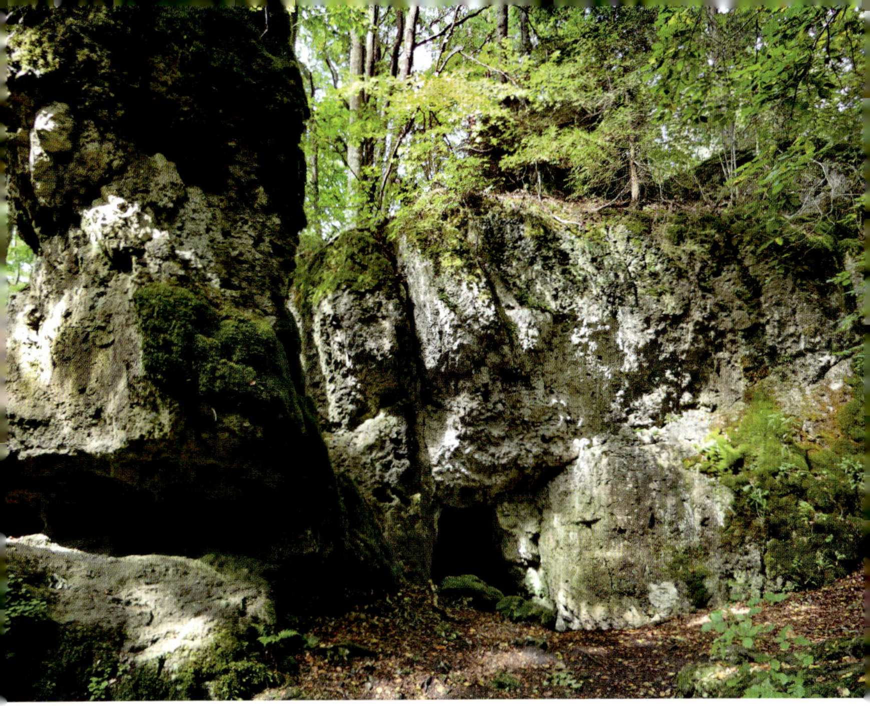

Für Entdecker: die Felslandschaft der Mysteriengrotte.

len Spalt zugemauert ist – und mit der Markierung wunderschön entlang von Wiesen, teils auch durch Wald taleinwärts. Etwa 200 Meter vor der Straße Krottensee – Königstein weist am Waldrand die Markierung unvermittelt nach links. Nach wenigen Metern erreicht man Rastbänke und die gleich oberhalb befindliche **Mysteriengrotte (3)**. Mit der Markierung weiter zur Straße, die links haltend überquert wird. Nach einem kurzen Anstieg auf eine kleine, bewaldete Anhöhe geht es bergab zur Schlieraukapelle (Rastbänke). Dort links auf dem Feldweg weiter, bis uns kurz vor dem Wegweiser zu einem Gasthaus die Markierung rechts hinauf zur Straße leitet. Rechts auf dem paralell zur Straße verlaufenden Weg bis zur Linkskurve und dort geradeaus weiter (Markierung). Erst ohne Orientierungsprobleme am Waldrand entlang, doch sobald der Weg in den Wald eintaucht, heißt es aufpassen: Denn nach wenigen Metern zweigt der grüne Punkt nach links ab und führt als schmaler Pfad an einem Schacht und einer Doline vorbei zum Eingang der Tropfsteinhöhle **Maximiliansgrotte (4)**.

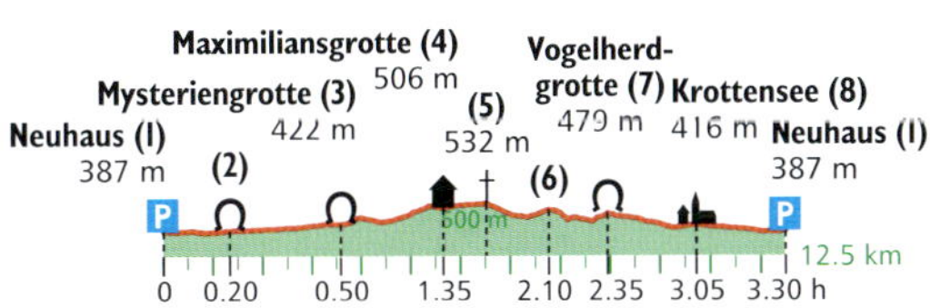

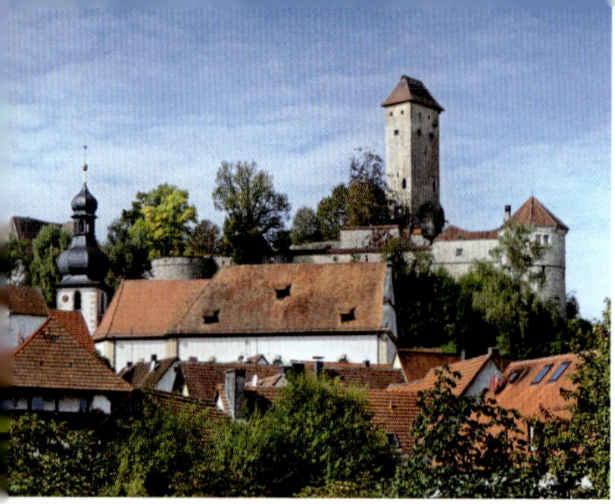

Oberhalb von Neuhaus an der Pegnitz thront die Burg Veldenstein.

Ab hier wandert man ein Stück gemeinsam mit dem gelben Querstrich und folgt einem schönen, teils etwas feuchten Pfad. Eine Forststraße wird überquert, dann geht es über Steinstufen hinauf zum Felsenriff der **Weißingkuppe (5)**. Der Pfad schlängelt sich durch eine geheimnisvolle, moosbewachsene Felsenwelt entlang des Riffkammes, ehe man in einem Bogen zu einer Forststraße absteigt. Ab hier ist man wieder alleine mit dem grünen Punkt, der erst links der Straße folgt, dann nach einem querenden Forstweg auf einen schönen Pfad wechselt und kurz darauf eine weitere Forststraße quert. Nun geht es steil empor zur **»Steinernen Stadt« (6)**.

Die Markierung führt in einem Linksbogen durch und um die faszinierenden Felsen herum und schließlich auf breitem Weg bergab – den Abstecher bei der Wandertafel 0710 mit dem Wegweiser »zur schönen Aussicht« kann man sich schenken, die Aussicht ist längst zugewachsen. Interessanter ist da schon kurz darauf der Abstecher zu dem links im Wald versteckten Waldkopf, an dem Wolfgang Güllich mit der »Action Directe« die erste Kletterroute im Schwierigkeitsgrad XI eröffnete. Mit der Markierung noch etwas bergab, dann durch ein stark zugewachsenes Tälchen mit ein paar Felsen hinauf zu einer Forststraße (Wandertafel 0725), der man knapp 400 Meter nach rechts folgt. Deutlich sichtbar zweigt bei der Ta-

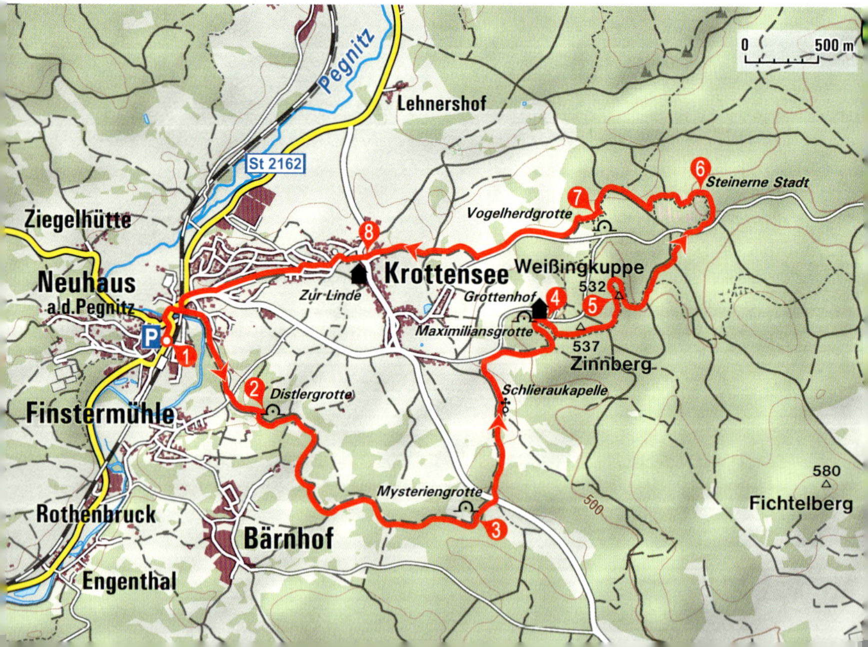

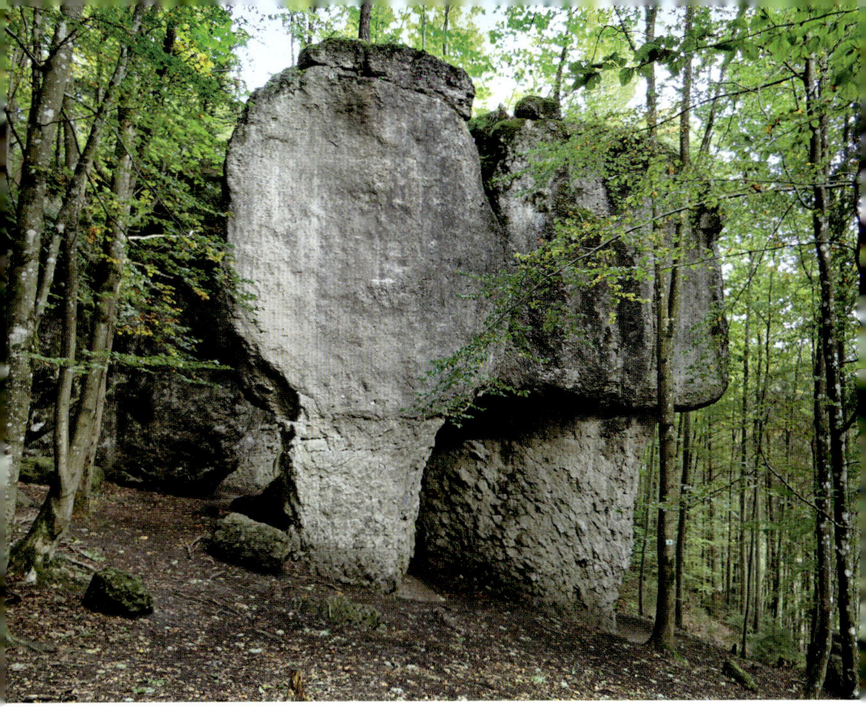

Typisch für die Steinerne Stadt sind »Pilzfelsen« wie die »Zwei Brüder«.

fel 0727 der Weg links ab und führt erst steil hinauf, dann rechts hinüber zur **Vogelherdgrotte (7)**. Mitten durch die eindrucksvolle, etwa 20 Meter lange Durchgangshöhle und auf der anderen Seite bergab zum Waldrand und links haltend über eine Wiese auf die wenig befahrene Straße Richtung **Krottensee (8)**. Nach einer Linkskurve beschreibt die Markierung eine kurze Schleife zu den sogenannten Opfersteinen. Dann wieder weiter auf der Straße, bis der grüne Punkt die Straße nach rechts verlässt und auf Feldwegen ins nahe Krottensee führt. Immer auf die Markierung achtend ohne Orientierungsprobleme durch die Siedlung und nach **Neuhaus (1)** zurück.

EINKEHR

Gasthof Grottenhof

Unterhalb der Maximilianshöhle gelegenes Gasthaus, große Terrasse mit Blick ins Grüne. Gute fränkische Küche.

Von April bis 1. November Mi bis So geöffnet, im Winter nur an den Wochenenden. Krottensee, 91284 Neuhaus an der Pegnitz, Tel. +49 9156 434, www.grottenhof.de.

Gasthof Zur Linde

Gutbürgerliche fränkische Küche, große Auswahl an Brotzeiten, eigene Hausschlachtung, selbst gebackene Kuchen, Torten und Küchle. Tipp: Der hausgeräucherte Schinken.

Mo, Di, Do und Fr ab 15 Uhr geöffnet, an Wochenenden in ungeraden Wochen Sa ab 13 Uhr und So ab 10 Uhr geöffnet, in geraden Wochen So ab 18.30 Uhr geöffnet (dann ohne warme Speisen), Mi Ruhetag. Krottensee 5, 91284 Neuhaus an der Pegnitz, Tel. +49 9156 526, https://.zur-linde-schreg.de.

39 Steinberg, 606 m

Im Wald versteckte Felswildnis bei Königstein ★★★

Wohnhöhle und botanischer Lehrpfad

Einem Labyrinth gleicht die Felswildnis des Steinbergs, der seinem Namen alle Ehre macht. Überall entdeckt man spannende Felsformationen, dazwischen beeindrucken senkrechte Abbrüche und schmale Durchgänge. Einen guten Überblick bekommt man vom Felsensteig, der mal links, dann wieder rechts des Felskammes entlangführt. Hier und da ist der Steig schmal und bei Nässe auch etwas rutschig, aber für geübte Geher ein Genuss. Und wer Glück hat, der hört und entdeckt in den Felsen auch Kletterer – über 100 Routen gibt es mittlerweile. Etwas abseits Richtung Nordosten befinden sich am Kühlochberg die nächsten Felsen, die mit ihren im Buchenwald versteckten senkrechten Abbrüchen mehr als beeindruckend sind. Am bekanntesten ist hier das Kühloch, eine der ältesten Wohnhöhlen der Oberpfalz. Bei der natürlichen Karsthöhle handelt es sich um eine Durchgangshöhle, wobei nach dem großen Eingangsportal und einer rund 20 Meter langen Felsenhalle der Weiterweg sehr eng und dunkel ist.

Eine Augenweide für Botaniker ist der botanische Lehrpfad am Schluss der Wanderung. Ein wunderschöner Weg führt am Bocksbühl zu Stationen wie Mischwald, Wiesen, artenreichen Hecken und Halbtrockenrasen. Auf 90 Tafeln werden die Pflanzen erklärt, darunter auch zahlreiche Orchideen wie der Frauenschuh.

KURZINFO

Ausgangspunkt: Königstein, Wander-Parkplatz im Schulweg am Ortsende Richtung Eschenfelden, 493 m (Navi: Schulweg, 92281 Königstein). Mit Bahn und Bus: Bus 446 vom Bahnhof Hersbruck (R 3).

Gehzeit: 3.45 Std.

Höhenunterschied: 370 m.

Anforderungen: Am Steinberg teils schmale Steige, die etwas Aufmerksamkeit erfordern, ansonsten überwiegend schöne Waldwege, hier und da auch breite Feldwege.

Kinder: Der Steig über das Felsenlabyrinth des Steinbergs ist überaus abwechslungsreich. Auch die Fortsetzung ist spannend, man kann die Tour allerdings auch abbrechen und vom Steinberg direkt zum Breitenstein wechseln und von dort über die Johanniskapelle zurück nach Königstein wandern.

Information: Tourismusbüro, Oberer Markt 20, 92281 Königstein, Tel. +49 9665 9131-50, www.markt-koenigstein.de.

In **Königstein (1)** auf dem Fußweg Richtung Ortsmitte (Wegweiser), wo eine Übersichtstafel mit Wanderwegen steht. An den Gasthäusern und Hotels vorbei in die Gaißacher Straße und auf dieser Richtung Ortsende. Vor den letzten Häusern mit dem Wegweiser »Johanniskapelle« rechts auf einen geteerten Weg, der nach wenigen Metern in einen Wiesenweg übergeht. Auf diesem zu einer Wegkreuzung unter großen Bäumen und an der Abzweigung zur Johanniskapelle vorbei. Mit der Wegnummer 18 weiter in ein Tälchen und mit etwas Hö-

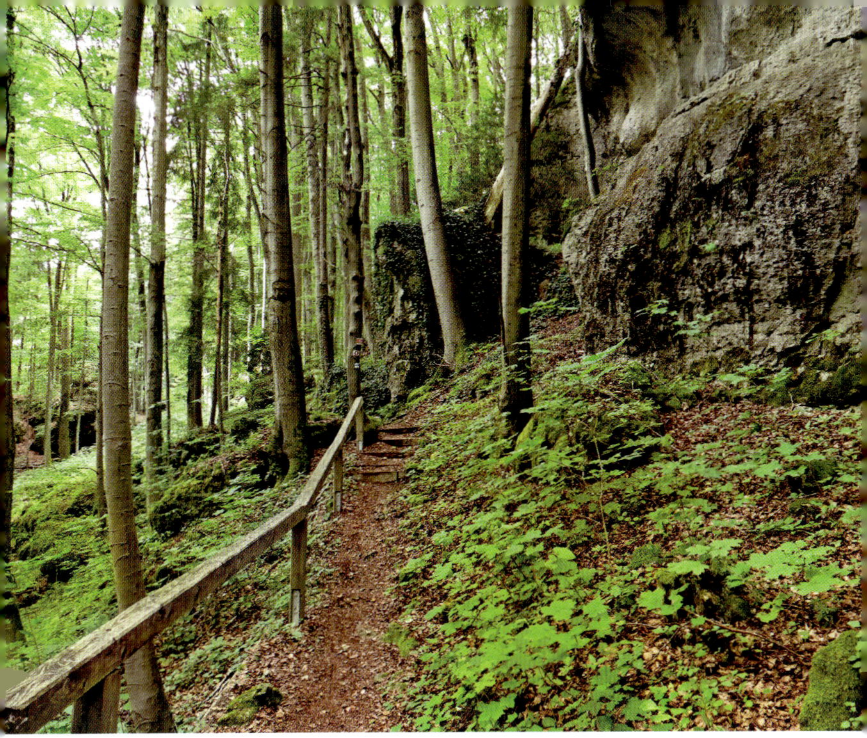

Geschickt führt der Steig durch das Felslabyrinth des Steinbergs.

henverlust auf den Feldweg, der im Talboden verläuft. Dieser wird überquert (Wegweiser »Steinberg«) und mit der 18 auf dem mit Gras bewachsenen Feldweg zum Waldrand. Geradeaus in den Wald und bergauf auf den zum Steinberg ziehenden Rücken. Auf der anderen Seite nur kurz bergab zum Wegweiser »Felsensteig«, der rechts abzweigt und mit dem blauen Querstrich steil bergauf führt. Die Markierung führt einen ohne Orientierungsprobleme an diversen Felsgruppen vorbei, verläuft mal rechts, dann eher links des Rückens und erreicht schließlich nach einem letzten längeren Anstieg den **Steinberg (2)**.

Hier gäbe es eine nicht markierte Abkürzung (Trittspuren), doch die Fortsetzung auf dem Felsensteig, der in einem weiten Bogen die Felsenwelt des Steinbergs umrundet, ist lohnend. Man folgt dem blauen Querstrich bis zu einer Weggabelung kurz nach einer Rastbank mit Tisch, die direkt am Fuß einer glatten Felswand steht. Hier verlässt man kurz den Felsensteig, der noch eine Schleife macht, und geht mit dem Wegweiser »Kühloch« (Markierung roter Kreis) links eindrucksvoll

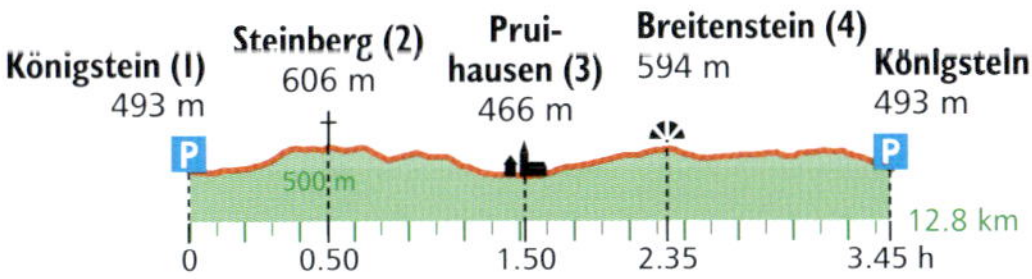

durch einen engen Felsspalt. Auf der anderen Seite bergab (bei Nässe rutschig), schließlich mit der von rechts kommenden Markierung des Felsensteigs weiter zu einer Unterstandshütte. An dieser vorbei (Wegweiser) und wieder bergauf, wobei die Markierung kurz vor dem höchsten Punkt nach links wegzieht und schließlich die Kammhöhe erreicht. Auf der anderen Seite kurzer Abstieg zum **Kühloch** und weiter zu einer Wegverzweigung. Hier rechts und unterhalb eindrucksvoller Felswände vorbei, wobei man aufpassen muss, um nicht versehentlich die Abzweigung des Weges zu übersehen. Etwas unvermittelt biegt nämlich der blaue Querstrich rechts ab, führt einen Meter bergauf auf einen Rücken und auf der anderen Seite wieder hinunter. Im Auf und Ab folgen wir dem traumhaften Steig über den Rücken des **Mühlbergs**, der schließlich in einen breiten Waldweg übergeht (Wegweiser »Pruihausen«). Am Waldrand rechts und geradeaus zu einem querenden Feldweg, der rechts nach **Pruihausen (3)** führt.

Vor dem Gasthaus steht rechts eine Tafel mit Wanderkarte und daneben ein Wegweiser (»Königstein, Breitenstein«). Mit dem roten Andreaskreuz aus dem Ort hinaus, auf einem betonierten Feldweg zu einer Bank und dort rechts. Man folgt dem Feldweg nur ein kurzes Stück zu einer Wiese, wo man schräg links am Waldrand die nächste Markierung sieht. Trittspuren führen über die Wiese zu einer Bank, dann im Wald wieder auf deutlichem Weg weiter. Es geht immer leicht bergauf, dann am Waldrand entlang flach zu einer Straße und mit dem Wegweiser »Romanische Doppelkapelle Breitenstein« und Blick auf diese bergauf. Oben rechts, an einer Wandertafel und der Abzweigung eines Weges (Wegweiser »Zum botanischen Lehrpfad«) vorbei, und rechts über ein paar Treppenstufen zur **Kapelle (4)** mit schöner Aussicht.

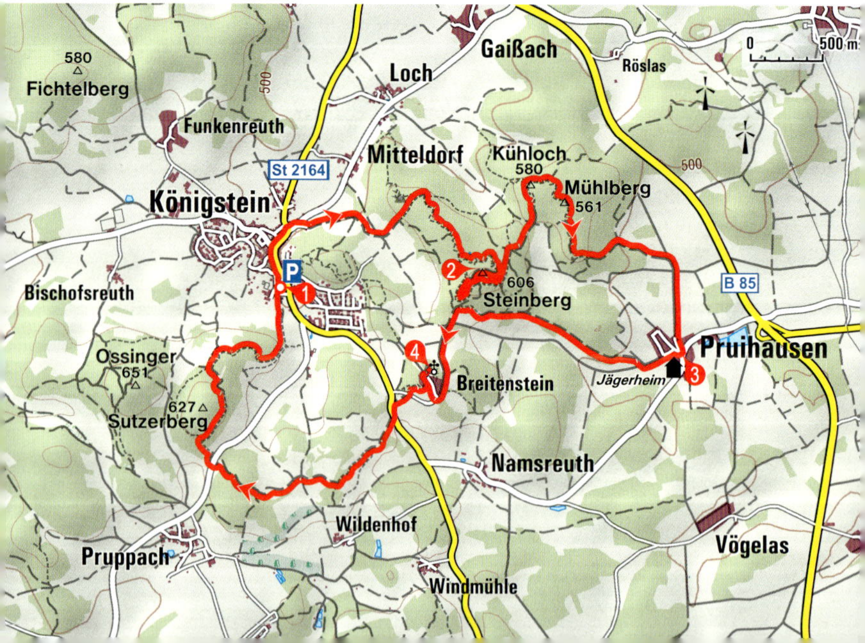

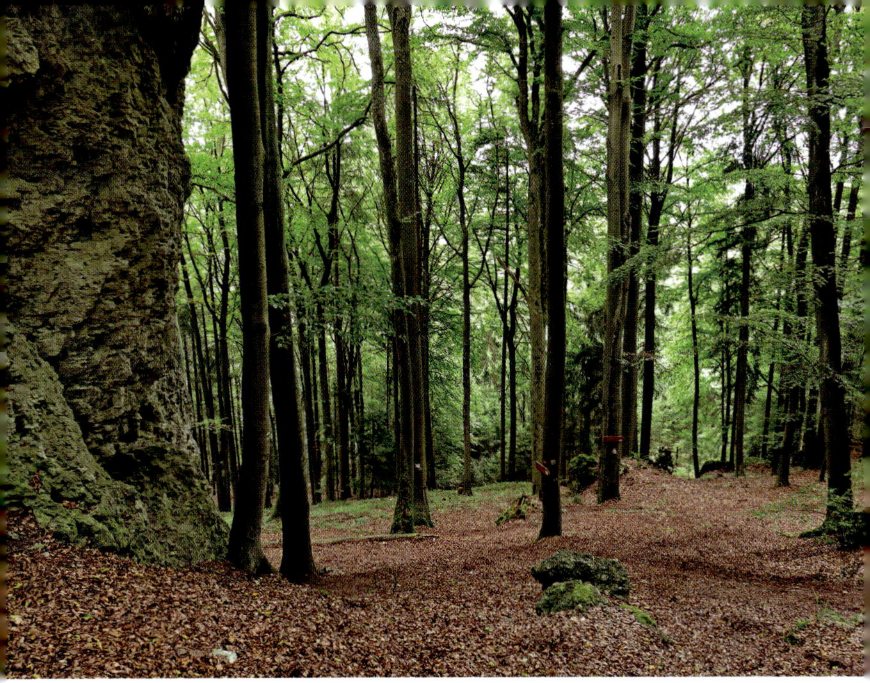

Unterhalb des Kühlochs hält man sich bei der Wegverzweigung rechts.

Zurück bei der Abzweigung folgt man dem Wegweiser und der Markierung blaues Kreuz bergab, wobei man kurz vor dem Waldende links zur Straße quert und links von einem Rastplatz und einem Wasserbehälter vorbei die Straße Königstein – Steinbach erreicht. Der folgt man rund 55 Meter nach links und biegt dann rechts auf einen Feldweg ab. Mit dem blauen Kreuz über die Felder, dann auf schmalem Pfad entlang eines eingezaunten Grundstücks und über eine Wiese zum Waldrand. Hier mit dem blauen Kreuz nach rechts zu einer Wegkreuzung. Geradeaus (Wegweiser »Ossinger«) zu einem freistehenden Baum, dort mit dem blauen Kreuz geradeaus in einen Wiesenweg, der leicht bergauf zum Waldrand führt. Auf Wegspuren in den Wald und ab hier wieder mit Markierung zur Straße Königstein – Eschenfelden, die man überquert. Auf der anderen Straßenseite rechts (Wegweiser, Markierung) und nach 60 Metern links, um entlang von ein paar Büschen den Waldrand zu erreichen. Dort erst mit dem blauen Kreuz bergauf, dann mit dem Wegweiser »Zum botanischen Lehrpfad« rechts. Mit der Wegnummer 16 auf traumhaften Pfaden ostseitig um den Sutzerberg herum und zurück zum Ausgangspunkt in **Königstein (1)**.

EINKEHR

Gasthof Jägerheim
Ruhige Lage, überdachte Terrasse. Wildgerichte mit Fleisch aus dem familieneigenen Jagdrevier, saisonales Gemüse wie Spargel- oder Pilzspezialitäten sowie frische Karpfen.
Geöffnet Mi 9–24 Uhr, Do ab 16 Uhr, Fr 16–24 Uhr, Sa 11–24 Uhr und So 10–22 Uhr, Mo und Di Ruhetag. Pruihausen 5, 92281 Königstein, Tel. +49 9665 228, www.gasthof-jaegerheim-pruihausen.de.

40 Ossinger, 651 m

Weite Fluren, steile Hügel ★★

Bergauf, bergab bei Königstein

Breitenstein, Zantberg und Ossinger heißen drei markante Erhebungen bei Königstein, die bis zu 651 Meter hoch sind und damit zu den höchsten der Fränkischen Schweiz zählen. Der Ossinger ist sogar der höchste Berg der Hersbrucker Alb und daher bei Wanderern entsprechend beliebt. Dennoch muss man bei der Aussicht Abstriche machen: Sowohl am Zantberg als auch am Ossinger verhindern Bäume den Ausblick. Dafür genießt man auf beiden Bergen mit ihren bewirtschafteten Hütten die Brotzeit im Schatten eines grünen Blätterdaches. Wer mehr sehen will, der kann wenigstens am Ossinger auf den im Jahr 2013 neu errichteten Aussichtsturm steigen. 105 Stufen führen auf den 22 Meter hohen, hölzernen Turm, dessen Höhe gerade so ausreicht, um über die Baumwipfel zu schauen.

Mehr Aussicht verspricht der 612 Meter hohe Breitenstein gleich am Anfang der Wanderung. Der Gipfel besteht aus zwei mächtigen Dolomitfelsen, auf denen einst eine durch eine Brücke verbundene Burg stand. Von der auf dem südlichen Felsen gelegenen Burg ist noch die Kapelle aus der Zeit um 1200 erhalten. Dabei handelt es sich ursprünglich um einen doppelgeschossigen Bau mit Tor und Oberkapelle.

KURZINFO

Ausgangspunkt: Königstein, Wander-Parkplatz im Schulweg am Ortsende Richtung Eschenfelden, 493 m (Navi: Schulweg, 92281 Königstein). Mit Bahn und Bus: Bus 446 vom Bahnhof Hersbruck (R 3).

Gehzeit: 4.45 Std.

Höhenunterschied: 490 m.

Anforderungen: Lange Runde mit steilem Anstieg auf den Zantberg. Bis dort überwiegend breite Feldwege, weiter auf den Ossinger teils wunderschöne Pfade.

Kinder: Eine abwechslungsreiche Rundtour ergibt die Wanderung von Königstein auf den Ossinger (Einkehrmöglichkeit und Aussichtsturm) mit Rückweg über den botanischen Lehrpfad.

Winter: In Eschenfelden gibt es einen kurzen Skilift (450–491 m). Betrieb unter der Woche ab 15 Uhr, an Wochenenden ab 13.30 Uhr (www.eschenfelden.de/skilift1).

Information: Tourismusbüro, Oberer Markt 20, 92281 Königstein, Tel. +49 9665 9131-50, www.markt-koenigstein.de.

Vom Parkplatz in **Königstein (1)** auf dem Fußweg Richtung Ortsmitte (Wegweiser), wo eine Übersichtstafel mit Wanderwegen steht. An den Gasthäusern und Hotels vorbei in die Gaißacher Straße und auf dieser Richtung Ortsende. Vor den letzten Häusern mit dem Wegweiser »Johanniskapelle« rechts auf einen geteerten Weg, der nach wenigen Metern in einen Wiesenweg übergeht. Auf diesem bis zu einer Wegkreuzung unter großen Bäumen und rechts (Wegweiser, Markierung Nr. 17) bergauf Richtung Johanniskapelle. Erst an einer Hecke entlang, dann durch Wald und schließlich am rechten Rand einer Lichtung auf den

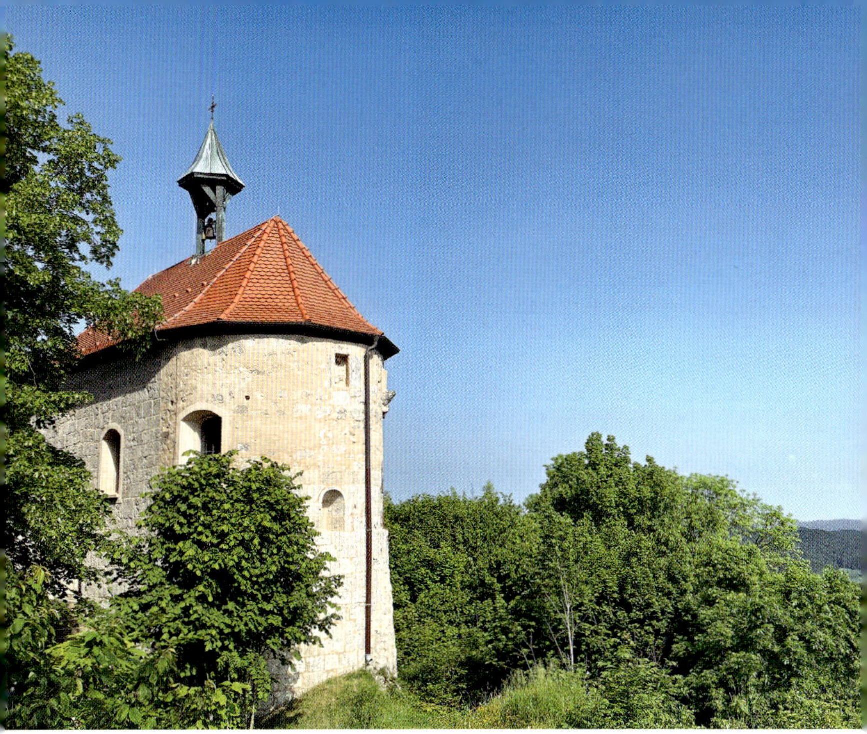

Am Breitenstein steht eine Kapelle aus der Zeit um 1200.

Waldrücken und links hinauf zur Kapelle. Der weitere Weg folgt dem Waldrücken, wobei wir uns bis Breitenstein an die Markierung Nr. 18 halten. Auf schönen Steigen durch den Wald, bei einer Weggabelung mit der Markierung rechts und schließlich über ein kurzes Wiesenstück zu einem Zaun. Links und nach wenigen Metern rechts auf einen Steig (Wegweiser »Breitenstein«), der hinaufführt nach **Breitenstein (2)**. Ein kurzer Abstecher führt links hinauf zur Burgkapelle mit schöner Aussicht, danach folgt man der Zufahrtsstraße nach Breitenstein 25 Meter und biegt nach einem Haus rechts ab. Mit dem Wegweiser »Ossinger« bergab, wobei man kurz vor dem Waldende links zur Straße quert und links von einem Rastplatz und einem Wasserbehälter vorbei die Straße Königstein – Steinbach erreicht. Der folgt man rund 55 Meter nach links und biegt dann rechts auf einen Feldweg ab. Mit dem blauen Kreuz über die Felder, dann auf schmalem, etwas zugewachsenen Pfad entlang eines eingezäunten Grundstücks und

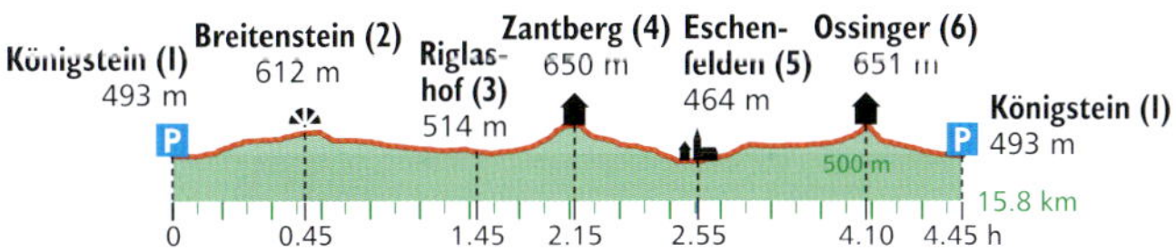

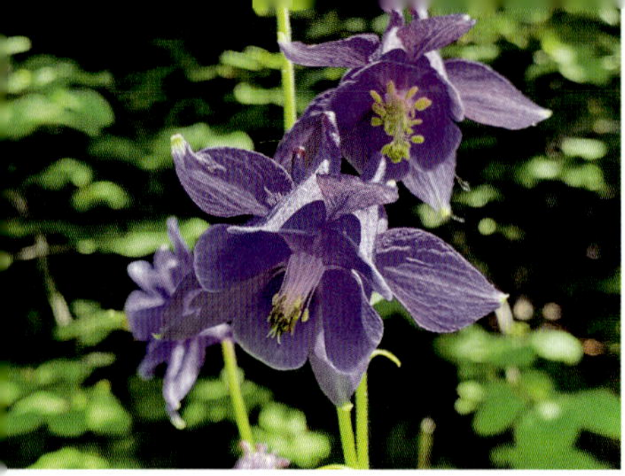

schließlich wieder über Felder zu einer Wegkreuzung. Hier mit dem gelben Punkt nach links (Wegweiser »Hohe Zant«), durch den Weiler **Wildenhof** und der Markierung folgend auf den Waldrücken des Arzbergs. Abstieg am Waldrand bis zu einer Bank mit Wegweiser, bei der ein uraltes Schild mit gelbem Punkt nach rechts weist. Der Weg führt leicht fallend nach **Riglashof (3)** am Fuß des Zantbergs. Mit der Markierung durch den Ort und auf einer Teerstraße in Richtung des mächtigen Waldbuckels. Bei einer Wegkreuzung kurz vor dem Wald hält man sich links und steigt über die Felder in den Sattel zwischen Holzberg und Zantberg auf. Ab der Wanderwegtafel 3341 folgt man dem blauen Querstrich, der teils steil über den Waldrücken auf die Kuppe des **Zantbergs (4)** führt.

Weiter Richtung Ossinger geht es auf dem östlichen Albrandweg (»Königsteiner Erzweg-Schlaufe«).

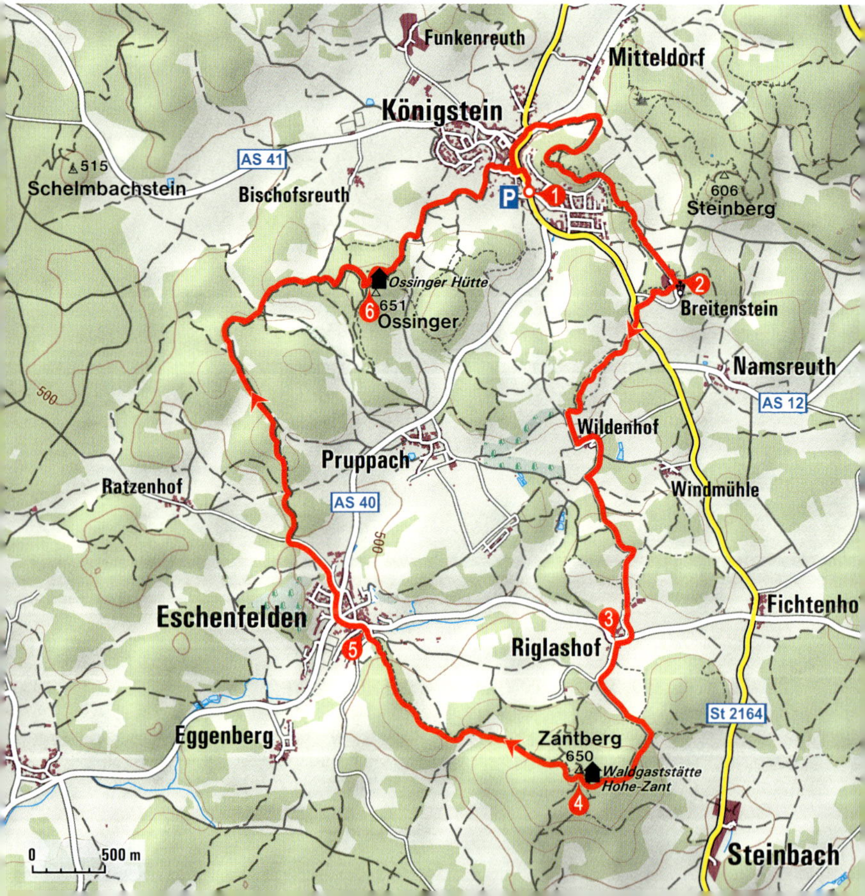

Nur dank eines Aussichtsturms kann man am Ossinger das Panorama bewundern.

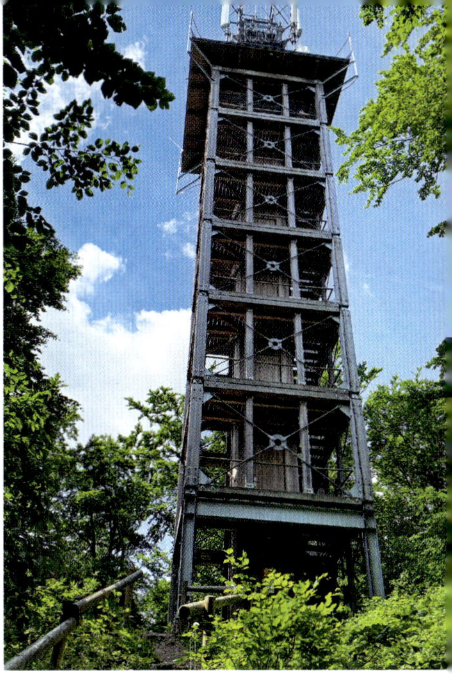

Mit dem manchmal etwas verblichenen roten Querstrich bzw. der Wegnummer 8 bergab, beim Katzenloch im weiten Sattel zwischen Zantberg und Wachtberg folgt man einem Kiesweg entlang von Feldern, und nach einem kurzen Gegenanstieg heißt es aufpassen: Gleich nach einer Kuppe zweigt der rote Strich nach links ab und führt weitgehend am Waldrand entlang hinunter nach **Eschenfelden (5)**. Im Ort folgt man der Straße nach Königstein, doch dann verlässt man Eschenfelden mit dem Wegweiser »Ossinger« auf der wenig befahrenen Straße nach Ratzenhof. Vor einer Kuppe wechselt man auf einen schmalen, parallel verlaufenden Teerweg (Wegweiser). Durch Kiefernwald zu einem kreuzenden Weg, links und gleich wieder rechts auf schönem Steig durch Buchenwald weiter bergauf zu einem Forstweg, dem wir nach links folgen. Durch Wald, teilweise auch über Wiesen, geht es mit der Markierung in einem großen Bogen zum **Ossinger (6)**, dessen Kuppe wir nach einem letzten steilen Anstieg erreichen.

105 Stufen führen auf den 22 Meter hohen **Aussichtsturm**, zur Belohnung gibt es eine gute Rundsicht, ehe der Abstieg auf einem mit Holzgeländer gesicherten Weg beginnt. Am Ende des Geländers rechts und nach ein paar Metern mit dem roten Andreaskreuz links weiter bergab. Am Waldrand geht es rechts hinüber zu einem Feldweg und auf diesem links in Richtung eines Lagerschuppens. Kurz davor mit dem Wegweiser »Königstein« rechts auf einen Wiesenweg und damit zurück in den Ort und zum **Ausgangspunkt (1)**.

EINKEHR

Waldgaststätte Hohe-Zant

Einfache Hütte mit schönem Biergarten in einer Lichtung. Passend dazu gibt es eine Brotzeit mit Bier und Bratwürsten, Pfefferbeißer oder Bauernseufzern, Käse- und Schinkenbrot – oder etwas Süßes.

Zwischen Mai und Oktober an Wochenenden von 10–17 Uhr geöffnet, aufgrund der Corona-Folgen ist dies aber nicht sicher. Steinbach 3, 92259 Neukirchen bei Sulzbach-Rosenberg, Tel. +49 9665 327.

Ossinger Hütte

Einfache Einkehr am Gipfel des Ossingers, mitten im Wald liegend. Kleine Karte mit ein paar Getränken, Würstl und Brotzeiten.

Geöffnet Sa ab 11 Uhr, Sonn- und Feiertage ab 10 Uhr. Bischofreuth, 92281 Königstein, Tel. +49 177 2869088, www.ossinger-huette.de.

41

Geißkirche, 538 m

Stille Pfade über dem Pegnitztal ★

Kleinod Wengleinpark

Manche Leute haben einfach Weitblick. So erwarb etwa der Schwabacher Nadelfabrikant und Naturliebhaber Carl Wenglein ab 1922 Flächen am Steilhang oberhalb von Eschenbach und gestaltete dort ein Vogelschutzareal. 1930 wurde der Wengleinpark gegründet, der schon damals eine Erholungs- und Bildungsfunktion innehatte – und eines der ersten Naturschutzgelände Deutschlands war. Lange nach Wengleins Tod kaufte der Bund Naturschutz in Bayern das etwa fünf Hektar große Areal. Im Jahr 2008 wurde die Anlage neu gestaltet und die Fläche auf 12 Hektar vergrößert. Mehrere Themenwege führen durch den Park, darunter ein etwa zwei Kilometer langer Lehrpfad mit zahlreichen Informationstafeln. Das Spannende dabei ist, dass auf diesem überschaubaren Raum die landschaftliche Vielfalt der Fränkischen Schweiz mit Buchenwäldern, Felsriegeln, Trockenrasen, Karsthöhlen oder Quellbereichen zu finden ist.

KURZINFO

Ausgangspunkt: Eschenbach, an der Einmündung des Hirschbachtals in das Pegnitztal, von Hersbruck kommend Parkplatz am Ortseingang, 349 m (Navi: Eschenbach, 91224 Pommelsbrunn). Mit Bahn und Bus: Bus 446 vom Bahnhof Hersbruck (R 3).
Gehzeit: 4.45 Std.
Höhenunterschied: 550 m.
Anforderungen: Mehrere Anstiege auf teils steilen Pfaden, hier und da ist etwas Orientierungsvermögen hilfreich – und ein guter Blick, um die nächste Markierung zu finden.
Kinder: Eine Runde durch den Wengleinpark mit seinen Informationstafeln ist nicht nur für Kinder interessant. Allerdings sind die Pfade kaum gepflegt, so dass die Tour im Frühsommer, solange das Gras noch nicht so hoch ist, mehr Spaß macht.
Information: Gemeinde Pommelsbrunn, Rathausplatz 1, 91224 Pommelsbrunn, Tel. +49 9154 9198-0, www.pommelsbrunn.de

Vom Parkplatz am Rand von **Eschenbach (1)** Richtung Ortsmitte und mit dem roten Punkt am Gasthof Zum Goldenen Engel vorbei zu einem Wegweiser, der einen links Richtung Wengleinpark weist. Die Straße hinauf und nach gut 175 Meter beim Heroldturm rechts. Kurz steil bergauf, dann am unteren Rand des Wengleinparks entlang. Mit dem roten Punkt weiter zu einem Schuppen und einem Forstweg, dem wir nur wenige Meter bergauf folgen und bei zwei Bänken gleich wieder nach rechts verlassen (Markierung). Entlang einer Streuobstwiese zum Waldrand und mit der Markierung ein langes Stück bergauf. Mit geringem Höhenverlust erreicht man den Rand einer Lichtung, bei der wir den breiten Weg verlassen und einem zugewachsenen Wiesenpfad folgen, der am linken Rand der Lichtung entlangführt und dann in den Wald wechselt. Weiter auf einem guten Weg, unter einer Hochspannungsleitung hindurch, und mit der Mar-

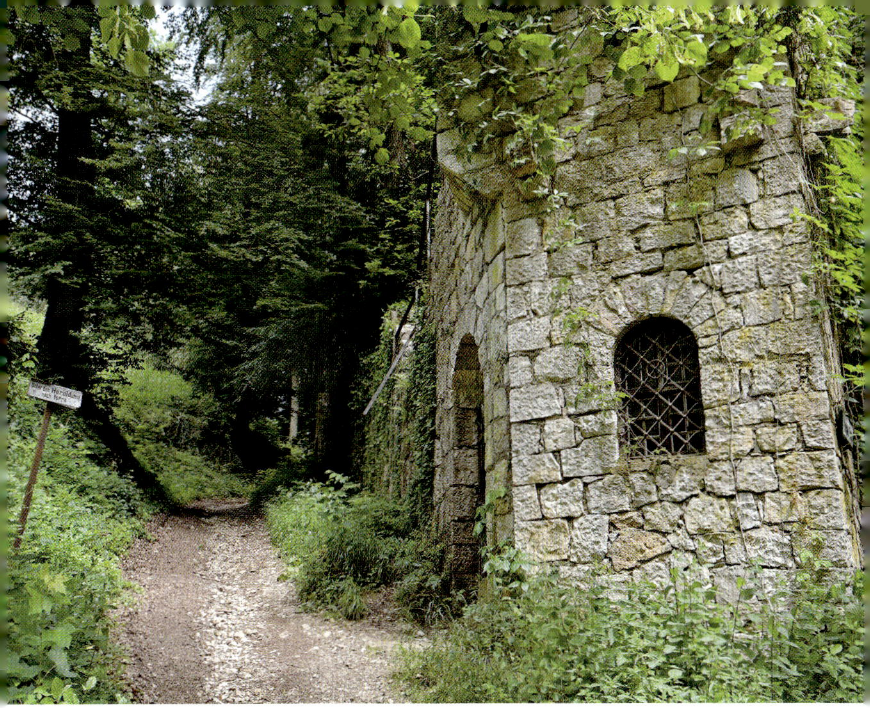

Das Grün wuchert, das zeigt sich schon beim Zugang zum Wengleinpark.

kierung zur Tafel 230. Ab hier zusammen mit der Markierung des Paul-Pfinzing-Wegs weiter Richtung Vorra. Bei der Tafel 0518 verlassen wir den roten Punkt und folgen dem Paul-Pfinzing-Weg und dem grünen Kreuz. Abwechselnd durch Wald und freie Felder hinunter ins Pegnitztal nach **Vorra (2)**.

Mit der Wegnummer 2 durch den Ort in die Stoppacher Straße, durch die Bahnunterführung und anschließend in die parallel verlaufende Birgstraße. Bergauf und am Ende auf einen schönen Waldweg. Bei einigen Häusern geht der Pfad in einen Kiesweg über, der oberhalb von Düsselbach auf eine Teerstraße trifft (Tafel 0508). Rechts und nach rund 225 Meter halb links auf einen Weg, der nach wenigen Metern einen Bach quert und dann durch den Wald und über Wiesen bergauf führt auf die Hochfläche. Oberhalb eines markanten Grabens vorbei und dahinter wieder mit den hier nur spärlich vorhandenen Markierungen ein Stück bergab. Schließlich auf halber Hanghöhe an einem offenen Lagerschuppen und einer Quelle vorbei nach **Alfalter (3)**.

Mit der 2 durch den Ort und über die Pegnitz zu einem gekiesten Radweg. Sich Richtung Eschenbach hal-

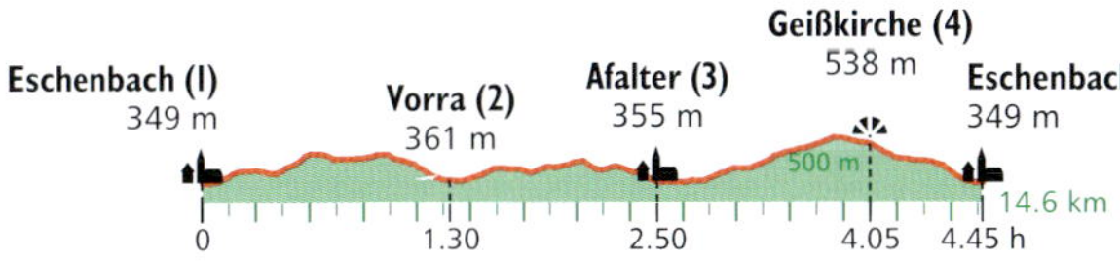

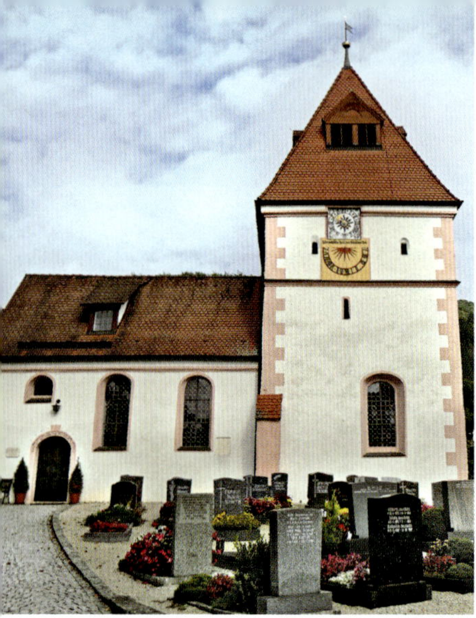

Niedrig, aber wuchtig: der Turm der Kirche in Alfalter.

tend wird die Bahnstrecke überquert. Dahinter gleich links und erst einmal parallel zu den Gleisen, dann im Wald bergauf, bis wir in einer Kurve auf die Markierung grüner Strich des Heinrich-Scheuermann-Wegs treffen. Bei der Wandertafel 0550 haben wir die Wahl: entweder rechts auf direktem Weg zurück nach Eschenbach oder links zur Düsselbacher Wand. Diese längere Runde führt einen durch den Wald wieder Richtung Vorra, bis uns die der rote Kreis rechts haltend steil hinauf zu den Gipfelfelsen des Lochsteins weist und kurz darauf zur Düsselbacher Wand. Weiter mit dem roten Kreis durch Wald hinauf zu einer Wegkreuzung. Hier rechts (Wegweiser »Geißkirche«) und den höchsten

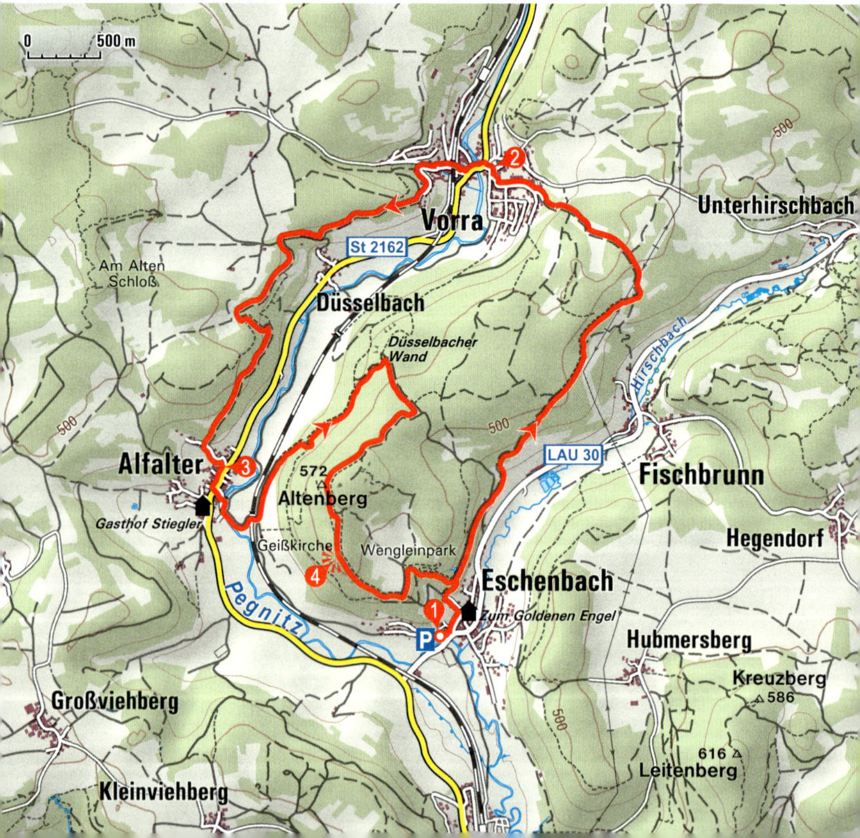

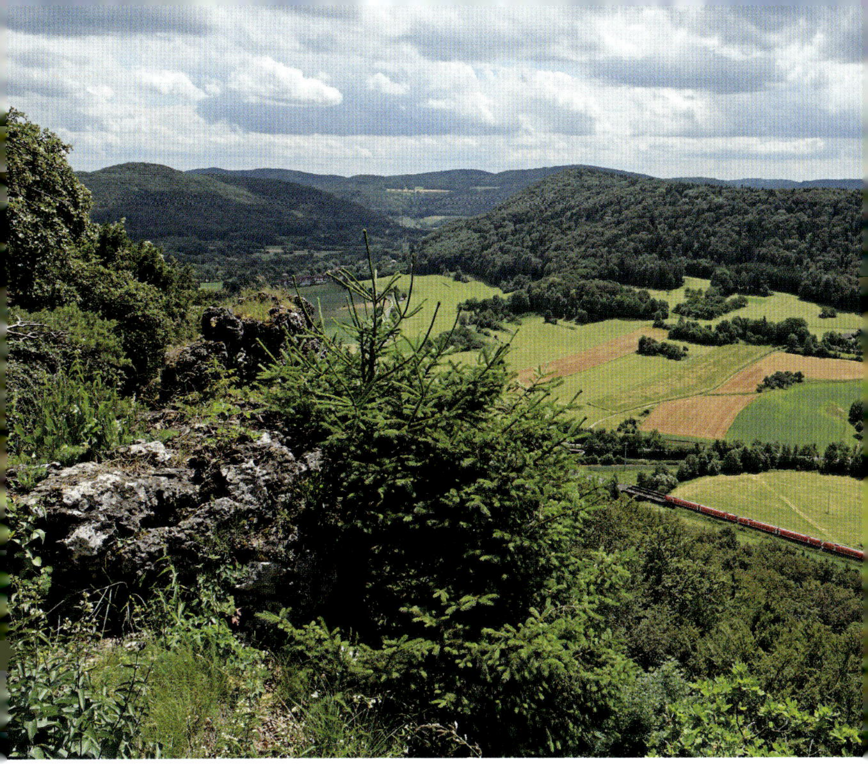

Am Altenberg öffnet sich der Blick ins Pegnitztal.

Punkt des Altenbergs westseitig umrundend zum Aussichtspunkt **Geißkirche (4)**.
Die Markierung führt nun über den Südostrücken abwärts zu einem Forstweg. Hier links, über eine Wiese und bei einer Gabelung am Waldrand auf den rechten Weg. Nach vielleicht zehn Metern heißt es aufpassen, um im hohen Gras die Abzweigung nach rechts nicht zu übersehen. Im Wald ist der Weg, der durch das Naturschutzgebiet Wengleinpark führt, zum Glück wieder deutlich zu sehen. Unterhalb der «Orchideenwiese" führt der wunderschön angelegte, allerdings mangelhaft gepflegte Steig durch das weitläufige Areal, wobei hier und da kurze Varianten möglich sind. Zuletzt auf breitem Weg zum Heroldturm, bei dem man auf den bereits bekannten Forstweg trifft. Auf diesem hinunter nach **Eschenbach (1)**.

EINKEHR

Gasthof Stiegler
Das kleine Gasthaus am Ortsrand von Alfalter befindet sich seit über 100 Jahren im Familienbesitz. Gut bürgerliches Essen mit diversen Braten und fränkischen Klassikern wie Schäufele.
Sonn- und Feiertage ab 11.30 Uhr geöffnet, Mi bis Sa 11.30–14 und ab 17.30 Uhr, Mo und Di geschlossen. Alfalter 32, 91247 Vorra, Tel. +49 9152 8167, www.gasthof-stiegler.de.

Gasthof Zum Goldenen Engel
Traditionswirtschaft mit ganz kleiner Metzgerei, gute fränkische Küche.
Täglich geöffnet (So und Mo Ruhetag). Eschenbach 15, 91224 Pommelsbrunn, Tel. +49 9154 8120.

42 Zwischen Hirschbach- und Pegnitztal

Über Hirschbach nach Artelshofen ★★

Verstecktes Naturwunder

Im Hirschbachtal orientiert sich der Großteil der Wanderer Richtung Norissteig und Höhenglücksteig und das dazwischenliegende Wandergebiet. Bei diesen Möglichkeiten übersehen viele das Angebot nördlich davon, genauer zwischen Hirschbach- und Pegnitztal. Hier findet man im idyllischen Reichental Ruhe und oberhalb, inmitten der weiten Wälder, das Windloch. Ein Spalt im Fels und ein Loch im Boden, viel mehr sieht man nicht. Dabei steht man am Eingang in die geheimnisvolle Unterwelt der Fränkischen Schweiz. Streng genommen handelt es sich um eine trichterförmige Einsturzdoline. Rund 15 Meter führt eine Rampe steil hinunter zu einem dunklen Loch, hinter dem es 28 Meter überhängend in die Tiefe geht. Im Dunklen verborgen öffnet sich eine geräumige Halle von 30 Meter Breite und 44 Meter Länge, am Boden befinden sich Trümmer der ehemaligen Höhlendecke. Beeindruckend, allerdings ist eine Befahrung ist nur für erfahrene Höhlenforscher mit geeigneter Ausrüstung möglich. Doch schon der Blick vom sicheren Rand in die Tiefe ist faszinierend, und man kommt schnell ins Grübeln, wie viele Höhlen es hier wohl noch gibt und ob nicht auch unter dem Wanderweg irgendwann die Decke einer Kaverne einbricht und eine weitere Doline entsteht …

KURZINFO

Ausgangspunkt: Eschenbach, an der Einmündung des Hirschbachtals in das Pegnitztal, von Hersbruck aus Parkplatz am Ortseingang, 349 m (Navi: Eschenbach, 91224 Pommelsbrunn). Mit Bahn / Bus: Bus 446 vom Bhf. Hersbruck (R 3).
Gehzeit: 5.00 Std.

Höhenunterschied: 420 m.
Anforderungen: Überwiegend schöne Steige, die etwas Ausdauer erfordern, da die Anstiege nach flachem Start im Hirschbach- und Reichental erst im Verlauf der Tour erfolgen.
Information: Gemeinde Hirschbach, Rathausstraße 3, 92275 Hirschbach, Tel. +49 9665 9131-0, www.gemeinde-hirschbach.de.

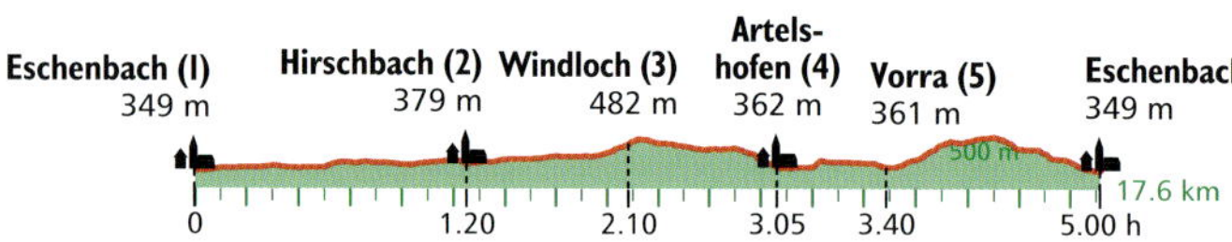

Vom Parkplatz am Rand von **Eschenbach (1)** in die Ortsmitte, dann rechts über den Hirschbach und mit dem Wegweiser »Talweg: Fischbrunn – Hirschbach« gleich wieder links. Auf der kaum befahrenen Straße mit dem gelben Strich und schönem Blick über das Hirschbachtal Richtung Fischbrunn, bis man die Straße durch das Hirschbachtal erreicht. Links und nach der Brücke über den Hirschbach wieder rechts (Markierung). Die Straße durch das Hirschbachtal erneut querend Richtung Hegendorf und nach ein paar Metern vor dem Feuerwehrhaus

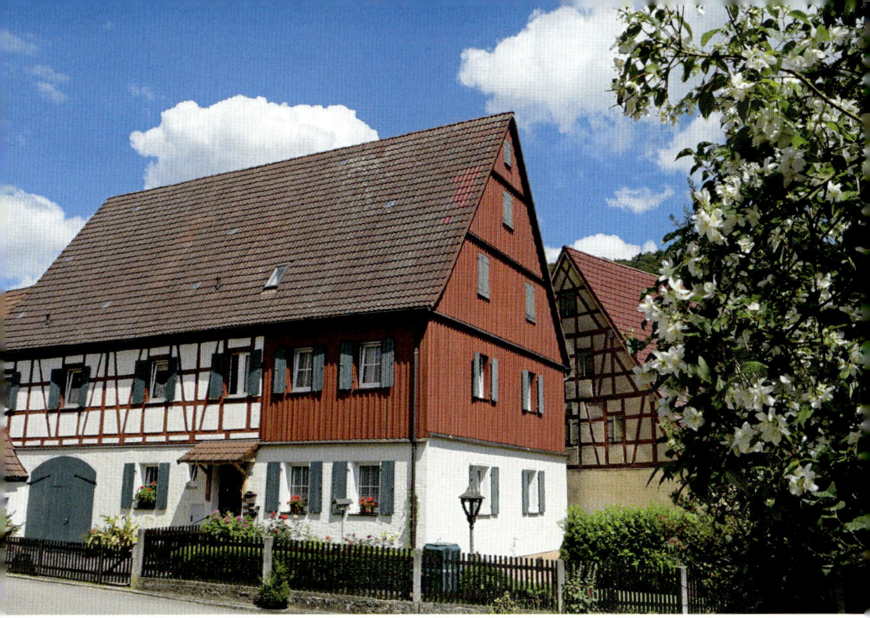

Eschenbach ist Ausgangs- und Endpunkt der Wanderung.

links. Ohne Orientierungsprobleme am Rand des Tales auf wunderschönen Wegen taleinwärts, an Fischweihern vorbei und in der Linkskurve des Kiesweges geradeaus. An der Hecke entlang, kurz darauf bereits mit Blick auf die Straße durch das Hirschbachtal rechts über ein Stufen aufwärts und ab hier wieder eindeutig mit dem gelben Strich markiert nach **Hirschbach (2)**.

Auf einem Teerweg in den Ort und links am Gasthof Goldener Hirsch vorbei Richtung Loch. Die Teerstraße wird am Beginn einer Steigung verlassen (Wegweiser »Windloch«), und wir bleiben mit dem grünen Querstrich im Talboden. Bis zur Wandertafel 0790 folgen wir dem idyllischen, ruhigen Reichental, dann geht es mit einem hölzernen Wegweiser links hinauf zum **Windloch (3)**. Anschließend weiter auf die Kuppe des Lohhügels, wo bei einer Lichtung (Wanderwegtafel 0522) der grüne Strich nach rechts abzweigt. Über die Lichtung – falls im Sommer die Brennnesseln zu hoch sind, dann besser noch ein Stück weiter und bei nächster Gelegenheit mit dem roten Punkt nach rechts – und bei der Tafel 0523 rechts. Bei der Tafel 0642 links und mit dem grünen Querstrich immer geradeaus (die Abzweigung mit dem roten Kreis Richtung Falkenberghaus bei Tafel 0527 endet leider im Dickicht), bis man auf einen querverlaufenden Waldweg trifft und dort mit der Wegnummer 3 rechts Richtung **Artelshofen (4)** wandern kann.

Im Ort beim Gasthaus über die Pegnitz und links in den Schulanger. Auf dem Radweg nach Hersbruck verlassen wir den Ort, bis wir links auf einer Fußgängerbrücke auf die östliche Talseite wechseln können. An einem Haus links vorbei in den Wald, wo sich der Weg teilt. Auf dem mittleren (der ganz rechte führt nur bis zu einem Tor) leicht

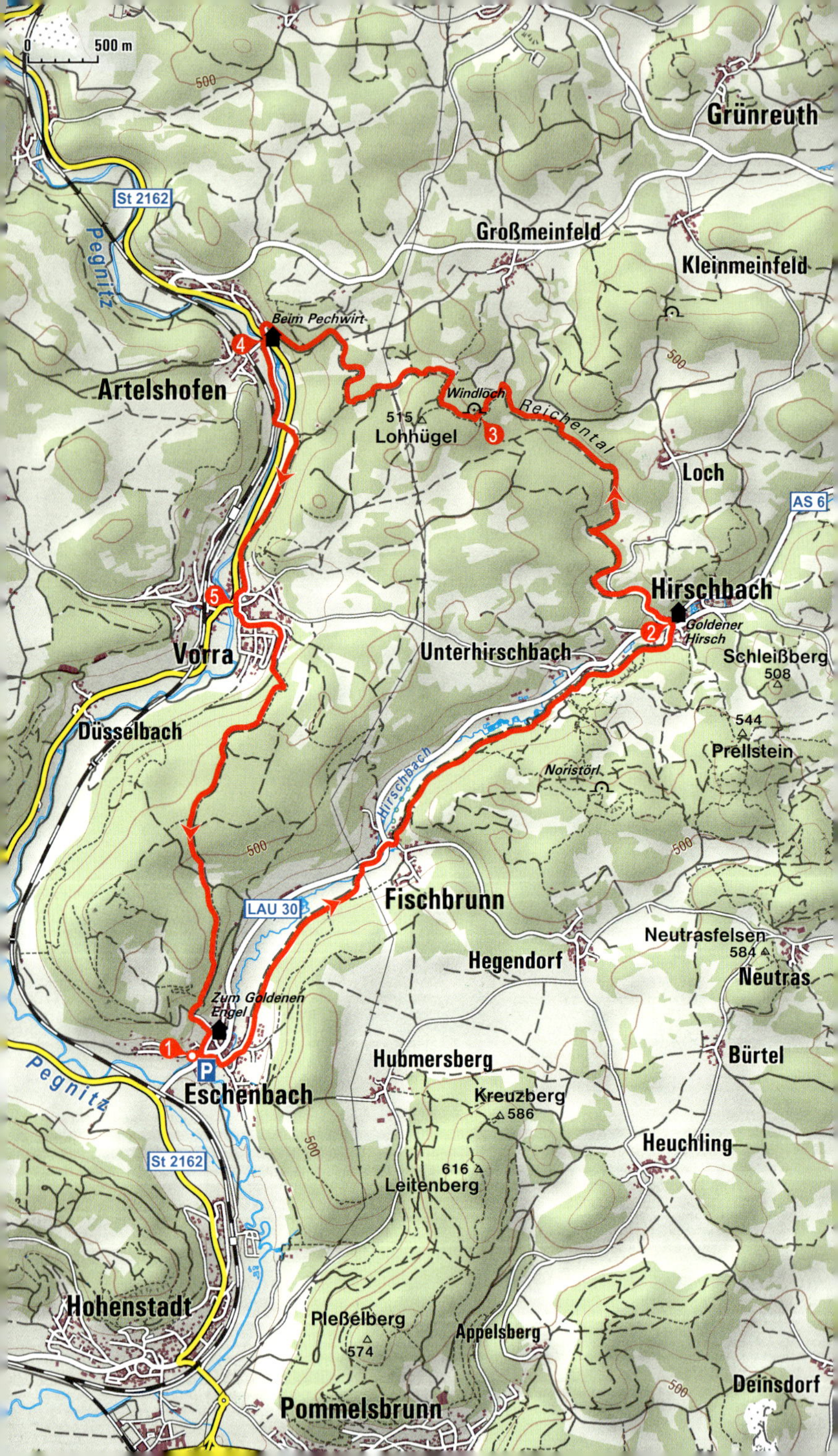

0
500 m
500
Grünreuth
St 2162
Pegnitz
Großmeinfeld
Kleinmeinfeld
Beim Pechwirt
4
Artelshofen
Windloch
515
Lohhügel
3
Reichental
Loch
AS 6
5
Hirschbach
Goldener Hirsch
2
Vorra
Unterhirschbach
Schleißberg
508
544
Prellstein
Düsselbach
Noristörl
Hirschbach
500
500
LAU 30
Fischbrunn
Hegendorf
Neutrasfelsen
584
Neutras
Zum Goldenen Engel
1
P
Bürtel
Hubmersberg
Pegnitz
Eschenbach
Kreuzberg
586
500
Heuchling
St 2162
616
Leitenberg
Hohenstadt
Pleßelberg
574
Appelsberg
500
Deinsdorf
Pommelsbrunn

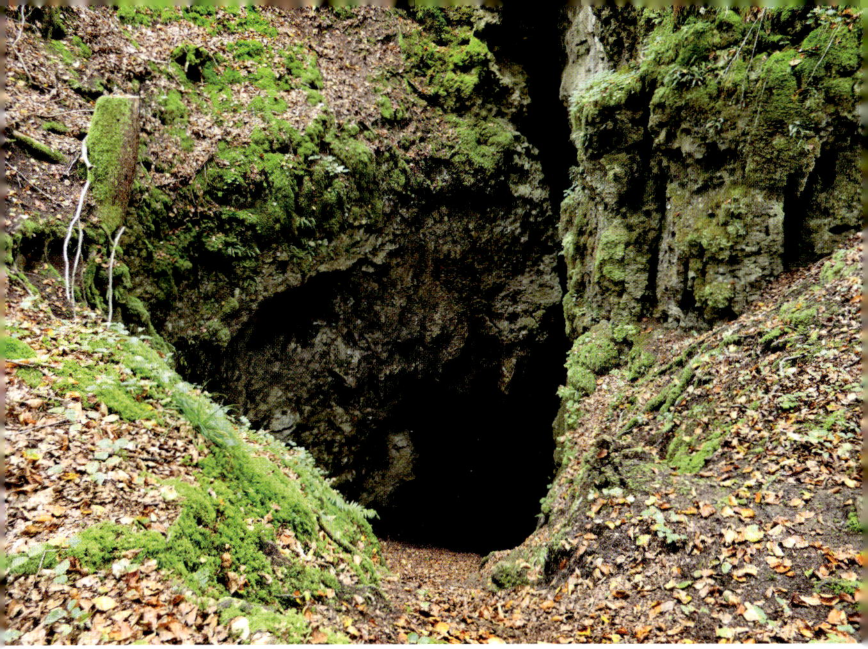

Die Einsturzdoline des Windlochs, dahinter geht es senkrecht in die Tiefe.

bergauf und dann weitgehend eben mit dem grünen Strich nach **Vorra (5)**. An der Kirche vorbei zu einer Wandertafel und mit dem blauen Kreuz erst geradeaus, dann links auf dem Fischbrunner Weg Richtung Eschenbach. Durchgehend gut markiert geht es ohne Orientierungsprobleme durch die Wälder auf einen Rücken und auf der anderen Seite hinunter und damit zurück zum **Ausgangspunkt (1)**.

EINKEHR

Gasthof Goldener Hirsch
Historischer Gasthof (erbaut im Jahre 1630) am Eingang ins Reichental, zählt zu den schönsten Fachwerkbauten der Oberpfalz, schattiger Biergarten unter großer Linde. Empfehlenswerte Gerichte wie frische Forelle aus dem Hirschbach mit Mandelbutter und Salzkartoffeln oder – klassisch fränkisch – Schäufele mit Kloß.
Mi bis Fr von 11.30–20 Uhr geöffnet, Wochenenden und Feiertage 11–20 Uhr, Mo und Di Ruhetag. Hirschbacher Dorfplatz 1, 92275 Hirschbach, Tel. +49 9152 986300, www.goldenerhirsch.de.

Gasthaus Beim Pechwirt
Beliebtes Gasthaus im Pegnitztal, sonniger Wirtsgarten. Sehr gute fränkische Küche mit erstklassigen Bratwürsten.
Mo und Mi Ruhetag. Von-Tetzel-Straße 4, 91247 Vorra, Tel. +49 9152 8555, www.beim-pechwirt.de.

Gasthof Zum Goldenen Engel
Traditionswirtschaft mit ganz kleiner Metzgerei, gute fränkische Küche.
Täglich geöffnet (So und Mo Ruhetag). Eschenbach 15, 91224 Pommelsbrunn, Tel. +49 9154 8120.

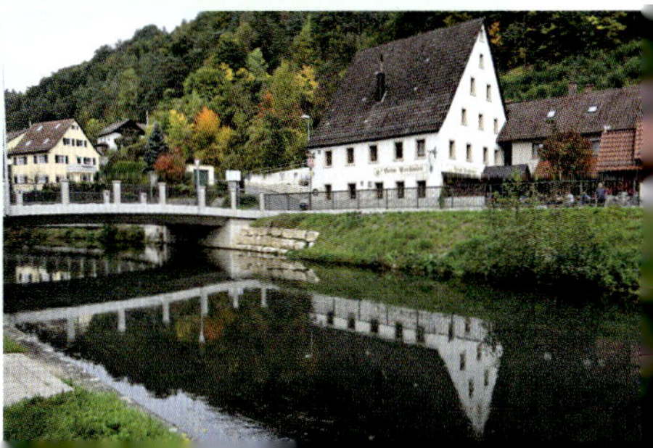

43 Berge über Hirschbach

Rutschen, Prellstein, Schloss- und Hirschberg ★★

Wandern im Felsparadies

Die grünen Waldhügel südlich des Hirschbachtales sind ein Wander- und Kletterparadies. Dabei gibt es zwischen den beiden Klettersteigen Norissteig und Höhenglücksteig zig Möglichkeiten für Wanderer, das Gebiet zu erkunden. Überrascht entdeckt man im Wald versteckt teils eindrucksvolle Felsformationen mit senkrechten Wandabbrüchen, dann wechselt man wieder auf aussichtsreiche Fluren und sieht beim Blick über die dicht bewaldeten Hügel erst einmal nur Grün und dann, bei genauem Hinschauen, unter der höchsten Erhebung der Rutschen (591 m) die Felsen des Höhenglücksteigs. Die bilden einen guten Orientierungspunkt, denn genau oberhalb der Abbrüche verläuft ein Teil der hier vorgestellten Wanderung. Vor dem »Gipfel« mit schöner Aussicht kommt man am Einstieg des Höhenglücksteigs vorbei, der in drei Teilstücken die Felswand quert. Am schwersten und kraftraubendsten ist der 3. Teil im Schwierigkeitsgrad D. Der quasi parallel oberhalb der Felsen entlangführende Wanderweg ist dagegen leicht und erfordert nur an einigen Stellen etwas Aufmerksamkeit – sobald sich der Steig der Felskante nähert, heißt es aufpassen.

KURZINFO

Ausgangspunkt: Hirschbach, im gleichnamigen Tal, Parkplatz »Mittelbergwand«, von Eschenbach kommend am Ortseingang von Hirschbach, 374 m (Navi: Talstraße, 92275 Hirschbach). Mit Bahn und Bus: Bus 446 vom Bahnhof Hersbruck (R 3).
Gehzeit: 4.15 Std.
Höhenunterschied: 530 m.
Anforderungen: Reichlich Anstiege und damit Höhenmeter sind zu bewältigen. Aufgrund der vielen Steige und Markierungen ist etwas Orientierungsvermögen hilfreich, bei Nässe sind einige Passagen unangenehm rutschig.
Kinder: Für den Höhenglücksteig benötigt man Klettersteigerfahrung und die kann der Nachwuchs am Kinderklettersteig sammeln. Auf der Via Ferrata Bambini neben dem Einstieg in den Höhenglücksteig können Kinder in drei Sektionen verschiedene Klettersteigelemente kennenlernen, wobei das Drahtseil zur Sicherung natürlich in kindgerechter Höhe angebracht ist. Wichtig: Einstieg nur mit kompletter Klettersteigausrüstung und Helm.
Information: Gemeinde Hirschbach, Rathausstraße 3, 92275 Hirschbach, Tel. +49 9665 9131-0, www.gemeinde-hirschbach.de.

Am Parkplatz westlich von **Unterhirschbach (1)** über die Straße und gegenüber auf dem Pfad durch die Wiese. Nach wenigen Metern, gleich nach der Hecke, rechts und entlang der Sträucher (Markierung gelber Strich) zu einem Feldweg. Auf diesem zum Waldrand und an Fischweihern vorbei am südlichen Rand des Hirschbachtals auf schönen Waldwegen zu einer Weggabelung bei einem mit Moos bewachsenen Felsen. Im spitzen Winkel nach links (Wegweiser »Norissteig«) und durch den Buchenwald bergauf zur Amtsknechtsstube. Bei einer Wegetafel vor einem markanten Felsen, bei dem man mit Glück Klettersteigge-

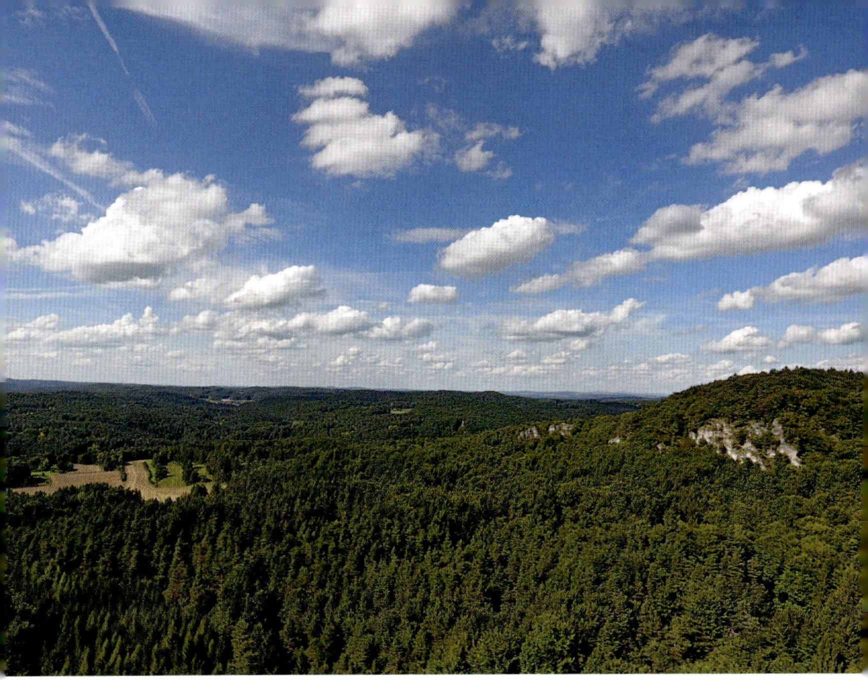

Oberhalb der Felsen verläuft der Steig über die grüne Waldkuppe der Rutschen.

her auf dem Norissteig sieht, schräg nach links und auf dem Paul-Pfinzing-Weg (Markierung PP) weiter bergauf zum **Noris-Törl (2)**.
Das fotogene Felstor befindet sich etwas links des Weges und ist am besten mit der Markierung 2 zu erreichen. Anschließend auf dem Paul-Pfinzing-Weg weiter Richtung Neutras, wobei man bei den vielen Wegen und Tafeln fast etwas den Überblick verliert. In einem Sattel zwischen Azelstein und Mittagfels zweigen wir ab und gehen mit dem roten Punkt zum Einstieg des Höhenglücksteigs. Der Klettersteig führt in drei Abschnitten recht luftig über die im Wald versteckten Felsen und erfordert entsprechende Ausrüstung. Der Einstieg wird links liegen gelassen und wir folgen ohne Markierung einem Weg rechts hinauf zu einem Geländerücken, auf dem wir auf den grünen Strich treffen. Links haltend mit der Markierung weiter, wobei wir bei Wegteilungen der Wegnummer 2 folgen, die etwas spannender am Rand der Hochfläche des **Rutschen** entlangführt. Zum Schluss mit beiden Markierungen hinunter zur großen Wegkreuzung unter dem markanten **Prellstein (3)**.
Weiter mit dem roten Punkt Richtung Schmidtstadt. Auf schönen Wegen zu einer Teerstraße, wobei

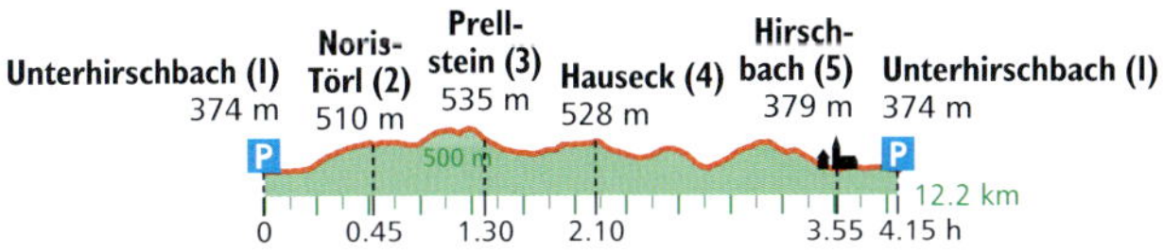

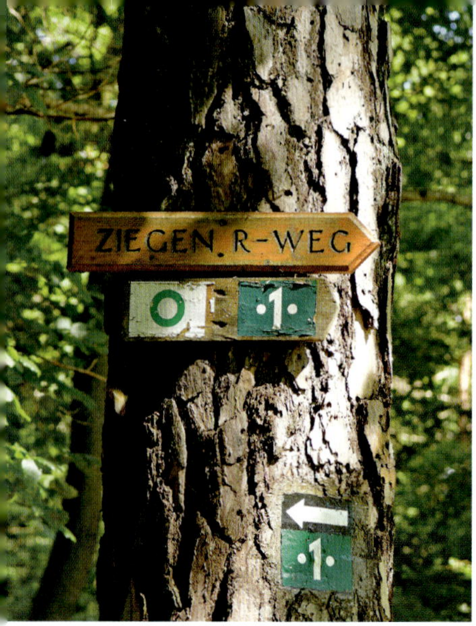

Ziegenrundweg: mit Wegweisern und dem grünen Ring gut markiert.

man einmal besonders gut auf die Markierung achten und scharf nach rechts abbiegen muss, auf dieser kurz rechts und gleich wieder links. Hier verlassen wir kurz die auf der Tafel 1234 aufgeführten Wege und queren geradewegs das Feld Richtung Waldrand und einem deutlich sichtbaren Holzlagerplatz. Hier trifft man zwar auf eine Wandertafel (1270), doch die hilft nicht weiter. Man muss kurz in den Wald gehen, um nach wenigen Metern auf einen deutlichen Steig zu treffen, der mit der Markierung 3 den Hang hinaufführt. Oben kurz am Waldrand entlang, dann im Wald bei einem Wegweiser links und mit dem blauen Querstrich zur nach **Hauseck (4)** führenden Straße.

Beim obersten Haus am Ende der Straße rechts vorbei und im Wald mit dem blauen Strich bergab. Bei Verlassen des Waldes trifft man auf einen Feldweg und folgt diesem mit dem grünen Punkt nach rechts. Bei der ersten Möglichkeit links und über die Wiesen, an einer Bank vorbei, bergauf. Am Waldrand links und bei einer Weggabelung (rechts

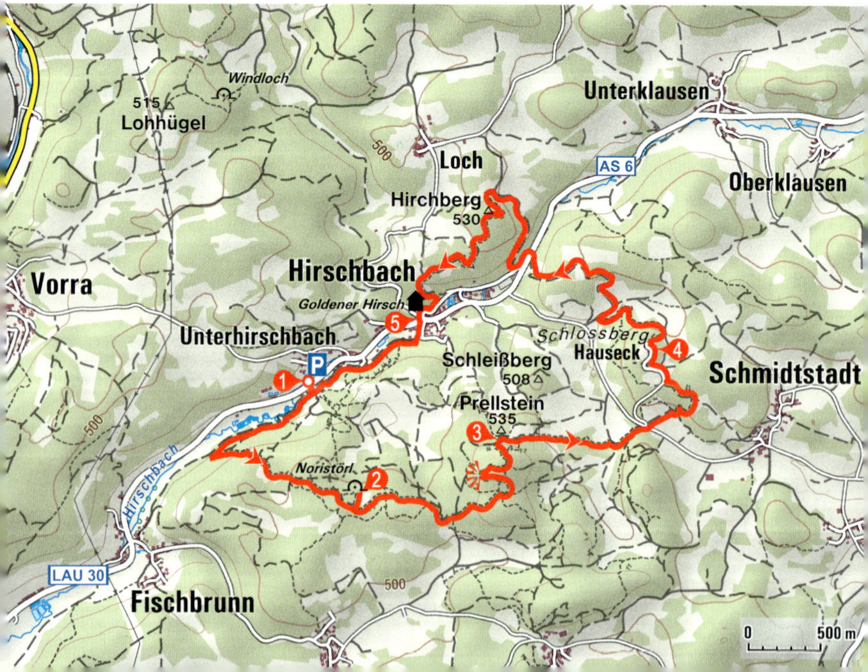

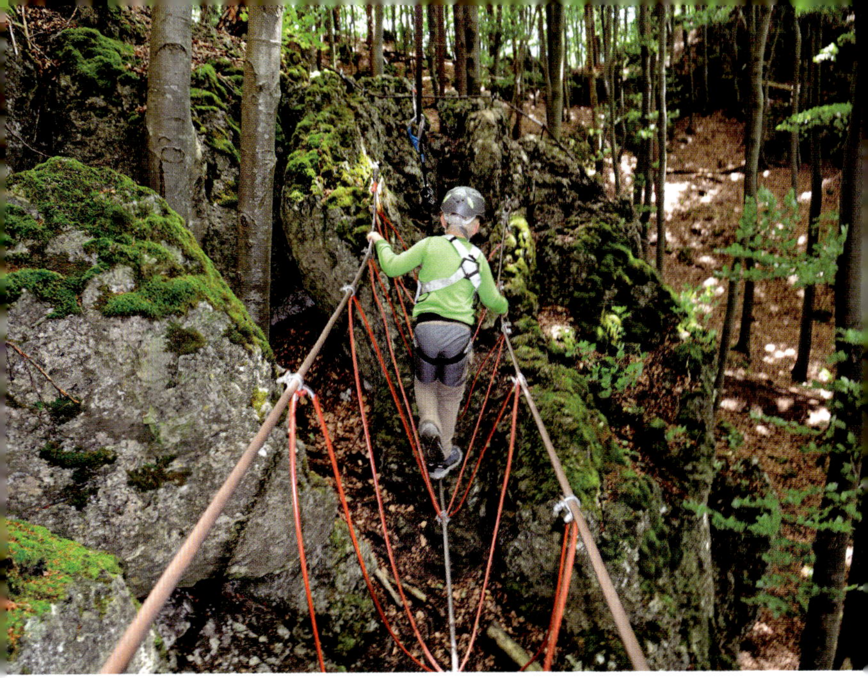

Auf der Via Ferrata Bambini sammeln Kinder erste Klettersteigerfahrung.

am Baum das Schild »Ziegen R-weg«) links. Kurz am Rand der Wiese entlang, dann rechts durch den Wald bergab. Kurz vor Erreichen des Talbodens bei Hirschbach zweigt der Ziegenweg rechts ab, quert eine Wiese und trifft schließlich auf die Straße durch das Hirschbachtal. Links und nach wenigen Metern wieder rechts, am Ortsschild Hirschbach vorbei über den Bach in die Straße Hammerleite und nach einer Pferdekoppel mit dem gelben Punkt und Strich nach rechts. Durch den Wald steil bergauf zur Wanderwegtafel 0797, auf dem gepflasterten Weg im spitzen Winkel nach links (Markierung Nr. 1) und nach wenigen Metern – leicht zu übersehen – geradeaus in den Wald. Der schöne Steig führt an Felsen vorbei um den Hirschberg herum und erreicht nach etwas Höhenverlust und einem kurzen Gegenanstieg einen schönen Aussichtspunkt direkt über **Hirschbach**. Anschließend mit der Markierung hinunter in den Ort und beim **Gasthof Goldener Hirsch (5)** über die Brücke. Auf der anderen Talseite mit dem Wegweiser »Norissteig« nach rechts und mit dem gelben Strich an Unterhirschbach vorbei zurück zum **Ausgangspunkt (1)**.

EINKEHR

Gasthof Goldener Hirsch

Historischer Gasthof (erbaut im Jahre 1630) mit schönem Fachwerk, schattiger Biergarten unter großer Linde. Empfehlenswerte Gerichte wie frische Forelle aus dem Hirschbach mit Mandelbutter und Salzkartoffeln oder – klassisch fränkisch – Schäufele mit Kloß.
Mi bis Fr von 11.30–20 Uhr geöffnet, Wochenenden und Feiertage 11–20 Uhr, Mo und Di Ruhetag. Hirschbacher Dorfplatz 1, 92275 Hirschbach, Tel. +49 9152 986300, www.goldenerhirsch.de.

44 Azelstein und Mittelbergwand

Zwischen Hirschbach, Fischbrunn und Neutras ★★

Spannende Steige zu versteckten Felsen

Auf den ersten Blick dominiert Wald. Oder anders ausgedrückt: »Man sieht den Wald vor lauter Bäumen nicht.« Doch wer vom Hirschbachtal aus Richtung Süden wandert, der entdeckt schnell zwischen dem Grün das Grau der Felsen. Und merkt auf einer Runde durch die Hügelwelt südlich von Hirschbach, dass überall im Wald Felsen versteckt sind. Die sind in diesem Fall nicht nur ein Ziel für Kletterer, sondern auch für Klettersteiggeher. Schon nach wenigen Minuten trifft man auf einen Wegweiser zum Norissteig, der bereits im Jahre 1928 von der Sektion Noris des Deutschen Alpenvereins angelegt wurde. Geschickt verbindet dieser Wander- und Klettersteig die Felsgruppen südlich des Hirschbachtales. Dabei sind zwischen Amtsknechtshöhle, Noris-Törl, Franke-Kamin und Mittelbergwand die teils senkrechten Felspassagen mit Stahlstiften und Drahtseilen gesichert. Der Schwierigkeitsbereich liegt bei B/C, also mäßig schwierig bis schwierig. Eine Begehung erfordert unbedingt entsprechende Ausrüstung und Erfahrung, auch weil einige Felspassagen feucht und durch die vielen Begeher recht rutschig sind. Das Gute am Norissteig ist, dass alle Abschnitte auf leichten Wanderwegen umgangen werden können. Einige Stellen des Norissteigs passiert man auf dieser Wanderung und hat die Wahl: Entweder man beobachtet fasziniert die Klettersteiggeher oder man wagt sich – nur mit entsprechender Ausrüstung – in den steilen Fels und probiert die eine oder andere gesicherte Passage, während der Rest der Wandergruppe einen vom Wanderweg aus beobachtet. Und wer Spaß daran gefunden hat und richtig gut ist, der kann am benachbarten Höhenglücksteig weitere Klettersteig-Praxis sammeln.

KURZINFO

Ausgangspunkt: Hirschbach, im gleichnamigen Tal, Parkplatz »Mittelbergwand«, von Eschenbach kommend am Ortseingang von Hirschbach, 374 m (Navi: Talstraße, 92275 Hirschbach). Mit Bahn und Bus: Bus 446 vom Bahnhof Hersbruck (R 3).

Gehzeit: 3.45 Std.

Höhenunterschied: 390 m.

Anforderungen: Schöne Runde auf überwiegend guten Steigen, wobei man ab der Tafel 258 bei der Vielzahl an Wegen und Markierungen fast etwas den Überblick verliert. Was aber im Grunde nicht tragisch ist, denn auch andere Wanderrunden sind möglich und führen letztlich wieder zurück zum Ausgangspunkt. Vorsicht auf der Mittelbergwand wegen der Abbrüche gleich hinter dem Gipfelkreuz!

Kinder: Klettersteige sind für Kinder eine gute Möglichkeit, erste Erfahrungen im Fels zu sammeln. Der Norissteig mit seinen einzelnen Abschnitten bietet sich dafür an, auch weil man Passagen, die einem zu schwer sind, auf bequemen Pfad gut umgehen kann. Wichtig: Einstieg nur mit kompletter Klettersteigausrüstung und Helm.

Information: Gemeinde Hirschbach, Rathausstraße 3, 92275 Hirschbach, Tel. +49 9665 9131-0, www.gemeinde-hirschbach.de.

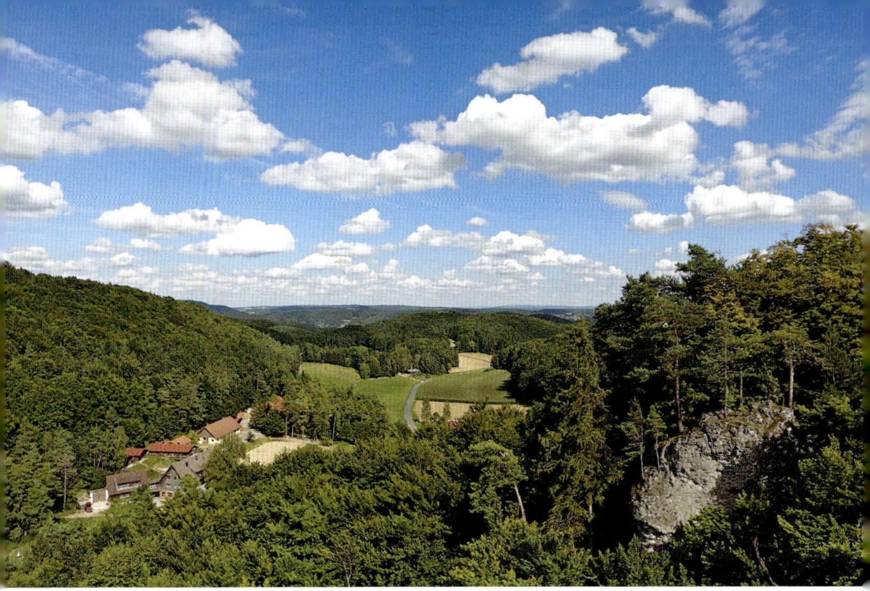

Nur aus der Luft sieht man noch den eingewachsenen Neutrasfelsen.

Am Parkplatz westlich von **Unterhirschbach (1)** über die Straße und gegenüber auf dem Pfad durch die Wiese. Nach wenigen Metern, gleich nach der Hecke, rechts und entlang der Sträucher (Markierung gelber Strich) zu einem Feldweg. Auf diesem zum Waldrand und an Fischweihern vorbei am südlichen Rand des Hirschbachtals auf schönen Waldwegen zu einer Weggabelung bei einem mit Moos bewachsenen Felsen. An dieser Abzweigung zum Norissteig vorbei und weiter auf dem angenehmen Wanderweg, bis kurz vor **Fischbrunn** ein Forstweg im spitzen Winkel nach links abzweigt. Mit dem grünen Kreuz Richtung Neutras bergauf, bis sich bei der Wanderwegtafel 233 die Wege verzweigen. Mit dem gelben Punkt und der Wegnummer 3 links erst durch Wald, dann am Rand einer Lichtung entlang zur Tafel 258. Mit der 3 nach rechts und weiter hinauf auf die Felsgruppe des **Azelsteins (2)** und zur Castellwand. Hier nicht mit der 3 auf der anderen Seite bergab, sondern rechts haltend mit dem blauen Punkt weiter. Kurz noch bergauf, dann bergab zur Tafel 247. Ab hier folgt man dem Paul-Pfinzing-Weg (Markierung PP) Richtung Neutras, geht noch ein paar Meter bergauf zur Abzweigung zum Höhenglücksteig und bergab zum Waldrand. Links und südlich des Mittagfelsens in einem großen Bogen um das Feld herum. Schließlich über den Waldrücken des Gemeindebergs nach **Neutras (3)**.

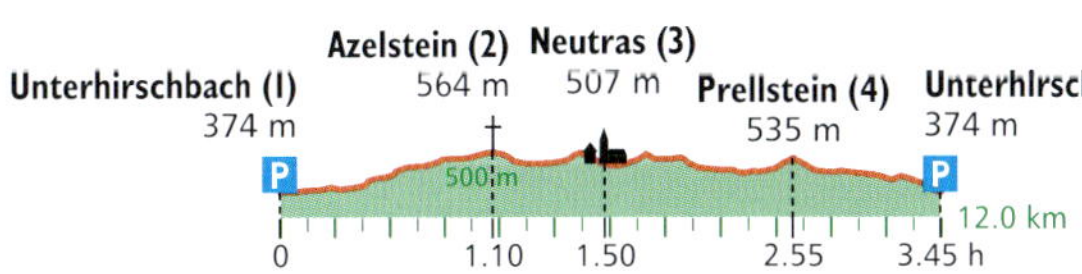

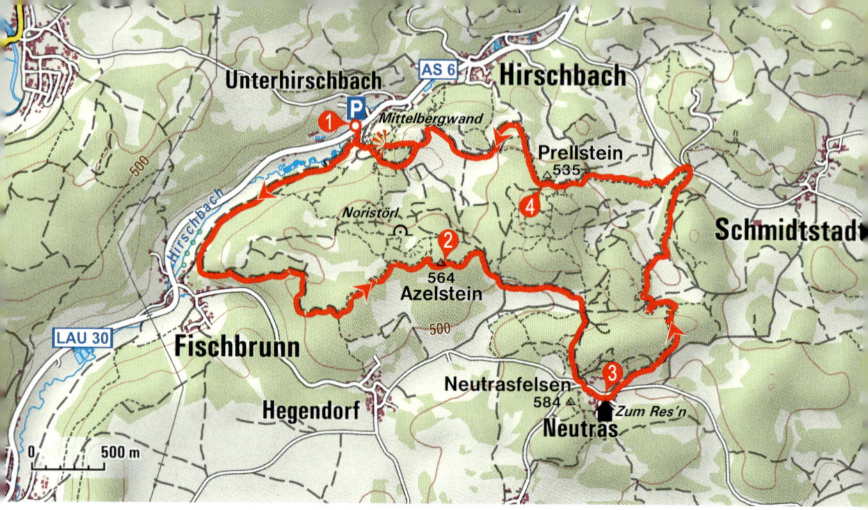

Mit dem grünen Kreuz durch den kleinen Weiler und bei einem großen Stall links. Am Waldrand entlang, dann bei einer Bank halb links auf einen schönen Steig, der westlich des Starenbergs einen Waldrücken überquert (gelegentlich erkennt man noch die Markierung 3). Nach einem kurzen Abstieg bei der Tafel 1244 links mit der Wegnummer 2 weiter zur Tafel 1245. Hier muss man etwas Gespür für den Weiterweg haben und sich nicht an dem Wegweiser orientieren, sondern etwa 50 Meter nach rechts gehen und dann links in den Wald. Kurz darauf trifft man wieder auf einen Weg, der den Bodenberg ostseitig quert und schließlich an einem Jägerstand vorbei über die Fel-

Der schwere Weg: Klettersteig durch die Mittelbergwand …

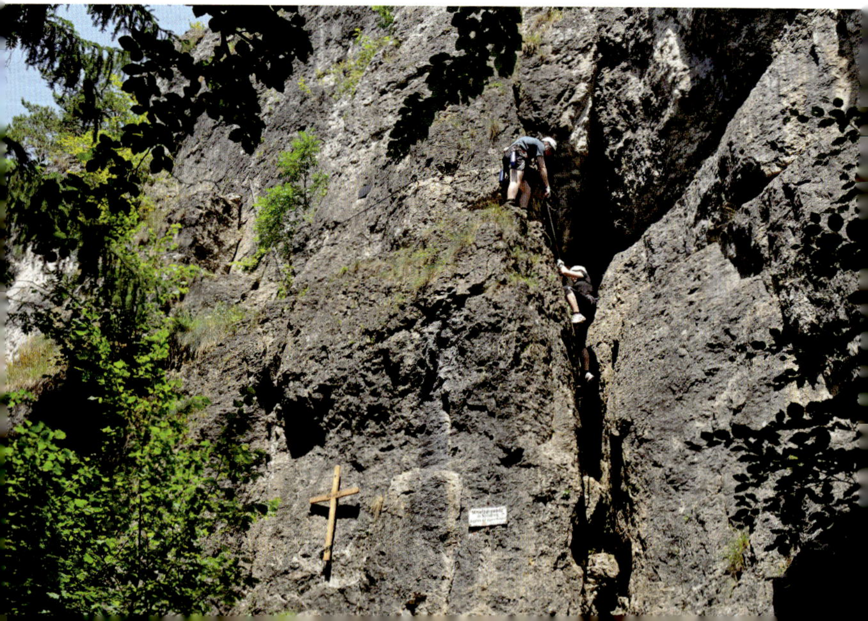

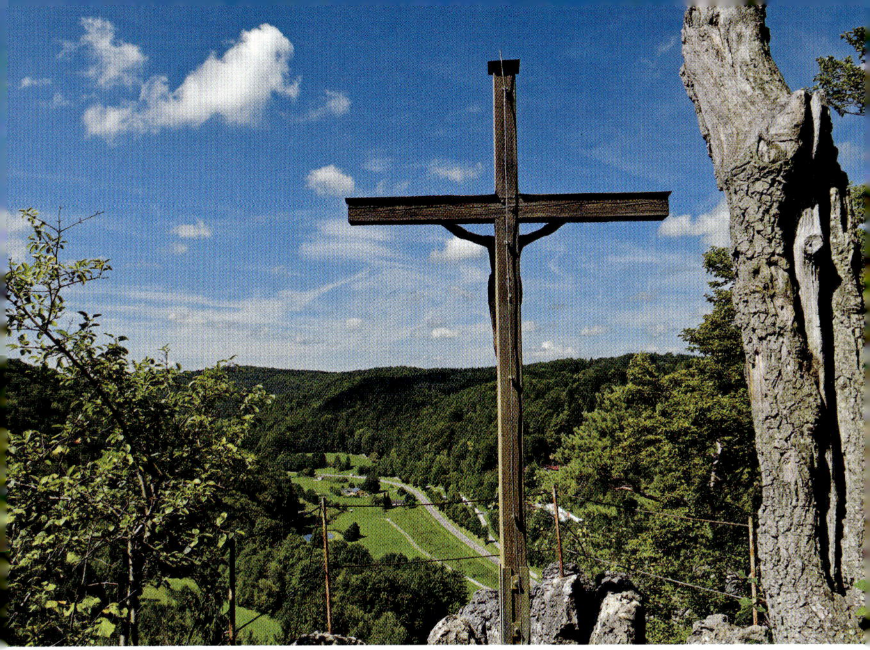

… auf dem Wanderweg erreichen auch weniger Geübte das Gipfelkreuz.

der führt. Am Waldrand trifft man auf die Tafel 1238 und geht mit der Markierung 1 Richtung Hauseck. Kurz vor Erreichen der Straße Hirschbach – Schmidtstadt bei der Tafel 1235 links und mit dem roten Punkt weitgehend im Wald, aber immer wieder mit Blick über die Felder zu einer Rastbank unter dem markanten **Prellstein (4)**.

Weiter mit dem grünen Strich Richtung Hirschbach, wobei man beim Abstieg aufpassen muss, um nicht nach einer steileren Schotterpassage die Abzweigung nach links zu verpassen. Mit dem gelben Punkt und dem Bergwachtzeichen (»Heinz Walter-Weg«) auf einen Querweg und etwas bergauf, bis in einem Sattel der Blick auf die Felder frei wird. Dem Weg rechts haltend weiter folgen, bis am Beginn eines Waldstücks der Weg steiler bergab führt. Hier führt ein Abstecher rechts (Wegweiser, Markierung Nr. 3) auf die **Mittelbergwand**. Zurück auf der Straße geht es bergab nach Unterhirschbach, bei einer Wegverzweigung rechts und mit einem Abschnitt des Norissteigs am Fuß der Mittelbergwand entlang. Bei der nächsten Wegverzweigung wählt man den linken Pfad (Markierung »Heinz Walter-Weg«), der hinunter führt auf eine Straße. Links und nach wenigen Metern wieder rechts auf einen Pfad, der zurück zum **Ausgangspunkt (1)** führt.

EINKEHR

Zum Res'n
Ruhig gelegen, sonnige Terrasse. Spezialitäten vom Galloway-Rind wie Filetsteak oder Rinderrahmbraten, nachmittags selbst gebackene Kuchen, Küchle oder Torten.
Do und Fr ab 13.30 Uhr, an Wochenenden und feiertags ab 11 Uhr. Neutras 3, 92268 Etzelwang, Tel. +49 9154 919710, www.resnhof.de.

45 Knappenberg, 568 m

Von Etzelwang nach Kirchenreinbach ★★

Von Felsen und Farberden

Faszinierende, teils mit Moos überwachsene Felsen verstecken sich überall in den Wäldern zwischen Etzelwang, Neukirchen und Kirchenreinbach. Besonders eindrucksvoll ist etwa die bizarre Felsformation »Die sieben Brüder und der große Bär« nördlich von Etzelwang, an der der Wanderweg direkt vorbeiführt. Ebenfalls versteckt, wenngleich unter der Erde, sind die Bodenschätze rund um Neukirchen. In der Oberpfälzer Gemeinde erinnern eingefallene Schächte und Grubentrichter sowie grasüberwucherte Erdhügel an die Zeit des Ockerbergbaus. Der Abbau der Farberde begann nach 1859, als bei Erdarbeiten im Bereich des Bahnhofes der Ocker entdeckt wurde. Die Minibergwerke erreichten Tiefen von 30 Meter, wobei zwei Bergleute pro Tag bis zu 2,5 Tonnen Farberde fördern konnten. In den Hochzeiten wurden im Bereich der Hohen Zant aus den Gruben bis zu 600 Tonnen Goldocker pro Jahr abgebaut. Doch das »Gold der Oberpfalz« ist als einheimischer Bodenschatz längst vergessen, 1971 wurde unweit des Zantberges die letzte Farbgrube aufgegeben. Ein Nachbau eines Förderschachtes mit Winde und Belüftung erinnert nördlich von Neukirchen an die Tradition des Ockerbergbaus.

KURZINFO

Ausgangspunkt: Etzelwang, an der Bahnstrecke Pommelsbrunn – Neukirchen bei Sulzbach-Rosenberg, Parkplatz am Freibad in der Ortsmitte, 416 m (Navi: Talstraße, 92268 Etzelwang). Mit Bahn und Bus: Bahnstation der Linie R 4 Nürnberg – Amberg.
Gehzeit: 4.30 Std.
Höhenunterschied: 510 m.
Anforderungen: Stetes Auf und Ab, das Ausdauer erfordert. Und hier und da ist etwas Orientierungsvermögen hilfreich, da die Markierungen immer wieder wechseln.
Kinder: Für Kinder spannender ist ein Ausflug in die Osterhöhle (geöffnet von Ostern bis Oktober an Wochenenden und feiertags 10–17 Uhr) südöstlich von Neukirchen.
Winter: Der Brennberglift ist 500 Meter lang, die drei Abfahrten zwischen 500 und 650 Meter. Unter der Woche Skibetrieb von 13.30 bis 17 Uhr, an Wochenenden ab 9 Uhr (Tel. +49 9663 200675, www.brennberglift.de).
Information: Verwaltungsgemeinschaft Neukirchen, Am Rathaus 1, 92259 Neukirchen, Tel. +49 9663 9130-0, www.oberpfälzer-alb.de

Vom Parkplatz in **Etzelwang (1)** zum Bahnhof, unter den Gleisen durch und mit dem roten Kreuz auf einen Feldweg. Erst am Rand der Felder entlang, dann auf wunderschönen Wegen durch den Wald aufwärts, bis man bei der Tafel 1224 auf den östlichen Albrandweg trifft. Ab hier mit dem roten Querstrich auf den Rücken des Knappenbergs und über diesen in traumhafter Wanderung nach **Erkelsdorf (2)**. Links und fast am Ortsende halb rechts in einen Weg (Markierung etwas verblasst), der zwischen den Grundstücken hinaus auf die Felder führt. Den Wegweiser vor einem Holzstadel am Waldrand beachtet man nicht, sondern geht weiter zu der bereits sichtbaren Bank am

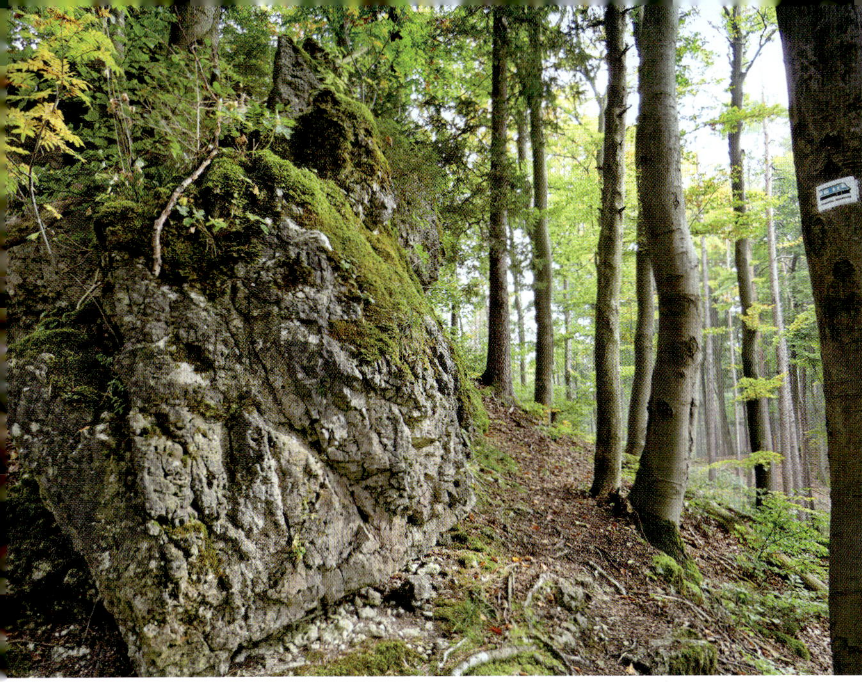

Von Neukirchen führt ein Steig überaus kurzweilig über einen Bergrücken.

Waldrand. Neben der trifft man wieder auf den roten, wenn auch etwas verblichenen Querstrich, der auf den Rücken des Buchenbergs führt. Auch wenn dieser Weg scheinbar aufgelassen wurde, er ist problemlos zu gehen und mit Sicherheit schöner als die Umrundung des Waldrückens auf Feldwegen. Vorbei an einigen überraschend großen Felsgruppen überschreitet man den Buchenberg und trifft beim Abstieg auf einen Wegweiser. Mit der Markierung links Richtung Neukirchen und am Waldrand rechts auf einem Wiesenweg nach **Ermhof (3)**. Auf der Straße nach Neukirchen links und am Ortschild rechts. Es geht weiter über Felder, dann durch Wald zu ein paar Pferdekoppeln und damit nach Fichtenhof am Südrand von **Neukirchen (4)**. Schließlich entlang der Straße in die Ortsmitte.

Mit der Markierung des Pendolino Wanderwegs und dem Wegweiser »Neidstein« Richtung Volksschule und durch die Straße »Am Anger« aus dem Ort hinaus. Bei der Nachbildung eines Ockerbergwerks links und am Fuß von ein paar Felsen wieder links. Der Pendolino Wanderweg umgeht den Steilaufschwung in einem Bogen und trifft oberhalb der Felsen wieder auf den Rücken, der

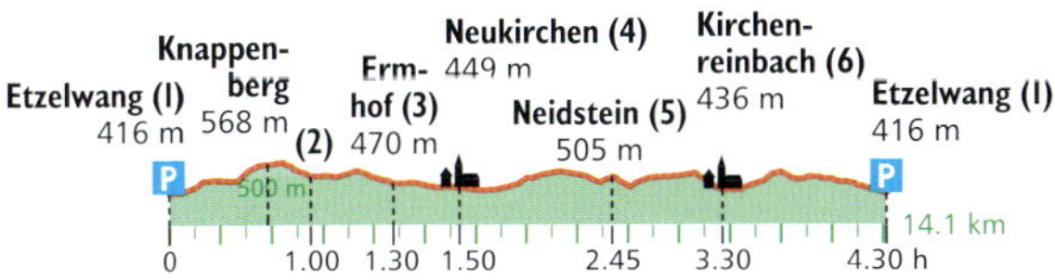

die weitere Richtung vorgibt. Immer oben entlang überschreitet man den Rücken und trifft schließlich auf einen Querweg mit der Markierung blaues Kreuz. Gemeinsam mit dem Pendolino gehen wir nach rechts und erreichen schließlich gut markiert den Fuß des **Neidsteins (5)**. Viele Steintreppen führen etwas mühsam hinauf – und auf der anderen Seite wieder bergab. Die Zufahrt zu Schloss Neidstein, das von 2006 bis 2009 im Besitz von Hollywoodstar Nicolas Cage war, wird überquert. Mit der Markierung 2 über ein paar Stufen hinunter und auf einem Serpentinenweg mit ein paar weiteren Stufen zu einer Teerstraße. Schräg links wechselt man auf einen Feldweg, dem man nur ein paar Meter bis zu einer Bank folgt. Hier rechts und mit der 2 Richtung Kirchenreinbach. Erst über die Wiese, dann durch ein Waldstück, bis man sich schließlich bei der Tafel 1186 links hält und am Rand eines Feldes entlangwandert. Kurz darauf heißt es aufpassen, um die Abzweigung der Markierung 3 nach rechts nicht zu verpassen. Die ersten Meter führen etwas undeutlich am Waldrand entlang, dann geht es wieder gut markiert in den Wald hinein und an einem zugewachsenen Aussichtspunkt mit Bänken vorbei hinunter nach **Kirchenreinbach (6)**.
Wir verlassen den Ort auf der Straße Richtung Etzelwang und biegen am Ortsende links ab. Der östliche Albrandweg führt auf dem Feldweg zu einer Bank unter einer Stromleitung und biegt dort links ab, um kurzzeitig etwas steil einen Waldrücken zu überqueren. Dahinter bergab und links zu einer Teerstraße, auf der wir rechts haltend **Rupprechtstein** erreichen. Mit dem roten Querstrich verlassen wir den Weiler und steigen ab zu einer Wegkreuzung mit der Wegetafel 1181. Es gibt ab hier mehrere Möglichkeiten zurück nach Etzelwang; zu empfehlen ist die

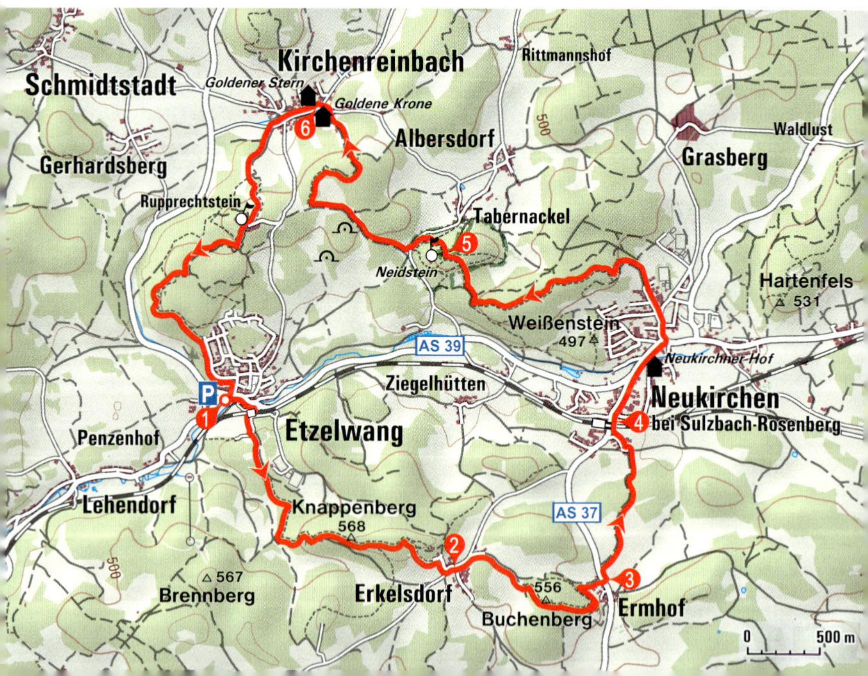

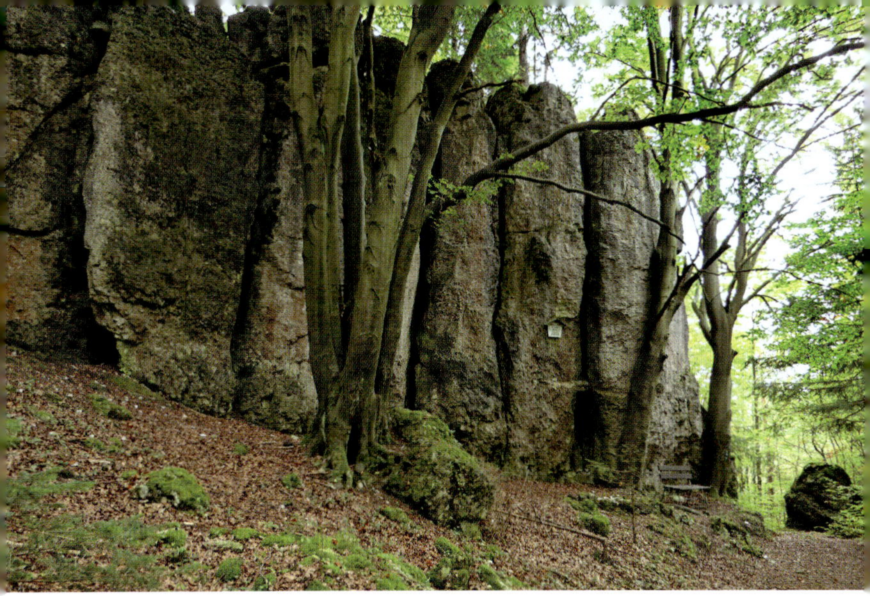

Kurz vor Etzelwang passiert man die Nübluri-Wand mit den Felsgestalten der »Sieben Brüder«.

Wegnummer 5, die in einem weiten Bogen zwei Waldhügel umrundet. Die Markierung und damit Orientierung ist anfangs eindeutig, doch nach dem ersten Hügel mit Blick auf eine Wiese verlässt man den breiten Weg und geht geradeaus. Vor der Wiese rechts und wieder auf schönem Weg an der Felsgruppe der sieben Brüder vorbei zu den ersten Häusern von Etzelwang und zurück zum **Ausgangspunkt (1)**.

EINKEHR

Neukirchner Hof

Landhotel und Restaurant, besonders schön ist die historische Gaststube aus den 50er-Jahren mit Kachelofen, Terrasse mit Blick ins Grüne.
Di ab 18 Uhr, Mi bis Fr 10–14 und 17–24 Uhr, an Wochenenden ganztägig geöffnet, Mo Ruhetag, warme Küche 11.30–13.30 und 18–21 Uhr. Hauptstraße 4, 92259 Neukirchen bei Sulzbach-Rosenberg, Tel. +49 9663 91410, www.neukirchner-hof.de.

Gasthaus Goldene Krone

Bodenständiger Gasthof in Kirchenreinbach, eigene Schlachtung (mittwochs frische Schlachtschüssel). Biergarten im Hof. Täglich geöffnet (Di Ruhetag). Dorfstraße 18, 92268 Etzelwang, Tel. +49 9663 585, www.gasthaus-goldenekrone.de.

Gasthaus Goldener Stern

Empfehlenswerter Landgasthof, typisch regionale Küche, gute Brotzeiten (Bratwurst bis Pressack), kleiner Biergarten. Täglich außer Montag geöffnet. Dorfstraße 7, 92268 Etzelwang, Tel. +49 9663 1285, gasthaus-gloeckner.de.

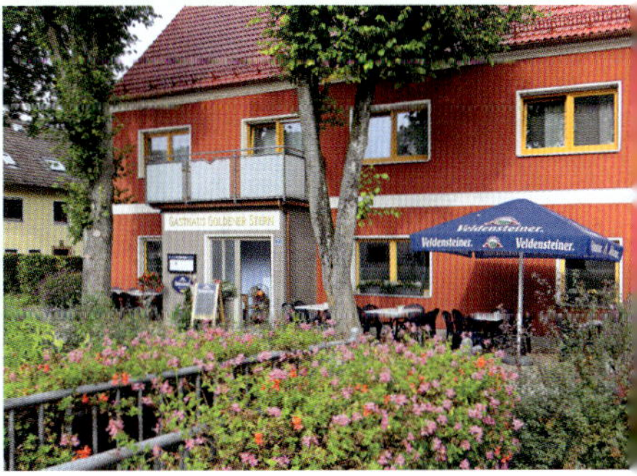

46 Hohenstädter Fels, 540 m

Stille Pfade zwischen Hersbruck und Hohenstadt ★★

Zwischen Kleinstadt und Natur

Eine malerische Stadt, traumhafte Pfade durch schöne Buchenwälder und sonnige Wiesen prägen diese abwechslungsreiche Runde, bei der man schon zum Auftakt viel Zeit verlieren kann. Die mittelfränkische Kleinstadt Hersbruck mit ihren drei Stadttoren, einem erhaltenen Wehrgang und schönen Fachwerkhäusern bietet viel mittelalterliches Flair und reichlich verlockende Einkehrmöglichkeiten. Der eine oder andere wird daher schon beim Auftakt wissen, wo er das Finale der Rundtour verbringt. Und kommt dann beim ersten Gipfel doch ins Grübeln, denn die Aussichtsterrasse der Gaststätte Michelsberg ist ein Traum. Im Anschluss darf man sich endlich aufs Wandern konzentrieren: Stille Pfade auf weichem Waldboden führen durch die Hänge und entlang der Hochfläche hoch über dem Pegnitztal bis zum Aussichtspunkt Hohenstädter Fels. Einen gänzlich anderen Charakter zeigt der zweite Teil der Wanderung: Statt durch schattige Buchenwälder läuft man hier durch die saftig grünen und durchwegs sonnigen Grabenwiesen im Pegnitztal. Immer mit Blick auf Hersbruck und die Aussicht auf viele lohnende Einkehrmöglichkeiten …

KURZINFO

Ausgangspunkt: Hersbruck, Großparkplatz Plärrer am östlichen Stadtrand, 334 m (Navi: Ostbahnstraße 9, 91217 Hersbruck). Mit Bahn und Bus: Bahnstation der Linie R 3 Nürnberg – Bayreuth.
Gehzeit: 5.00 Std.
Höhenunterschied: 420 m.
Anforderungen: Bis Hohenstadt immer wieder kurze Anstiege, die etwas Ausdauer erfordern. Bis hier teils wunderschöne Steige, im Talboden dann bequeme Feld- und Wiesenwege.
Information: Touristinformation, Unterer Markt 2, 91217 Hersbruck, Tel. +49 9151 735401, www.hersbruck.de.

Vom Parkplatz Plärrer in **Hersbruck (1)** zum nahen Wassertor und hinein in die schmucke Altstadt Richtung Marktplatz. Hier gibt es viel zu schauen und so manche verlockende Einkehr, doch dafür ist es am Start der Runde entschieden zu früh. Durch das Nürnberger Tor verlässt man das Stadtzentrum, geht kurz rechts (Markierung Nr. 8) und sieht nach wenigen Metern bereits den Wegweiser »Gaststätte Michelsberg«. Unter den Bahngleisen durch, rechts und mit der Markierung bergauf Richtung Michelsberg. Nach einigen Minuten zweigt links ein Fußweg ab (Markierung), der über Stufen und in Serpentinen steil

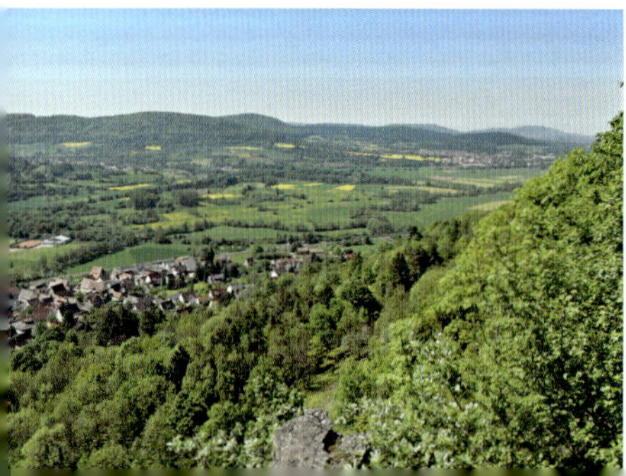

Vom Hohenstädter Fels schaut man hinunter auf Hohenstadt und das Pegnitztal.

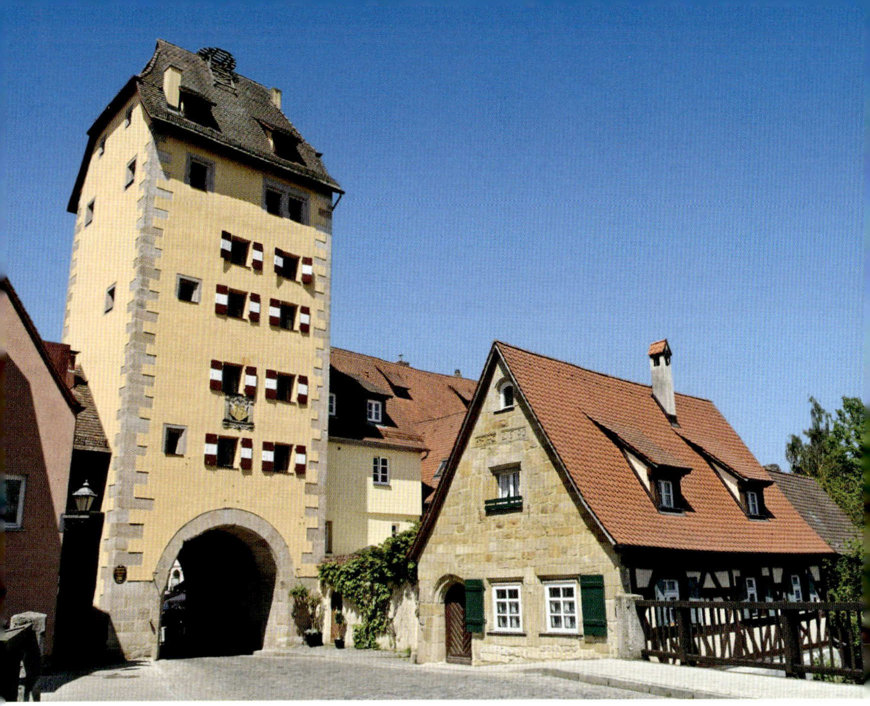

Durch das Wassertor geht es in die schmucke Altstadt von Hersbruck.

hinaufführt zum Hersbrucker Hausberg. Am Gasthaus mit seiner verlockenden Sonnenterrasse vorbei und mit der Markierung durch eine parkähnliche Wiese hinunter zur Hohensteinstraße. Hier kurz rechts und gleich wieder links in den Höhenweg, der durch die Siedlung bergauf führt. Man könnte natürlich der Straße folgen, doch schöner ist es nach wenigen Metern links auf einen schönen Waldweg abzubiegen (Markierung 2 und 5), der erst leicht fallend, dann wieder ansteigend auf einen querverlaufenden Forstweg führt. Auf diesem rechts (Wegweiser »Parkplatz Höhenweg / Großviehbergstraße«) zurück zur Straße Höhenweg und auf dieser kurz bergauf (Markierung 8, gelbes Kreuz). Nach wenigen Minuten mit der Markierung schräg links in den Wald und teils steil durch einen Hohlweg bergauf. Schließlich am Rand einer Wiese bis auf Höhe eines Sendemastens und dort mit der Markierung 8 rechts am Waldrand entlang zum **Steinbruch (2)** und zu einer kleinen Unterstandshütte.

Nach einem kurzen Blick über das Pegnitztal geht es ein paar Meter auf dem Weg zurück, bis rechts ein paar Stufen in das Gelände des Steinbruchs hinunterführen (Mar-

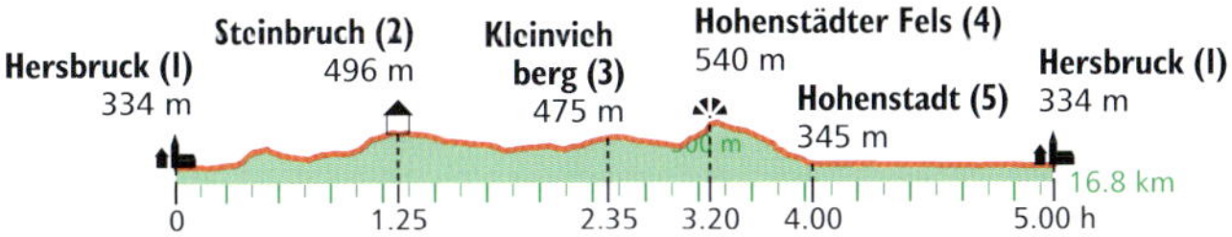

kierung Nr. 8). Flach durch den begrünten Boden und jenseits mit ein paar Stufen wieder hinauf. Ein traumhafter Pfad führt weiter durch den Wald, dann auf einem Forstweg rechts zu einer Teerstraße und gegenüber gleich auf dem nächsten Feldweg weiter bis zu einer Wiese mit schönem Ausblick. Kurz vor Erreichen der Freifläche zweigt rechts ein Pfad ab, der in einem Bogen um die Wiese herumführt und diese schließlich unterhalb quert (»Kalorienweg«, Markierung Nr. 8). Zwischen zwei Bachgräben geht es kurz steil bergab, ehe man bei Erreichen eines steilen Forstweges gleich wieder links auf einen schönen Pfad abzweigt (keine Markierung), der flach den Hang quert und schließlich auf einen breiten Weg trifft. Links kurz bergauf zur bereits sichtbaren Bank und mit der Markierung »Goldene Straße« gleich wieder rechts auf einen Weg, später Forstweg, der die Hänge des Kutscherbergs quert. In einer Kehre zweigt man links ab und steigt nach wenigen Metern links neben einem Hohlweg hinauf nach **Kleinviehberg (3)**. Bei der Bushaltestelle rechts und nach wenigen Metern mit der Markierung Hase rechts aus dem kleinen Weiler hinaus auf die Felder. Bei der ersten Verzweigung geradeaus, bei der zweiten rechts haltend zu einer Straße und auf dieser kurz bergab, bis links ein Weg abzweigt, der mit dem Hasen zu einer Wegkreuzung führt. Ab hier hält man sich an den Vogel und folgt dem Pfad hinauf zur **Hohenstädter Geißkirche** und weiter zum **Hohenstädter Fels (4)** mit schöner Aussicht.

Nach wenigen Metern erreicht der Pfad einen Forstweg, dem man bis in eine Senke folgt. Dort zweigt mit dem Vogel wieder ein Pfad ab, der in einem Bogen den Hohenstädter Fels umrundet und durch die Schutthalden eines ehemaligen Bergbaugebietes hinunter führt zu einem Denkmal oberhalb von **Hohenstadt (5)**. Hier links und nach wenigen Metern auf einen Pfad, der oberhalb des Friedhofs verläuft. Bei einer Lü-

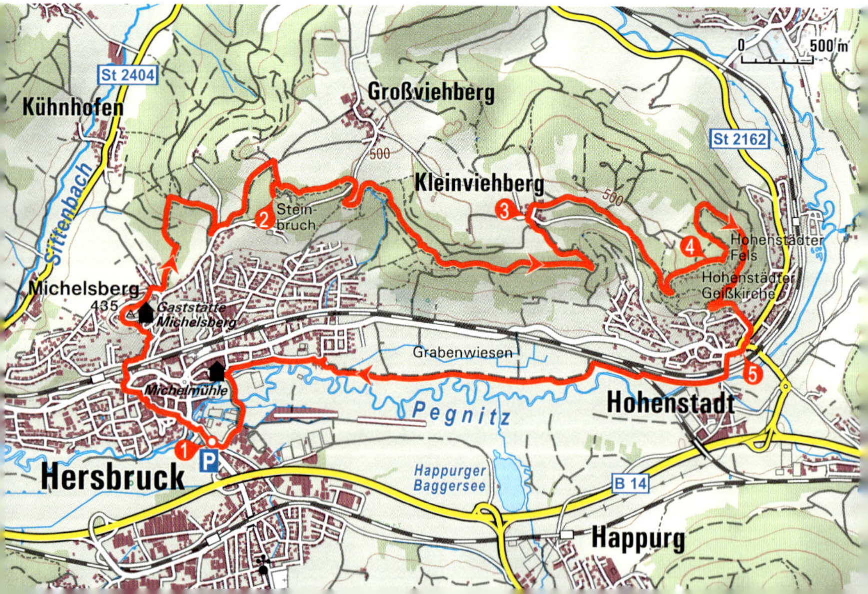

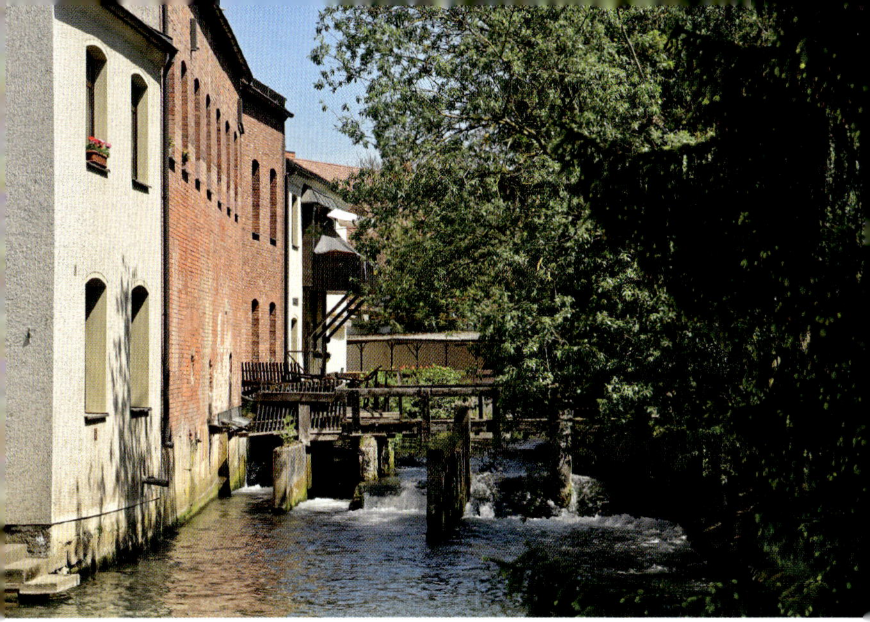

Über einen Seitenarm der Pegnitz geht es zurück zum Parkplatz.

cke im Zaun führt rechts ein Weg hinunter in die Rehbühlstraße, die unten in die Hauptstraße mündet. Rechts und nach wenigen Metern wieder links Richtung Baggersee. Nach den Bahngleisen geht es rechts auf den Radweg und wir folgen diesem bis zu den **Grabenwiesen**. Mit Blick auf Hersbruck wechseln wir hier links auf einen Wiesenweg, der mitten durch die Pegnitzauen führt.

In der Rechtskurve zu den Schrebergärten geradeaus, dann an den ersten Häusern und der Therme vorbei in einen Park, bis im Obermühlweg bei einer Kirche die Wegnummer 8 nach links weist und einen am Schulsportplatz vorbei zurück zum **Parkplatz (1)** führt – wobei durstige Wanderer keinesfalls den kurzen Abstecher zum Gasthaus Michelmühle versäumen sollten.

EINKEHR

Gaststätte Michelsberg

Die Lage auf dem Michelsberg, dem Hersbrucker Hausberg, ist einfach grandios. Mit Blick über die Stadt genießt man auf der Terrasse die Aussicht und das Essen. Auf der wechselnden Speisekarte stehen Gerichte wie Fränkische Brotsuppe, Bärlauchsuppe, Lamm und Schäufele.

Mi bis Fr ab 17 Uhr, an Wochenenden ab 11 Uhr geöffnet, Mo und Di Ruhetag. Hans-Sachs-Ring 21, 91217 Hersbruck, Tel. +49 9151 8178866, www.michelsberg-hersbruck.de.

Gasthaus Michelmühle

Die Schlachtschüssel am Donnerstag oder die guten Brotzeiten während der Woche sind Grund genug für eine Einkehr im Gasthaus und Metzgerei Michelmühle. Direkt am Ufer der Pegnitz gelegen sitzt man bei schönem Wetter natürlich im Biergarten.

Geöffnet 10–14 und 17–22 Uhr, Sa nur mittags, So Frühschoppen bis 12.30 Uhr, abends ab 17 Uhr, Mi Ruhetag. Obermühlweg 30, 91217 Hersbruck, Tel. +49 9151 1500, www.michelmuehle.de.

47 Über den Leitenberg, 616 m

Zwischen Pommelsbrunn und Eschenbach ★★★

Gepflegte Waldpfade, dichte Buchenwälder und wenig Ausblicke

Die Zahl kann sich sehen lassen: Rund 500 Kilometer Wanderwege gibt es im Gemeindegebiet von Pommelsbrunn und der näheren Umgebung. Knapp elf Kilometer davon lernt man auf dieser abwechslungsreichen Runde zwischen Pommelsbrunn und Eschenbach kennen, die geradezu typisch für das Angebot ist. Die Tour führt zum Großteil über wunderbar gepflegte Waldpfade, dichte Buchenwälder spenden Schatten und ermöglichen nur vereinzelt Ausblicke. Zum Glück gibt es noch gelegentlich Aussichtspunkte, die allerdings wie der Kreuzberg immer mehr zuwachsen. Und dann gibt es noch einen geschichtlichen Aspekt: Sowohl die Burgruine Lichtenstein als auch die Wallanlage Windburg erinnern an die frühe Besiedlung der Hersbrucker Schweiz, wobei das Geschlecht der Lichtensteiner eher den Raubrittern zuzuordnen war – ihr Lebensinhalt bestand angeblich aus Überfällen.

KURZINFO

Ausgangspunkt: Pommelsbrunn, Naturfreundehaus, 410 m (Navi: Wied 3, 91224 Pommelsbrunn). Die Zufahrt ist in Pommelsbrunn ausgeschildert. Mit Bahn und Bus: Bahnstation der Linie S 1 Nürnberg – Hartmannshof.
Gehzeit: 3.30 Std.
Höhenunterschied: 330 m.
Anforderungen: Teils schmale, aber immer gut zu gehende Pfade durch herrlichen Buchenwald. Am Kreuzberg leichte Felsen.
Kinder: Mit der kurzen Tour zur Ruine Lichtenegg und dem Spielplatz beim Naturfreundehaus können auch Nachwuchswanderer für eine kleine Runde animiert werden.
Winter: Bei geeigneter Schneelage wird zwischen Hubmersberg und Neutras ein zwölf Kilometer langer Rundkurs für Langläufer gespurt.
Information: Pommelsbrunn, www.pommelsbrunn.de.
Tipp: Interessant ist der kurze Abstecher von Eschenbach ins Naturschutzzentrum »Wengleinpark« mit Geologie-, Tier- und Pflanzenlehrpfad. Allerdings wachsen die Wege in Bayerns ältestem Naturschutzgelände immer mehr zu, so dass ein Besuch eher im Frühjahr zu empfehlen ist.

EINKEHR

Hotel Lindenhof
Mit einem schönen, schattigen Gastgarten sowie einer guten Auswahl an Kuchen punktet das Hotel Lindenhof. Und wer großen Hunger hat, auf der Tageskarte sind viele gute Gerichte gelistet.
Warme Gerichte 11.30–14 und 17.30–21 Uhr, Kuchen von 14–17 Uhr. Hubmersberg 2, 91224 Pommelsbrunn, Tel. +49 9154 979910, www.hubmersberg.de.

Café Jakobsklause
Mit hausgemachten Kuchen und Torten verwöhnt Familie Ebner-Herrmann ihre Gäste am Ortsrand von Eschenbach.
An Wochenenden und Feiertagen geöffnet, unter der Woche auf Anfrage. Eschenbach 419, 91224 Pommelsbrunn, www.cafe-jakobsklause.de.

Schöner Ausblick von der Burgruine Lichtenstein.

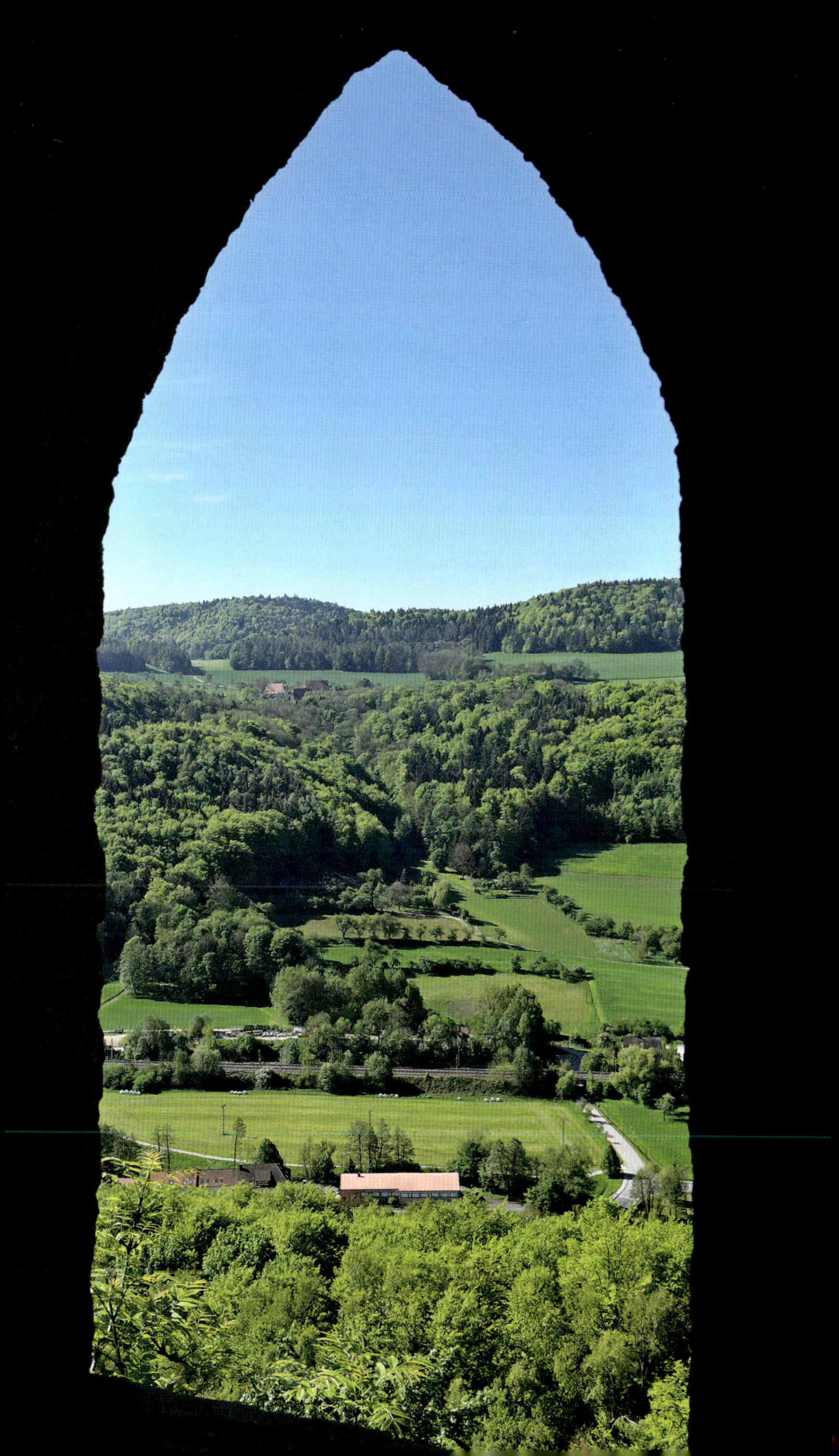

Gleich hinter dem **Naturfreundehaus (1)** und dem Spielplatz steht ein großer, hölzerner Wegweiser. Das Schild »Lichtenstein« weist auf einen schönen Steig, der in Serpentinen bergauf führt zur nahen **Burgruine Lichtenstein**. Ein Gebäudeteil erinnert an die im 13. Jahrhundert erbaute Burg, die wahrscheinlich im Jahr 1325 das erste Mal zerstört wurde. Viel interessanter ist jedoch der Blick Richtung Hersbruck, schließlich gibt es auf dieser Tour nur wenige Punkte, an denen der dichte Wald eine so umfassende Aussicht erlaubt. Ein paar Meter oberhalb zweigt auf dem Westrücken des Schleußbergs ein Steigs rechts ab (Kreuzberg-Weg, Markierung K), der den Waldhügel westseitig quert und kurz darauf die Waldkuppe des Pleßelbergs ostseitig umrundet. Traumhaft schön führt der weiche Pfad im leichten Auf und Ab durch den hohen Buchenwald an den Fuß des Leitenbergs. Ab hier wird es etwas anstrengender, der Pfad führt nun über den durchwegs bewaldeten Rücken des **Leitenbergs**, der unter seinem Blätterdach ein paar Felsen versteckt. An der Leitenberghütte vorbei geht es anschließend hinunter an den Fuß des **Kreuzbergs (2)**. Die beiden Wege K1 und K2 ermöglichen eine kurze Runde auf den felsigen Gipfel mit seinem Gipfelkreuz. Leider ist die Aussicht über die Waldrücken der Hersbrucker Schweiz recht eingeschränkt.

Ab jetzt gibt der grüne Strich die Richtung vor. Erst auf einem breiten Waldweg, dann daneben auf einem Pfad geht es hinunter nach **Hubmersberg (3)**. Am Rand einer Wiese erreicht man den kleinen Weiler und eine Straße, auf der man links zum Ortsschild wandert. Dort zweigt man halb rechts auf einen Feldweg ab (Markierung grüner Punkt), der in einem Bogen zur Wallanlage Windburg führt. Vereinzelt sind

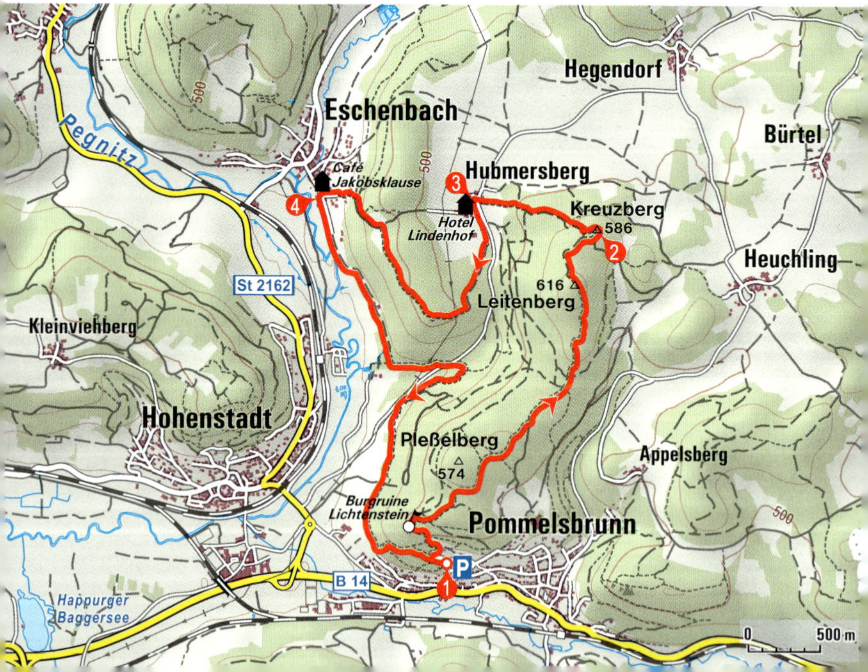

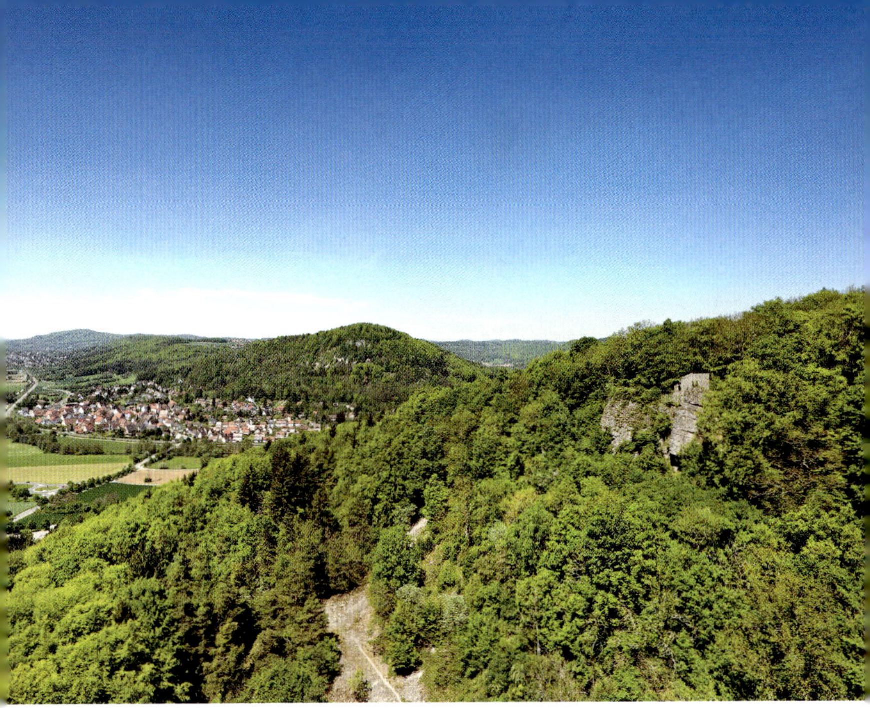

Im dichten Wald leicht zu übersehen: Die Burgruine Lichtenstein.

noch ehemalige Steinwälle erkennbar, ansonsten begeistert mehr der Ausblick. Die Markierung führt einen am Rand der Hochfläche weiter und erreicht bei einer Wiese einen Feldweg. Links haltend bergab bis zu einem eingezäunten Wasserschutzgebiet, hinter dem links ein Steig auf direktem Weg nach **Eschenbach (4)** führt.

Beim Feuerwehrhaus links und auf einem Schotterweg wieder aus dem Ort hinaus. Der Weg verläuft etwas oberhalb des Talbodens und bietet daher abschnittsweise schöne Blicke auf die grüne Wiesenlandschaft. Ein eingezäuntes Grundstück wird unterhalb auf einem Wiesenweg umgangen, dann auf einem traumhaften Pfad weiter in den Talboden des Leitenbachs. Ein kurzes, recht zugewachsenes Stück des Pfads kann auf einem Fahrweg umgangen werden, dann rechts über den Bach und mit dem grünen Strich steil hinauf auf einen Querweg. Auf diesem erreicht man sich rechts haltend (Naturfreundeweg) ohne Orientierungsprobleme, allerdings mit einem anstrengenden Gegenanstieg am Schluss, wieder das **Naturfreundehaus (1)**.

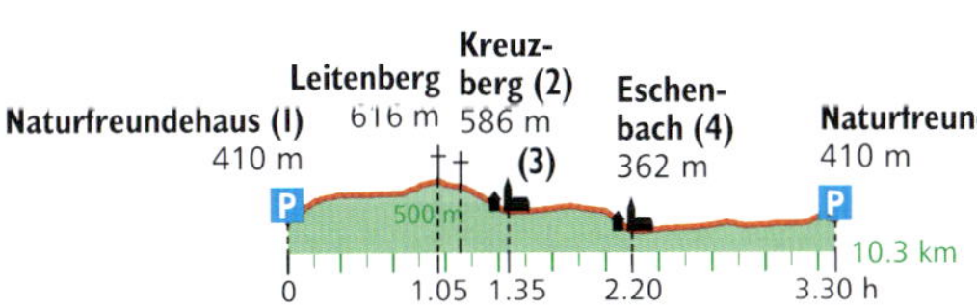

48 Auf die Houbirg, 617 m

Von Pommelsbrunn zum keltischen Ringwall ★★

Versteckte Höhensiedlung mit imposantem Ringwall

Unter dichtem Buchenwald versteckt sich zwischen Pommelsbrunn und Happurg eine der bedeutendsten vor- und frühgeschichtlichen Höhensiedlungen Deutschlands. Der Ort war optimal gewählt, schließlich wird das breite Gipfelplateau durch steile Felswände geschützt. Eine Besiedelung der Houbirg ist seit der Bronzezeit nachzuweisen, später wurde der Berg erstmals befestigt, ehe die Kelten einen rund viereinhalb Kilometer langen, teilweise bis zu 13 Meter hohen Ringwall zur Verteidigung anlegten. In dieser Zeit (ca. 550–400 v. Chr.) war die Houbirg wohl der Mittelpunkt eines größeren Siedlungsraums und bot dank des Walls auch Schutz für die in der Umgebung lebende Bevölkerung. Mit 88,25 Hektar entspricht die Innenfläche etwa der Größe der mittelalterlichen Reichsstadt Nürnberg. Bereits um 60.000 v. Chr. wurde die in den Südwestabbrüchen des Juraplateaus gelegene Höhle im »Hohlen Fels« als Jagdstation genutzt.

KURZINFO

Ausgangspunkt: Pommelsbrunn, Parkplatz am Kneippbecken südlich der S-Bahn, an der Straße nach Arzlohe, 357 m (Navi: Arzloher Straße, 91224 Pommelsbrunn). Mit Bahn und Bus: Bahnstation der Linie S 1 Nürnberg – Hartmannshof.

Gehzeit: 3.30 Std.

Höhenunterschied: 340 m.

Anforderungen: Zum Auftakt steiler Anstieg, dann überwiegend traumhafte Wege durch herrlichen Buchenwald. Die südseitige Umrundung des Eichelbergs wächst etwas zu (Stand: Sommer 2017), Alternativ folgt man einfach dem Schotterweg, der direkt vom Parkplatz nach Arzlohe führt.

Kinder: Für Kinder eignet sich eine Kurzversion der Tour zum Aussichtspunkt »Am hohlen Fels« mit Start beim Wanderparkplatz zwischen Reckenberg und Arzlohe.

Information: Pommelsbrunn, www.pommelsbrunn.de.

Tipp: Als Ergänzung bietet sich der Besuch der drei Museen von Pommelsbrunn an. Das Naturkundliche Heimatmuseum ist sonntags von 14–17 Uhr geöffnet (Tel. +49 9154 1207), das einzig erhaltene dörfliche Badhaus im deutschsprachigen Raum kann täglich von 9–18 Uhr besichtigt werden. Die Öffnungszeiten des Vorgeschichtsmuseum Urzeitbahnhof Hartmannshof findet man unter www.mein-pommelsbrunn.de.

Vom Parkplatz südlich von **Pommelsbrunn (1)** geht es am Kneippbecken vorbei entlang der Straße nach Arzlohe bis zum Ortsschild von Pommelsbrunn. Hier links auf einen Kiesweg (Markierung M, Mühlkoppen-Weg) und auf diesem leicht bergauf. Vor einem Zaun zweigt rechts ein Steig ab (Markierung D, Domweg), der in direkter Linie den Berg hinaufführt, etwas bequemer ist es jedoch, der Straße weiter zu folgen und in der Kehre geradeaus auf einen Waldweg zu schwenken. Nach einem kurzen Steilstück wird der Weg gleich wieder flacher. Mit der Markierung M ohne Orientierungsprobleme bergauf und schließlich auf schönem Pfad rechts haltend bis zu einem Rücken, über den

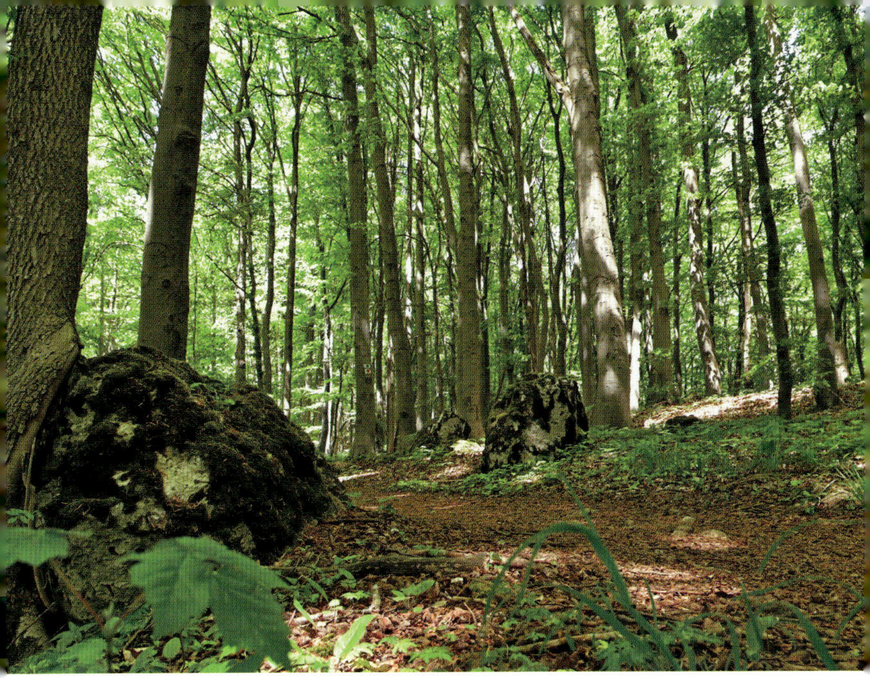

Durch lichten Buchenwald geht es auf den höchsten Punkt der Houbirg.

der weitere Anstieg verläuft. Beim **Burgstall »Altes Haus«** auf der Mühlkoppe mit Rastbank erreicht man den Gipfel, zumindest suggeriert das ein vorhandenes Gipfelbuch. In alten Aufzeichnungen waren noch deutliche Ruinenreste vermerkt, heute ist von der ehemaligen Wehranlage nichts mehr zu sehen. Daher sollte man besser einen Blick auf die Übersichtstafel werfen, die die in eine Unter- und Oberburg gegliederte Wehranlage zeigt. Mit dem blauen M geht es kurz bergab und dann auf einem leicht fallenden, traumhaften Steig zu einem Feldweg, der rechts zu einer Straße führt, auf der man nach **Arzlohe (2)** absteigt.

Am Ortseingang links (Markierung D) zu einer Straße, auf der man rechts den bereits zu sehenden, zentral in der Ortsmitte stehenden Backofen mit Bank und Tisch erreicht. Gleich daneben gibt die Tafel »Wanderwege um Arzlohe« einen kleinen Überblick über die Möglichkeiten vor Ort. Mit dem Wegweiser »Reckenberg« auf einer Kiesstraße aus dem Ort hinaus und nach wenigen Metern mit der Markierung grünes Kreuz links in einen Feldweg, der hinauf führt zum Wald. Manchmal nur etwas

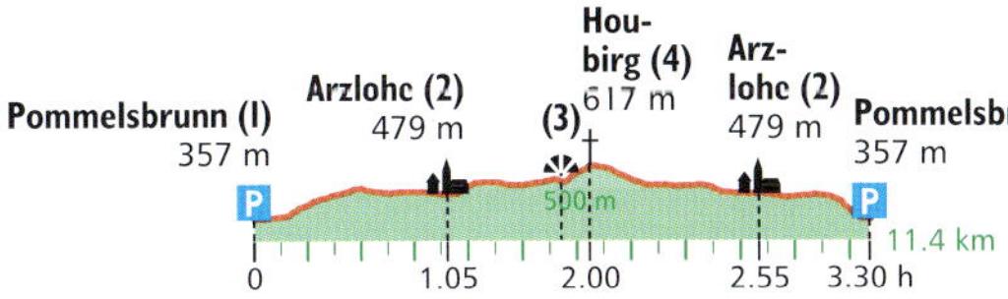

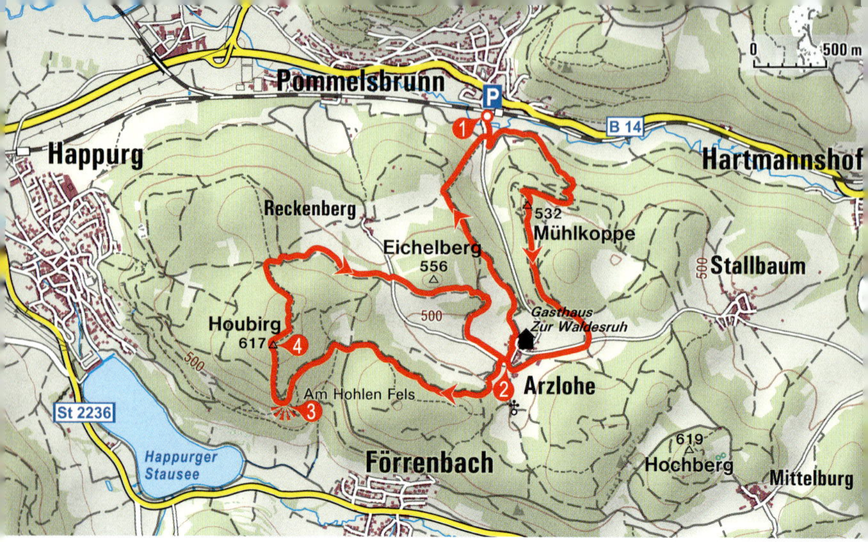

spärlich, aber insgesamt dennoch ausreichend markiert geht es im Auf und Ab durch den Buchenwald zum **Aussichtspunkt »Am Hohlen Fels« (3)** mit Bank und Tisch. Befestigte Stufen führen östlich der Felsen zum Wandfuß (roter Punkt), in dem sich die Höhle mit ihrem großen Vorplatz befindet. Zurück bei der Rastbank folgt man dem Weg entlang eines Walls bergauf zum höchsten Punkt der **Houbirg (4)** – Markierung roter und grüner Punkt.

Anfangs gibt es parallel zum keltischen Ringwall noch einen zweiten Weg, später wandert man direkt über den Rücken, bis beim ehemali-

Der erste Anstieg wird mit einem Blick zurück auf Pommelsbrunn und Hohenstadt belohnt.

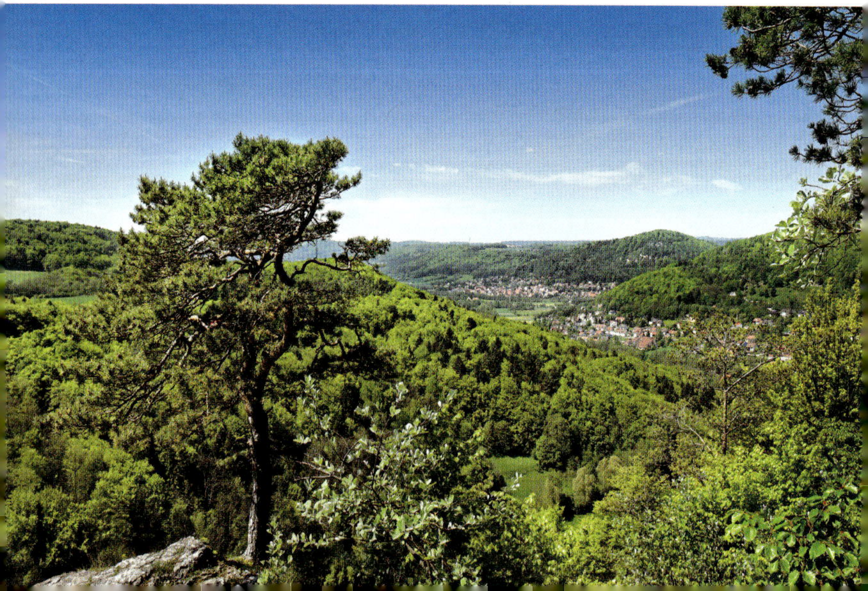

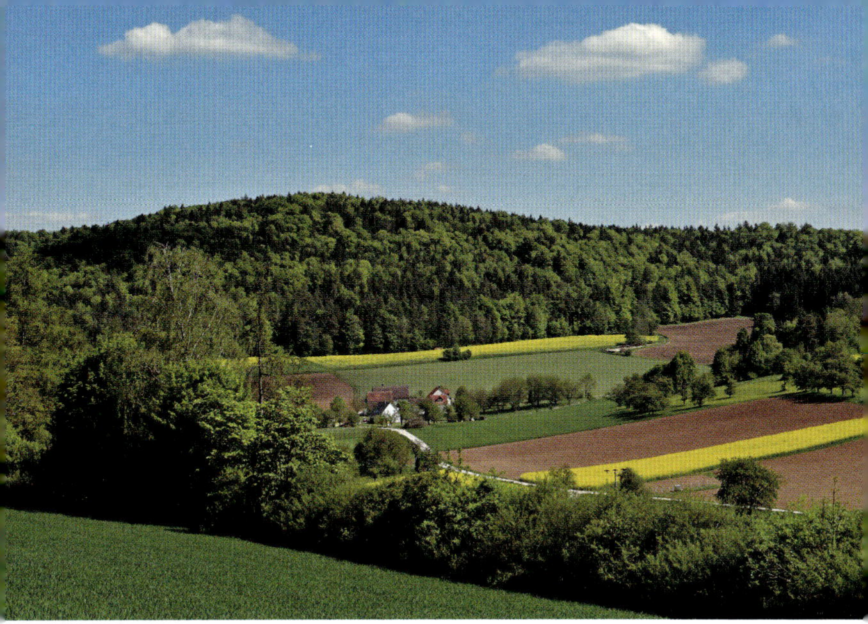

Sanfte Waldhügel umgeben den kleinen Weiler Arzlohe.

gen Osttor zum zweiten Mal ein kreuzender Weg die teils imponierend hohen Reste des Walls durchbricht. Auf dem Waldweg bergab, an einer Infotafel über die vor- und frühgeschichtliche Höhensiedlung vorbei, bis zu einer Verzweigung und rechts haltend mit der Markierung »1000hmr.de« zum Parkplatz zwischen Reckenberg und Arzlohe. Der rote Punkt führt auf einen teilweise etwas ungepflegten Weg, der den **Eichelberg** südseitig umrundet, zuletzt mit dem blauen M rechts wieder nach **Arzlohe (2)**. Beim Backofen links und am Gasthaus zur Waldesruh vorbei aus dem Ort hinaus. Mit dem gelben Kreuz über eine Wiese in den Wald und auf perfektem Wanderweg durch den Buchenwald. Am Schluss mit der Markierung steil hinunter zur nach Arzlohe führenden Straße und auf dieser zum **Ausgangspunkt (1)** und dem Kneippbecken, in dem man dankbar seine Füße kühlt.

EINKEHR

Gasthaus Zur Waldesruh

Unter der Woche gibt es eine ehrliche Brotzeit, sonntags auch warme Gerichte wie Schäufele oder Schweinebraten. Die Öffnungszeiten sind flexibel oder um es in den Worten der Wirtin zu sagen: »Geöffnet ist, wenn ich aufsperre«. Was aber nicht heißt, dass es nichts gibt, wenn das Haus auf den ersten Blick geschlossen ausschaut: »Wenn du Durst hast, dann sperre ich jetzt auf.« Abends und wochentags einfache Brotzeiten, So (11–13.30 Uhr) auch warme Gerichte. Arzlohe 2, 91224 Pommelsbrunn, Tel. +49 9154 1218.

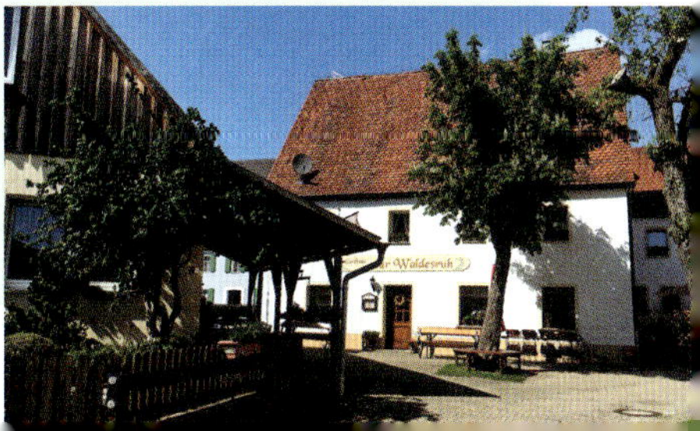

49 Vier Berge über dem Happurger See

Zwischen Happurg und Kainsbach ★★

Von Stauseen und Höhlen

Informationen zur Energiegewinnung mittels Wasserkraft und einen Blick zurück in die Geschichte bekommt man bei dieser Wanderung südöstlich von Happurg. Der idyllische Happurger See ist dabei Start und Ziel der Rundtour, wobei der See erst 1956 durch den Bau einer Talsperre entstand. Zusammen mit einem zweiten Staubecken, das sich rund 200 Meter höher auf dem Deckersberg versteckt, bilden die zwei Stauseen die Voraussetzung für ein Pumpspeicherkraftwerk, das kurzfristig Spitzenstrom liefern kann. Ein wichtiger Nebeneffekt: Der Happurger See schützt gleichzeitig den Ort Happurg vor Hochwasser.

Erstes Ziel der Wanderung ist jedoch der »Hohle Fels«, eine 16 Meter lange Höhle hoch über dem Happurger See, die bereits in der Mittleren Altsteinzeit begangen wurde. Idealer kann eine Felsbehausung kaum sein: Durch ein doppelbogiges Felsentor betritt man den geräumigen, sonnenbeschienenen Vorplatz, über den sich nach hinten, wie ein steinernes Zelt, schützend das Höhlendach zieht.

KURZINFO

Ausgangspunkt: Happurg, Parkplatz Seeterrassen am Happurger See, 371 m (Navi: Seepromenade 1, 91230 Happurg). Anfahrt über die B 14 und an Happurg vorbei zum Happurger See. Mit Bahn und Bus: Bahnstation der Linie S 1 Nürnberg – Hartmannshof.
Gehzeit: 4.45 Std.
Höhenunterschied: 540 m.
Anforderungen: Anstrengende Runde mit vier Anstiegen, auf der ersten Hälfte überwiegend auf schönen Waldwegen, im zweiten Teil der Wanderung teilweise auch breite Forstwege.
Information: Gemeinde Happurg, Hersbrucker Straße 6, 91230 Happurg, tel. +49 9151 83830, www.happurg.de.
Tipp: Oberhalb des Happurger Friedhofs führt ein kurzer Abstecher zu einer Gedenkstätte, die an die 9000 Zwangsarbeiter erinnert, die gegen Ende des Zweiten Weltkrieges ab 1944 mühsam Stollen in die Felsen treiben mussten. Im sogenannten Doggerwerk sollte eine bombensichere Fabrik zur Produktion von Flugzeugmotoren entstehen.

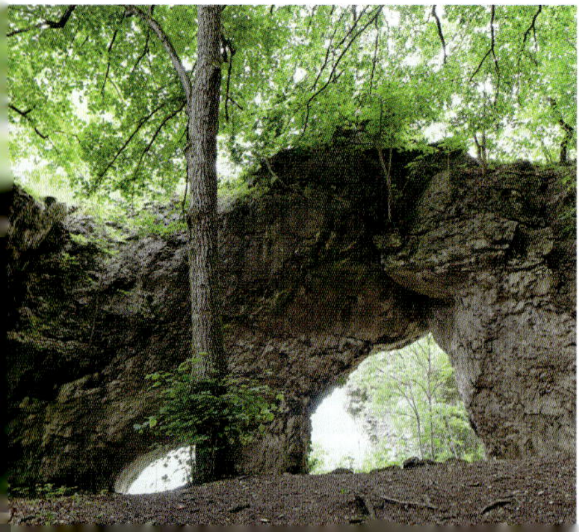

Vom Parkplatz (1) am Seeufer entlang Richtung Happurg. Nach der Staumauer rechts auf einen Fußweg abbiegen, der hinunter führt an den Fuß der Stauanlagen. Dort die Zufahrtsstraße schräg rechts haltend queren und gegenüber, gleich neben einer Übersichtstafel zum Thema »Die Happurger Stauseen« auf

Durch diesen Torbogen geht es zur Karsthöhle des Hohlen Fels.

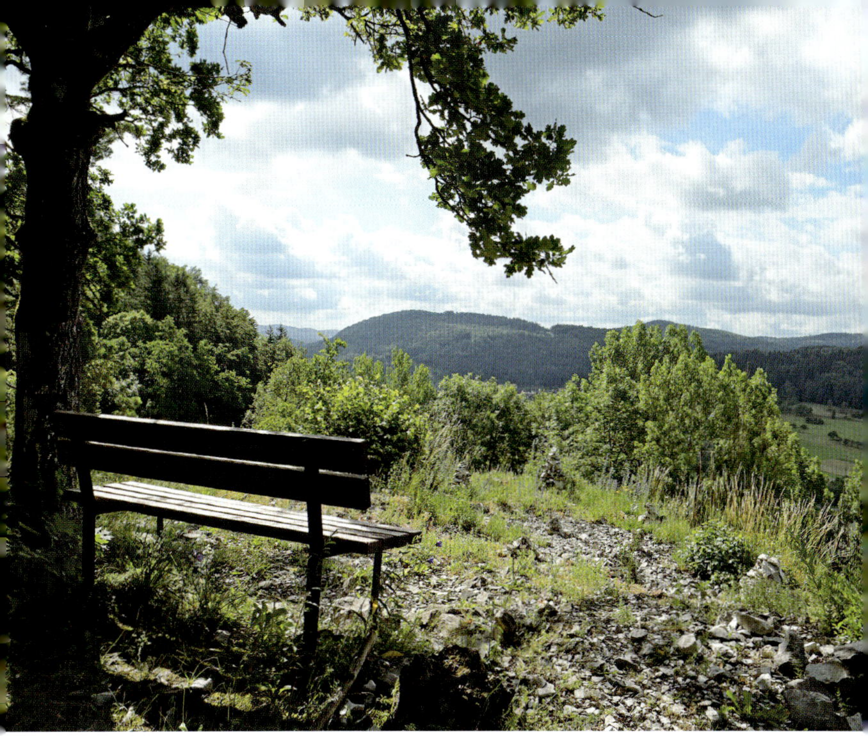

Steinernes Gaßl: wunderschöner Steig mit traumhaften Aussichtspunkten.

einen Kiesweg, der einen kurz darauf zu den ersten Häusern von **Happurg (2)** bringt. Auf der Straße nach links, bei einer Gabelung auf der unteren Straße bleiben und bei einem Metzger rechts vorbei in die Pflegergasse. Bei der nächsten Möglichkeit rechts in den Friedhofweg. Oberhalb des Friedhofs vorbei und durch ein parkähnliches Gelände zu einer Straße und gegenüber mit der Markierung (roter Strich auf gelbem Grund und grünes Kreuz) auf einen Kiesweg. Kurz darauf zweigt ein Waldweg ab, der an einem Brünnlein (Bank mit Tisch) vorbei teils steil bergauf führt zu einer Weggabelung. Hier rechts (Wegweiser »Steinernes Gaßl«, keine Markierung) und im leichten Auf und Ab durch den Wald, wobei man immer wieder traumhafte Aussichtspunkte passiert. Schließlich auf dem deutlich ausgeprägteren Steig links haltend bergauf, zuletzt recht steil, zum **Hohlen Fels (3)** mit der großen Höhle. Vor dem Felsdurchgang geht es mit dem roten Punkt über teils befestigte Stufen zur aussichtsreichen Kanzel mit schönem Blick zum Happurger See. Hier trifft man wieder auf den roten Strich auf gelbem

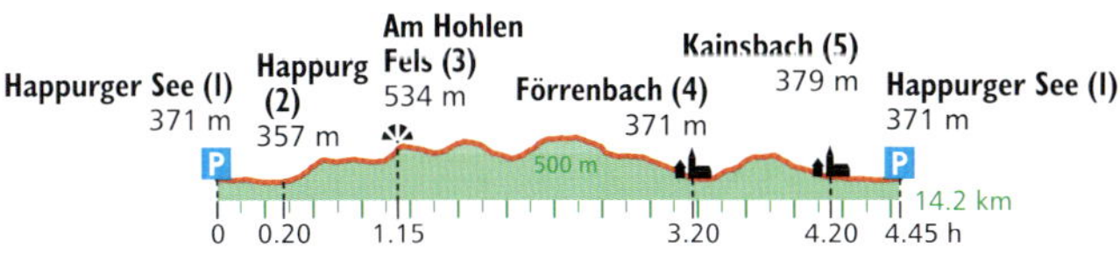

Grund, der einen sicher durch schönen, hohen Mischwald hinabführt und, nach einer Wiese, bei einer Weggabelung mit Wandertafel wieder hinaufführt auf die nächste Waldkuppe (598 m). Auf der anderen Seite wieder bergab (Wegweiser »Mittelburg«), in der Rechtskurve eines Forstwegs geradeaus und mit der Markierung zu einer Weggabelung. Hier links und mit dem Wegweiser »Arzlohe« zu einem Kiesweg. Links sieht man bereits die Häuser des kleinen Weilers, rechts erreicht man nach wenigen Metern die malerische Ruine der gotischen **Kapelle »Zum heiligen Baum«,** die idyllisch in einen kleinen Eichenhain eingebettet ist. Vor dem Gotteshaus links und mit der Markierung D für »Dom« auf die nächste Erhebung. Die vielen Felsen auf der Kuppe werden in einem weiten Bogen nahezu komplett umrundet. Bei einer Weggabelung rechts Richtung Pommelsbrunn und mit dem D weiter zur nächsten Weggabelung. Der von rechts kommende Weg führt zur Kapellenruine und wäre eine Abkürzung, falls man die Schleife um den Dom auslassen möchte. Weiter bergab und am Waldrand mit dem Wegweiser »Förrenbach« rechts. Mit der Markierung roter Strich auf gelbem Grund durch **Förrenbach (4)** zum Kirchplatz.

Geradeaus ist der Gasthof Hirschen zu sehen, die Markierung des Wanderwegs weist jedoch nach rechts und führt kurz danach links durch die Pfarrgasse aus dem Ort hinaus. Der Wegweiser »Reicheneck, Kainsbach« und die Markierung geben die Richtung vor. Kurz vor Erreichen der Hochfläche von **Reicheneck** verlassen wir die nach rechts wieder ins Tal führende Markierung und folgen dem schönen Waldweg weiter berg-

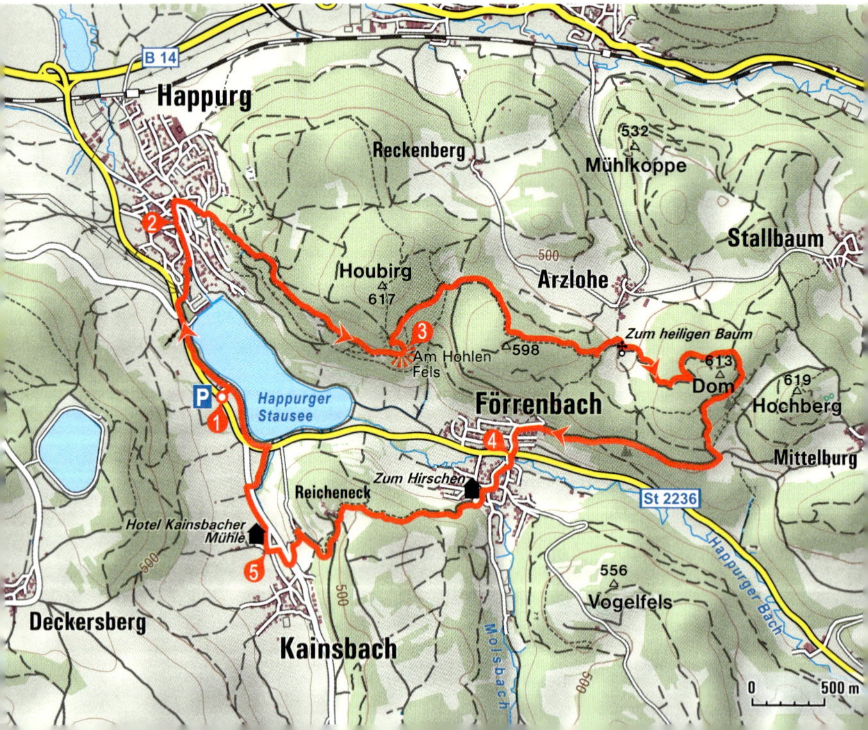

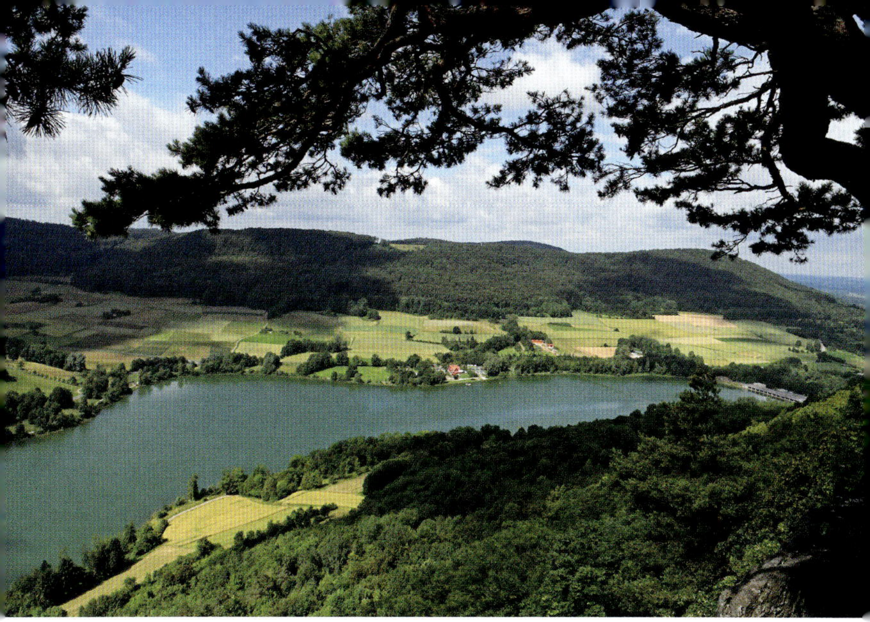

Blick vom Aussichtspunkt »Am hohlen Fels« auf den Happurger Stausee.

auf zu den ersten Häusern. An diesen vorbei und auf dem Fahrweg bergab. Kurz nach der ersten Kehre zweigt, gleich nach einer Wiese mit schönem Blick über das Tal, ein Weg rechts ab (Markierung roter Strich auf gelbem Grund). Auf diesem hinunter zu einem Kiesweg und rechts haltend durch einen Hohlweg zu einer Kreuzung und weiter geradeaus zu einer Häusergruppe. Gleich nach dem ersten Haus links und über Wiesen und einen Weg nach **Kainsbach (5)**.

Rechts und dann wieder links durch die Schmiedgasse zur Kainsbacher Mühle. Entlang der Straße, dann auf geteertem Rad- und Fußweg zum Happurger See und links zurück zum **Parkplatz (1)**.

EINKEHR

Gasthof Zum Hirschen
Wer gute fränkische Küche sucht, der ist hier bestens aufgehoben. Unter der Woche gibt es gute Hausmannskost wie gebratene Schweineleber mit Röstzwiebeln, Krautwickerl mit Kartoffelsalat oder Schweinskotelett in verschiedenen Variationen, am Wochenende gerne auch mal einen Sonntagsbraten vom Schwein, einen Sauerbraten oder Ente.
Von 10.30–14 sowie von 17.30–20 Uhr geöffnet (an Wochenenden von 11–20 Uhr), Mo–Mi Öffnungszeiten nach Vereinbarung. Molsberger Straße 2, 91230 Happurg-Förrenbach, Tel. +49 9151 2569, www.gasthof-zum-hirschen.com.

Hotel Kainsbacher Mühle
Tagungshotel mit Restaurant, besonders schön ist die Terrasse. Gute Küche mit regionalen Gerichten und fangfrischem Fisch aus dem Mühlbach und hausgemachtem Mühlen-Dinkel-Brot aus dem Holzofen.
Täglich geöffnet, warme Küche Mo bis Fr von 17.30–21 Uhr (Kaffee und Kuchen auch untertags), An Wochenenden 11.30–13.30 und 17.30–21 Uhr. Mühlgasse 1, 91230 Kainsbach-Happurg, Tel. 09151 7280, www.kainsbacher-muehle.de.

50 Über den Kronberg, 599 m

Blumenparadies bei Lichtenegg

★★

Genussreiche Runde für Botaniker

Unter Pflanzenfreunden ist Lichtenegg längst kein Geheimtipp mehr. Mehr als 20 Orchideenarten findet man allein auf dem bewaldeten Bergrücken zwischen Lichtenegg und Wurmrausch, der mit seinem Halbschatten, wechselnder Feuchtigkeit und einem mageren Boden die idealen Voraussetzungen bietet. Dennoch ist man überrascht, in welchen Mengen etwa im Frühsommer der Frauenschuh blüht. Entsprechend viele Wanderer sind zu dieser Zeit unterwegs, um diese wunderschöne Orchidee zu bewundern – und zu fotografieren. Dabei übersehen viele die kleineren und weniger auffälligeren Orchideen, die quasi im »Schatten« des Frauenschuhs blühen. Abgesehen davon dürfen sich Wanderer auf ihren Touren um Lichtenegg je nach Jahreszeit über Küchenschellen, Berganemonen, Schlüsselblumen, Margeriten und andere seltene Pflanzen freuen. Den Auftakt der Runde bildet der Besuch der Burgruine Lichtenegg, die einen besonders schönen Blick über die Hersbrucker Alb ermöglicht. Die Burg wurde um 1300 erstmals urkundlich erwähnt und ab dem Jahr 2000 umfassend saniert.

KURZINFO

Ausgangspunkt: Lichtenegg, Parkplätze entlang der Straße, 545 m (Navi: 92262 Lichtenegg-Birgland). Anfahrt von Hartmannshof über Haunritz nach Högen und dort rechts den Berg hinauf nach Tannlohe, im Weiler rechts nach Lichtenegg. Mit der Bahn (Regional-Express R 4) nach Neukirchen b. Sulzbach-Rosenberg und mit dem Birgland-Express 479 nach Lichtenegg. Alternativ mit der Linie 476 ab Amberg.

Gehzeit: 2.15 Std.
Höhenunterschied: 190 m.
Anforderungen: Kurzweilige Runde auf überwiegend schönen Pfaden. Nach starken Regenfällen hier und da etwas rutschig.
Information: Lichtenegg, www.lichtenegg-info.de.
Winter: Rund um Lichtenegg werden je nach Schneelage bis zu 18 Kilometer Loipen gespurt. Am nordöstlichen Dorfrand findet man einen Rodelhang. Zusätzlich gibt es mehrere Schneeschuhwanderwege.

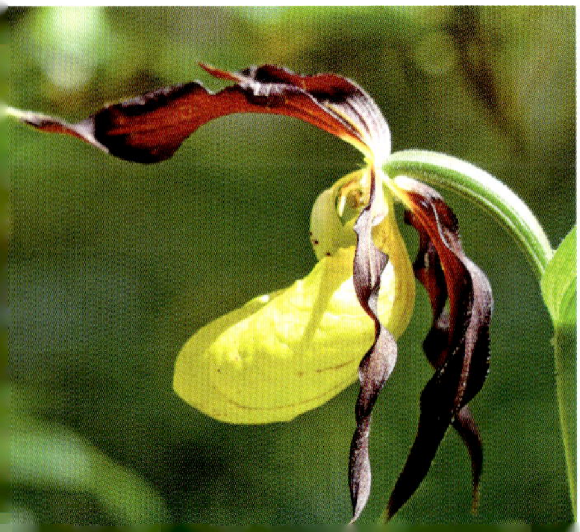

Entlang des Parkplatzes am Fuß von **Lichtenegg (1)** gehen wir zu einer Scheune, an der eine Tafel mit den Wanderwegen angebracht ist. Hier rechts in den kleinen Ort und zum Gasthaus. Die Markierung 33 (Schlossbergweg, Wegweiser »Burgruine«) leitet einen durch den Gastgarten zu Treppenstufen, die hinauf

Zwischen Mitte Mai und Anfang Juni blüht der Frauenschuh.

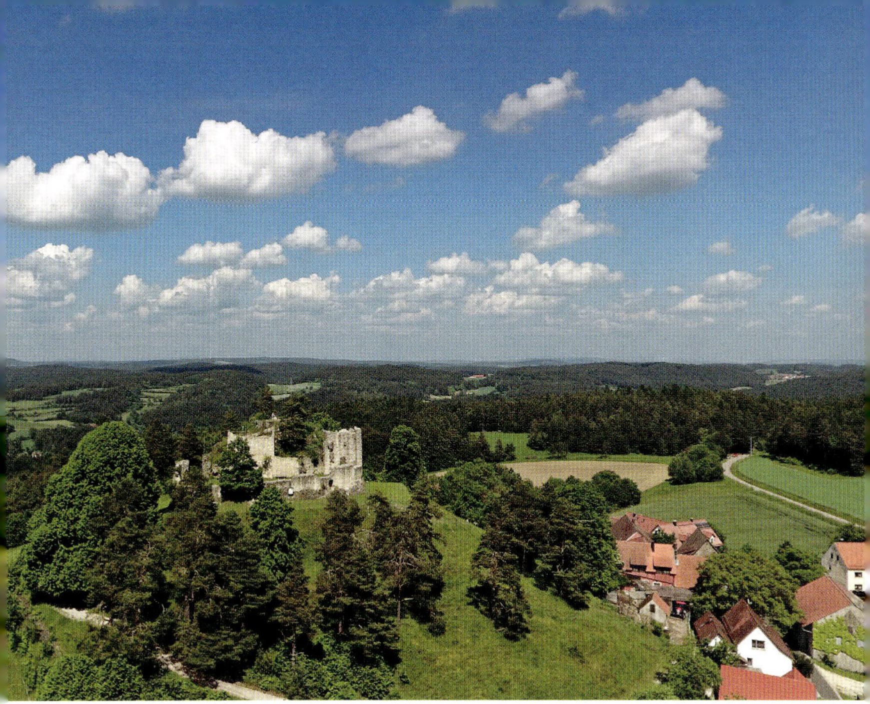

Über dem kleinen Weiler thront die Burgruine Lichtenegg.

führen zur Burgruine Lichtenegg und zur Panoramatafel am höchsten Punkt der Ruine. Von hier genießt man einen grandiosen Rundblick über die sanft gewellte Hersbrucker Alb und auf den Waldrücken südlich von Lichtenegg, über den der zweite Teil der Wanderung verläuft. Nach Verlassen der Ruine halten wir uns rechts und folgen dem breiten Fahrweg hinunter zu den Häusern, wobei man abkürzend auch einem kleinen Steig folgen kann. Ein gepflasterter Weg wird gequert und mit der Markierung 32 (»Wolfswaldweg«) ein kurzes Stück bergauf, ehe ein schöner Steig abwärts führt auf einen quer verlaufenden Forstweg. Links (Markierung) zu einer Teerstraße und auf dieser ein kurzes Stück links Richtung Lichtenegg. Bei der ersten Möglichkeit rechts (Markierung) und durch den Wald zu einer Lichtung. Die Markierung führt über die freie Fläche an den gegenüberliegenden Waldrand. Hier links haltend auf einem Wiesenweg (evtl. hohes Gras) in einem weiten Bogen um die Lichtung herum und auf einem wieder besseren, später sogar gepflasterten Fahrweg zurück nach Lichtenegg.

Bei der bereits erwähnten Scheune hält man sich rechts Richtung Wald-

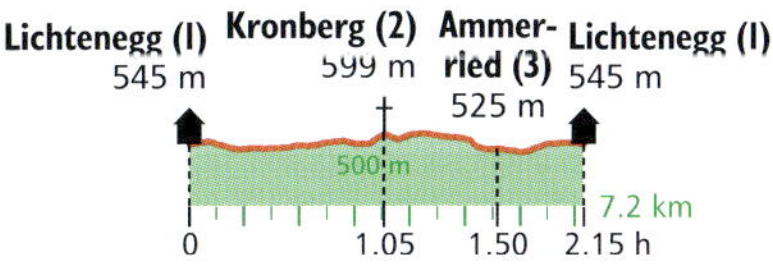

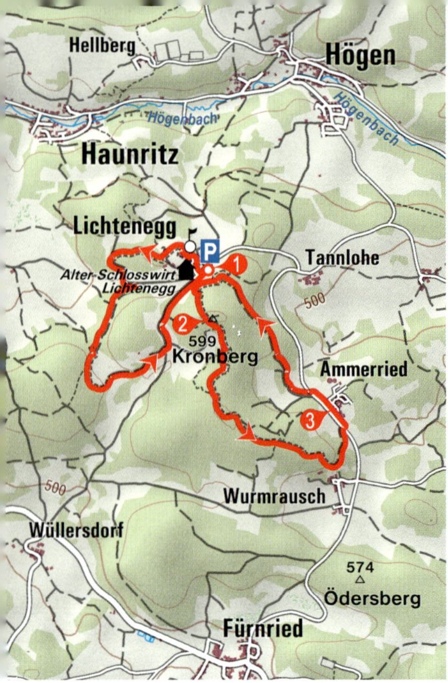

bergab und wieder bergauf zum Hohen Fels, an dem Kletterer einige Routen eröffnet haben. Der gut markierte Steig folgt weitgehend dem Bergrücken und führt immer wieder an kleinen Felsgruppen wie Hänsel und Gretel oder dem Türkenfels vorbei. Das Hauptaugenmerk der Wanderer gilt aber ab hier weniger den Kletterern als vielmehr den vielen Orchideen, die hier wachsen. Von Mitte Mai bis Mitte Juni findet man hier große Vorkommen an Frauenschuh, die gleich neben dem Wanderweg ihre Pracht entfalten. Insgesamt blühen den Sommer über rund zwanzig Orchideenarten, darunter die Kuckucksblume, der Fliegenragwurz oder der Nestwurz. Dass beim Bewundern und Fotografieren die Wege nicht verlassen werden, sollte eigentlich selbstverständlich sein. Der Steig führt am Ende des Bergrückens etwas steiler bergab und zieht links hinüber nach **Ammerried (3)**.

rand. Hier links und gleich wieder rechts in den Wald hinein (Markierung 34, »Orchideenweg«) und teils steil auf den **Kronberg (2)**. Kurz

Hoher Fels: beliebter Rastplatz und Ziel für Kletterer.

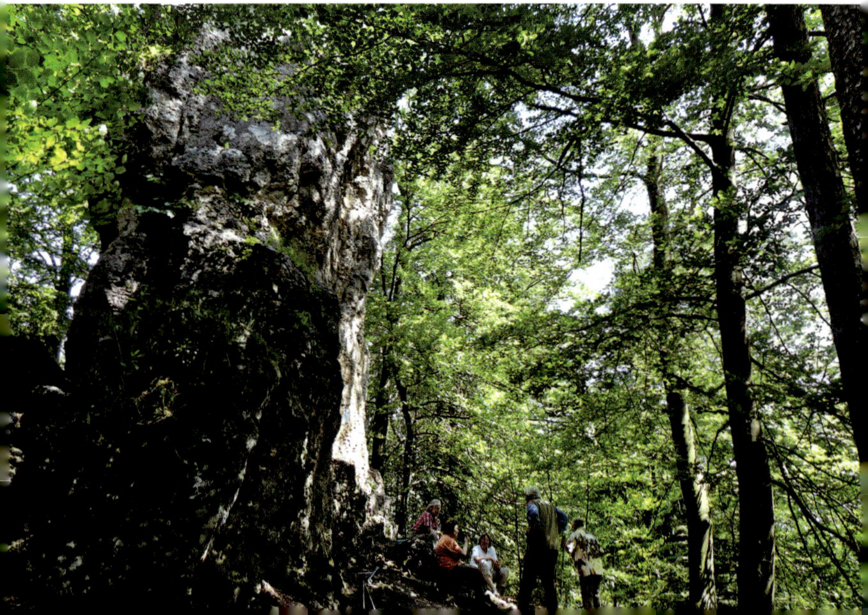

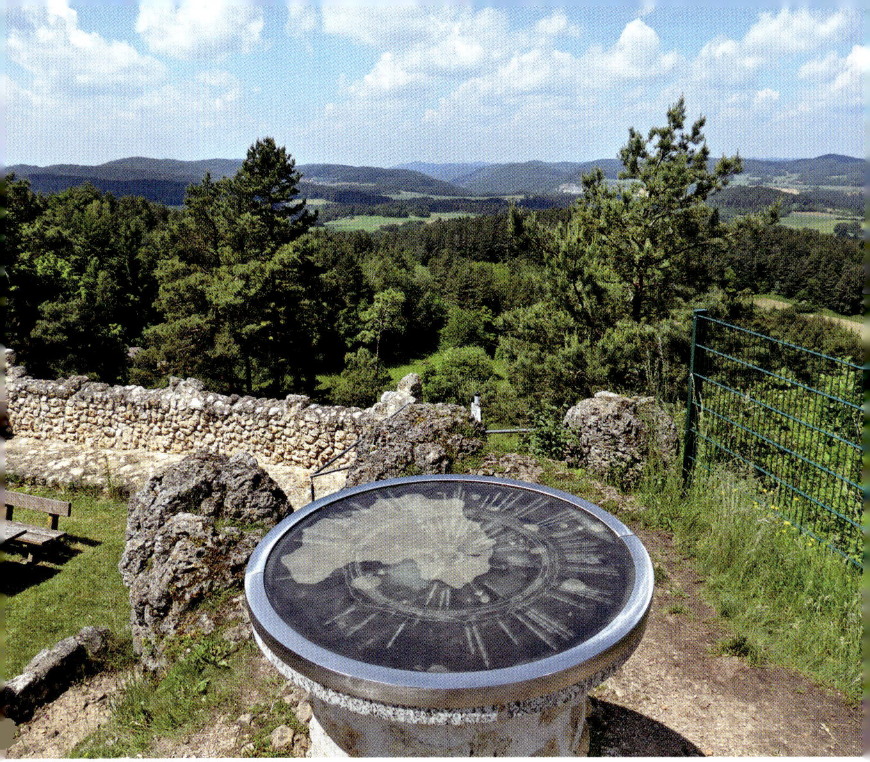

Burgruine Lichtenegg: Eine Tafel hilft bei der Orientierung.

Auf der kaum befahrenen Straße links am kleinen Weiler vorbei und bei der nächsten Möglichkeit links auf einen Feldweg, der sich nach wenigen Metern verzweigt. Hier wählen wir den rechten Weg, der über das Feld hinüber führt an den Waldrand. Dort auf schmalen Steig geradeaus in den Wald hinein (Markierung nach wenigen Metern rechts an einem Baum) und im Auf und Ab zu einer Lichtung. Am Ende wieder in den Wald und nach wenigen Metern links. Der Pfad erreicht kurz darauf den Waldrand mit dem Start des Orchideenwegs und **Lichtenegg (1)**.

EINKEHR

Alter Schlosswirt Lichtenegg

Ein schöner Wirtsgarten mit Bänken in der Wiese sowie eine eigene Metzgerei und Backstube sind Grund genug für eine Einkehr. Abwechslungsreich ist die Karte: Auf den Tisch kommen dampfende Würst' und Kesselfleisch aus eigener Schlachtung, ab Ostern Bergschaf und Lamm, bis Mitte Juni Spargel mit Lichtenegger Garschinken oder Bauernbratwürsten. Im Sommer mit Start der Biergartensaison gibt es Schweinshax'n, Bratwürstln, Wurstsalat und Obazda, dazu vier Sorten Faßbier, und im Herbst stehen während der Jagdsaison Wildgerichte wie Ente, Fasan, Wildschwein, Reh, Hirsch und Hase auf der Karte.

Von 9–22 Uhr geöffnet (warme Küche von 11.30–21 Uhr), Mo Ruhetag (im Mai und bis Mitte Juni evtl. durchgehend geöffnet). Lichtenegg 5, 92262 Lichtenegg-Birgland, Tel. +49 9663 2616, www.raum-lichtenegg.de.

Stichwortverzeichnis

Noch mehr Wanderglück ...

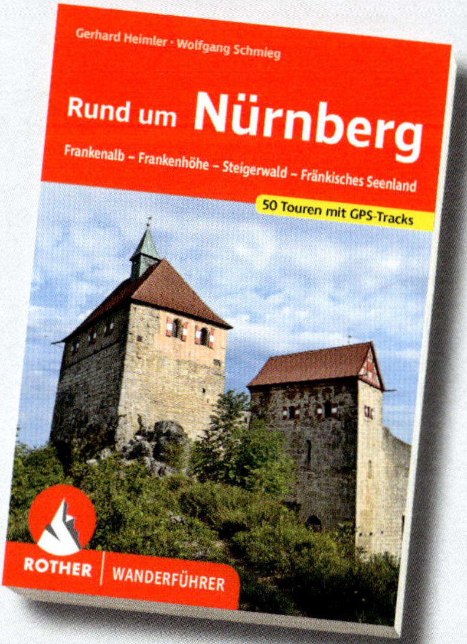

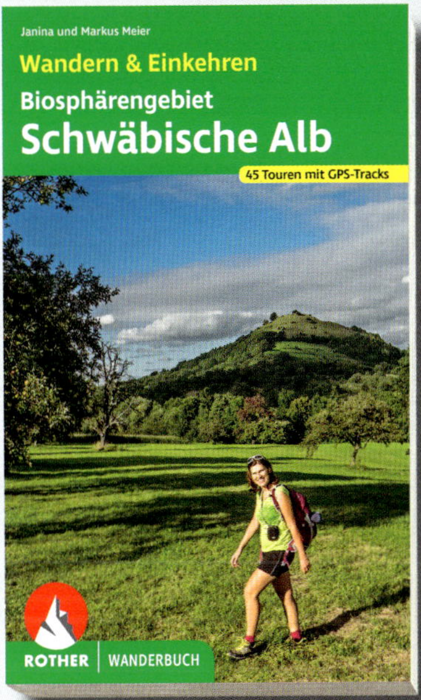

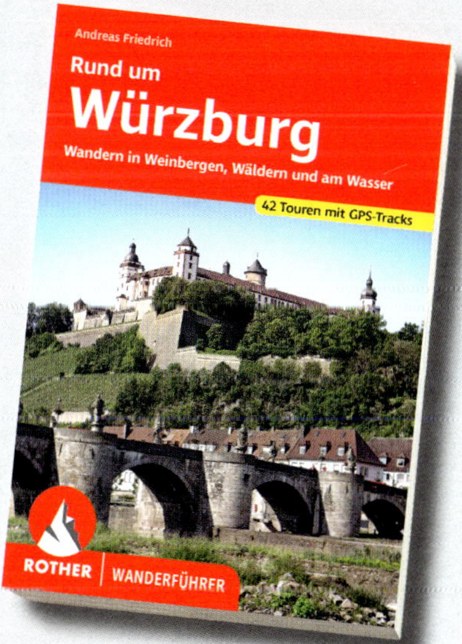

ROTHER WWW.ROTHER.DE

Impressum

Titelbild:
Beliebtes Fotomotiv: Tüchersfeld (Tour 17).

Bild Seite 1:
Die wunderschöne Allee bei der Kreuzkapelle oberhalb von Pottenstein (Tour 20).
Alle 176 Fotos sind von Stefan Herbke.

Der Autor:
Stefan Herbke, geboren 1967 in München, ist am liebsten in den Bergen unterwegs. Sehr gerne im Sommer beim Wandern, Bergsteigen oder Mountainbiken, noch lieber im Winter auf Skitouren oder auf der Piste. Genau das sind auch die Schwerpunkte des freiberuflichen Journalisten und Fotografen, der sein Hobby zum Beruf machte. Mittlerweile sind mehrere Bücher erschienen, daneben arbeitet er für diverse Zeitschriften und Zeitungen.
Webseite und Kontaktmöglichkeit: www.bergbild.info

Kartografie:
Wanderkarten im Maßstab 1:50.000,
Geodaten © OpenStreetMap und Mitwirkende.
Kartografisches Design: Freytag & Berndt Prag, www.freytagberndt.cz.
Zwei Übersichtskarten im Maßstab 1:500.000 und 1:1.500.000.
© Freytag & Berndt, Wien

2. aktualisierte Auflage 2022

ISBN 978-3-7633-3193-2

MIX
Papier aus verantwortungsvollen Quellen
FSC® C021956
www.fsc.org

Liebe Wanderfreunde!
Alle Angaben dieses Buches wurden vom Autor nach bestem Wissen recherchiert und vom Verlag mit größtmöglicher Sorgfalt überprüft. Für die Richtigkeit der Angaben kann jedoch – soweit gesetzlich zulässig – keine Haftung übernommen werden.
Wir bitten dafür um Verständnis und freuen uns über jede Anregung und Berichtigung zu diesem Rother Wanderbuch.

Bergverlag Rother · Keltenring 17 · D-82041 Oberhaching
E-Mail: leserzuschrift@rother.de
Tel. +49 89 608669-0 · Fax 60866969
Besuchen Sie uns im Internet: www.rother.de